教育部、财政部高等学校特色专业教材
高等院校国际经济与贸易专业系列教材

新编中国对外贸易概论

苏科五 主 编
李庆利 崔 鸽 副主编

上海财经大学出版社

图书在版编目(CIP)数据

新编中国对外贸易概论/苏科五主编,李庆利,崔鸽副主编.—3版.
—上海:上海财经大学出版社,2013.6
(高等院校国际经济与贸易专业系列教材)
ISBN 978-7-5642-1611-5/F•1611

Ⅰ.①新… Ⅱ.①苏…②李…③崔… Ⅲ.①对外贸易-中国-高等学校-教材 Ⅳ.①F752

中国版本图书馆 CIP 数据核字(2013)第 072358 号

□ 责任编辑　宋澄宇
□ 封面设计　钱宇辰
□ 责任校对　卓　妍　廖沛昕

XINBIAN ZHONGGUO DUIWAIMAOYI GAILUN
新编中国对外贸易概论
苏科五　主　编
李庆利　崔　鸽　副主编

上海财经大学出版社出版发行
(上海市武东路 321 号乙　邮编 200434)
网　　址:http://www.sufep.com
电子邮箱:webmaster@sufep.com
全国新华书店经销
上海译文印刷厂印刷
宝山叶村书刊装订厂装订
2013 年 6 月第 1 版　2013 年 6 月第 1 次印刷

787mm×1092mm　1/16　15.75 印张　403 千字
印数:0 001—4 000　定价:35.00 元

前言

中国对外贸易概论是一门现实性极强的学科,作为高等学校国际经济贸易专业的专业课教材,其内容跟随中国对外贸易经济活动的发展而调整。

本教材在坚持既要有利于学生对该学科基本概念、基本理论、基本方法的学习,更要有利于学生培养搜集知识、运用知识和创造知识能力的基本宗旨的前提下,力争作为一本理想的本科层次专业教材,突出了以下的内容和特点:

一、重视中国对对外贸易各个具体领域管理的实用性内容,以增强教学内容的实用性功能。

二、以"十二五"规划为依据对相关内容进行了较多更新,另外也更新了全部的数据。当然,这是教材体现知识新颖性所必需的。

三、提供了较多知识性的专栏以及与教学内容具有紧密联系的案例。每章后的复习与思考都增加了案例分析题的内容,给予教与学留下较大的拓展空间,有利于教学过程对学生分析问题、解决问题和创新能力的培养。

四、为了给教学提供较大的方便,还编写了课后思考题参考答案以及教学用PPT课件。

五、"中国与地区经济一体化"一章反映了中国对外贸易与地区经济一体化的现实,体现了教学内容体系的相对完整性。

本书的编写大纲由苏科五教授拟定,全体作者集体讨论修订。编写具体分工为:苏科五撰写第一章;杨平丽撰写第二、八章;崔鸽撰写第三章;李庆利撰写第四、五章;魏培梅撰写第六、九章;杨轶雯撰写第七、十一章;李晓龙撰写第十章;翟士军撰写第十二章。

虽然本书是集体劳动的成果,但主编对书中可能存在的不足与错误理应承担全部责任,同时真挚地期待来自各方的批评与建议。

苏科五
2013年5月

目 录

前 言 1

第一章 导论 1
第一节 中国对外贸易概论研究的主要问题 1
第二节 中国对外贸易概论的研究目的与方法 4

第二章 中国发展对外贸易的理论基础 7
第一节 国际分工理论 7
第二节 马克思主义的国际价值理论 10
第三节 马克思主义的社会再生产理论 13
第四节 中国特色社会主义理论 14

第三章 中国发展对外贸易的环境分析 22
第一节 中国发展对外贸易的历史环境 22
第二节 中国发展对外贸易的制度环境 27
第三节 中国发展对外贸易的政治与经济环境 32

第四章 中国对外贸易发展战略 36
第一节 对外贸易发展战略概述 36
第二节 科技兴贸与市场多元化战略 39
第三节 以质取胜战略 43
第四节 统筹"引进来"与"走出去"发展战略 46
第五节 对外贸易结构优化战略 51
第六节 全球经济治理与区域合作战略 54

第五章 中国对外贸易体制与管理 60
第一节 中国对外贸易体制改革 60
第二节 中国对外贸易的立法管理 67

第三节　中国对外贸易的经济管理 74
第四节　中国对外贸易的行政管理 77

第六章　货物贸易　84
第一节　中国货物贸易的发展演变及特点 84
第二节　中国货物进出口管理 94
第三节　中国当代货物贸易面临的主要问题及策略 99

第七章　技术贸易　109
第一节　中国技术贸易的发展 109
第二节　中国技术进出口管理 116
第三节　与贸易有关的知识产权保护制度 120

第八章　服务贸易　130
第一节　中国服务贸易的发展 130
第二节　中国服务贸易的管理体系 137
第三节　中国服务贸易的进口管理 140
第四节　中国服务贸易的出口管理 143
第五节　"十二五"时期中国服务贸易发展的目标与对策 148

第九章　中国利用外资与对外直接投资　154
第一节　中国利用外资 154
第二节　中国对外直接投资 165

第十章　中国对外贸易经济效益　176
第一节　中国对外贸易经济效益的形成 176
第二节　影响对外贸易效益的因素 179
第三节　贸易摩擦与对外贸易利益的维护 182
第四节　对外贸易的风险与防范 189

第十一章　中国与区域经济一体化　194
第一节　中国参与和推动区域经济一体化是中国的战略选择 194
第二节　中国参与区域经济一体化的原则 197
第三节　中国参与区域经济一体化的实践 199

第十二章　中国对外经贸关系　213
第一节　中国发展对外经贸关系的基本政策和原则 213

第二节 中国与主要发达国家的经贸关系 216
第三节 中国与主要发展中国家或地区的经贸关系 224

参考文献　　242

第一章

导 论

学习要求

了解中国对外贸易概论课程的研究对象、研究内容;理解课程的性质、特点及学习方法。

第一节 中国对外贸易概论研究的主要问题

一、中国对外贸易概论的研究对象

中国对外贸易活动作为世界贸易活动的一个组成部分,在同其他国家和地区的商品交换活动中除了具有国际贸易活动的普遍性矛盾和一般规律外,由于中国作为交换活动主要方面所特有的政治经济条件——社会性质、生产力发展水平、国内供需结构、地理位置与其他国家和地区的差异,因而必然具有一些特殊性。这些特殊性矛盾就构成了中国对外贸易概论的研究对象,即中国对外贸易概论把中国的对外贸易活动作为自己的特定研究对象。具体来讲,中国对外贸易概论是一门研究仍处于并将长期处于社会主义初级阶段的中国全面参与经济全球化,发展对外贸易活动的客观规律及其正确处理相关经济关系与实际问题方针政策的学科。

作为国际经济与贸易专业的一门专业基础课,中国对外贸易概论的研究有三大任务:第一,揭示处于社会主义初级阶段的中国发展对外贸易的理论根据、应遵循的客观规律。第二,分析探讨发展对外贸易实践中面临的新环境、新问题、新挑战。第三,阐明有关发展对外贸易的方针、政策,如发展战略、管理体制、管理制度、措施等。

二、中国对外贸易概论的研究内容

根据中国对外贸易概论的研究对象与任务,其研究内容应包括三个方面:

(一)中国发展对外贸易的主要理论依据

中国作为一个还处在并将长期处于社会主义初级阶段的发展中大国,为什么要大力发展对外贸易?如何实现由贸易大国向贸易强国的转变?其理论依据是什么?这是研究和发展中国对外贸易必须首先回答的问题。

马克思主义的国际分工理论不仅科学地证明了一国发展对外经贸关系的客观必然性,而且科学地论证了国际分工的性质,为我国如何参与和利用国际分工指明了方向。西方国际分工理论揭示了一个国家发挥比较优势是分享国际分工和国际贸易利益的基本条件,创造竞争优势是获取国际分工和国际贸易利益的可靠保证。马克思主义的国际价值理论是我们坚持互惠互利,创建公平、和谐对外贸易环境,实现"共赢"的理论基础,指明了科技兴贸才是由贸易大国走上贸易强国的必由之路。马克思主义的社会再生产理论是我们实行改革开放,利用国内外两个市场、两种资源,促进国民经济平衡协调、健康快速发展的指导思想。中国特色社会主义理论为我们在和平与发展仍是时代主题,但国际范围内合作与竞争呈现错综复杂局面的当前形势下,坚持独立自主和参与经济全球化相结合,从国际国内形势的相互联系中把握发展方向,从国际国内条件的相互转化中用好发展机遇,从国际国内资源的优势互补中创造发展条件,从国际国内因素的综合作用中掌握发展全局,提高开放型经济水平,创造参与国际经济合作和竞争新优势树立了旗帜,指明了道路。

(二)中国发展对外贸易的环境

任何经济活动都是在特定的环境中进行的。对外贸易的环境是指发展对外贸易的外部条件或约束性因素。环境因素包括历史环境,即历史的渊源与基础。任何经济活动都是一定历史时代的产物,不同历史环境下的对外贸易必然打上时代的烙印,同时,任何经济活动也都具有继承性,是历史遵循一定规律的展开。制度环境是指直接规范对外贸易活动的经济体制与贸易规范。对外贸易作为不同国家(或地区)之间的交换活动,是在一定的制度框架内进行的,贸易双方必须遵循相互认可的贸易规则和国际性惯例,同时,对外贸易的体制与管理又要适应各自不尽相同的经济体制的要求。中国作为实行社会主义市场经济体制的WTO成员,对外贸易既要遵循WTO的贸易规则,又要适应社会主义市场经济体制的要求,这些共同构成了中国发展对外贸易的制度性环境。政治、经济环境,即制约对外贸易发展规模、结构和速度的国内外政治格局、经济发展水平及其演变趋势。同一个时期,不同国家对外贸易所处的环境不同,同一个国家,不同时期对外贸易所处的环境也是不同的。对外贸易环境影响一个国家对外贸易制度形成、政策制定、贸易发展战略实施、贸易结构演变、贸易经济效益的大小。一个国家发展对外贸易必须随着时代的演进、对外贸易环境的变化而不断调整发展战略、实施不同的政策和措施才能促进对外贸易的发展,发挥对外贸易对国民经济的拉动作用。研究对外贸易环境,主要分析其各种环境因素的特点、演变趋势及其对对外贸易发展的影响。

(三)中国对外贸易管理

对对外贸易实行管理是当代国际贸易的普遍现象。国家不分大小、强弱、社会制度性质,为了自身在国际贸易中的权益和地位,都要在一定理论指导下,根据对外贸易环境的具体状况,通过制定对外贸易发展战略、建立对外贸易管理体制,对对外贸易活动进行规划、控制、监督和管理。对外贸易管理主要涉及以下内容:

1. 对外贸易发展战略。对外贸易发展战略是国家经济发展战略在对外贸易领域的体现,是在比较长时期内有关对外贸易发展的全局性决策和规划。研究对外贸易发展战略,既要分析对外贸易发展战略的基本原则和指导思想,阐述现阶段对外贸易发展战略的具体内涵,还要分析实施对外贸易发展战略面临的问题及其应采取的对策措施。

2. 对外贸易体制。对外贸易体制是对外贸易经营管理体制的简称,指对外贸易的组织形式、机构设置、管理权限、经营分工和利益分配等制度,是经济体制的一个重要组成部分,并与经济体制的其他组成部分有着密切的联系。外贸体制属于上层建筑的范畴,是由经济基础决定并为经济基础服务的,因此,经济体制改革的目标取向决定了对外贸易体制改革的方向、目标、基本原则和内容,对外贸易体制必须随着经济基础的发展变化而相应地变革,才能更好地适应国民经济与对外贸易发展的需要。研究对外贸易体制的重要任务是在总结中国外贸体制改革经验的基础上,分析如何建立既适应社会主义市场经济运行要求,又符合世界贸易组织规范的外经贸管理体制。

3. 对外贸易管理手段。在一个国家的对外贸易管理活动中,对外贸易发展战略的任务是指明对外贸易发展的方向,对外贸易体制的任务是确定对外贸易的组织形式、运行方式及其与其他部门的关系。在对外贸易管理的实践过程中,为了保证对外贸易活动不偏离对外贸易发展战略确定的方向,保证对外贸易体制建立的组织形式、运行方式得以有效运转,还必须通过一定的具体管理手段来规范、干涉、影响对对外贸易活动主体的经营行为。这些管理手段包括立法手段、经济调控手段和行政管理的直接调控手段等。中国对外贸易概论既要分析立法手段、经济手段、行政手段的特点、内容,还要研究如何提高这些管理手段的管理效能。

4. 对外贸易经济效益。对外贸易经济效益,就是通过商品或劳务的对外交换所取得的劳动节约或新增加的价值。获取外贸经济效益,以尽量少的劳动耗费获取尽可能多的经营成果,或者以同样的劳动获得更多的经营成果是对外贸经济经营与管理所追求的目的。对外贸易经济效益的好坏直接关系到国家的整体经济利益和外贸企业的生存与发展,只有取得高水平的经济效益,才能保证对外贸易最大限度地促进国民经济的发展。对外贸易经济效益的高低是衡量国家对外贸易管理水平高低的直接标准。课程的研究任务决定了中国对外贸易概论必须分析影响对外贸易效益大小的因素,提高外贸经济效益的途径,特别要从理论和实践上探讨当前日益凸显的贸易摩擦和贸易风险的解决和规避问题。

5. 对外经贸关系。对外贸易是国家对外开放的前沿和参与国际分工的具体形式。国际贸易由于参与国家之间经济实力、体制政策、各自利益的差异,必然存在矛盾和竞争。中国对外贸易概论必须考察贸易伙伴国家和地区的对外贸易政策,用政治与经济统一的观点研究与不同类型国家和地区的经贸关系,坚持独立自主同参与经济全球化相结合,从国际国内形势的相互联系中把握发展方向,从国际国内条件的相互转化中用好发展机遇,从国际国内资源的优势互补中创造发展条件,从国际国内因素的综合作用中掌握发展全局,用好国际国内两个市场、两种资源,在趋利避害的平等竞争中实现互利、普惠、共赢提供依据,提高我国开放型经济水平,通过自身发展维护世界的和平与发展,通过维护世界和平来发展自己。

6. 对外贸易具体领域的特殊性。随着国际分工的深化,国际贸易已超出单纯货物的范畴,扩展到技术、服务以及资本的国际流动,特别是国际间的直接投资更是与国际贸易密不可分,成为国家对外贸易的有机组成部分。因此,中国对外贸易概论理应依据有关国际经济学原理,分析中国技术贸易、服务贸易和货物贸易的不同特征,面临的发展机遇与挑战,提出促进货物贸易、技术贸易、服务贸易发展的对策措施。在总结中国引进外资已有成果的基础上,分析利用外资的新形势、中国对外直接投资的重要意义以及相关的政策措施。

中国对外贸易概论的研究内容构成如下的逻辑关系:

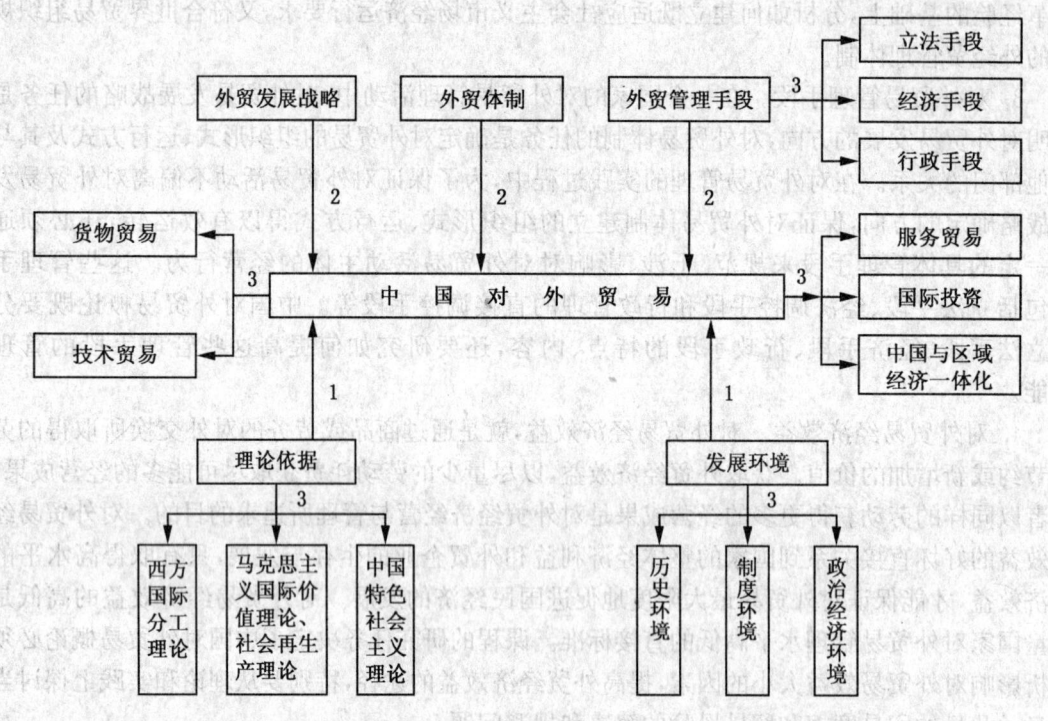

注：1为支撑关系，2为制约关系，3为涵盖关系。

图1—1　中国对外贸易概论研究内容结构示意

第二节　中国对外贸易概论的研究目的与方法

一、中国对外贸易概论课程的性质与特点

　　课程的研究对象、任务与内容决定了中国对外贸易概论是一门理论与实践相结合、历史与现实相联系的综合性外贸专业基础课。理论与实践相结合、历史与现实相联系：一是充分地体现在研究视野方面，既要研究与中国对外贸易相关的理论问题、实践问题，也要研究其相关的历史问题和现实问题。二是体现在研究目的上，理论层面要总结发展对中国对外开放的理性认识。实践层面要具体介绍中国现行对外贸易方针政策、措施的内容，分析其科学合理性，以增强对外贸易经营活动主体执行的自觉性，提高对外贸易的经济效益。历史层面要考察中国对外贸易发展的轨迹，以历史唯物主义的观点汲取历史营养。三是体现在研究方法上，对有关发展中国对外贸易任何问题的研究，都不能把理论、实践、历史、现实割裂开来，孤立地、单层面地进行，而要做到理论与实践相结合、历史与现实相联系，既探讨理论上的合理性，实践上的可行性，又要分析历史上的继承性，现实上的发展性。

　　中国对外贸易概论作为国际经济贸易专业的综合性基础课有两个主要特点：一是宏观性，二是发展性。宏观性体现在课程研究的内容上，主要从宏观层面研究发展对外贸易的有关理论、方针政策和实践问题，而不涉及对外贸易的具体业务问题，以同其他专业课程相区别。发展性指随着中国改革开放、对外贸易的发展，有关对外贸易的理论、方针政策也在发展、变化，中国对外贸易的实践更是会发展变化，课程的研究内容必将不断更新。

二、中国对外贸易概论的教与学

中国对外贸易概论单从教科书行文表面上看,似乎并没有多少深奥难懂的知识点,在教与学的过程中,无论学生还是教师的体验往往都是从没啥可学可教开始,而在学好教好实在太难的感慨中结束,从而成为国际经济与贸易专业教学改革中的一个难点。通过多年的教学实践,我们认为,提高中国对外贸易概论教学质量的关键,在于把握好课程的性质与特点,正确处理理论与实践;讲授内容与教材使用;课堂讲授与讨论和自学三个方面的关系。

(一)理论与实践的有机结合问题

在讲授中国对外贸易概论的教学过程中处理好理论与实践的结合关系,关键是在完整介绍其方针政策措施基本含义的基础上,着力从理论的高度、对外贸易的现实基础、历史与未来发展的逻辑层面等方面阐释清楚这些方针政策措施的理论和实践支撑点;一方面,分析理论问题时要找到其和实践的结合点,不能仅仅从理论到理论;另一方面,分析现实问题时要将其深化到理论的高度,不能就事论事,避免课堂讲授内容的"空"、"泛"、"杂",而要彰显出该课程丰富多彩的现实内涵和诱人的理论魅力。

在讲授中国发展对外贸易的主要基础理论内容时,重点分析这些理论对中国发展对外贸易的相应指导意义。诸如,强调国际分工理论揭示了任何国家都有参与国际分工、国际贸易的基础,发挥比较优势是分享对外贸易利益的基本条件,创造竞争优势是获取对外贸易利益的可靠保障;马克思主义的国际价值理论揭示了互惠互利的和谐环境是发展国际贸易的基本条件,加快科技创新是贸易大国向贸易强国转变的必由之路;马克思主义的社会再生产理论揭示了"引进来"与"走出去"、利用国内外两个市场及两种资源对于优化国内产业结构、实现国民经济高级综合平衡、协调健康发展,发挥着相辅相成、不可偏废的重要作用;中国特色社会主义理论揭示了发展是我党执政兴国的第一要务,改革开放是发展中国特色社会主义的强大动力,科学发展、社会和谐是发展中国特色社会主义的基本要求,奉行互利共赢的开发战略是中国为促进与世界共同发展作出的战略抉择等。

讲授新世纪中国发展对外贸易历史环境时,重点要结合特定的社会政治经济历史条件分析各个阶段对外贸易的特点,以揭示国家一统、社会安定、经济繁荣、国力强盛与对外贸易相互促进、良性循环的规律性。

讲授制度环境时,要结合世界贸易发展的历史和现实、WTO国际贸易规则的特点与要求、中国经济体制改革的进程及要求,重点分析中国对外贸易体制与管理既符合WTO规则,又适应社会主义市场经济体制要求的必然性。

讲授现阶段政治与经济环境时,重点结合国际政治经济、中国社会经济所处阶段的特点及发展趋势,分析我国奉行互利、互惠、共赢发展战略,始终不渝走和平发展道路,拓展对外开放广度和深度,提高开放型经济水平,由贸易大国向贸易强国转变的紧迫性和必然性。

讲授对外贸易发展战略时,理论上要介绍各种发展战略的理论基础,重在结合中国发展对外贸易的国内外现实状况,分析战略的内涵以及战略实施的政策措施。如讲授"科技兴贸"战略时,在理论层面上要联系新经济增长理论,阐述技术进步、经济增长、对外贸易的互动作用。在实践层面上,重在结合世界经济、科技、贸易的现实发展趋势,中国由贸易大国走向贸易强国所面临的各种新矛盾、新挑战,才能把"十二五"规划中关于发展对外贸易的指导思想、奋斗目标、工作任务及保障措施讲透、讲活。

讲授外贸体制改革目标时:一要分析WTO国际贸易规范与完善社会主义市场经济体制的内在要求。二要讲清楚这一目标是我国外贸体制改革进程的自然发展。关于外贸管理手段:一是采用比较分析法,从理论上讲清立法手段、宏观经济调控手段和行政手段的不同特征、相辅相成的作用。二是通过一些具体案例抽象出各种手段的具体内容要求。

讲授货物贸易、技术贸易、服务贸易、国际投资内容时，理论层面要跳出纯贸易学科的圈子，适当渗透到相关产业内，联系有关这些产业发展的经典理论以及货物贸易、技术贸易、服务贸易、国际投资替代与互补关系的理论。实践层面，结合国内外这些贸易领域的现状和发展趋势，分析中国提高贸易竞争力的政策措施。

讲授对外贸易效益时，理论上，要联系马克思主义的价值规律、国际价值学说，阐述影响对外贸易经济效益的因素、宏观效益与微观效益关系。实践上，结合有关现实案例分析透我国当前贸易规模大、效益低，贸易摩擦凸显、贸易风险增大的深层原因，以便增强学生对提高贸易效益政策措施必然性、合理性的认识。

讲授对外贸易关系内容时，理论层面，要特别阐述我国反对把经贸关系与政治挂钩的主张。实践上，要从我国和各种贸易对象发展经济的需要与可能、外贸政策的差异性角度，分析我国发展外贸关系的具体政策措施，避免把处理对外贸易关系坚持的原则与发展世界不同国家(地区)经贸关系的具体政策割裂开来。

(二)讲授内容与教材内容的关系问题

课程内容的发展性决定了中国对外贸易概论教材经常会处于滞后状态。即便作者以尽最大努力、最快速度将不断变化的中国对外贸易有关理论与实践问题融进所编写的教材中，但由于教材出版周期的制约，最少一年内发生的有关中国对外贸易的现实问题，国家出台的新的方针政策难以在教材中得到反映。作为一门本科专业的专业主干课，其教学过程不能脱离教学大纲，任意安排教学内容。然而，教材内容的滞后性又不能完全按照教材的内容讲授，这给中国对外贸易概论的课堂教学带来极大的挑战。解决教材内容滞后性问题的唯一办法，就是及时地把中国对外贸易中的热点问题、国家最新的方针政策措施带进课堂教学中去，并与教学大纲中要求学生掌握的基本理论、基本知识有机结合，使课堂教学内容充分体现课程宏观性、发展性的基本特征。

(三)课堂讲授与讨论、自学的关系

根据多年的教学实践，我们认为，中国对外贸易概论采用课堂讨论为主、课堂讲授为辅的教学模式效果比较好。教师的课堂讲授以提出问题，引导讨论，提升学生的认知能力为目的，充分发挥学生丰富的想像力，激发学生把过去学过的理论知识作为工具，运用到分析中国对外贸易发展现实中来，把学习由被动接受变为主动探究的过程。

第二章

中国发展对外贸易的理论基础

学习要求

掌握国际分工理论、马克思主义的国际价值理论、马克思主义的社会再生产理论和中国特色社会主义理论的基本内容,理解这些理论对中国发展对外贸易的指导意义,从理论高度上认识我国发展对外贸易的重要性和必要性。

第一节 国际分工理论

一、国际分工理论的基本内容

（一）马克思主义的国际分工理论

马克思主义认为国际分工是客观的经济范畴,是人类生产力发展到一定阶段的必然产物。18世纪后期大机器生产的建立,使资本主义的社会化大生产最终形成,以机器技术为基础的社会化大生产的不断发展,必然越出国界,把一系列国家和地区纳入国际分工和国际交换之中,国际分工体系和生产国际化开始形成。19世纪末和20世纪初,发生的第二次科技革命,使国际分工进一步发展,形成了统一的世界市场。马克思和恩格斯针对当时的情况,在《共产党宣言》中明确指出:"资产阶级,由于开拓了世界市场,使一切国家的生产和消费都成为世界性的了"[①];"过去那种地方的和民族的自给自足和闭关自守状态,被各民族各方面的互相往来和各方面的互相依赖所代替了。"[②]国际分工的深化,世界市场的扩大是人类生产力发展的必然结果,又为生产力的大发展创造了必要的前提。由于世界市场的扩大,使资产阶级有可能实现生产力的飞跃发展。"资产阶级在它的不到一百年的阶级统治中所创造的生产力,比过去一切世代创造的全部生产力还要多,还要大。"[③]第二次世界大战后的第三次科技革命,将人类生产力推向更高阶段,国际分工和生产国际化进一步加强,世界各国经济的相互需要和相互依赖达到空前的规模。

马克思不仅从生产力方面科学地分析国际分工产生和发展的客观性,而且从生产关系方面揭示了资本主义国际分工的性质和特征。马克思指出:"一种和机器生产中心相适应的新的国际分工产生了,它使地球的一部分成为主要从事农业的生产地区,以服务于另一部分主要从事工业的生产地区",[④]即资本主义工业国和农业国的国际分工——宗主国与殖民地之间的国际分工。从19世纪末期到第二次世界大战,帝国主义通过资本输出把资本主义生产日益扩大

---

① 《马克思恩格斯选集》第1卷,人民出版社1972年版,第254页。
② 《马克思恩格斯选集》第1卷,人民出版社1972年版,第255页。
③ 《马克思恩格斯选集》第1卷,人民出版社1972年版,第256页。
④ 马克思:《资本论》第1卷,人民出版社1975年版,第494~495页。

到殖民地和半殖民地,造成殖民地经济的单一化和畸形化,从而使宗主国与殖民地之间,发达的工业国与初级产品生产国之间的国际分工日益加深,形成了资本主义国际分工体系。由此可见,并不存在抽象的国际分工,资本主义国际分工的形成和发展是建立在资本主义生产关系的基础上的。因此,资本主义国际分工必然带有强制、畸形和剥削的性质和特征,具有控制和被控制、剥削和被剥削的关系。

(二)西方的国际分工理论

西方国际分工、国际贸易理论是探讨国际贸易分工发生的原因、贸易利益、贸易格局变动的理论,发展至今,已经有200多年的历史,经历了古典国际贸易理论、新古典国际贸易理论和现代国际贸易理论等阶段,这些理论反映了国际分工和国际贸易发展不同阶段的特点。通过对这些理论进行认真归纳,可以找到对中国发展对外贸易的理论支撑和重要借鉴。

1. 比较优势是西方国际分工理论的基础

西方国际分工理论中,从亚当·斯密的绝对优势理论到大卫·李嘉图比较优势理论再到赫克歇尔—俄林的生产要素禀赋理论,理论分析的基础都是比较优势。他们认为比较优势是国际贸易产生的基础。"两利相权取其重,两弊相权取其轻",无论一个国家处于什么发展阶段,经济力量是强是弱,都能找到各自的相对优势,以比较优势为基础参与国际分工和国际贸易,都可以从中获得贸易利益。

2. 西方国际分工理论强调规模经济和产业内贸易

规模经济是指随着产品产量的增加,单位产品成本不断下降的一种经济状态。美国经济学家保罗·克鲁格曼对规模经济进行了很有影响的研究。他抛弃了传统贸易理论关于规模收益不变和完全竞争的假设前提,认为如果某种产品的生产具有规模经济的特点,并且这种产品是差异产品,那么,即使两国的要素禀赋、技术、偏好等均无差异,不存在比较优势,但各国可以根据规模经济的原理,集中资源生产差异产品,创造竞争优势,以较低的成本和价格,参与国际分工和国际贸易,获取国际贸易利益,对规模经济的追求也是国际贸易产生的重要原因。产业间贸易是比较利益实现的形式,产业内贸易是规模经济实现的形式。规模经济理论为国际贸易理论建立了一个新的分析框架。

3. 西方国际分工理论注重国家竞争优势的建立

20世纪80年代,美国哈佛大学迈克尔·波特教授,继承和发展了传统的比较优势理论,在《国家竞争优势》一书中提出了"国家竞争优势"理论,为国际贸易理论的发展作出了巨大的贡献。国家竞争优势理论着重讨论了特定国家的企业在国际竞争中赢得优势地位的各种条件,认为在开放型经济背景下,一国产业结构状况并不是一成不变的,各国产业发展具有很强的能动性和可选择性,固有的比较优势不应成为谋求增强国际竞争优势的障碍。

波特认为,企业在国际上的竞争优势来源于其所在国的国家竞争优势。一个国家竞争优势是以下四个因素相互作用的结果。

(1)生产要素。波特把生产要素分为初级生产要素和高级生产要素两种。初级生产要素包括天然资源、气候、地理位置、非技术人工和半技术人工等,这些要素是被动继承的,或是仅需要简单的私人及社会投资就能拥有的。高级生产要素通常是创造出来的,如信息、人力技能、技术、研发的载体或创造者等。一个国家想要通过生产要素建立起产业的强大且持久的竞争优势,必须发展高级生产要素,但初级生产要素的数量与素质又是创造高级生产要素所不能缺少的基础。波特还认为:"生产要素优势有它重要的动力特征,像知识、科学或产品改善等高级生产要素的标准就是持续发展的","生产要素如果不能持续升级和专业化,它对竞争优势的价值就会越来越低"。因此,政府、企业、行业协会和个人应共同对高级生产要素进行持续投资,进行动态地开发和升级以获得持续的竞争优势。可见,国家竞争优势论的生产要素观不仅整合了比较优势论中的众多要素理论,而且进一步完善了生产要素相互关系的论述。

(2)需求条件。波特认为,国内市场的需求会刺激企业的改进和创新,是产业发展的动力,同时,内需市场的大小对企业能否形成规模经济有着重要的影响。波特进一步发展了林德的代表性需求贸易理论,认为即便是需求结构相似的国家,仍然存在着各自特有的需求特点,这些需求的差异使不同国家在不同产品或产业上具备了竞争优势。

(3)相关及支持性产业。波特开创性地把产业集群理论与国际竞争力的形成联系起来,认为如果在一个国家的一定区域内能为某个产业聚集起健全而且具备国际竞争力的相关和支持性产业,从而形成强大的产业集群,则不仅有利于降低交易成本,而且有助于改进激励方式,创造出信息、专业化制度、名声等集体财富,更能改善创新的条件,更容易形成产业的竞争优势。

(4)企业战略、结构和竞争因素。这一因素是指企业的建立、组织和管理以及该行业的竞争状态。波特认为,企业的目标、战略和组织结构往往随产业和国情的差异而有所不同,各种差异条件的最佳组合便形成了国家竞争优势。来自本国竞争者的压力会使企业时时有落后的忧患意识和超前的欲望,是推动企业创新的动力。更为重要的是,"强劲的良性国内市场竞争与随之而来的长期竞争优势,事实上是外国竞争者无法复制的"。

除上述四个因素外,一国的机遇和政府的作用,对形成该国的国际竞争地位也起辅助作用。机遇包括重要发明、技术突破、生产要素供求状况的重大变动(如石油危机)以及其他突发事件。政府因素是指政府通过政策调节来创造竞争优势。波特认为以上影响竞争的因素共同发生作用,促进或阻碍一个国家竞争优势的形成。

按照波特的观点,贸易模式应该是:出口四个因素都有利的产业的产品,进口那些四个因素都不利的产业的产品。

二、参与国际分工是获得对外贸易利益的必然选择

依据马克思主义关于资本主义生产关系决定资本主义国际分工的强制和剥削性质的理论,我国作为社会主义国家,积极参与和利用国际分工,大力发展对外经贸事业,在同西方资本主义国家的经贸关系中一方面存在着相互需要、相互依存,促进双方经济发展的内容;另一方面又存在控制和反控制、剥削和反剥削的斗争。总之,马克思主义的国际分工理论不仅科学地论证了一国发展对外经贸关系的客观必然性和必要性,而且科学地论证了国际分工的性质,为我国参与和利用国际分工指明了正确的方向。同时,我们也应当从西方国际分工理论中获得有益的营养,积极合理地参与国际分工,从中获得贸易利益。

(一)发挥比较优势——分享对外贸易利益的基本条件

比较优势理论从劳动分工原理出发,在人类认识史上第一次论证了贸易互利性原理,克服了重商主义"贸易利益零和"观点的缺陷。这种贸易分工互利的"双赢"理念仍然是当代各国扩大对外开放,积极参与国际分工贸易的指导思想。一个国家,一个民族,闭关自守肯定落后,以邻为壑的贸易保护主义政策,只会导致"两败俱伤"的结果。

面对经济全球化和加入世贸组织的新形势,中共十六大报告提出,要"实施市场多元化战略,发挥我国的比较优势,巩固传统市场,开拓新兴市场,努力扩大出口"。中国作为一个中等收入水平的发展中国家,地区发展不平衡,其比较优势主要表现在两个方面:一是基础性优势。我国人口众多,自然资源种类多,总量较为丰富,集中表现为劳动力、土地等总体上低成本的优势;我国处在经济快速增长期,在众多产品和服务上具备世界上最大的需求增长潜力,有利于形成规模经济,降低生产成本;有一定技术含量的以组装加工为重点的制造业优势正在逐步形成,相当数量的工业制成品产量在世界上位居前列,成为国际市场的重要供应者和有力竞争者。二是多元化优势。由于我国生产力水平和产品结构具有多层次性的特点,在国际市场上,能够适应不同发展水平的国家,具有各不相同的比较优势。相对于发达国家,我们的比较优势主要集中在劳动和资源密集型的产业、产品上;而相对于水平较低的发展中国家,我们的比较优势主要集中在资本和技术方面。从整体上看,在较长一段时间内劳动力成本相对较低仍然是我们最大的比较优势。宏观经济学的原理表明,宏观层次上的资源利用不足和利用过度都是经济缺乏效率的表现,过早地放弃传统的比较优势,只会导致欲速则不达。中国作为一个后起的发展中国家,若目前全力发展资本、技术密集型的产品出口,将面临严重的要素投入约束,这些要素包括资本、技术、人才等。继续发挥传统的以要素禀赋和比较成本为核心的比较优势可以为新兴的、资本(或技术)密集型产业积累资金、技术,培养企业家才能,从而为技术创新、突破生产要素的投入"瓶颈"和促使传统的劳动密集型产业逐步升级打下基础。在资本技术密集型的产业中,包括高新技术产业中也有劳动密集型的生产环节。我们应破除劳动密集型产业就一定是技术落后产业,以及发展高新技术产业就不能利用我们劳动力成本优势的观念,充分利用发达国家进行产业结构调整的机会,将其技术相对先进的劳动密集型产业或生产环节转移过来。为此,要在发展技术含量较高的劳动密集型产业和生产环节以及在经营环节中形成自己的比较优势是加快中国经济发展的努力方向之一。

(二)创造竞争优势——获取对外贸易利益的可靠保障

根据迈克尔·波特的国家竞争优势理论,如果一国的产业想在国际市场上获得和保持竞争优势,政府必须采取一些政策和措施从事要素的培养和创造,特别是高级要素的培养和创造。

在当今国际市场上,劳动密集型产品的比较优势并不一定具有国际竞争优势。首先,劳动密集型产品的国际需求日益减少。国际贸易的主要目的现已不再是互通有无,而是尽可能地占领国际市场,以获得更大的国际贸易利益。为此,国际生产越来越倾向于以需求为导向。而从需求结构看,传统的劳动、资源密集型产品已趋饱和,国际消费需求结构以及相应的投资需求结构已向更高层次转换。我国出口的劳动密集型产品加工程度低、技术含量少、产品质量不高,这种中低档次劳动密集型工业制成品出口,面对的只能是日益缩小的国际市场和日益下降的价格水平,与发达国家高技术工业制成品交换的贸易条件越来越恶化。其次,劳动密集型产品的需求弹性小、附加值低,易出现出口的"贫困化增长"。而且我国的劳动密集型产品出口市场过于集中,生产地区分布也极不均匀,使我国产品易遭受国际经济波动的影响和冲击。再次,过分强调劳动密集型产品出口将抑制我国出口商品结构的提高。最后,发达国家对发展中国家歧视性的贸易政策使我国劳动密集型产品出口受到诸多壁垒的阻碍,在国际市场上发展的空间越来越有限。鉴于我国目前的经济发展水平,虽然自然资源和劳动力资源的比较优势还必须利用,但根据波特的国家竞争优势理论,目前中国发展对外贸易最为关键的课题是如何扩大规模经济效应,通过国家的创新机制,增强自主创新能力实现由比较优势向竞争优势的转变,避免跌进比较利益的陷阱。

第二节 马克思主义的国际价值理论

一、马克思主义国际价值理论的基本内容

马克思应用劳动价值论来考察世界市场,创立了"国际价值理论",为分析国际分工和国际贸易的发展奠定了科学基础。

(一)商品的国际价值量取决于"世界劳动的平均单位"

马克思曾经指出:"资产阶级,由于开拓了世界市场,使一切国家的生产和消费都成为世界

性的了。过去那种地方的和民族的自给自足和闭关自守状态,被各民族各方面的互相往来和各方面的相互依存所代替了。"① 任何国家要生存和发展,都必须进行商品的国际交换。国与国之间千差万别的商品如何进行交换,比例关系怎么确定等都需要寻找解决办法。这就是用国际价值来衡量国际市场上不同商品价值的大小。商品的国际价值和国别价值作为一般人类劳动的凝结物,在本质上是完全相同的,而在量上则是不同的。国别价值量是由该国生产该商品的社会必要劳动时间所决定的。在世界市场上,商品的国际价值,不是取决于各国的社会必要劳动时间或国民平均劳动时间,而是决定于"世界劳动的平均单位",这个劳动的平均单位,就是在世界的平均技术条件下,在各国劳动者的平均劳动强度下,生产某种商品时所需要的世界社会必要劳动时间。"国家不同,劳动的中等强度也就不同;有的国家高些,有的国家低些。于是各国的平均数形成一个阶梯,它的计量单位是世界劳动的平均单位"②,由此决定的国际价值量,是世界市场上衡量商品经营优劣的客观标准。劳动消耗少于这个标准的是先进者,在国际竞争中处于有利地位,多于这个标准的是落后者,在国际竞争中处于不利地位,可见,国际价值量是商品生产经营者的生命线。

(二)贸易参加国的贸易量是影响商品国际价值量变化的主要因素

影响商品国际价值量变化的因素除了国际分工和世界市场联系的广度与深度、劳动生产率和劳动强度外,在世界市场上影响商品国际价值量的直接因素是贸易参加国的贸易量。

(1)如果绝大多数国际贸易商品是在大致相同的正常的各个国家的社会必要劳动时间下生产出来的,则国际社会必要劳动时间就是该商品各个国家的社会必要劳动时间。在这种情况下,商品国别价值与国际价值基本上是一致的。

(2)假定投到国际市场上的该商品的总量仍旧不变,然而在较坏条件下生产的商品的国别价值,不能由较好条件下生产的商品的国别价值来平衡,导致在比较坏的条件下生产的那部分商品,无论同中间生产条件生产的商品相比,还是同较好条件下生产的商品相比,都构成一个相当大的量,那么,国际价值就由在较坏条件下生产而出口的大量商品来调节。

(3)假定在高于中等条件下生产的商品的出口量,大大超过在较坏条件下生产的商品的出口量,甚至同中等条件下生产的商品的出口量相比也构成一个相当大的量,那么,国际价值就由在较好条件下生产的那部分商品来调节。

(三)等价交换是国际价值规律的客观要求

国际价值是世界市场价格的基础,它是在国别价值的基础上形成的。任何国家所生产的商品的价值内容,都是由抽象的社会劳动所决定的。当资本主义破坏了分散的自然经济,并把地方市场结合成全国市场,随后又结合成世界市场之后,社会劳动便获得全面的发展,它不仅是作为个别国家的劳动,而且是作为世界上一切国家的劳动,当商品交换变成世界性交换的时候,社会劳动便具有普遍的国际性质。商品真正的国际价值性质,是在国际贸易的基础上形成的。国民劳动具有世界劳动的资格,最重要的条件就是以国际分工为基础的世界市场的形成和发展,从这个意义上说,经济全球化和世界市场是国际价值形成的土壤和温床。马克思主义指出,商品交换要以商品的国际价值为基础实行等价交换,商品的价格以国际价值为中心上下波动,但从长期来看,国际商品交换必然趋于等价交换。在国际市场上,国际价格与国际价值相背离,是经常的事情,国际价格受供求关系和竞争等因素的影响自发地围绕价值上下波动,这正是国际价值规律作用的表现形式。

"一个国家的资本主义生产越发达,那里的国民劳动的强度和生产率,就越超过国际水平。

---

① 《马克思恩格斯选集》第1卷,人民出版社1995年版,第276页。
② 马克思:《资本论》第1卷,人民出版社1975年版,第614页。

因此,不同国家在同一劳动时间内所生产的同种商品的不同量,有不同的国际价值。"[①]因此,生产效率和劳动强度小的发展中国家在世界市场上处于十分不利的地位,处于被剥削的状态。那么,为什么发展中国家还要进入世界市场进行商品交换呢?马克思又科学地指出:由于存在国内价值和国际价值的比较差异,在正常情况下,贸易双方都可能通过国际交换,实现以较少的劳动消耗,获得较多的劳动产品。因为暂时落后的国家,在国际交换中"所付出的实物形式的物化劳动多于它所得到的。但是它由此得到的商品比它自己所能生产的更便宜。"[②]由此可见,落后国家在出口方面吃亏,而在进口方面获利。因此,根据价值规律进行交换,两国都能节约社会劳动获取经济利益,满足各自的需要,实现"双赢"。

二、利用国际价值规律实现对外贸易的价值增值

(一)坚持互惠互利——创建和谐的对外贸易环境

国际价值规律要求按照国际价值量进行等价交换,任何国家的商品生产经营者,在国际价值面前一律平等,遵循这个要求,就是维护商品等价交换的正常关系和秩序。国际经济新秩序是在主权平等、和平共处的基础上,建立互相合作、平等互利的国际经济关系,积极推动这种关系的建立,能为我国经济的发展营造一种相对公平的国际经济环境,有利于鼓励和促进各种生产要素在全球范围内全面、充分、合理流动。因此,国际价值理论成为我们构建国际经济新秩序,实现"双赢"的理论基础。国际分工合理有序,就要求改变发达国家长期霸占上游产业,而发展中国家永远从事低水平劳动密集型生产的现状。相互依存应该是各个社会成员、各个国家之间更为平等的依存。相互依存不是后进对先进、弱势对强势、小国对大国的依附。

目前,我国已成为世界贸易大国,对外贸易对我国经济的影响举足轻重。我们要继续坚持独立自主的和平外交政策,巩固和加强同发展中国家的团结合作这个基本立足点,拓宽合作领域,提高合作效益。坚持与邻为善、以邻为伴的周边外交方针,把同周边国家的互利合作推向新水平。扩大同发达国家的共同利益,妥善处理各种矛盾和问题,推动相互关系进一步改善和发展,创建和谐的对外贸易环境。

(二)加快科技创新——扩大贸易中的价值增量

马克思关于国际交换可能使双方互利的原理,揭示了通过国际交换,使双方互利的客观可能性。处于有利条件下的国家,在国际交换中以较少的劳动换回较多的劳动;处于不利条件下的国家,所付出的实物形式的物化劳动多于它所得到的,但是它由此达到的商品比它自己所能生产的更便宜。但值得警惕的是,我们绝不能仅仅考虑眼前贸易利益,忽视了国民经济发展的全局和长期利益,如果仅仅从当前的国际交换利益出发来参加国际分工,对外贸易停留在以三个工作日换欧美一个工作日的阶段,只能使国家的经济片面发展,永远处于落后的地位。

按照马克思主义的国际价值理论,在一定的条件下,对外贸易可以实现或得到更多的价值,从而增加一国的价值总量。发达国家之所以能在国际分工中处于有利地位,取决于其较高的生产效率和知识密集度,从而使其产品的国别价值能够低于国际价值。国家技术能力包含两方面的内容:一是有形的技术能力,表现为创新主体技术存量水平的增加;二是隐含的技术能力,表现为创新主体的成员所拥有的知识、技术技能以及组织经验等。实施科技兴贸战略,大力发展科技教育,形成人力资源优势,提高自主创新能力,实现出口商品结构的优化是我国扩大贸易价值增量,推动由贸易大国向贸易强国转变的必由之路。

[①] 《马克思恩格斯全集》第23卷,人民出版社1972年版,第614页。
[②] 《马克思恩格斯全集》第25卷,人民出版社1974年版,第265页。

> **案例** 　　各国争占世界技术创新制高点

为抢占科学技术的制高点,许多国家都把强化科技创新作为国家战略,把科技投资作为战略性投资,大幅度增加科技投入,并超前部署和发展前沿技术及战略产业,实施重大科技计划,着力增强国家创新能力和国际竞争力。

美国总统奥巴马多次呼吁要加强自主创新,强调通过保持美国的世界创新中心地位以带动经济增长;俄罗斯总统梅德韦杰夫在国情咨文中指出,俄罗斯经济的重点是知识产业和新技术产业;欧盟一些国家出台一系列发展新能源和科技创新的政策;日本突破关键技术,使迅速崛起的新兴节能环保型产业成为国家的重要经济技术。

《中华人民共和国国民经济和社会发展第十二个五年规划纲要》提出,要深入实施科教兴国战略和人才强国战略,加快建设创新型国家。

资料来源:光明网,2011年3月22日。

第三节　马克思主义的社会再生产理论

一、马克思主义社会再生产理论的基本内容

马克思主义的社会再生产理论即社会总产品的实现论。所谓社会总产品,是指物质生产部门在一定时期内(通常为一年)所生产的全部物质资料的总和。社会总产品既是生产的结果,又是再生产的条件,是人类社会存在和发展的物质基础。社会总产品有两种形式,即价值形式和实物形式。马克思认为在商品经济发达的社会中,社会总产品在价值形式上由 $c+v+m$ 三部分所构成。c 代表消耗掉的不变资本的价值部分,v 和 m 是当年全部活劳动创造的新价值。社会总产品在实物形式上,按照其各个组成部分的最终用途,可以分为生产资料和消费资料两大部类,与此相适应,整个社会的生产部门可以划分为生产生产资料和生产消费资料两大部类。社会再生产实现的核心问题在于实现社会总产品的价值补偿和实物替换,即所有的生产部门在市场上,一是能把全部产品卖掉,收回价值,实现价值补偿。二是要把已消耗掉的各种物质资料买回来,实现物质替换,也就是要求社会必须将社会总资本按一定的比例分配到各个经济部门,两大部类之间满足一定比例关系,保证社会总供给必须等于社会总需求。只有这样社会再生产才能顺利发展,取得较高的经济发展速度和好的经济效益。马克思社会再生产理论深刻揭示了社会再生产顺利进行的基本条件,对于指导社会化大生产条件下的商品生产和商品流通具有重要的意义。

二、利用对外贸易实现国民经济高级综合平衡

依据马克思主义社会再生产理论,社会再生产必须保持国民经济的综合平衡。国民经济综合平衡有三种形态:第一种是原始的国民经济综合平衡,即扩大再生产完全建立在封闭的民族经济自我循环的基础上,不发展对外贸易,国民经济综合平衡只能建立在短线经济部门的基础上,社会扩大再生产的客观比例关系得不到满足,许多长线和中线经济部门的产品将脱离社会扩大再生产的轨道。这样,民族经济的内在力量不能全部投入社会扩大再生产,严重影响社会再生产的规模和经济发展速度。第二种是中等水平的国民经济综合平衡。在这种情况下,积极发展对外贸易,进行实物形态的转换,根据扩大再生产的需要,以我所有,换我所无,以长线产品,换短线产品,使国民经济各部门之间及其内部得到调剂和补充。这样,就可以使民族经济的内在力量基本上都能进入社会再生产活动,从而可以扩大社会再生产的规模,加快经济

发展的速度,取得较好的社会经济效益。毫无疑问,发展这样的对外贸易,比不发展对外贸易,不参加国际分工,是一个巨大的进步。因为,这时的对外贸易对国民经济各部门起着积极的作用,但是我们要认识到,在现代化大生产时代,以进定出,出口仅仅是为了进口,进口是为了填补国内再生产需求的空缺,这种调剂余缺的对外贸易还不能充分参与和利用国际分工,发挥对外贸易"经济增长发动机"的效应,实现生产要素的优化配置,扩大社会再生产合理规模,提高国民经济发展质量和规模效益。第三种是高级的国民经济综合平衡。在当代科学技术飞跃发展、国际间经济合作进一步加强的大环境下,为了更有效地利用本国资源,充分发挥本国优势,以实现扩大社会再生产规模,客观上要求把国内外资源和国内外市场有机地结合起来,促进社会再生产比例关系的平衡协调,建立高起点的国民经济综合平衡,从而取得最佳的规模经济效益。

在经济全球化快速发展的时代,国际间的相互需要和依赖进一步加强。我国社会主义扩大再生产是在生产国际化高速发展的情况下进行的,如果我们不积极参与和利用国际分工,不充分利用国际条件,而将经济建设基本上建立在本国经济自我循环的基础上,就不能更有效地利用本国资源,发挥本国优势,达到大规模节约社会劳动、迅速发展生产力的目的。依据马克思的社会再生产理论,我们必须发挥对外贸易在经济发展中的杠杆和推动作用,建立起以国内资源和市场为主,国内外资源和市场有机结合的新的经济循环,满足扩大再生产的要素比例要求,实现高水平的国民经济综合平衡。

全面建设小康社会的宏伟目标,以及科学发展观的提出,进一步奠定了实现国民经济高级综合平衡发展的理论和政策基础。要促进国民经济高级综合平衡,就要加快经济体制改革和对外开放的步伐,通过开展以对外贸易为核心的对外经济关系,在把握好宏观调控的条件下,让国内经济更合理地融入世界经济。在"引进来"的同时实施"走出去"战略,积极利用国外市场和资源推进产业结构的调整和升级,推动我国经济协调健康发展。

第四节 中国特色社会主义理论

一、中国特色社会主义理论的基本内容

中共十七大把新时期29年来党的理论创新和实践发展相结合的全部伟大成果集中起来,创造性地对改革开放新时期党的理论创新成果进行了科学整合,首次提出了中国特色社会主义理论体系,强调坚持中国特社会主义道路和中国特色社会主义理论体系是我们改革开放以来取得一切成绩和进步的根本原因。并强调中国特色社会主义伟大旗帜是当代中国发展进步的旗帜,高举中国特色社会主义旗帜,最根本的就是要坚持中国特色社会主义道路和中国特色社会主义理论体系。这"一条道路"、"一个理论体系"和"一面旗帜",鲜明地回答了我国在新时期的发展道路、奋斗目标和指导思想的理论基础。中共十七大报告指出,中国特色社会主义理论体系,是包括邓小平理论、"三个代表"重要思想以及科学发展观等重大战略思想在内的科学理论体系。

(一)邓小平理论的基本内容

邓小平理论是围绕"什么是社会主义,怎样建设社会主义"这个基本问题,第一次比较系统地初步回答了在中国这样一个经济文化比较落后的国家如何建设社会主义的科学理论。

1.社会主义的根本任务是发展生产力

这是邓小平理论的立足点和归宿点,像一条主线贯穿理论体系的始终。具体包括以下几个方面:

(1)发展生产力是马克思主义基本原理的要求。马克思主义基本原理告诉我们,生产力和生产关系的矛盾、经济基础和上层建筑的矛盾是人类社会的基本矛盾。在人类社会的基本矛盾中,生产力决定生产关系,经济基础决定上层建筑。因此,人类社会的发展,归根结底是生产力作用的结果。马克思在《共产党宣言》中指出:无产阶级在夺取政权后,将利用自己的政治统治,"一步一步地夺取资产阶级的全部资本,把一切生产工具集中在国家即组织成为统治阶级的无产阶级手里,并且尽可能快地增加生产力的总量"。[1] 列宁在十月革命后也反复强调:"无产阶级取得国家政权以后,它的最主要、最根本的需要就是增加产品数量,大大提高社会生产力。"[2] 对此,邓小平做了精辟的概括:"马克思主义的基本原则就是要发展生产力"[3]。

(2)发展生产力是社会主义本质的要求,是解决社会主义发展过程中各种问题的关键和基础。关于什么是社会主义,革命导师都做过探索。马克思、恩格斯以社会主义建立在发达资本主义基础之上为出发点,曾预测社会主义应具有生产资料公有制、社会化大生产、不存在商品生产和货币交换、个人消费品按劳分配、国家消亡和人们具有高尚的道德风貌和高度的文化水平六大基本特征。列宁根据苏维埃的经验认为,在社会主义阶段,所有制是国家所有制和合作所有制;还有商品和交换;按劳分配要借助商品货币关系;存在劳动的社会差别以及还需要无产阶级专政的国家等。毛泽东第一次明确提出社会主义社会的基本矛盾仍然是生产力和生产关系之间、经济基础和上层建筑之间的矛盾,这种基本矛盾的特点在于不是对抗性的,可以经过社会主义制度本身的不断改革和完善来解决。由于历史和实践的局限性,革命导师们都没有从理论上真正回答什么是社会主义和怎样建设社会主义。邓小平结合中国改革开放的实践揭示了社会主义的本质内涵:一是解放和发展生产力,二是消灭剥削和消除两极分化,三是最终达到共同富裕。解放和发展生产力是社会主义本质的内核,消灭剥削和消除两极分化和最终达到共同富裕是社会主义本质内核展开的结果,是社会主义的最终目的。在社会主义社会,主要矛盾是人民日益增长的物质文化需要同落后的社会生产之间的矛盾,要解决这个矛盾,必须大力发展生产力。可见,社会主义本质的首要内容和根本之处就是解放生产力,发展生产力。发展生产力是社会主义本质的内在规定,是实现消灭剥削,消除两极分化,最终达到共同富裕这一目的必不可少的物质条件和基本要求。除了主要矛盾外,社会主义社会还存在着其他矛盾和问题,包括经济问题、政治文明建设问题、精神文明建设问题等。这些问题的解决,都必须以物质文明的建设为基础,以生产力的巨大发展为条件,不大力发展生产力,没有社会物质财富的迅速积累和增加,就谈不上社会的全面发展和进步。正因为如此,邓小平才提出,一切问题的"核心是现代化建设。这是我们解决国际问题、国内问题的最主要的条件。"[4]

(3)发展生产力是社会主义兴衰成败的关键。社会主义制度的优越性,就在于它最终能创造出比资本主义和一切私有制社会更高的劳动生产率,使人民不断增长的物质文化生活需要能够逐步得到满足,能够消灭剥削,消除两极分化,实现共同富裕。能否大力发展生产力,决定着社会主义国家综合国力的强弱,"如果在一个很长的历史时期内,社会主义国家生产力发展的速度比资本主义国家慢,还谈什么优越性?"[5] 又何以谈到社会主义国家在和资本主义国家的竞争中取得胜利。

2. 改革开放是中国现代化的必由之路

(1)改革是为了解放和发展生产力。无产阶级夺取政权以后,建立了社会主义经济制度和

---

[1] 《马克思恩格斯选集》第1卷,人民出版社1995年版,第293页。
[2] 《列宁全集》第42卷,人民出版社1987年版,第369页。
[3] 《邓小平文选》第3卷,人民出版社1993年版,第116页。
[4] 《邓小平文选》第2卷,人民出版社1993年版,第240页。
[5] 《邓小平文选》第2卷,人民出版社1993年版,第128页。

政治制度,适应了生产力和经济基础的要求,但是,刚建立起的经济制度和政治制度不可能完美无缺,它需要经历一个从不成熟到比较成熟,从不完善到比较完善的长期发展过程。这个长期发展过程,根据实践经验的启示,要通过一系列符合实际、相互衔接的改革来实现的。只有通过改革,才能及时正确地解决经济、政治、文化的具体制度上存在的问题和矛盾,改变那些不符合生产力发展要求的管理形式、管理方法,使它们不断地适应和促进社会生产力以及各项社会主义事业的发展。邓小平根据社会主义基本矛盾的原理,指出:"社会主义基本制度确立以后,还要从根本上改变束缚生产力发展的经济体制,建立起充满生机和活力的社会主义经济体制,促进生产力的发展,这是改革,所以改革也是解放生产力。"①中国共产党领导的第一次革命,把一个半殖民地半封建的旧中国变成了一个社会主义新中国。现在进行的改革虽然不是改变社会制度的根本性质,而是要从根本上改变束缚我国生产力发展和社会发展的经济体制、政治体制、科技体制、教育体制、文化体制等多种具体制度,以扫除发展社会生产力的障碍。以市场经济为目标模式的改革是对传统计划经济模式进行一种带有根本性的变革,它所触动的利益调整范围十分广泛,将使人们的利益关系发生一系列重大而深刻的变化,必然会引起人们的行为规范、生活方式、精神状态、价值观念和是非标准的重大转变。"生产关系和上层建筑的改革,不会是一帆风顺的,它涉及的面很广,涉及一大批人的切身利益,一定会出现各种各样的复杂情况和问题,一定会遇到重重障碍。"②但不改革,社会主义就不能前进;不改革,中国就没有出路。这种把一个经济文化比较落后的社会主义中国变成一个富强民主文明的现代化的社会主义中国的改革,在解放和发展生产力的重大意义上讲,就是一场新的革命,"是中国的第二次革命"。③

(2)全方位的对外开放是一项长期的基本国策。对外开放就是在平等互利的基础上积极扩大对外交流与合作,实现我国经济与世界经济的互接互补,国内市场与世界市场的相互衔接。现代生产力的发展,使社会分工不断地扩大和深化,超出一国的范围形成生产的国际化;商品经济的发展,世界市场的形成,使各国的生产、交换和消费越出国家的界限。世界上任何一个国家,即使是科学技术和经济十分发达的国家,也不可能掌握一切先进的科学技术和生产工艺,生产本国所需要的所有产品。每一个国家,都需要国际交流和合作,世界各国的发展都必须实行对外开放。邓小平站在时代发展的前列,从世界经济、政治发展全局的高度,深刻地认识到"现在的世界是开放的世界",中国的发展离不开世界。社会主义国家从诞生之日起,就是在国际分工、生产国际化高度发展的基础上进行社会再生产活动的;同时,由于社会主义是在资本主义世界的薄弱环节中产生的,在经济建设中又必然会面临着技术落后和资金不足的困难。因此,社会主义国家在经济发展战略思想上必须充分认识国际分工和生产国际化的高度发展是历史发展的进步趋势,对外开放是发展社会主义生产力的需要,也是国内外经济发展规律的客观要求。只要国际环境允许,就必须实行对外开放,积极参与和利用国际分工,既要依靠本国的市场、资金、资源、技术和管理经验,又要积极利用国外的市场、资金、资源、技术和管理经验。这样,经济技术落后的社会主义国家就能较快地吸收人类在长期内创造的先进技术和积累的经验,就有可能在较短的时间内走完先进国家走过的路程,再经过艰苦努力,就能赶上或超过世界发达国家的水平。所以,实行对外开放不是权宜之计,而是我国一项长期的基本国策,将贯穿于我国现代化建设的整个进程。"如果开放政策在下一世纪前五十年不变,那么到了后五十年,我们同国际上的经济交往更加频繁,更加相互依赖,更不可分,开放政策就更

---

① 《邓小平文选》第3卷,人民出版社1993年版,第370页。
② 《邓小平文选》第2卷,人民出版社1993年版,第152页。
③ 《邓小平文选》第3卷,人民出版社1993年版,第113页。

不会变了。"①我国的对外开放不是局部的或有限的开放,而是要全方位、多渠道、多层次、大视野的开放。不仅沿海地区要开放,沿边、沿江和内地都要开放;不仅要对国外开放,国内各地区之间也要相互开放;不仅要对发达国家开放,也要对其他社会主义国家和广大发展中国家开放;不仅要开放市场,也要开放思想;不仅要引进外国资金、科学技术、管理经验、成套的设备,也要吸取外国一切对我们有益的知识文化和文明成果。为适应经济全球化趋势的发展,我们要以更加积极的姿态走向世界,坚持"引进来"和"走出去"战略相结合,全面提高对外开放水平,在更大范围、更广领域和更高层次上参与国际经济技术合作和竞争,充分利用国际、国内两个市场、两种资源,以开放促改革、促发展。实施"走出去"战略是对外开放新阶段的重大举措。实行对外开放,既要向外国开放我们的市场,同时又要开拓国外市场,只进不出或是只出不进,都不是完全的开放。"'引进来'与'走出去'是对外开放的两个轮子,必须同时转动起来,"②缺一不可。

(二)"三个代表"的思想内涵和内在联系

"三个代表",即中国共产党始终代表中国先进社会生产力的发展要求、始终代表中国先进文化的前进方向、始终代表中国最广大人民的根本利益。"三个代表"的重要思想是以江泽民为核心的党中央基于对国内外形势、党的历史任务和党的建设实际,从事关党和国家前途命运的高度作出的战略思考。

始终代表中国社会先进生产力的发展要求,是中国共产党的崇高使命,是坚持中国共产党先进性的一个决定性条件。生产力是推动人类社会发展的决定性力量,生产力的发展是社会发展的集中体现,而且还是具有可测度的客观标志。代表了先进生产力的方向就代表了社会的发展方向。中国共产党的最终奋斗目标是实现共产主义,而共产主义社会只能建立在生产力高度发展的基础上。中共十七大修改的中国共产党党章指出"发展是我们党执政兴国的第一要务。各项工作都要把有利于发展社会主义社会的生产生产力,有利于增强社会主义国家的综合国力,有利于提高人民的生活水平,作为总的出发点和检验标准"。无论新民主主义革命还是社会主义革命和建设我们党的一切奋斗,归根结底都是为了解放和发展生产力。代表先进的社会生产力,就要了解和把握世界生产力的最新发展趋势,根据我国生产力的发展状况,遵循生产力发展的规律,为生产力的发展指明方向、开辟道路、创造条件、提供保障。

始终代表先进文化的发展方向,是中国共产党带领中国人民取得革命胜利和建设成功的关键所在。文化是一个民族、国家区别于其他民族和国家的重要标志,先进文化是人类文明进步的结晶,是推动人类社会发展的思想保证、精神动力和智力支持,是综合国力的组成部分。文化的先进与否,决定着一个民族、国家的兴衰和命运。有中国特色社会主义的文化就是当代中国先进的文化,代表着当前乃至今后相当长时期中国先进文化的前进方向。先进文化包括先进的思想道德和先进的科学文化。代表先进的文化,就是要科学生动地宣传、倡导和推广有中国特色的社会主义文化,兴起社会主义文化建设的新高潮。

始终代表最广大人民群众的根本利益,是无产阶级政党区别于其他政党的显著标志,是中国共产党的本质特征。中国共产党八十年的全部历史,就是全心全意为人民谋利益的历史。党的理论、纲领和党所制定的路线、方针、政策都集中反映和体现了人民群众的根本利益。中国共产党除了工人阶级和广大人民群众的利益之外,没有自己的特殊利益。国以民为本,党以民为基。党要代表先进的社会生产力发展的要求,代表先进文化的发展方向,其根本的出发点和归宿点都是为了代表最广大人民群众的根本利益。违背了最广大人民群众的利益,就失去

---

① 《邓小平文选》第3卷,人民出版社1993年版,第103页。
② 《江泽民文选》第3卷,人民出版社2006年版,第457页。

了执政的基础。

"三个代表"的重要思想是一个互相联系、辩证统一的整体。代表先进生产力的发展方向，不断解放和发展生产力，增强国家的经济实力和科技实力，才能为建设有中国特色的社会主义文化和实现人民群众的根本利益提供雄厚的物质基础，保证民族的复兴和人民安居乐业。只有不断发展和繁荣社会主义文化，不断提高社会主义精神文明水平，才能为发展生产力提供强大的精神动力和保障，才能不断满足人民群众日益增长的精神文化生活需要；只有不断提高人民群众的物质文化生活水平，不断实现、发展和维护人民群众的利益，中国的改革开放、经济建设才会具有坚实的群众基础，人民群众才会积极投身于发展中国特色社会主义事业中去。

(三)科学发展观的科学内涵

科学发展观是同马列主义、毛泽东思想、邓小平理论和"三个代表"重要思想既一脉相承又与时俱进的科学理论。中共十七大报告系统地阐述了科学发展观的科学内涵。

科学发展观的第一要义是发展。改革开放以来取得的一切成果，都是建立在发展基础之上的。只有一心一意把握发展规律、创新发展理念、转变发展方式、破解发展难题，提高发展质量和效益，坚持用发展的办法解决前进中的问题，才能在发展中国特色社会主义过程中，通过自身发展维护世界的和平与发展，通过维护世界和平来发展自己。

科学发展观的核心是以人为本。人的解放、自由和全面发展是社会进步的最高目标。以人为本是马克思主义历史唯物论的基本原理，是中国共产党全心全意为人民服务的根本宗旨的集中体现。科学发展就是要做到发展为了人民，发展依靠人民，发展成果由人民共享。

科学发展观的基本要求是坚持全面协调可持续的发展。全面发展就是以经济建设为中心，全面推进经济、政治、文化、社会建设，实现经济发展和社会全面进步。协调发展就是指各方面的发展要相互适应，即做到统筹城乡发展、统筹区域发展、统筹经济社会发展、统筹人与自然和谐发展、统筹国内发展和对外开放。可持续发展就是指发展进程要有持久性、连续性。坚持生产发展、生活富裕、生态良好的文明发展道路，建设资源节约型、环境友好型社会。

科学发展观的根本方法是统筹兼顾。即在发展过程中要统筹城乡发展、区域发展、经济社会发展、人与自然和谐发展、国内发展和对外开放；统筹中央和地方关系；统筹个人利益和集体利益、局部利益和整体利益、当前利益和长远利益；统筹国内和国际两个大局，为发展营造良好的国内国际环境。

二、发展中国特色社会主义的必然要求

中国特色社会主义是经济、政治、文化的统一。当今世界正在发生广泛而深刻的变革，国际范围内合作与竞争呈现出错综复杂的局面；我国社会主义建设事业也面临着许多新情况、新问题和深层次的矛盾。先进生产力和先进文化都具有开放性和创新性的特征，发展生产力和先进文化都需要积极吸收一切外来优秀文明成果。只有坚持改革开放，才能敏锐地把握先进生产力、先进文化发展的特点、趋势，站在社会生产力发展的最前沿，满足最广大人民群众不断增长的物质和文化需要的利益要求，更好、更快地发展中国特色社会主义，实现中华民族的伟大复兴。如果闭关锁国，对先进生产力、先进文化和人民群众利益的发展要求茫然无知，因袭不前，不仅不能推进我国生产力的解放和发展，而且会被不断发展的时代所淘汰。

中共十七大报告总结了深化改革开放的历史经验，指出只有改革开放才能发展中国、发展社会主义、发展马克思主义。我国已经从封闭半封闭型经济转变为开放型经济，中国经济在世界的地位越来越重要，但我国还是发展中国家，发达国家在经济上、科技上占优势将长期存在，伴随着同国际社会联系日益紧密,风险也随之增加,从对统筹国内发展和对外开放提出了更高要求的现实出发,提出要发展中国特色社会主义,实现中华民族的伟大复兴,必须提高开放型经济水平,形成经济全球化条件下参与国际经济合作和竞争的新优势。为此,一要坚持对外开放的基本国策,把"引进来"和"走出去"更好地结合起来,扩大开放领域,优化开发结构,提高开放质量。二要完善内外联动、互利共赢、安全高效的开放型经济体系。三要深化沿海开放、加快内地开放,提升沿边开放,实现对内对外开放相互促进。四要加快转变外贸增长方式,立足以质取胜,调整进出口结构,促进加工贸易转型升级,大力发展服务贸易。五要创新利用外资方式,优化利用外资结构,发挥利用外资在推动自主创新、产业升级、区域协调发展等方面的积极作用。六要创新对外投资与合作方式,支持企业在研发、生产、销售等方面开展国际化经营,加快培育我国的跨国公司和国际知名品牌。七要积极开展国际能源资源互利合作。实施自由贸易区战略,加强双边多边经贸合作。八要采取综合措施促进国际收支基本平衡,注重防范国际经济风险。

我国《国民经济和社会发展第十二个五年规划纲要》第十二篇题为"互利共赢、提高对外开放水平",为我国下一步扩大开放指明了方向。具体包括完善区域开放格局、优化对外贸易结构、统筹"引进来"与"走出去"、积极参与全球经济治理和区域合作四个方面的内容。

"十二五"规划纲要指出,适应我国对外开放由出口和吸收外资为主转向进口和出口、吸收外资和对外投资并重的新形势,必须实行更加积极主动的开放战略,不断拓展新的开放领域和空间,扩大和深化同各方利益的汇合点,完善更加适应发展开放型经济要求的体制机制,有效防范风险,以开放促发展、促改革、促创新。

1. 完善区域开放格局

坚持扩大开放与区域协调发展相结合,协同推动沿海、内陆、沿边开放,形成优势互补、分工协作、均衡协调的区域开放格局。具体包括以下几个方面:

(1)深化沿海开放。全面提升沿海地区开放型经济发展水平,加快从全球加工装配基地向研发、先进制造和服务基地转变。率先建立与国际化相适应的管理体制和运行机制,增强区域国际竞争软实力。推进服务业开放和国际服务贸易发展,吸引国际服务业要素集聚。深化深圳等经济特区、上海浦东新区、天津滨海新区开发开放,加快上海国际经济、金融、航运、贸易中心建设。

(2)扩大内陆开放。以中心城市和城市群为依托,以各类开发区为平台,加快发展内陆开放型经济。发挥资源和劳动力比较优势,优化投资环境,扩大外商投资优势产业领域,积极承接国际产业和沿海产业转移,培育形成若干国际加工制造基地、服务外包基地。推进重庆两江新区开发开放。

(3)加快沿边开放。发挥沿边地缘优势,制定和实行特殊开放政策,加快重点口岸、边境城市、边境(跨境)经济合作区和重点开发开放试验区建设,加强基础设施与周边国家互联互通,发展面向周边的特色外向型产业群和产业基地,把黑龙江、吉林、辽宁、内蒙古建成向东北亚开放的重要枢纽,把新疆建成向西开放的重要基地,把广西建成与东盟合作的新高地,把云南建成向西南开放的重要桥头堡,不断提升沿边地区对外开放的水平。

2. 优化对外贸易结构

继续稳定和拓展外需,加快转变外贸发展方式,推动外贸发展从规模扩张向质量效益提高转变、从成本优势向综合竞争优势转变。具体包括以下几个方面:

(1)培育出口竞争新优势。保持现有出口竞争优势,加快培育以技术、品牌、质量、服务为核心竞争力的新优势。提升劳动密集型出口产品质量和档次,扩大机电产品和高新技术产品出口,严格控制高耗能、高污染、资源性产品出口。完善政策措施,促进加工贸易从组装加工向研发、设计、核心元器件制造、物流等环节拓展，延长国内增值链条。完善海关特殊监管区域政策和功能，鼓励加工贸易企业向海关特殊监管区域集中。鼓励企业建立国际营销网络，提高开拓国际市场能力。积极开拓新兴市场，推进出口市场多元化。

(2) 提升进口综合效应。优化进口结构，积极扩大先进技术、关键零部件、国内短缺资源和节能环保产品进口，适度扩大消费品进口，发挥进口对宏观经济平衡和结构调整的重要作用，优化贸易收支结构。发挥我国巨大市场规模的吸引力和影响力，促进进口来源地多元化。完善重要农产品进出口调控机制，有效利用国际资源。

(3) 大力发展服务贸易。促进服务出口，扩大服务业对外开放，提高服务贸易在对外贸易中的比重。在稳定和拓展旅游、运输、劳务等传统服务出口的同时，努力扩大文化、中医药、软件和信息服务、商贸流通、金融保险等新兴服务出口。大力发展服务外包，建设若干服务外包基地。扩大金融、物流等服务业对外开放，稳步开放教育、医疗、体育等领域，引进优质资源，提高服务业国际化水平。

3. 统筹"引进来"与"走出去"

坚持"引进来"和"走出去"相结合，利用外资和对外投资并重，提高安全高效地利用两个市场、两种资源的能力。

(1) 提高利用外资水平。优化结构，引导外资更多投向现代农业、高新技术、先进制造、节能环保、新能源、现代服务业等领域，鼓励投向中西部地区。丰富方式，鼓励外资以参股、并购等方式参与境内企业兼并重组，促进外资股权投资和创业投资发展。引进海外高层次人才和先进技术，鼓励外资企业在华设立研发中心，借鉴国际先进管理理念、制度、经验，积极融入全球创新体系。优化投资软环境，保护投资者合法权益。做好外资并购安全审查。有效利用国外优惠贷款和国际商业贷款，完善外债管理。

(2) 加快实施"走出去"战略。按照市场导向和企业自主决策原则，引导各类所有制企业有序开展境外投资合作。深化国际能源资源开发和加工互利合作。支持在境外开展技术研发投资合作，鼓励制造业优势企业有效对外投资，创建国际化营销网络和知名品牌。扩大农业国际合作，发展海外工程承包和劳务合作，积极开展有利于改善当地民生的项目合作。逐步发展我国大型跨国公司和跨国金融机构，提高国际化经营水平。做好海外投资环境研究，强化投资项目的科学评估。提高综合统筹能力，完善跨部门协调机制，加强实施"走出去"战略的宏观指导和服务。加快完善对外投资法律法规制度，实施投资保护，签订避免双重征税等多双边协定。健全境外投资促进体系，提高企业对外投资便利化程度，维护我国海外权益，防范各类风险。"走出去"的企业和境外合作项目，要履行社会责任，造福当地人民。

4. 积极参与全球经济治理和区域合作

扩大同发达国家的交流合作，增进相互信任，提高合作水平。深化同周边国家的睦邻友好和务实合作，维护地区和平稳定，促进共同发展繁荣。加强同发展中国家的团结合作，深化传统友谊，维护共同利益。积极开展多边合作。

推动国际经济体系改革，促进国际经济秩序朝着更加公正合理的方向发展。积极参与二十国集团等全球经济治理机制合作，推动建立均衡、普惠、共赢的多边贸易体制，反对各种形式的保护主义。积极推动国际金融体系改革，促进国际货币体系合理化。加强与主要经济体宏观经济政策协调。积极参与国际规则和标准的修订制定，在国际经济、金融组织中发挥更大作用。

加快实施自由贸易区战略，进一步加强与主要贸易伙伴的经济联系，深化同新兴市场国家和发展中国家的务实合作。利用亚太经合组织等各类国际区域和次区域合作机制，加强与其他国家和地区的区域合作。加强南南合作。优化对外援助结构，创新对外援助方式,增加对发展中国家民生福利性项目、社会公共设施、自主发展能力建设等领域的经济和技术援助。

本章小结

国际分工理论从国际分工、国际贸易的发展与生产力发展之间的辩证关系,阐明国际贸易发展的客观必然性。马克思不仅从生产力方面科学地分析国际分工产生和发展的客观性,而且从生产关系方面揭示了资本主义国际分工的性质和特征。西方国际分工、国际贸易理论探讨了国际贸易分工发生的原因、贸易利益、贸易格局变动等问题,为我国参与和利用国际分工提供了依据。国际分工理论要求我们应该在积极发挥比较优势的同时,努力创造竞争优势。

马克思主义国际价值理论认为:商品的国际价值量取决于"世界劳动的平均单位";贸易参加国的贸易量是影响商品国际价值量变化的主要因素;等价交换是国际价值规律的客观要求。利用国际价值规律可以实现对外贸易的价值增值,我们要通过坚持互惠互利,加大科技创新,维护和争取我国的贸易利益。

马克思社会再生产理论深刻揭示了社会再生产顺利进行的基本条件,对于指导社会化大生产条件下的商品生产和商品流通具有重要的意义。它客观地要求把我们国内外资源和国内外市场有机地结合起来,促进社会再生产比例关系的平衡协调,建立高起点的国民经济综合平衡,从而取得最佳的规模经济效益。

中国特色社会主义理论体系是包括邓小平理论、"三个代表"重要思想以及科学发展观等重大战略思想在内的科学理论体系,是我国发展对外贸易的指导思想。社会主义的根本任务是发展生产力,实现经济社会、人与自然的和谐发展是中国特色社会主义的立足点和归宿点。改革开放是中国现代化的必由之路。提高开放型经济水平,创造参与国际经济合作和竞争新优势,是发展中国特色社会主义的必然要求。

思考题

一、简述题

1. 比较优势理论对我国开展对外贸易有何指导作用？
2. 新贸易理论对于中国发展对外贸易有什么借鉴意义？
3. 马克思主义的国际价值理论对我国的对外贸易有哪些指导作用？
4. 如何利用对外贸易实现国民经济高级综合平衡？
5. 简述中国特色社会主义理论体系的基本内容及对我国提高对外开放水平的指导意义。

二、案例分析题

综观三十多年的改革开放,中国制造创造的辉煌有目共睹,在这次伦敦奥运会上,中国制造可谓独领风骚。根据奥运会官方网站信息,伦敦奥运会900项不同种类的奥运官方纪念品中,"中国制造"占到65%。2010年中国制造业在全球制造业总产值中所占的比例已达到19.8%,超过美国的19.4%,成为世界第一制造业大国。

与此同时,中国制造业正遭遇"成长的烦恼"。烦恼来自两方面:一是一些高端制造业,在美国"再工业化"战略背景下,面临回流倾向;二是一些低端制造业,受制于中国人力成本上升、土地价格上涨和转型升级需要,向越南、马来西亚等东南亚国家转移。

比较典型的现象是,在广东、江苏和山东等地,原本看重中国廉价劳动力的一些台资、韩国企业,开始考虑向劳动力和土地更为廉价的东南亚转移。阿迪达斯宣布在2012年10月关闭其在中国苏州的最后一家自有工厂,一些台湾老板开始组团到东南亚进行投资商务考察,最大的小商品集散基地义乌已逐步向半成品集散中心转变,东南亚国家、"金砖国家"等发展中国家的客商把半成品从义乌运回国内组装。

商务部的数据也显示,"中国制造"优势发生微妙变化。外商直接投资(FDI)自2011年11月份以来,大多数月份处于负增长,其中2012年6月FDI同比回落6.87%,只有5月份同比出现0.05%的短暂正增长。

问题:在金融危机后美国"再工业化"战略和中国劳动力成本逐步上升的双重背景下,中国应如何发挥其比较优势？

第三章

中国发展对外贸易的环境分析

学习要求

了解中国发展对外贸易的历史环境；掌握WTO的基本贸易原则及规则；熟悉社会主义市场经济体制对中国对外贸易的现实要求；理解中国发展对外贸易的政治与经济环境。

第一节 中国发展对外贸易的历史环境

任何经济活动都是一定历史时代的产物，不同历史环境下的对外贸易必然打上时代的烙印。同时，任何经济活动也都具有继承性，是历史遵循一定规律的展开。中国对外开放经济思想源远流长，历史上很早就与其他文明古国有着经济、政治、文化等方面的交流。丝绸之路的开辟、郑和下西洋等在中国古代贸易史上留下了光辉的篇章，也是当代中国发展对外贸易应该继承的珍贵遗产。近代半殖民地半封建社会时期对外贸易的衰落与屈辱值得铭记与反思。新中国计划经济时期对外贸易的曲折历程，特别是改革开放以来对外贸易快速发展的过程更是需要我们认真总结与借鉴。

一、封建社会的对外贸易

（一）封建社会对外贸易的发展历程

中国古代社会对外贸易历史悠久，萌芽于夏商周，发展于两汉，繁荣于唐宋元时期，衰落于明清。在夏商时代中国的中原地区已和外界发生了经济文化交流，至两汉时期，陆上"丝绸之路"开辟，标志中国对外贸易进入新阶段。从此中国与中亚、西亚及南亚间贸易往来频繁。经过魏晋南北朝时期的民族大融合，在唐宋时期中国封建文化达到了一个新的高峰。唐宋元时期奉行积极发展海外贸易的政策，一方面通过海外贸易活动加强中外政治经济联系，维护国际威望，满足上层社会对海外奇珍异宝的奢侈性需求；另一方面通过优待外商，保护外商合法权益等发展海外贸易增加政府财政收入。从16世纪起中国进入明清时代，与资本主义经济的世界扩张不同，明清政府采取消极的外贸政策，闭关、行商制度、限额出口等，导致对外经济交往无法顺利展开。

（二）封建社会对外贸易的特点

1. 对外贸易规模有限，以奢侈消费品为主

封建社会是自给自足的自然经济，由于交通运输工具落后、科学技术限制，导致交易商品的种类很少，贸易量有限。历史上对外贸易鼎盛时期的唐宋元时期，其比较稳定的外贸地区仅仅局限在中亚、西亚、南亚以及东亚朝鲜、日本等国家。中国对外输出商品主要包括丝绸、瓷器、纸、茶叶、书籍、火药等，进口域外商品主要包括香料、农作物新品种、马匹等，数量有限。其中很多商品是为了满足统治阶级对奇珍异宝的偏好，所以奢侈消费品在进出口贸易中占据相

当大的比重。

2. 对外贸易不以营利为主，而以加强友好往来，经济文化交流为主要目的

明朝最著名的"郑和七下西洋"，船载无数宝物，远涉重洋，遍访亚非三十六国，开辟了太平洋至印度洋的航线，在人类航海史上写下了辉煌的一页，对后来东西方贸易产生了巨大的推动作用。但其主要性质却是"宣威异域"的"朝贡贸易"，很少关注贸易利益的多少。

3. 后期采取"闭关锁国"政策

由于担心统治地位的不稳固，自明朝初期开始，统治阶级实行对外贸易的"海禁"。所谓"海禁"，是指明朝政府禁阻私人出洋从事海外贸易的政策，又称洋禁，始于明初，直至明末，未曾撤销，清朝延续了这一政策。清朝前期（1840年鸦片战争以前），满清统治阶级更是将"海禁"发展为"闭关锁国"。1757年清政府将通商口岸限制在广州"一口"，而在广州又采取一切进出口贸易均通过"十三行"开展的政策，对外贸易实行垄断，规定外商不能与广大的中国自由商人进行接触。同时，对进出口商品的品种和数量也实行严格的限制。

专栏　　　　　　　　丝绸之路和茶马古道

丝绸之路通常是指欧亚北部的商路，与南方的茶马古道形成对比，简称丝路，是指西汉（公元前202年～公元8年）时，由张骞出使西域开辟的以长安（今西安）为起点，经甘肃、新疆，到中亚、西亚，并联结地中海各国的陆上通道。在通过这条漫漫长路进行贸易的货物中，中国的丝绸最具代表性，"丝绸之路"因此得名。丝绸之路不仅是古代亚欧互通有无的商贸大道，还是促进亚欧各国和中国的友好往来、沟通东西方文化的友谊之路。历史上一些著名人物，如，出使西域的张骞，投笔从戎的班超，西天取经的玄奘，他们的一些故事都与这条路有关。自从张骞通西域以后，中国和中亚及欧洲的商业往来迅速增加。通过这条贯穿亚欧的大道，中国的丝、绸、绫、缎、绢等丝制品，源源不断地运向中亚和欧洲，因此，希腊、罗马人称中国为赛里斯国，称中国人为赛里斯人，所谓"赛里斯"即"丝绸"之意。19世纪末，德国地质学家李希霍芬将张骞开辟行走的这条东西大道誉为"丝绸之路"。

茶马古道源于古代西南边疆和西北边疆的茶马互市，兴于唐宋，盛于明清，第二次世界大战中后期最为兴盛。茶马古道分川藏、滇藏两路，连接川滇藏，延伸入不丹、尼泊尔、印度境内（此为滇越茶马古道），直到西亚、西非红海海岸。川藏茶马古道始于唐代，东起雅州边茶产地雅安，经打箭炉（今康定），西至西藏拉萨，最后通到不丹、尼泊尔和印度，全长近4000余公里，已有1300多年历史，具有深厚的历史积淀和文化底蕴，是古代西藏和内地联系必不可少的桥梁和纽带。滇藏茶马古道大约形成于公元六世纪后期，它南起云南茶叶主产区西双版纳易武、普洱市，中间经过今天的大理白族自治州和丽江市、香格里拉进入西藏，直达拉萨。有的还从西藏转口印度、尼泊尔，是古代中国与南亚地区一条重要的贸易通道。

资料来源：节选自中国经济网，2012年5月21日。

二、半殖民地半封建社会的对外贸易

（一）半殖民地半封建社会对外贸易的发展概况

1840年鸦片战争之后到清朝灭亡，这段时间的中国实际上是一个从闭关自守到被迫打开大门的过程。经过两次鸦片战争和1894年的中日甲午战争，中国基本上失去了对外贸易的控制权，不仅中国的对外贸易基本上由欧美商人垄断，连中国的通商口岸海关等也都受到西方列

强的控制,甚至关税的变动都要经外方同意。到19世纪末20世纪初,中国自明清开始的闭关锁国政策在西方列强的炮舰下土崩瓦解。

1842年中英签订《南京条约》,中国从此开始逐渐失去了对外贸易的控制权。此后,随着《望厦条约》、《天津条约》、《马关条约》等一系列不平等条约的签订,中国的大门被西方列强彻底打开,成为西方资本主义世界市场的一个组成部分。这一阶段中国进口的主要是鸦片、棉制品、棉花、煤油、糖类、粮食、钢铁等;出口商品仍然是初级产品,其中丝、茶处于主要地位。

1911年辛亥革命推翻了清王朝后,民国政府经过多年努力,于1930年前后收回了关税自主权,但从民国建立到1949年中华人民共和国成立,中国对外贸易仍然受到西方列强的控制,进口产品主要是棉布、棉纱、钢铁、面粉、煤油、糖、机器及工具等,出口产品仍主要是茶、丝、豆类及其他农产品和矿产品。随着美国、德国和日本的崛起,中国的主要贸易伙伴则逐渐由英国和法国变成了美国、日本和德国。

(二)半殖民地半封建社会对外贸易的特点

1. 半殖民地性质,没有独立的对外贸易主权

中国对外贸易受到西方资本主义列强的控制与干涉,处于附属地位。如《南京条约》规定中英贸易关税必须"双方共同议定",关税自主权丧失导致关税率大幅度下降,平均只有5%～6%。

2. 贸易规模小,地区发展不平衡

中国进出口贸易额占据世界贸易比重小,虽然有所发展,但是发展速度和规模都有限;进出口商品结构不合理,由于西方列强大量向中国倾销工业制成品而收购原材料,导致中国成为发达国家的原材料供应地;中国东部地区由于其地理优势开展对外贸易较早,进出口数额多,而中西部地区仍然相对闭塞,对外贸易有限。

3. 长期不平等交易,使对外贸易条件恶化

从1877年到1911年的35年中,中国外贸逆差累计达到15.6亿美元,从1911年到1948年的37年中,外贸逆差累计超过56.9亿美元。连年贸易逆差,导致中国白银大量外流,国力日贫,人民购买能力下降,贸易条件更加不利。

三、社会主义初级阶段的对外贸易

(一)计划经济时期的对外贸易(1949～1978年)

1950～1957年是我国国民经济恢复与重建时期,对外贸易实现了总额上的翻番增长,1957年外贸总额达到32.1亿美元,其中出口额10.2亿美元,并实现了顺差。这一时期我国出口商品结构主要是大米、棉布、活猪、黑钨纱、煤炭、绸缎、厂丝、抽纱、服装等少数初级产品和劳动密集型产品;进口商品结构为钢材、天然橡胶、化肥、棉花、有色金属、食糖、粮食、化纤等工业原料产品和农产品加工品。主要贸易伙伴是苏联,其相互贸易占中国对外贸易总额的57%;贸易方式以易货贸易和港澳转口为主。

1958～1962年,由于"大跃进"对外贸生产基础的破坏和对苏联外交关系破裂,加上国内三年自然灾害造成的困难,我国对外贸易呈下降趋势。由1959年的43.8亿美元锐减为1962年的26.6亿美元。1963～1966年对外贸易的下降趋势得到遏制,并出现逐步回升,其中1966年外贸总额超过历史最高水平。然而对外贸易受"文革"的严重破坏,连续三年出现滑坡。1970～1977年,"文革"进入后期,我国恢复在联合国大会的合法席位及外交上的突破,国内经济秩序和国际政治环境有所改善,使对外贸易取得了一定的进展。1973年,我国对外贸易总

额第一次突破百亿美元大关,1978年,外贸总额进一步突破200亿美元大关。其间我国出口商品结构始终以传统的农产品、初级产品及其加工品为主。在进口商品结构方面,主要是为满足广大人民的日常生活需要的食品及轻工业产品,从1970年开始外贸商品结构有所改善,主要体现为出口产品的加工程度有所提高,原材料、成品油、厂丝、服装、抽纱等商品出口额增加幅度较大,而进口商品中工业原料和基础建设材料的进口增长也被放在优先的位置上。主要贸易伙伴也由单一的苏联扩展到以欧、美、日为主的资本主义国家。

(二)改革开放以来的对外贸易(1978年至今)

1978年中国确立改革开放国策,伴随着社会主义市场经济体制的建立,对外贸易体制也不断改革和完善,对外贸易进入了一个快速发展的新时期。其发展过程可分为四个阶段。

1. 外贸放权过渡时期的对外贸易(1978~1988年)

1978~1988年是我国对外贸易取得重大突破的时期。随着改革开放的逐步深入,我国长期僵化的对外贸易体制开始松动,逐步由外贸统制专营转变为简政放权,对外贸易取得了较快的发展。

1978~1988年间,我国外贸总额由206.4亿美元大幅度增加为1 027.9亿美元,增长了3.98倍,首次突破千亿美元大关。其中,出口贸易额由97.5亿美元增加到475.2亿美元,进口贸易额从108.9亿美元增加到552.8亿美元,两者分别增长3.87倍和4.08倍,呈直线上升趋势。我国对外贸易的国际地位迅速上升,出口贸易额在世界的排名从第26位上升为第16位。对外贸易商品结构发生了实质性的变化。工业制成品在出口商品贸易额中所占的比重由1980年的49.7%上升为1988年的69.7%,在进口商品贸易额中的比重则由65.2%提高到81.8%;初级产品在出口、进口商品结构中的比重则由50.3%和30.8%分别下降为30.3%与18.2%。工业制成品在我国进出口贸易中占据主要地位意味着我国对外贸易商品结构进入"加速转型"时期。

2. 外贸体制改革深化时期的对外贸易(1988~1995年)

1988年,我国全面推行对外贸易承包经营责任制,1991年开始转变外贸企业经营机制,按现代企业制度改组外贸公司,有力地促进了外贸的发展。1988~1995年,外贸总额由1 027.9亿美元增加为2 808.5亿美元。年均增长率高达21.7%,超过同一时期国民经济11.6%的增长率。贸易收支也由1988年逆差77.6亿美元转变为1995年顺差166.9亿美元。

外贸商品结构继续优化,贸易商品构成中,工业制成品出口的比重由1988年的69.7%上升为1995年的85.6%,机械及运输设备类出口商品增长6倍以上,并于1995年实现了以机电产品出口为主代替传统的纺织品出口为主的历史性变化。进口贸易商品构成中,工业制成品所占比重始终居于80%以上,1995年为81.5%,机械与运输设备类产品(占50.1%)及国内紧缺原材料产品的进口占主导地位。

3. 外贸体制改革新时期的对外贸易(1995~2001年)

20世纪90年代中期以来,世界经济增长放缓。1994年,中国政府开始了以汇率并轨为核心的新一轮外贸体制改革,改革外汇管理体制,发挥汇率对外贸的重要调控作用;运用经济、法律手段完善对外贸易的宏观管理;加强外贸经营的协调服务机制等,有力地促进了对外贸易的发展。2001年我国外贸进出口总额达5 097.7亿美元,同比增长7.5%。传统的大宗商品如纺织品、化工产品等进出口增长缓慢,而机电产品、高新产品出口却呈高速增长,出口增幅分别为15%和25.4%。机电产品出口占全部出口的比重为44.6%,其增量占全国出口增量的比重达到80%。在进出口贸易的区域分布中,亚洲地区占56.52%,欧洲地区占19.15%,北美洲地区占17.24%,市场结构多元化得到长足发展。

4. 中国加入WTO过渡期的对外贸易(2001～2006年)

2001年12月11日中国加入世贸组织以来,对外贸易外部环境的改善以及中国经济的持续高速增长,共同推动中国对外贸易进入了高速发展期,无论在规模、结构,还是在质量、效益上,都取得了举世瞩目的成绩。(1)贸易规模迈上新台阶。2006年进出口达到17 607亿美元,年均增长28.1%,其中出口9 691亿美元,年均增长29.5%;进口7 916亿美元,年均增长26.6%。进出口在世界的排名由第6位上升到第3位。(2)贸易结构不断优化。2006年,出口产品中机电产品所占比重达到56.7%,高新技术产品所占比重达到29%;进口产品中,能源原材料等初级产品所占比重上升到23.6%。从经营主体结构看,市场化程度高的民营企业2006年进出口达到3 077亿美元,年均增长55.4%,在进出口总额中的比重上升到17.5%,企业抗风险能力提高。

5. 国际金融危机前后我国的对外贸易(2007～2012年)

2007年8月9日美国次贷危机爆发,多国中央银行多次向金融市场注入巨额资金,也无法阻止这场金融危机的爆发,直到2008年,这场金融危机开始失控,并导致多家相当大型的金融机构倒闭或被政府接管。在全球金融风暴中,中国对外贸易也受到了严重的冲击。

经过调整,2011年中国的对外贸易取得了不错的成绩。(1)进出口贸易再创历史新高。中国对外贸易进出口总额达到36 420.59亿美元,同比增长22.51%。其中,中国出口总额达到18 986.00亿美元,同比增长20.32%;中国进口总额达到17 434.59亿美元,同比增长24.99%,其中出口额居世界第一位,进口额仅次于美国,居世界第二位。(2)对外贸易平衡状况持续得以改善。2008年以后,中国历年的贸易顺差开始逐年减少。2011年全年中国实现对外贸易顺差1 551.41亿美元,这是我国在2008年达到贸易顺差顶峰之后的连续第三年下降,贸易平衡状况得到了进一步的改善。(3)对外贸易方式持续得以优化。出口方面,2006年,中国的一般贸易出口额占出口总值的比例为42.96%,此后逐年增加,到2011年,这一比例增加到48.31%,增加了5.34个百分点;来料加工装配贸易出口和进料加工贸易出口所占的比例则是逐年减小,二者的比例分别从2006年的9.75%和42.92%下降到2011年的5.67%和38.33%,分别下降了4.08个和4.59个百分点。进口方面也显示出同样的趋势,2006年,中国的一般贸易进口额占进口总额的比例为42.06%,此后也呈现出逐年增加的趋势,到2011年,这一比例增加到57.79%,增加了15.70个百分点;来料加工装配贸易进口和进料加工贸易进口所占的比例也是逐年减小,二者的比例分别从2006年的9.33%和31.29%下降到2011年的5.37%和21.58%,分别下降了3.96个和9.71个百分点。(4)对外贸易市场持续多元化。2011年,中国对欧、美、日等发达国家的出口份额持续下降,对自由贸易伙伴以及新兴市场国家的出口份额不断上升。

通过对外贸易的历史环境分析可以发现,历史上但凡国家一统、民族团结、社会安定的时期,对外贸易交往国家就多,进出口贸易额规模大,增长速度快,进出口商品结构合理,贸易增长质量和效益明显提高,同时对外贸易的顺利发展,也带动国内经济的发展,进而促进国家经济繁荣、国力强盛,形成对外贸易与国内经济发展的良性循环。

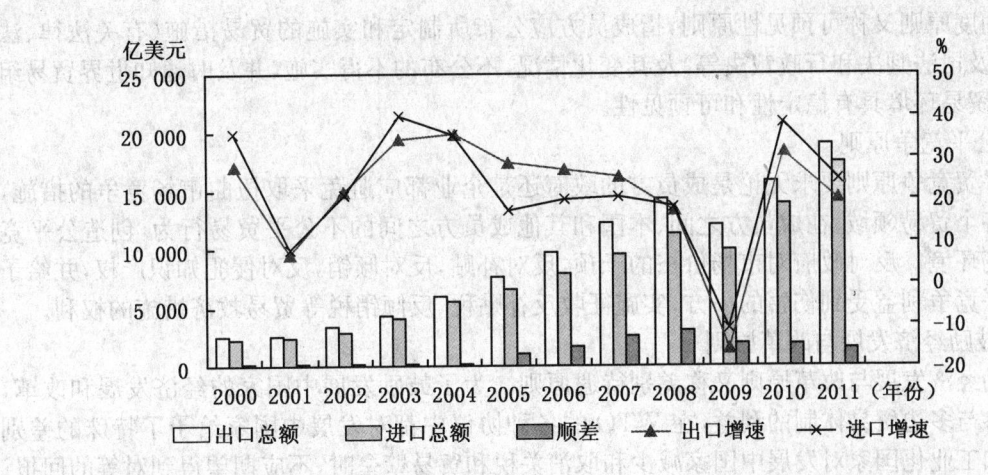

资料来源:2000~2011年《中国统计年鉴》。

图3—1 2000～2011年中国对外贸易进出口情况

第二节 中国发展对外贸易的制度环境

对外贸易作为不同国家(或地区)之间的交换活动,是在一定的制度框架内进行的。贸易双方必须遵循相互认可的贸易规则和国际性惯例。同时,对外贸易的体制与管理又要适应各自不尽相同的经济体制的要求。中国作为实行社会主义市场经济体制的WTO成员,对外贸易既要遵循WTO的贸易规则,又要适应社会主义市场经济体制的要求,这些共同构成了中国发展对外贸易的制度性环境。

一、WTO基本原则构建了中国发展对外贸易的规范框架

世界贸易组织(World Trade Organization,WTO)是当今世界最重要的多边贸易与经济组织。2001年12月11日中国加入WTO,作为世界贸易组织的正式成员,中国发展对外贸易的管理与实践必须履行加入WTO时的承诺和相应的义务,以WTO的基本原则和具体规则约束其贸易行为。

(一)WTO的基本原则

1. 非歧视性原则

非歧视性原则又称无差别待遇原则,是WTO的首要原则。其精神实质是要求各国在贸易中不得对贸易伙伴采取歧视性行为。这一原则主要体现在最惠国待遇和国民待遇两个重要的法律条款中。最惠国待遇是指一成员方现在或将来在货物贸易、服务贸易和知识产权领域给予任何第三方(包括非WTO成员)的优惠待遇,其他成员方都要立即无条件地享受。国民待遇指在本国境内对其他成员方的产品、服务或服务提供者及知识产权所有者和持有者所提供的待遇,不低于本国同类产品、服务或服务提供者及知识产权所有者和持有者所享有的待遇。

2. 自由贸易原则

自由贸易原则的含义是通过多边贸易谈判,减低关税、以关税作为唯一合法保护手段,取消非关税贸易壁垒,最大限度地相互开放市场。实现全球贸易的自由化是WTO不断追求的重要目标。

3. 透明度原则

透明度原则又称可预见性原则,指成员方应公布所制定和实施的贸易措施(有关法律、法规、政策及司法判决和行政裁决等)及其变化情况,不公布的不得实施,并及时通知世界贸易组织,以使贸易环境具有稳定性和可预见性。

4. 公平竞争原则

公平贸竞争原则要求无论是成员方的政府还是企业都应避免采取扭曲市场竞争的措施,纠正在各个贸易领域、在成员方之间、本国和其他成员方之间的不公平贸易行为,创造公平竞争的市场环境。反对政府对市场价格的干预,反对补贴,反对倾销,反对侵犯知识产权,并给予因不公平竞争利益受到伤害的一方,实施征收反补贴税、反倾销税等贸易救济措施的权利。

5. 鼓励经济发展与改革原则

鼓励经济发展与改革原则又称差别待遇原则。为了鼓励发展中国家的经济发展和改革,享受到参与多边贸易体制的利益,在WTO的各种协议中都对发展中国家给予了特殊的差别待遇。如工业化国家对发展中国家减少和取消关税和贸易壁垒时,不应期望得到对等的回报;允许发展中国家履行协议义务有一段过渡期;规定发达国家成员对发展中成员提供技术援助等。

6. 区域性贸易安排原则

区域性贸易安排是指一些国家通过协议组成贸易集团,集团内部实行比集团外部更加自由的贸易政策。鉴于地区经济一体化组织对该地区间和世界经济贸易发展的积极贡献,WTO鼓励在不影响多边贸易体制原则的前提下,允许贸易集团的存在,并作为最惠国待遇的一种例外。

7. 贸易救济原则

为了减少和防止因履行义务过程中的突发因素对成员国家经济发展造成的破坏作用,WTO允许成员方在特定条件下采取例外和保障措施,即不承担和履行已承诺的义务,对进口采取紧急的保障措施,如提高关税、实施数量限制和特殊限制等。

专栏　　　　　　　　　**世贸组织简介**

1994年4月15日在摩洛哥的马拉喀什市举行的关贸总协定乌拉圭回合部长会议决定成立更具全球性的世界贸易组织,简称"世贸组织"(World Trade Organization, WTO),以取代成立于1947年的关贸总协定(GATT)。自2001年12月11日开始,中国正式加入WTO。

世贸组织是一个独立于联合国的永久性国际组织。1995年1月1日正式开始运作,该组织负责管理世界经济和贸易秩序,总部设在瑞士日内瓦莱蒙湖畔。其基本原则是通过实施市场开放、非歧视和公平贸易等原则,来实现世界贸易自由化的目标。世贸组织是具有法人地位的国际组织,在调解成员争端方面具有更高的权威性。

世贸组织的宗旨是:提高生活水平,保证充分就业和大幅度、稳步提高实际收入和有效需求;扩大货物和服务的生产与贸易;坚持走可持续发展之路,各成员方应促进对世界资源的最优利用、保护和维护环境,并以符合不同经济发展水平下各成员需要的方式,加强采取各种相应的措施;积极努力确保发展中国家,尤其是最不发达国家在国际贸易增长中获得与其经济发展水平相适应的份额和利益;建立一体化的多边贸易体制。世界贸易组织的目标是建立一个完整的,包括货物、服务、与贸易有关的投资及知识产权等内容的,更具活力、更持久的多边贸易体系,使之可以包括关贸总协定贸易自由化的成果和乌拉圭回合多边贸易谈判的所有成果。

资料来源:节选自东方财富网,2011年12月9日。

(二)WTO国际贸易活动的具体规则

WTO的基本原则体现在WTO各有关领域的具体规则之中。参见图3—2。

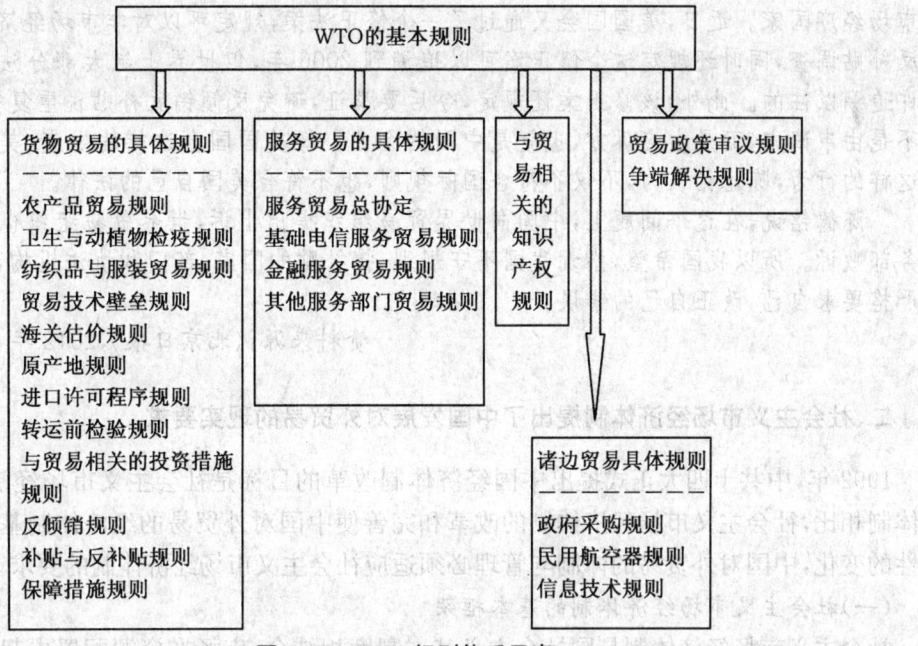

```
                        WTO的基本规则
    ┌──────────────┬──────────────┬──────────┬──────────────┐
    ↓              ↓              ↓          ↓
┌──────────┐  ┌──────────┐  ┌────────┐  ┌──────────┐
│货物贸易的 │  │服务贸易的 │  │与贸   │  │贸易政策审议规则│
│具体规则   │  │具体规则   │  │易相   │  │争端解决规则    │
├──────────┤  ├──────────┤  │关的   │  └──────────┘
│农产品贸易规则│服务贸易总协定│知识   │
│卫生与动植物检疫规则│基础电信服务贸易规则│产权   │
│纺织品与服装贸易规则│金融服务贸易规则│规则   │
│贸易技术壁垒规则│其他服务部门贸易规则│        │        ↓
│海关估价规则│              │        │  ┌──────────┐
│原产地规则 │              │        │  │诸边贸易具体规则│
│进口许可程序规则│          │        │  ├──────────┤
│转运前检验规则│            │        │  │政府采购规则 │
│与贸易相关的投资措施规则│    │        │  │民用航空器规则│
│反倾销规则 │              │        │  │信息技术规则 │
│补贴与反补贴规则│          │        │  └──────────┘
│保障措施规则│              │        │
└──────────┘  └──────────┘  └────────┘
```

图3—2 WTO规则体系示意

按照WTO的基本原则,中国作为WTO成员要修改或废除与这些原则和具体规则以及《中国加入WTO议定书》有关承诺不一致的行政法规、部门规章及其措施;必须在全部关税领土内统一实施与WTO有关的贸易制度,地方政府无权制定与《WTO协定》和《中国入世议定书》有关的贸易政策,废除与中国义务不一致的地方性法规、政府规章和其他地方性措施。为了保证政策的透明度,中国政府所有涉外经贸法律、法规和部门规章都要及时向WTO秘书处通报,在官方刊物或政府网站上公布,未经公布的不予执行,并要在实施法律法规及其他措施之前提供草案,建立咨询点,提供一段可向有关主管机关提出意见的合理时间。另一方面,值得重视的是,WTO的规则是一个开放的体系。中国作为最大的发展中国家成员,在遵循现行规则的同时,还应积极参与WTO的多边谈判,在WTO新规则的制定中体现发展中国家的意志,最大限度地维护发展中国家的贸易,真正实现国际贸易的公平、公正性。

案例　中国没义务遵守他国超国际规则的内部法规

2012年3月7日上午,十一届全国人大五次会议举行记者会,时任商务部部长陈德铭就"扩消费促流通和发展对外经贸"的相关问题回答中外记者的提问。对于如何看待美国对中国征收反补贴税的问题,陈德铭表示,中国遵守自己所加入的国际组织的规则,但没有义务去遵守某一个国家超出这些国际组织规则的内部法律和规定。

陈德铭说,关于补贴问题,世贸组织规则将补贴分为禁止性补贴和可诉性补贴,这是一个非常宽泛的概念,绝大部分世贸组织成员都有各种不同性质的补贴,大家对补贴的理解也有不同含义。比如经济危机发生以后,美国将政府财政收入补贴给了部分企业。而中国恪守G20元首们的共识,没有在危机期间实行新的保护手段。

陈德铭表示,让他非常不解的是,美国从2006年开始对中国进行了31个案件反倾销反补贴合并调查,其中24个案件对我国征收了双重的高额关税,阻止中国商品进入美国。

随后,中国根据美国自己的法律而不是世贸组织的规则,向美国的国际贸易法院提出上诉,美国商务部败诉。美国商务部不服,向美国联邦巡回上诉法院提出上诉,美国商务部依旧败诉,原因在于美国法律禁止向非市场经济国家进行反补贴调查,美国认为中国是非市场经济国家。近日,美国国会又通过了一个修正法案,规定可以对非市场经济国家进行反补贴调查,同时还规定这个修正案可以追溯到2006年,但世界上绝大部分法律是不允许追溯以往的。此外,该修正案还规定,今后要举证,避免反倾销反补贴税重复征收,举证不是由申请方,而是由应诉方,也就是中国的企业。像美国国会这样的规定,美国商务部这样的行为,陈德铭认为,不仅不符合国际规则,也不符合美国自己的法律。

陈德铭说,在这个问题上,中国向世界贸易组织提出上诉,世界贸易组织也判美国商务部败诉。所以我国希望,指责我国不守规则、搞补贴的国家、部门和执法机构,自己应该严格要求自己,改正自己的错误。

资料来源:《北京日报》,2012年3月8日。

二、社会主义市场经济体制提出了中国发展对外贸易的现实要求

1992年,中共十四大正式提出中国经济体制改革的目标是社会主义市场经济,与计划经济体制相比,社会主义市场经济体制的改革和完善使中国对外贸易的经济体制基础发生了根本性的变化,中国对外贸易的体制与管理必须适应社会主义市场经济体制的要求。

(一)社会主义市场经济体制的基本框架

社会主义市场经济体制是同社会主义基本制度相结合,市场在资源配置中起基础性作用的经济体制。根据社会主义的本质和市场经济的基本特征,社会主义市场经济体制,主要包括如下内在要素:

1. 现代企业制度

在市场经济中,企业是主要的经济活动主体,是构筑市场经济运行的微观基础。只有作为经济资源直接使用者、创造者的企业能够以利润为活动目的,自觉适应市场的变化,通过市场机制优化其资本结构和组织结构,生产要素才能按照市场的供求变化要求组织生产和流通,即由市场来决定资源的配置。在计划经济体制下,企业作为政府的附属物,难以承担市场经济活动主体的功能。因此,按照市场经济体制的要求,对原有的企业制度改革和创新,建立"产权明晰、权责明确、政企分开、管理科学"的、应市场经济体制要求的现代企业制度,将企业改造成为拥有法人财产权、自主经营、自负盈亏、自我发展、自我约束的经济主体和法人实体,成为社会主义市场经济体制的第一要素。

2. 统一、开放、竞争、有序的市场体系

价值规律是市场经济的基本规律。所谓发挥市场对资源的配置作用,实际上就是通过市场机制发挥价值规律对资源的配置作用。价格机制、竞争机制和供求机制是市场机制的核心要素。而价格、竞争和供求既是市场的产物,又是市场得以存在和运行的基本条件。打破地区封锁和部门垄断,制定等价交换、公平交易和平等竞争的市场规则和法规,建立起统一、开放、竞争和有序的市场体系是构建社会主义市场经济体制的必备条件。

3. 国家宏观调控

宏观调控是指国家在市场经济运行中,为了促进市场发展,规范市场运行,实现宏观经济发展目标,而对整个市场经济运行进行的调节和控制。社会主义市场经济体制是在社会化大生产条件下建立的,市场经济是配置资源的一种有效方式,但也有其自发性、盲目性和滞后性

的弊端。社会主义市场经济体制既要发挥市场经济在配置资源中的基础作用,还要避免市场的弊端,有效防范和及时化解市场经济运行中出现的经济剧烈波动和震荡,就要加强政府对国民经济的宏观管理,即加强对市场经济的宏观调控,以保证经济总量的平衡,促进重大经济结构的优化、实现经济稳定增长、避免社会的两极分化,实现共同富裕的最终目标。宏观调控体系是建立社会主义市场经济体制不可缺少的要素之一。

4. 按劳分配为主体、多种分配方式并存的分配制度

公有制为主体、多种所有制经济共同发展是社会主义初级阶段的基本经济制度,与这种基本经济制度相适应,保证效率、注重公平的分配制度必然是按劳分配为主体、多种分配方式并存,坚持各种生产要素按贡献参与分配的分配制度。社会主义市场经济作为组织社会经济的一种方式和手段,其功能在于能够有效地配置各种生产要素,发挥其潜力,更好地发展生产力。社会主义初级阶段要实现公平与效率的统一,就要把按劳分配和按生产要素分配结合起来,以按劳分配为主体、多种分配方式并存的分配制度才能充分调动各种生产要素参与生产过程的积极性,扩大社会再生产中的要素有效投入量。通过价值的增值和物质财富总量的增加,为实现社会主义生产目的创造必备的物质基础。所以,按劳分配为主体、多种分配方式并存的分配制度是建立市场经济体制的重要条件。

5. 健全的社会保障体系

社会保障是指国家和社会通过立法对国民收入进行分配和再分配,对社会成员特别是生活有困难的人们的基本生活权利给予保障的社会安全制度。社会主义市场经济体制要促进生产力的发展,维护社会的安定团结是最基本的条件。在市场经济运行中,激烈的竞争使企业和劳动者既充满发展的机遇,又面临着极大的风险,由此会导致各种社会矛盾的不断出现,为社会成员提供一个基本的社会生存保障是缓解社会矛盾,稳定社会主义市场经济秩序基本而有效的手段。社会保障作为现代社会的"安全网"和"减震器",对于维护和提高劳动者的素质,保证社会再生产的顺利进行,调节社会经济关系,维护社会安定,促进生产发展具有十分重要的作用,是社会主义市场经济体制的五大支柱之一。

(二)社会主义市场经济体制对中国发展对外贸易的现实要求

社会主义市场经济体制的基本框架揭示了社会主义市场经济体制的基本特征。对外贸易体制作为社会主义市场经济体制的一个组成部分,对外贸易活动作为市场经济运行的重要领域,中国发展对外贸易无论在体制与管理层面还是在具体业务活动层面都必须符合社会主义市场经济体制基本特征的要求。

1. 充分发挥市场在外贸活动中的基础性作用

经济关系市场化是社会主义市场经济体制的首要特征。这一特征的核心在于所有经济活动主体都要通过市场发生联系,一切经济行为都直接或间接处于市场关系之中,市场机制是生产要素流动和资源优化配置的主要决定性力量,这一方面,要求对外贸易的体制与管理必须以市场为导向,用市场的力量来调节不同经济主体之间的利益关系,以市场选择的标准来评判经济主体对外贸易经营活动的优劣与成败;另一方面,要求进一步发展开放型经济,实施互利共赢的开放战略,积极发展同周边国家及其他国家的外经贸关系,主动参与多种形式的国际区域经济合作,完善和促进生产要素的跨境流动和优化配置的体制和政策,在更大范围、更广领域、更高层次上参与国际经济技术合作和竞争,不断拓展发展对外贸易的市场空间。

2. 树立规则意识,提升公平贸易水平

经济活动法制化是市场经济体制的第二个基本特征。社会主义市场经济体制的建立和完

善要求对外贸易活动的管理者、经营者必须增强法律观念,树立规则意识,自觉遵守国际贸易的基本规则和惯例。一方面,要完善贸易法律制度,建立大宗商品进出口协调机制,加强行业自律,规范贸易秩序;另一方面,要健全贸易运行监测预警体系和摩擦应对机制,增强应对贸易争端的能力。有效运用技术性贸易措施,加强进出口检验检疫和疫情监控,合理使用反倾销、反补贴、特殊保障等贸易救济措施维护企业合法权益和国家利益,提升公平贸易水平。

3. 国家调控间接化,企业行为自主化

国家调控间接化、企业行为自主化是社会主义市场经济的第三大基本特征。这一特征要求,政府作为对外贸易的调节者,必须转变政府职能,实行制度创新,建立功能明确、手段齐全、灵活高效的政府调控体系,建立功能完备、服务周到的中介服务组织体系,营造公平竞争的市场环境,只能运用法律手段、经济杠杆和辅助于必要的行政手段,引导、调节和规范企业的经营行为,通过激活各种对外贸易要素的潜力,来弥补市场缺陷,避免外贸严重失衡,实现社会发展的目标,而不能直接参与对外贸易的具体经营性活动,简单地运用行政命令干涉企业的经营。同时,外贸生产经营企业要自觉遵守法律、法规和国际贸易惯例,根据国内外市场供求状况、政府的调节信号、自身的经营活动范围和能力自主决定进出口的方向和规模,严格外贸效益核算,避免风险,承担责任。

4. 重构平等竞争、承担社会责任的多元化外贸经营主体

坚持以公有制为主体、多种所有制经济共同发展的基本经济制度和按劳分配为主体、多种分配方式并存的分配制度是社会主义市场经济区别于一般市场经济的基本特征。这一特征要求在对外贸易领域实行国家统一管理。除了少数国家规定的特殊商品保留国家经营外,各种所有制类型的外贸经营主体在国家法律许可的范围内都要实行平等竞争。同时任何外贸主体也要承担扩大就业,保障劳动者合法权益等相应的社会责任。

当然,中国对外贸易的发展可以使越来越多的市场主体实际参与国际竞争和交换,按照市场经济规律和竞争原则开展各种商务活动,促进社会主义市场经济体制的不断完善。

第三节 中国发展对外贸易的政治与经济环境

一、中国发展对外贸易政治环境处于较好时期

发展对外贸易的政治环境包括国际政治格局、国内政局的稳定性和政策的连续性等内容。政治环境是影响一个国家对外贸易发展状况的宏观外部因素。政治环境良好,可以促进对外贸易获得长足发展;反之,对外贸易只能在低水平徘徊甚至出现倒退局面。

世界格局是世界政治形势最根本的特征。当今世界呈现"一超多强"的多极化格局。世界政治的多极化,有利于反对世界霸权主义,有利于世界和平、稳定与繁荣,有助于第三世界的发展,符合当代国际经济利益多元化的要求。在政治格局多极化下,维护和平、减少争端、预防危机、加强对话已成为世界上广大爱好和平的人们的共同心愿。在当今世界,经济发展是世界矛盾和竞争的核心问题,无论发达国家还是发展中国家,都把发展经济作为首要的追求目标。与和平与发展世界主题相适应,当今,从解决贸易争端到维护区域和平,从赈灾救难到艾滋病的防治,从全球的大气污染控制到人权的国际保护,上至外层空间,下到海洋床底,但凡政治、经济、社会、文化、教育、科学、卫生等各个方面,只要人类活动所及,就有相关专业性国际组织的存在,国际组织纵横其间为缓解矛盾、解决争端提供了渠道和机制。和平与发展的世界主题为

中国发展对外贸易、实现和平崛起创造了优越的条件和无限的空间。

与此同时,在党的科学发展观和构建社会主义和谐社会重大战略思想指导下,目前,国内社会主义民主政治和精神文明建设继续加强,政治局势稳定,民族团结不断巩固、社会安定、人民安居乐业,对外开放政策稳定,国际地位明显提高,也为发展对外贸易提供了难得的政治基础。

当然,我们对霸权主义、单极与多极之间的国际秩序之争,地缘政治引起的局部冲突、恐怖主义等不利于对外贸易发展的不安定因素,也必须予以高度关注。

二、世界经济的发展态势将带动中国对外贸易强势发展

(一)世界经济持续稳定增长成为中国对外贸易强势发展的巨大动力

21世纪以来世界经济保持较快增长,中国、印度、俄罗斯和巴西等发展中大国的先后崛起,将加速国际经济关系调整与格局演进,多极化趋势将日趋明显,世界经济整体趋势依然向好。世界经济的增长,各种消费的扩大,必将拉动作为制造业大国的中国对外贸易的强势增长。当前世界经济虽然正处在调整之中,但在不久后将迎来新一轮经济周期的上升期。

(二)区域经济一体化的强劲发展会进一步优化中国发展对外贸易的环境

当前,区域一体化是各国应对经济全球化形势下的国际竞争、提高自身地位的重要手段。欧盟、北美自由贸易区和以10+1(东盟—中国)、10+6(东盟—中日韩印澳新)合作为核心的东亚合作等尤为引人注目,这一趋势有利于促进全球经济多元化、发展模式多样化和世界多极化。中国积极融于区域一体化的进程,可使产品以更加优惠的条件进入对方市场,拓宽出口渠道,把不确定的、变化较大的外部市场,变成扩大的、稳定的内部市场,减少出口风险和障碍。

(三)新一轮国际产业转移为中国发展对外贸易提供新的机遇

20世纪90年代以来,发达国家开始新一轮的国际产业转移。这次产业转移是包括传统制造业、IT产业和服务业在内的全面转移,生产和服务外包是新一轮产业转移的主流方式。跨国公司可能会将整条产业链搬迁、转移到发展中国家,这会给中国发展对外贸易带来一次新的历史机遇。

三、国内经济持续高速增长为中国发展对外贸易提供了内在支撑点

改革开放30多年来,我国经济持续快速发展,年均增长率超过8%,比世界平均增速快5个百分点左右;2011年国民经济运行情况显示,全年国内生产总值471 564亿元,按可比价格计算,比上年增长9.2%。分产业看,第一产业增加值47 712亿元,比上年增长4.5%;第二产业增加值220 592亿元,增长10.6%;第三产业增加值203 260亿元,增长8.9%。与此相适应,随着中国对外开放水平的提升,世界看好中国的发展潜力和巨大市场,加强对华合作成为各国普遍的政策取向,我国已连续多年成为外国直接投资的首选地,自2002年以来我国已超过美国成为全球吸引外国直接投资最多的国家,从2008年底开始,受全球金融危机影响,外资开始出现大量减少。外商直接投资从2009年年底开始恢复增长,2012年外商对中国经济的直接投资为1 160亿美元,比2010年提高9.72%。目前全球最大的500家跨国公司有450多家在我国投资,世界排名前列的汽车巨头全部进入中国,世界信息产业100强中已有90多家进入中国,外商在华研发中心已超过600家,跨国公司在华地区总部超过30家。这些投资以全球出口市场为目标。经济增长、投资扩大与贸易的互动效应成为中国对外贸易发展的强大张力。

然而，不可忽视的是，世界经济还存在着诸如严重失衡、能源短期、环境恶化、新保护主义盛行；国内经济地区结构、产业结构严重不平衡，出口贸易缺乏核心竞争力、人民币升值压力、贸易摩擦凸显等一系列不利于对外贸易发展的因素，需要我们加以应对和妥善处理。

本章小结

封建社会的对外贸易规模有限，商品结构以奢侈消费品为主，交通运输工具落后。对外贸易不以营利为主，而以加强友好往来、经济文化交流为主要目的。对外贸易路线是以早期的陆路为主变为以水路为主，从以北方内地城市为中心变为以东南沿海城市为中心。

半殖民地半封建社会的对外贸易具有半殖民地性质，没有独立的对外贸易主权。贸易规模小，品种畸形，地区发展不平衡。长期的不平等交易，使对外贸易条件不断恶化。

社会主义初级阶段的对外贸易经历了1949~1978年计划经济时期不稳定的对外贸易时期和改革开放以来迅速发展的对外贸易阶段。

WTO的基本原则包括非歧视性原则、自由贸易原则、透明度原则、公平竞争原则、鼓励经济发展与改革原则、区域性贸易安排原则、贸易救济原则。WTO的基本原则体现在WTO货物贸易、服务贸易、与贸易相关的知识产权、贸易政策审议和争端解决及其他诸边贸易具体规则之中。

社会主义市场经济体制，主要包括现代企业制度，统一、开放、竞争、有序的市场体系，国家宏观调控，按劳分配为主体和多种分配方式并存的分配制度，健全的社会保障体系等。这些制度要求充分发挥市场在外贸活动中的基础性作用、树立规则意识，提升公平贸易水平、国家调控间接化、企业行为自主化、重构平等竞争、承担社会责任的多元化外贸经营主体。

发展对外贸易的政治环境包括国际政治格局、国内政局的稳定性和政策的连续性等内容。现在中国正处于发展对外贸易最好的政治环境时期。

世界经济持续稳定增长成为中国对外贸易强势发展的巨大动力，区域经济一体化的强劲发展会进一步优化中国发展对外贸易的环境，新一轮国际产业转移为中国发展对外贸易提供新的机遇。

国内经济持续高速增长为中国发展对外贸易提供了内在支撑点，但不利于对外贸易发展的诸多因素仍需我们加以应对和妥善处理。

思考题

一、简答题

1. 简述中国对外贸易发展的历史阶段及其特点。
2. 如何理解WTO的规则和社会主义社会市场经济体制是中国发展对外贸易的制度环境？
3. 如何理解"中国发展对外贸易政治环境处于最好时期"的命题？
4. 分析区域经济一体化对中国对外贸易发展的影响。

二、案例分析

2011年国际形势错综复杂，令人眼花缭乱。美国高失业、高赤字、高通胀与低增长结构性矛盾突出，债务沉重，首失"3A"级主权信用评级，民主、共和两党围绕债限问题展开恶斗，引发对美两党政治的信任危机，民众不满情绪爆发，"占领华尔街"运动遍及各地。欧洲债务危机由点到面，不断深化蔓延，欧盟及各国政府救助不力而失信于民，一年内已有六国政府倒台。极端势力、民粹主义、仇外排外势力开始泛滥。社会风潮迭起，抗议活动此起彼伏。日本债务占GDP比重已逾200%，政局动荡不已，政权更迭频繁。但是，西方的困境并不意味着资本主义制度已到尽头，也未改变西强东弱的基本格局，对此必须清醒判断。

与西方颓势相映照，新兴力量继续上升。中、俄、印、巴GDP均已进入世界排名前11位。据IMF测算，发达国家对世界经济增长的贡献率从1990年的88.6%下降到2010年的30%，"金砖国家"同期则从-0.6%

上升到60%多,国际力量对比东升西降的速度加快。亚洲是新兴大国最为集中的地区,人口占世界61%,2010年GDP已超过欧洲和北美(亚洲196 606.80亿美元,欧洲190 416.99亿美元,北美174 924.90亿美元),跃居各大洲之首。各种力量都在进军亚洲,亚洲成为世界中心的地位基本确立。

西亚、北非动荡难息,地区孕育重大变革。阿拉伯国家动荡,内部多种矛盾激化是主因,国际金融、经济危机以及美国中东政策起了催化作用,动荡发生后,美欧大国插手干预又使事态扩大和激化。已经政权更迭的国家还可能发生新的动荡,未发生政权更迭的国家前途未卜。动荡不仅在阿拉伯地区扩散,且在外力的推波助澜之下有向南亚、中亚外溢的可能。动荡拉开了阿拉伯世界政治、社会大变革的序幕,阿拉伯世界进入大动荡、大调整、大变革、寻求适合自己发展道路、实现民族复兴的新时期。这将是一个漫长曲折的历史时期,会有很多变故反复,局势在相当长时期内难以稳定。

地区的政治生态和战略格局正在发生改变。

美国战略重心东移来势汹汹,其实难至。美高调宣示将战略重心移向亚太(实为亚洲),这是美为推行其亚洲和全球霸权目标作出的战略调整。美在中国周边挑起事端,制造东北亚紧张局势,插手南海,挑拨东盟国家与中国关系,对台售武,破坏两岸和平发展,强化地区盟国军事合作机制,推动美国主导的跨太平洋战略经济伙伴协定(TPP)。美所作所为加剧了亚洲格局之争,搅乱了地区稳定秩序。美战略重心东移是在其综合国力和主导能力下滑的背景下对亚洲崛起作出的被动式反应,其称霸亚太的战略不会顺利实施,目标难以实现。

问题:(1)评价目前中国发展对外贸易的国际环境。(2)指出在当前背景下中国发展对外贸易的策略。

第四章

中国对外贸易发展战略

学习要求

了解中国制定对外贸易发展战略的基本原则与指导思想，了解不同历史时期中国对外贸易战略转变的背景，掌握大经贸战略、科技兴贸战略、市场多元化战略、以质取胜战略，重点掌握统筹"引进来"与"走出去"战略、对外贸易结构优化战略、全球经济治理与区域合作战略。

第一节 对外贸易发展战略概述

一、对外贸易发展战略的含义、类型及作用

对外贸易发展战略是指一国或地区在国民经济总体发展战略指导下，在一个较长的历史时期内，对外贸易发展的全局性决策。对外贸易发展战略是国民经济总体发展战略的重要组成部分，二者相互联系，相辅相成，密不可分。根据本国经济、产业结构状况，结合国际经济贸易的发展趋势，制定正确的对外贸易发展战略，既是实现国民经济总体发展战略目标的重要支撑，又为对外经济贸易顺利发展提供基本保障。

根据世界银行的分类，贸易战略一般分为外向型贸易战略和内向型贸易战略，即出口导向型贸易战略和进口替代型贸易战略。前者是指通过放宽各种贸易限制的进口措施，大力发展面向国际市场的出口加工制成品，以本国的工业制成品替代初级产品出口。后者是指通过各种限制进口的措施，面向国内市场发展国内工业的生产，以本国的工业制成品替代同类进口品，以减少对国际市场的依赖。

对外贸易发展战略是一个国家或地区经济发展战略在对外贸易领域的体现，是在国民经济总体规划指导下，较长时期内有关对外贸易发展的全局性决策和规划，对外贸易发展战略对一国经济发展水平和国际竞争力的提升具有直接和重要的影响作用。

改革开放以前，由于两大阵营的对立和西方"巴统"的禁运，中国对外贸易发展缓慢，改革开放以后，特别是对外开放政策的实施，我国对外贸易得以迅速发展。伴随着国际和国内经济、政治环境的不断变化，我国的对外贸易发展战略也在不断调整。改革开放以来，我国施行进口替代和出口导向相结合的外贸战略，对推动国内经济体制的市场化改革，提高国民经济运行效率，平衡国际收支，获取大量的国际分工比较利益，促进国民经济快速增长，都起到了积极的推动作用。为了有效实施进口替代和出口导向相结合的外贸发展战略，我国于"八五"至"十一五"期间，先后提出了"市场多元化"战略、"以质取胜"战略、"大经贸"战略和"科技兴贸"战略。根据"十二五"规划，又提出对外贸易结构优化战略、统筹"引进来"与"走出去"战略和全球

经济治理与区域合作战略。尽管这些战略的出发点各不相同,但总体目的都是要顺应国内外形势变化,提高我国出口商品在国际市场上的占有率和竞争力,促进我国经济发展和结构升级。

在经济全球化和加入世贸组织的背景下,提高我国外贸企业的国际竞争力已成为关键。为了最大限度地获得贸易发展的动态利益,更好地通过贸易发展战略来促进产业结构的良性调整,提高商品的国际竞争力,我国应充分利用WTO的规则,科学制定、有效实施对外贸易发展战略,实现我国从贸易大国向贸易强国的转变。

二、中国制定对外贸易发展战略的基本原则与指导思想

(一)中国制定对外贸易发展战略的基本原则

1. 实效性原则

对外贸易中国应具有国际交换和国际分工的合理性、实效性和竞争性,使之符合客观规律,强调实施实效并增强综合国力。

2. 可行性原则

对外贸易中国应具有中国国情的客观性和可能性,既要考虑国际环境因素,又要考虑国内对外的可容度,在客观、可能的前提下,起到促进发展生产力和解放生产力的作用。

3. 统一性、阶段性、可调性原则

中国的对外贸易战略在大局上应具有统一性,在战术上应具有阶段性,根据国内外经济发展状况作出适时调整,并将三者有机结合,增强其内在的科学性,强调外在的严肃性,减少人为的随意性。

(二)中国制定对外贸易发展战略的指导思想

1. 坚持对外开放国策

对外开放是中国在十一届三中全会以来,一直坚定不移贯彻、执行的战略方针,因此制定对外贸易发展战略也必须坚持对外开放这一基本国策,摆脱过去那种基本封闭性的民族经济的自我循环状态,建立以国内资源、市场为主和国外资源、市场适当、有机结合的良性经济循环,发展面向全世界、多方位或全方位的对外贸易关系。

2. 坚持自力更生方针

自力更生是中国进行建设的根本指导方针,在一个13亿人口的大国进行现代化建设,必须主要依靠本国的资源、资金和市场,主要依靠本国人民的劳动和智慧。实行对外开放,绝不是放弃自力更生,而是要在充分利用国内外两种资源和两个市场的基础上,增强自力更生能力,促进现代化建设。

3. 坚持以提高经济效益为中心

服务并促进经济建设是中国对外贸易工作的基本出发点。制定对外贸易发展战略时,必须坚持以经济效益为中心,正确处理对外贸易发展中效益和速度的关系,争取最佳的经济效益。

4. 既要符合中国国情又要符合国际贸易规范

制定对外贸易发展战略,必须从中国国民经济建设的需要和可能出发,符合国民经济总体发展战略的要求,与国民经济部门紧密衔接,如果脱离了中国国情,脱离国民经济的总体战略就不可能正确制定对外贸易的发展规划。因此,中国社会主义建设的现实条件是制定中国对外贸易发展战略的内部依据。同时,作为WTO成员国,中国对外贸易的政策和措施必须符合WTO规则的要求。

三、大经贸战略

（一）大经贸战略的内涵

1994年5月提出和实施的大经贸战略，为加强和改进对外经贸宏观调节和管理提供了依据，并推动了对外经贸面临的一系列深层次问题的解决。大经贸战略就是实行以进出口贸易为基础，商品、资金、技术、劳务合作与交流相互渗透、协调发展，外经贸、生产、科技、金融等部门共同参与的经贸发展战略。

1. 扩大开放

通过进一步拓展对外经贸的广度和深度，形成对内对外全方位、多领域、多渠道的开放格局。开拓以亚太市场和周边国际市场为重点、发达国家和发展中国家合理分布的多元化市场，提高中国的整体开放度，加快国内经济与世界经济的接轨，奠定中国开放型经济体系的基本格局，最大限度地获取参与国际分工的好处。

2. 加快融合

加快实现对外经贸各项业务的融合，实现商品、技术和服务贸易一体化协调发展，在维护全球多边贸易体制的前提下，努力实现双边、区域和多边经贸合作；积极推进贸易、生产、科技、金融等部门的密切合作，提高企业的国际竞争力；稳定外贸发展，维护国际收支平衡，把对外经贸的宏观调节与国民经济宏观调控更好地结合起来。

3. 转变功能

进入新世纪，中国外经贸的功能将发生重大改变，在扩大外贸规模、提高外贸贡献度的同时，着力发挥其促进产业结构调整、加快技术密集型产业的发展步伐、加快技术进步、提高宏观和微观经济效益的作用。同时，通过利用国际分工，还要对国民经济发挥引导性功能，提供多方面的综合服务。

（二）大经贸战略的目标

推行大经贸战略，要实现五大战略目标。

1. 外贸适度超前增长

外经贸要继续保持适度超前增长，提高对经济增长的贡献度，以弥补我国资源、资金和技术的缺口。

2. 外贸集约化发展

进一步优化进出口商品结构，加快技术进步，提高效益，促进中国产业结构的调整。

3. 外贸市场多元化

逐步实现以亚太市场为重点，周边国家市场为支撑，发达国家和发展中国家合理分布的市场机构。

4. 地区分工合理化

改变各地区外向产业发展雷同化、重叠化的现象，减少地区之间的矛盾和摩擦，形成各地区之间外经贸合理协调发展的格局。

5. 促进融合，实现良性循环

促进外经贸与国内经济的相互融合，形成开放经济条件下的良性循环，更好地发挥外经贸在现代化建设中的战略作用。

（三）大经贸战略的现实意义

我国大经贸战略的构想，具有极强的针对性和鲜明的时代特点，这一战略的付诸实施对促进外经贸发展具有重大的现实意义。首先,大经贸战略的实施有利于进一步打破在国内市场与国际市场之间存在的隔层以及国内各部门之间和各地区之间的界限,增进竞争,促进专业化协作和联合,尤其有利于推动"工、贸结合,推行代理制"这一改革目标的实现,有利于推动目前质量和效益不高、外贸经营秩序不佳等问题的解决。其次,大经贸战略的实施有利于促进产业结构调整和技术进步。产业国际竞争力和技术水平是决定外经贸发展的根本因素。迄今为止,由于外经贸发展仍沿用外延发展模式,两者之间并未建立起良好的良性循环关系,外经贸促进产业结构调整和技术进步的作用远未充分发挥出来。实施大经贸战略的一个重要目标就是要加快外经贸发展模式由粗放到集约化的转变,很自然这一目标的实现必将同时促进两者之间逐步建立起真正的良性循环关系,其结果是促进产业结构调整和出口产业、产品结构升级的双重目标的实现。最后,大经贸战略的实施有利于打破行业界限,推动贸、工、农、技、商、金融等各类企业在微观层次上的联合,适应规模经济的要求,为我国企业实现集团化、国际化经营和增强国际竞争力创造条件,克服目前国内和国际化经营中的"散、乱、差、小"等无序现象。大经贸战略的实施对推动我国的改革开放尤其是外经贸领域的改革开放也具有十分积极的意义。

> **专栏　　　　后危机时代我国首次明确外贸"发展战略图"**
>
> 2010年18日,广交会上公布了一份《后危机时代中国外贸发展战略》研究报告。
>
> 根据报告,到2020年,中国包括货物贸易和服务贸易在内的总贸易额将达到5.3万亿美元左右,比当前增加一倍,其中,货物贸易进出口总额将达到4.3万亿美元左右,服务贸易进出口总额将达到1万亿美元左右。其中,货物贸易出口额将达到2.4万亿美元左右,占世界比例约10.1%,居世界第一位;进口额将达到1.9万亿美元左右,占世界比例约8.2%,居世界第二位。服务贸易出口额将达到0.5万亿美元左右,占世界比例约8.1%,居世界第二位;进口额将达到0.5万亿美元左右,占世界比例约8.7%,居世界第二位。
>
> 报告提出,未来20年中国对外贸易发展要实现"从大到强的转变",即在2020年前巩固贸易大国地位,推动贸易强国进程;在第二个10年即到2030年前后"初步实现贸易强国的目标"。
>
> 报告明确提出:未来中国应进一步降低进口关税总水平,逐步降低或取消对资源、能源、技术装备的进口关税;二是通过税率结构调整,提高进口关税的有效保护程度;三是尽可能避免和减少对出口产品征税,对资源与环境的保护更多应由国内税收政策承担;四是适度降低进口环节消费税率。
>
> 根据报告,中国未来还将持续扩大进口,包括扩大高新技术与技术装备进口。扩大资源、能源和国内短缺农产品进口,适度扩大消费品进口、扩大两用物品进口四个方面,以推动本国经济结构调整,并改善贸易平衡状态。
>
> 　　　　　　　　　　　　　　　资料来源:节选自《经济参考报》,2010年4月19日。

第二节　科技兴贸与市场多元化战略

一、科技兴贸战略

(一)科技兴贸战略的内容

科技兴贸战略是"科教兴国"基本国策在外经贸领域的具体体现,主要包括两方面的内容:

一是大力促进高新技术产品出口,在我国高新技术领域培育出一批国际竞争力强、附加值高、出口规模大、拥有自主知识产权的高新技术出口产品和企业;二是利用高新技术成果改造传统产业、提高传统出口产品的技术含量和附加值,选择出口额最大的机电产品和纺织品作为高新技术改造传统产业的重点,初步完成我国出口商品结构由以低附加值、低技术含量产品为主向以高新技术产品为主的转变。

(二)深入实施科技兴贸战略面临的新形势

从国际形势看,虽然2008年金融危机使欧、美及亚洲新兴经济体受到了一定程度的影响,但世界经济和贸易依然保持适度增长。当前,全球产出和出口增长都已经达到较高水平。据世界银行预测,未来三年,世界经济和贸易增长速度仍将保持在3%以上,特别是美、欧和亚洲新兴国家将保持较快的增长态势,我国外部经济环境依然向好。同时,跨国直接投资将继续回升。伴随着世界经济稳步增长和经济全球化趋势深入发展,高新技术产业和现代服务业转移步伐将进一步加快。近年来,我国迅速融入世界高新技术产业链条,成为世界上重要的高新技术产品组装加工基地,已经形成了我国从日本、韩国、中国台湾、东盟进口散件,组装加工后再出口到美国、欧盟、中国香港的"贸易链"。今后一个时期,我国稳定的政治环境、快速发展的国民经济、丰富而廉价的劳动力和不断升级的国内消费市场仍将吸引大量外资投向我国高新技术产业。三是区域经济合作将进一步加强。主要经济大国为规避经济风险和贸易壁垒,将更重视区域经济合作,集团和区域的力量在世界经济格局中的作用将日益显著。

从国内形势看,首先,我国进入了人均GDP 4 000~6 000美元的经济发展阶段。我国经济发展和产业结构将加速优化,高新技术产业和对外贸易将在国民经济发展中发挥决定性的作用。其次,我国与世界经济关系将发生新变化。我国与世界经济发展的融合度将显著提升,对世界市场供求关系影响力大幅增强,对世界经济和贸易增长的贡献率进一步提高,针对我国的国际贸易保护主义和贸易摩擦也将不断增多。再次,我国加入世贸组织带来的效应将进一步显现。随着加入世贸过渡期的结束,经济发展将日趋向国际规则靠拢,贸易管理方式将进一步规范,国际经济和国内经济将进一步融合,参与国际分工的能力将进一步增强,企业将在更大范围、更高层次、更广领域进行国际经济技术的合作与竞争,对外开放将进入一个新的发展阶段。最后,国民经济和对外贸易增长存在制约因素。粗放型经济增长方式未有根本转变、资源和环境约束日趋紧张、企业核心竞争力不强等问题严重制约我国经济和对外贸易增长的质量和效率,需要按照科学发展观的要求,加快转变增长方式,实现国民经济与对外贸易的可持续发展。

从世界高新技术产业及其贸易发展趋势看,首先,世界高新技术产业及贸易将进入新一轮的快速发展期。从中长期来看,以我国为代表的新兴国家信息产业仍将快速增长,世界范围内的生物技术和生命科学将进入大规模产业化阶段,新材料、新能源等新兴产业将迅速崛起;高新技术产业的快速发展,将推动高新技术产品对外贸易的发展,全球贸易结构中高新技术产品比重将显著增加。其次,世界高新技术产业发展面临重大技术转型和突破。信息技术正在向数字化、网络化、智能化方向转型,重大的信息网络系统和技术日趋成熟;纳米技术研发取得巨大进展,一些纳米技术已投入应用;下一代高密度储存材料、生态材料、生物材料等技术将被突破;对以燃料电池为代表的清洁能源的开发进入决定性阶段,氢能源、可再生能源及未来节能技术的开发与利用正在推进过程中,科技领域的创新将引发新的产业革命,从根本上推动高新技术产业实现跨越式发展。最后,高新技术产业的全球转移呈现新特点。发达国家不仅将高新技术产业的生产环节向外转移,而且逐步将研发和营销环节向外转移;不仅将制造业向外转移,而且相关服务业也将向外转移;新兴国家在争取产业转移的过程中,将从单纯依靠劳动力、土地等要素优势转向智力资源、市场空间等更大范围的竞争。

从我国高新技术产业和对外贸易发展看,专家测算,"十二五"期间,在保持GDP年均增长7.5%和高新技术产业增加值年均增长20%的条件下,到2015年,我国高新技术产业增加值占GDP比重将在10%以上,高新技术产品出口占世界高新技术产品出口比重将达到9%。

在新的形势下,深入实施科技兴贸战略,也面临着巨大的挑战。

1. 自主创新能力不足,直接影响了商品的国际竞争力

由于国内企业对国外先进技术的消化、吸收、创新不足,导致许多行业的关键零部件、关键设备和关键技术主要依赖进口,对外技术依存度达50%以上。另外,我国多数企业技术改造和科技开发投入相对较低,创新能力与生产能力不能同步提高,创新成果产业化迟缓,不能迅速形成生产能力,使产品竞争能力不强。

2. 出口的高增长与低效益同时并存

近年来中国在机电产品等制成品方面出口增速较快,但由于我国高新技术产业尚处于世界高新技术产业链的中低端,仍未摆脱粗放落后的经营模式,物耗、能耗都远远高于发达国家甚至还高于一些发展中国家,基本上靠大量的资源投入和低廉的价格来拓展市场。高新技术产品出口中自主品牌产品所占比重偏低,一些自主品牌产品的附加值仍然偏低,企业盈利水平存在较大提升空间。

3. 出口结构性矛盾突出

我国IT产品出口占高新技术产品出口总额偏高;对欧、美主要国家的市场集中度接近70%;外资企业出口所占比重接近90%;国内各地区出口差距日益扩大。

4. 技术性贸易壁垒(TBT)对我国出口贸易的影响越来越大

我国出口贸易的主要对象是美、日、欧等发达国家,由于这些国家科技发达,客观上对我国出口产品形成了技术性壁垒。近年来,发达国家对我国实行TBT措施不仅力度、密度加大,而且名义合理、形式合法、手段隐蔽,已严重影响我国对外贸易的进一步发展。

未来,我们只有处理好外贸发展速度与结构、质量与效益的关系,提高企业的自主创新能力,扩大具有自主知识产权和自主品牌的高新技术产品出口,才能增强我国出口商品的国际竞争力,实现对外贸易全面、协调和可持续发展,完成由贸易大国向贸易强国的历史性跨越。

(三)2008年金融危机以来科技兴贸战略内容的调整

2008年金融危机对我国经济尤其是对外贸易方面产生了一定程度的影响,但我国经济基本面依然向好,对外贸易也越来越重视进出口的大体平衡,外贸顺差不断收窄。面临新的世界经济形势,为贯彻落实《国民经济和社会发展第十二个五年规划纲要》精神,商务部会同发改委、科技部等科技兴贸部门对科技兴贸战略进行了局部调整,对于加快转变贸易发展方式、优化对外贸易结构、增强自主创新能力具有十分重要的意义。调整主要包括以下几个方面:第一,对"科技兴贸"战略指导思想的调整。全面落实科学发展观,以建设创新型国家为目标,加快转变贸易发展方式,进一步优化对外贸易结构,大力支持具有自主品牌和自主知识产权的高新技术产品出口,加强技术引进消化吸收再创新,增强企业自主创新能力,加快实现从"贸易大国"向"贸易强国"的历史性跨越。第二,对科技兴贸战略目标的调整。对战略目标的调整主要围绕扩大高新技术产品出口、完善高新技术产品出口体系、提高出口产品国际竞争力、加强技术引进消化吸收再创新、增强企业自主创新能力、加强技术引进消化吸收再创新以及提高出口产品国际竞争力几个方面进行。第三,对科技兴贸战略工作任务的调整。主要围绕实施"出口

创新基地"工程、实施"自主知识产权联合行动"工程、实施"技术引进消化吸收再创新"工程以及实施"出口创新企业"工程几个方面进行。

（四）完成科技兴贸奋斗目标和工作任务的保障措施

为完成金融危机以来科技兴贸奋斗目标和工作任务，需具有相应的保障措施：在技改、研发等环节对计算机、通信、集成电路等高新技术产品和机电产品予以重点支持。促进医药产品、软件出口，培育新的出口增长点。建立技术引进新机制，探索新模式，引进更多先进技术。建立消化吸收与自主创新的循环机制，促进引进技术的消化吸收与创新，实现"引进技术—消化吸收创新—发展高新技术产业—增强国际竞争力"的良性循环。进出口银行、中国出口信用保险公司积极为高新技术产品出口提供金融支持。质检总局进一步扩大享受产品免检或便捷检验检疫和绿色通道政策的高新技术企业范围，重点扶持的出口免检企业和实施绿色通道企业达到2 500家。海关总署继续为出口额高、资信好的高新技术产品生产企业提供便捷通关服务，对中西部地区及东北老工业基地给予适当倾斜。加快技术性贸易措施体系建设，发布《应对国外技术壁垒重点发展技术目录》和《出口商品技术指南》。建立科技出口信息服务数据库，为企业提供技术贸易、高新技术产品国际市场动态及进出口贸易统计数据、行业发展、技术标准、出口管制、国别贸易政策等各类信息。此外，还在培育出口主体、开拓国际市场、加强知识产权保护等方面提出了具体措施。

二、市场多元化战略

（一）市场多元化战略提出的背景

市场多元化战略是指一个国家在进出口贸易中，根据国际政治经济条件的变化，充分发挥本国的优势，有重点、有计划地调整进出口市场结构，逐步建立起进出口市场合理的、多元化的总体格局，而不能仅仅集中在少数国家和地区。

改革开放极大地释放了我国对外贸易的能量，和世界上绝大多数国家和地区建立了对外经济贸易和交流合作关系。为保障出口持续稳定发展，根据当时的形势，我国于"七五"计划末制定了以降低市场集中度、减少市场风险为主要内容的"市场多元化战略"，并于"八五"计划正式启动，同时在"九五"计划和"十五"计划中进一步强调。"十一五"期间，尤其是2008年金融危机以来更是对市场多元化战略进行了较大幅度的调整。

（二）市场多元化战略的调整

20世纪90年代初期提出的市场多元化战略适应当时的国内外形势，对推动我国出口贸易的发展起到了积极作用。进入新世纪国内外形势已发生较大变化，市场经济体制在我国已基本建立，我国外贸发展迅猛，我国出口受到国际上越来越多的关注。自2008年金融危机以来，我国遭受国外贸易保护主义的威胁日益增多，出口市场竞争日趋激烈，环境恶化。面对变化的新形势，应对市场多元化战略进行调整，赋予新的内涵。

1. 总体目标的调整

市场多元化战略总体目标调整为构建合理的全球市场格局。主要包括三个层次内容：

(1)深入开拓发达国家和地区市场。深层次开拓发达国家市场不仅使我们能够得到较多贸易利益，而且有利于我国产业结构调整和技术升级。

(2)重点支持对经济发展较快、贸易环境相对稳定、市场潜力巨大或具有战略前景的发展中国家市场的突破。①鼓励企业积极参加发展中国家举办的知名博览会和专业性交易会；②授予国际经济技术合作公司外贸经营权，并鼓励一些有条件的国际经济技术合作公司利用援外和承包工程的渠道,在非洲、拉美、南太地区设立分拨中心、保税仓库和维修点,扩大销售和售后服务。③组织外贸企业在一些重点开拓市场设立贸易中心、分拨中心、批零商店、举办展销会。④保险公司开设对在非洲、拉美、南太地区贸易和投资的保险业务,增加中国人民保险公司风险保险基金,并免征营业税。中国银行对外贸企业开展远期贴现业务;中国银行不愿办理的贴现业务,允许外贸公司找其他银行贴现。⑤改善运输条件。⑥扩大出口信贷,有出口成套设备和大型机电设备订货合同的,都可以申请出口卖方信贷,有的还可提供买方信贷。⑦在发展中国家办企业,还可以申请合作基金贷款、外贸发展基金贷款。⑧解决我国同一些发展中国家贸易只出不进或顺差过大的问题。⑨进一步改革海外企业的人事制度和分配制度根据其业绩和工作需要,可延长有关人员在外工作年限。⑩及时向企业提供信息,编辑出版开拓发展中国家市场的经贸合作指南。

(3) 主动开发新市场。我国产业门类齐全,加工配套能力庞大,部分产业生产能力过剩和劳动力资源丰富,需要我们不断开发新市场,鼓励企业"走出去",并给予适当帮助,就能在尚不成熟的市场中发现机会。

2. 实施途径的调整

(1) 不断提高企业和产品的竞争力。企业是实施市场多元化战略的主体,没有一大批具有国际竞争能力的企业,不要说开拓新市场,现有市场也可能丧失。市场的选择和开拓应更多地依靠企业的判断。目前我国出口经营主体多元化趋势明显。2010年外资企业占总出口的57.4%,成为出口主力军,国有企业占22.5%,其他企业(包括集体企业和私有企业)占20%。外资企业与国际市场的联系来自于它们全球布局的生产方式,市场能力比较强,需要国家帮助的主要是那些开拓市场能力较弱的中小企业。产品是开拓市场能力的重要方面。我国出口比较优势产品集中在劳动密集型产品上,这种产品市场需求弹性较小,限制了外贸竞争力和市场开拓能力的提高,成为市场多元化发展的"瓶颈",优化出口产品结构是实施市场多元化战略的重点突破口。

(2) 实现贸易方式的多元化。贸易方式的多元化是开拓国际市场、实现市场多元化战略的重要手段。国际投资、国际服务贸易的发展对一般货物贸易的影响越来越大,也成为各国和地区占领市场的重要手段。要支持企业利用对外投资、对外承包工程、输出劳务等各类贸易方式开拓国际市场。

第三节 以质取胜战略

一、以质取胜战略的提出

1991年,外经贸部从我国外贸出口的长远发展出发,提出以质取胜战略。1996年我国制定的《中华人民共和国国民经济和社会发展"九五"计划和2010年远景目标纲要》明确提出要致力于提高产品质量、工程质量和服务质量的总体水平,同时通过《质量振兴纲要(1996~2010年)》指导质量工作。"以质取胜"战略成为我国外贸领域优化出口商品结构、转换增长模式的核心战略之一。

二、以质取胜战略的内涵和意义

（一）以质取胜战略的内涵

以质取胜战略的内涵是：按照加快转变外贸增长方式的要求，从以数量规模粗放的外延增长转向质量效益集约的内涵增长；提高出口商品质量和品质，优化出口商品结构，增加高附加价值的出口商品比例；在继续发展加工贸易的同时，努力提高自主营销的一般贸易的出口份额；实施品牌战略，扩大自主品牌商品的出口，争创更多的出口品牌；积极推进技术标准战略，增强企业国际竞争力；将以质取胜战略延伸到服务贸易、利用外资、对外投资以及对外经济技术合作等领域。

（二）实施以质取胜战略的意义

1. 以质取胜战略是由贸易大国向贸易强国转变的必由之路

当今世界是自由贸易与垄断交织的世界，国际贸易集团化、区域化和贸易保护倾向日益发展。出口商品质量好，符合交易对方的具体要求，才能通过激烈的竞争进入国际市场；进入国际市场后还要保持质量的稳定并不断提高，才能在国际市场中站稳脚跟。质量已经成为产品进入国际市场的通行证。中国要真正成为世界出口强国，就一定要坚持"质量第一、信誉第一"的原则，生产和销售质量好、款式新、花色品种多和符合国际化标准的适销对路的商品，去参加国际市场竞争。"以质量求生存，以品质求发展"已经成为我国实现由贸易大国向贸易强国转变的必由之路。

2. 以质取胜战略有利于加快外贸发展方式的转变

我国对外贸易虽然取得了举世瞩目的成就，但受整体产业发展水平较低的制约，外贸出口增长仍未从根本上摆脱数量增加、规模扩张、粗放型的增长方式，出口的质量、结构和效益都有待进一步提高。这主要体现在出口产品层次较低、自主品牌产品较少、出口价格不高等。这就要求我国必须继续坚定地实施以质取胜战略，在发挥传统劳动密集型出口比较优势的同时，构筑新的竞争优势，通过支持自主品牌出口、扩大高新技术产品和机电产品出口以及其他高附加值产品出口，严控高能耗、高物耗、高污染以及资源性产品出口，持续改善和优化出口商品结构，促进外贸出口由数量规模扩张为主向质量效益提高为主转变，并使之持续发展。

3. 以质取胜战略有利于改善贸易条件，提高对外贸易宏观经济效益

贸易条件是指一个国家的出口价格水平和进口价格水平的比率。中国近几年来对外贸易的快速发展并没有带来贸易条件的改善，反而引起贸易条件的不断恶化，贸易摩擦不断增加，其主要原因是主要进口产品（如原油、矿石）的价格上涨和主要出口产品的价格下跌。进口产品价格上涨是不可控制的，但是出口制成品价格的下跌却是中国的产品质量、加工层次、科技含量和售后问题造成的。因此，只有实施"以质取胜"战略，才能使我国的贸易条件得以改善。

4. 以质取胜战略是有效应对形形色色贸易保护主义的强有力武器

我国加入世贸组织后，国外对我国出口商品的关税壁垒及许可证、配额等传统非关税壁垒由于受到WTO规则的约束，逐步降低或将取消，同时，这并不意味着中国商品便可在国际市场上畅通无阻。以技术壁垒、绿色壁垒、环境壁垒、社会壁垒以及各类"公平贸易"措施为核心的形形色色新贸易壁垒的门槛正在日益提高。目前中国已成为世界上受"两反一保"伤害最大的国家。国外对中国出口产品实施大规模的"两反一保"，原因固然是多方面的，但是根本原因在于中国被指控的商品为低质量、低档次、低价位的大路商品。对此，我们必须推进以质取胜战略，突破重重技术壁垒，减少贸易摩擦，创造和谐的外贸环境，促进进出口贸易的健康发展。

5. 以质取胜战略有利于维护国家和民族的信誉

出口商品质量问题,不仅关系到企业的效益和信誉,而且关系到国家和民族的形象和信誉。出口商品质量的好坏和对外贸易部门的工作质量,直接反映了一个国家和民族的素质,关系到维护中国改革开放的形象。因此,对出口商品质量问题,我们不仅要从微观的企业利益和宏观的社会效益去认识,还要从国家信誉和民族精神的高度去认识,从抓出口商品质量入手,用实际行动来维护中国商品信誉,尽快使中国产品以质量优异的强大竞争力进入世界市场。

三、实施以质取胜战略的措施

1. 强化质量意识,加强出口产品质量监管

实施以质取胜战略,必须牢固树立"质量第一、信誉第一"和"质量是效益的核心"的观念。中国的出口商品长期以来以"低质价廉"为主,存在着诸如产品合格率不高、档次低、包装差等质量问题,少数企业和个人片面追求眼前利益,质量观念淡薄,缺乏责任心,只满足于完成出口任务和指标,以次充好,将质量不合格的商品销往国外,严重破坏了中国出口商品的信誉,使企业效益和国家利益都遭到重大损失,困扰着中国出口的发展。因此,必须强化全民族的质量意识,加强对生产过程、产品品质以及包装储运的质量管理,加大我国出口商品质量的监督检查和执法力度,提高我国出口商品质量和信誉。

2. 不断优化出口商品结构

优化出口商品结构主要是指提升出口商品的总体结构水平,加大高附加值、高技术含量产品及大型成套设备的出口比重;提高传统出口商品的质量、档次和水平,以适应不断变化的国际市场需求。中国自改革开放以后,出口商品结构有了很大的提高,初级产品出口的比重目前不到10%,制成品出口的比重已经超过了90%。但中国的出口商品结构中资源密集型产品和劳动密集型产品仍旧占有很大的比重,资本密集型和技术密集型产品所占比例仍达不到发达国家的水平。1993年,《国务院关于加快科技成果转化、优化出口商品结构的若干意见》指出,进入90年代,科技竞争成为世界经济贸易竞争的重要因素,更新观念、转变机制,推动高新技术成果商品化、科技商品产业化、科技产品国际化,优化出口商品结构,依靠科学技术进步提高我国出口商品的技术含量和技术附加值,是当前亟须解决的问题,也是以质取胜的基础。

3. 努力打造自主知名品牌

创立出口品牌是贯彻以质取胜战略的重要内容,又是提高出口竞争力的重要途径。知名品牌意味着产品的优秀品质和企业的良好信誉和素质,提高产品的附加值,是开拓国际市场的有力武器。目前我国有220类工业产品的产量居世界第一位,但与此形成鲜明对照的是,世界水平的品牌却不多。在2011年度《世界品牌500强》中,美国有239个,法国有43个,日本有41个,而我国内地只有21个,虽然较2005年的4个有了较大幅度的增长,但依然是典型的"制造大国、品牌小国"。中国自主品牌出口尚不足10%,全国出口企业中拥有自主品牌的不到20%。创造出拥有自主知识产权的世界名牌是中国成为贸易强国的关键。

4. 推行与国际标准接轨的质量管理体系

产品技术标准是衡量产品质量和品质的重要标志与具体指标。产品质量和品质的竞争,从某种意义上讲就是技术标准的竞争。随着全球经济一体化进程的逐步加快,标准化在国际贸易中的作用日益凸显出来。WTO在2005年发布的报告中就将"标准、贸易与WTO关系探

讨"列为副标题。我国政府十分重视标准在国际贸易中的地位和作用,2005年中国政府专门就技术标准对国际贸易的影响问题向WTO递交了提案,阐述了中国政府对这一问题的原则立场。在2006年1月26日《中共中央、国务院关于实施科技规划纲要增强自主创新能力的决定》和国务院颁布的《国家中长期科学和技术发展规划纲要(2006~2020年)》中都明确指出要实施技术标准战略,积极推行与国际标准接轨的质量管理体系,采纳国际标准和国外先进标准。要求商检、质量技术监督、生产、出口企业等部门协同配合,加快建立健全出口商品的科研开发体系和质量监督保证体系。

> **专栏** 　　　　大同海关实施以质取胜战略,确保质量安全

2011年5月23日,在大同海关组织的同朔地区70多家进出口企业90余名代表参加的业务培训会议上,大同检验检疫局主要负责人在会上动员企业从五个方面大力实施以质取胜战略,确保产品质量安全。

一是要进一步强化质量安全意识。充分认识质量强国、质量强企的重大意义,要使企业的全体员工认识到:提升了产品质量,就提升了企业的发展。

二是食品等农产品必须做到"四严格,一确保"质量安全水平,以人为本,牢记责任。企业是产品质量责任人,企业的产品关系到民生,食品等农产品生产企业要严格原料种植基地管理,严格原料进厂把关,严格进货查验,严格按规定标准生产,严格全过程监管,确保产品质量安全。

三是要进一步加强诚信体系建设。牢固树立"以质量求生存,以信用求发展"的理念,营造诚信氛围,认真履行质量安全公开承诺,诚实守信。

四是要进一步提升自检自控水平。加强实验室建设,提高自检自控能力;提高风险意识,做好产品风险分析和质量分析;完善责任追究制度和质量溯源等管理制度;建设一支具有较高质量意识和技能的高素质员工队伍。

五是要加强进口成套设备检验检疫监管,确保重点工程重点项目的顺利进行。在签订对外合同时,一定要严谨周密,除确保引进的技术设备先进性外,并对质量包装要有明确要求,仔细审查,维护好国家和企业利益。

资料来源:http://www.sxciq.gov.cn 2011年5月24日。

第四节　统筹"引进来"与"走出去"发展战略

"十二五"规划指出,坚持"引进来"和"走出去"相结合,利用外资和对外投资并重,提高安全高效地利用两个市场、两种资源的能力。目前,中国经济已经进入高速发展但内需相对不足的阶段,短缺经济的结束引发传统产业出现了普遍过剩,在国际贸易领域吸引国外目光,开拓国际市场,优化贸易结构,培育新的经济增长点,提高国民经济整体素质,已经成为中国经济发展的关键。所以,我们不但要积极发展"走出去"战略,而且要更加重视"引进来"战略,做到"引进来"与"走出去"统筹发展。

一、"引进来"和"走出去"战略的提出

1997年12月24日,江泽民在会见全国外资工作会议代表时提出:"'引进来'和'走出去',是我们对外开放基本国策两个紧密联系、相互促进的方面,缺一不可。这个指导思想一定

要明确。"①我们不仅要积极吸引外资,也要积极引导和组织国内有实力的企业"走出去",到国外去投资办厂,利用当地的市场和资源。"在努力扩大商品出口的同时,必须下大力气研究和部署如何"走出去"搞经济技术合作。"强调:"这是一个大战略,既是对外开放的重要战略,也是经济发展的重要战略。"②江泽民同志在中国共产党第十六次全国代表大会上指出:坚持"引进来"和"走出去"相结合,全面提高对外开放水平。适应经济全球化和加入世贸组织的新形势,在更大范围、更广领域和更高层次上参与国际经济技术合作和竞争,充分利用国际、国内两个市场,优化资源配置,拓宽发展空间,以开放促改革、促发展。

二、"引进来"发展战略

(一)"引进来"战略的内涵

所谓"引进来"战略是指,国家通过制定相关政策,吸引国外资本、技术、人才以及借鉴国际先进管理理念、制度、经验,积极融入全球创新体系的过程。中国对外开放是从"引进来"起步的,而且在一个相当长的时间内都以"引进来"为主。优化结构,引导外资更多投向现代农业、高新技术、先进制造、节能环保、新能源、现代服务业等领域,鼓励投向中西部地区。丰富方式,鼓励外资以参股、并购等方式参与境内企业兼并重组,促进外资股权投资和创业投资发展。引进海外高层次人才和先进技术,鼓励外资企业在华设立研发中心,借鉴国际先进管理理念、制度、经验,积极融入全球创新体系。优化投资软环境,保护投资者合法权益。做好外资并购安全审查。有效利用国外优惠贷款和国际商业贷款,完善外债管理。

(二)"引进来"的战略意义

1. "引进来"可以增强我国的综合国力,为"走出去"提供物质基础

"引进来"不仅仅是指加大商品、资本和服务的引进力度,更重要的是通过"引进来",加以自我消化和吸收,不断提高我国自主产品的质量和效能,提高资本的利用效率,优化资本利用结构,增强服务业发展力度和发展水平,通过扩大总体生产规模,不断增加就业,提高居民收入水平,增加财政收入来增强我国的综合国力。在此基础上,才能为"走出去"战略提供坚实的物质基础。

2. "引进来"可以提高中国企业在技术、管理、人才等方面的国际竞争力

通过引进国际上先进生产技术,加以自我消化和吸收,不断进行技术创新,可以提高我国产品国际劳动生产率,从而增强我国产品在世界市场的竞争力。通过在世界范围内引进人才,可以提高我国技术创新的能力和企业管理能力,从而为产品、资本和技术"走出去"提供战略平台,在各个方面增强我国的国际竞争能力。

3. "引进来"可以带动中国产业结构调整,优化我国产业结构

所谓产业结构亦指国民经济的部门结构,泛指国民经济各产业部门之间以及各产业部门内部的构成。改革开放以来,我们通过外资、技术、管理、人才等"引进来"战略,逐渐改善了我国的产业结构,三次产业之间的关系得到了明显的改善,工业的主导地位更加凸显,农业占国民经济比重不断下降,服务业发展迅速。进入21世纪以来,我国产业结构持续优化,第一产业增长相对缓慢,第二产业增长迅速,第三产业突破以商贸、餐饮为主的单一发展格局,金融、保险、研发、咨询等行业也得到快速发展。

---

① 《江泽民文选》第2卷,人民出版社2006年版,第92页。
② 《江泽民文选》第2卷,人民出版社2006年版,第92页。

4."引进来"可以促进以市场为导向的中国经济体制改革,减少"走出去"的体制障碍

"走出去"战略在微观层面可称为国际化经营战略,实施主体是各类企业。"走出去"战略可分为两个层次:第一个层次是商品输出层次,主要涉及货物贸易、服务贸易、技术贸易以及承包劳务等,即出口贸易与对外经济合作;第二个层次是资本输出,主要是指对外直接投资(或称为境外投资)。进入21世纪以来,在对外贸易领域我国第一个层次的"走出去"的步伐较快,主要表现在出口依存度不断提升,贸易顺差所带来的外汇储备不断增加,国际收支失衡,随之而来的外国要求人民币升值的压力也越来越大,对外贸易摩擦频发,一味"出口导向"的弊端逐渐显现。而第二个层次的"走出去"可能带来如国内就业压力增大、国内金融机构与我国境外上市企业债务关系加剧,甚至会出现国内部分产业"空心化"现象。通过"引进来"则可以改善我国的国际收支现状,减少贸易摩擦,增加国内就业,减少"走出去"所带来的体制障碍,从而促进我国以市场为导向的经济体制改革不断深化。

5.加入WTO为"引进来"和"走出去"相结合创造了更好的国际环境

加入WTO,是以我国经济发展和改革开放的需要为出发点作出的重大战略决策。加入WTO,有利于扩大对外开放,为我国赢得更好的国际环境,有利于促进经济体制改革和经济结构的战略性调整,增强我国经济发展活力和国际竞争力,总体上符合我国的根本利益和长远利益。加入WTO后,给我们提供了参与国际市场公平竞争的机会。我们要抓住机遇,增强信心,一手抓"引进来",一手抓"走出去",两手抓两手都要硬,才能为中国经济发展奠定坚实的基础。

三 "走出去"发展战略

(一)"走出去"发展战略的内涵

从广义上讲,"走出去"发展战略是指产品、服务、技术、劳动力、管理及企业本身走向国际市场开展竞争与合作的战略取向;狭义的"走出去"发展战略是指企业到国外投资,设立生产经营机构,向境外延伸研发、生产和营销能力,在更多的国家和地区合理配置资源的发展战略。相应地"走出去"发展战略大体可分为两个层次:基本的层次是指商品和劳务的输出,更高的层次是指资本的输出,即对外直接投资。

"走出去"发展战略是在我国多年来引进外资和技术并积极开展对外贸易的基础上,进一步开拓国际市场,充分利用境外资源,从而提高企业国际竞争力和我国综合实力的重大战略举措,是在更大范围、更宽领域和更高层次上参与国际经济技术合作和竞争的必然趋势。

(二)"走出去"发展战略的调整

20世纪90年代中期以来,国内外经济形势发生了重大变化,经济全球化进程加快,各国政府不得不重新估量自己在新的世界大格局中的地位,调整发展战略、变革体制、夺取新的战略主动权。随着"入世"谈判的进展,中国加快了对外开放的步伐。我国企业不仅面临着发展空间受到挤压的危险,还面临着丧失本土生存空间的可能。同时,就业的压力、资源保障以及生态环境的制约比以往更为严重地影响着我国经济的发展。开拓国内外市场、调整经济结构、培育新的经济增长点、提高国民经济整体素质成为我国经济发展的关键。基于此,我国政府于2000年确立实施"走出去"发展战略,坚持"引进来"和"走出去"同时并举、相互促进。2001年将"走出去"发展战略作为一条重要建议写进《国民经济和社会发展第十个五年计划纲要》。党的十六大报告再次指出:实施"走出去"战略是对外开放新阶段的重大举措,鼓励和支持有比较优势的各种所有制企业对外投资,带动商品和劳务输出,形成一批有实力的跨国企业和著名品

牌,在更大范围、更广领域和更高层次上参与国际经济技术合作和竞争。2011年出台的《国民经济和社会发展第十二个五年规划纲要》再次提出"加快实施'走出去'战略",要求"走出去"的企业和境外合作项目要"维护我国海外权益,履行社会责任,造福当地人民"。如今,越来越多的中国企业纷纷走出国门,对外投资、对外承包工程、对外劳务合作迅速发展,中国企业的身影出现在世界各地,多种形式的境外经济合作取得长足进展。

(三)实施"走出去"发展战略的现实意义

虽然我国企业还处于"走出去"的起步阶段,但实施这一战略已初见成效。"十一五"期间,我国从事跨国经营的企业达3万多家,对外承包工程企业2 000多家,对外劳务合作企业900多家。截至2010年底,中国对外直接投资净额为688.1亿美元,年度流量首次超过日本、英国等传统对外投资大国,境外中资企业超过1.6万家。由此可见,"走出去"发展战略适应经济全球化潮流的客观需要,对实现我国国民经济可持续发展具有重要的意义。

1. "走出去"有利于突破贸易保护主义壁垒

目前,我国产品已在国际市场上占有相当的份额,尤其是增量在全世界举足轻重。随着贸易顺差的进一步扩大,许多国家纷纷运用反倾销、反补贴等措施设置贸易壁垒。特别是发达国家一些利用知识产权、劳工标准、技术壁垒、绿色贸易壁垒等措施限制对中国的进口。贸易摩擦已经成为影响我国与别国或地区双边或多边正常经贸关系甚至产生政治影响的重要因素。中国企业"走出去"可以形成原产地多元化,帮助我国企业顺利绕开贸易壁垒,并享受诸多优惠政策,同时,在海外建立营销网络,可及时了解当地市场信息、发展动向,更好的贴近市场,从而发挥各种比较优势,增强产品竞争力,最终提高我国产品在国际市场中的占有率。

2. "走出去"有利于提高企业的国际竞争力

企业是国民经济的细胞,企业竞争力是国家竞争力的基础。我国企业"走出去",直接进入国际市场,有利于在更大的范围和更大程度上参与国际经济合作与竞争。我们要认真研究我国作为世贸组织成员在不同国家和地区投资合作中应享有的权利,发挥政府和企业两个方面的积极性,以各种投资合作项目为突破口,大力实施"走出去"发展战略,不断开拓自身的发展空间,提高国际市场的占有率,在参与国际竞争与合作中掌握主动权,才能不断增强我国企业的国际竞争力。

3. "走出去"有利于促进对外经贸关系的发展

随着我国综合国力的增强和国际经济政治地位的不断提高,广大发展中国家希望与我国开展多种形式的经济技术合作。同时,我国与许多发展中国家的传统友谊深厚,政治上相互友好和支持,经济上互补合作潜力巨大,具备进一步加强经贸合作的基础和前提。通过实施"走出去"发展战略,加强与广大发展中国家互惠互利的经贸合作与交流,不仅能够增加当地就业,促进发展中国家的经济发展,而且有利于构筑我国与广大发展中国家特别是周边国家的共同利益基础,实现优势互补,促进共同发展。"走出去"发展战略的实施,还有利于我国与发展中国家在处理国际经济事务中的团结合作,共同推动建立公正合理的国际经济新秩序;有利于缓解我国与一些发展中国家的贸易摩擦,消除"中国威胁论"的影响,有利于提高我国的国际地位,扩大在国际事务中的发言权。

4. "走出去"有利于加快经济结构调整和产业结构优化

目前,我国国内市场已实现了卖方市场向买方市场转变的新格局,国民经济发展进入了以结构优化和产业升级为特征的新时期。与此同时,科技进步和经济全球化趋势加快,也引发了传统产业向第三产业和服务业转移的新一轮世界产业结构的调整。我国政府有必要引导和推动国内产业和企业在调整和升级过程中,面向国际市场,通过实施"走出去"战略,充分利用"国际资源和国际市场",通过国内产业生产能力向海外的延伸和转移,促进国内产业结构调整,促进新兴产业和高技术产业的发展,从而为国民经济发展提供不竭的动力。

5. "走出去"与我国企业目前的发展状况和投资需求相适应

英国经济学家邓宁曾用经验分析的方法研究了直接投资流量与人均 GNP 之间的关系,发现一般可以分为四个阶段:第一个阶段是人均 GNP 低于 400 美元,此时吸收外资很少,几乎完全没有对外直接投资;第二个阶段是人均 GNP 位于 400~1 500 美元,引进外资增长,而且开始有对外直接投资的流出,但投资净流出为负数;第三个阶段是人均 GNP 位于 2 000~4 750 美元,净投资流出仍然为负数,但对外直接投资增长快于外国直接投资的流入;第四个阶段是人均 GNP 在 4 750 美元以上,其净投资流出已转为正数,成为主要的国际资本输出国。我国学者林毅夫的研究也得出结论:一个国家的人均年收入一旦达到 2 000 美元,从国际经验来讲,产业结构就应该进行调整,把一些生产能力过剩的企业移至海外,以更低的成本来获取更多的利润。目前,中国内地已经是世界第二大经济体,人均 GNP 至少应当划入邓宁所划分的第三个阶段;即使按照现行汇率折算,目前也可以列入邓宁所划分的第二个阶段。因此,从发展前景来看,中国在经过长期大幅度引进外国直接投资的鼎盛期之后,在今后的 5~10 年中将进一步迎来对外直接投资的高潮。

6. "走出去"可以缓解人民币升值压力

中国对外贸易持续保持高速增长,为促进经济增长发挥了重要作用。但同时也应看到,贸易顺差容易引发对外贸易摩擦,影响中国对外经贸关系,从而使人民币面临着持续升值的压力,导致中国产品的国际竞争能力下降。对于像纺织品和玩具等一些利润空间较小的出口产品来说,人民币升值影响了其在国际市场中份额的维持和扩大。中国企业"走出去"是缓解人民币升值压力的有效手段。中国企业"走出去",在国外投资设厂,在当地或国际市场上销售产品,以境外企业作为交易和结算主体,以外币作为记账货币,则可以在很大程度上避免人民币升值产生的不利影响。

7. "走出去"是获得国外先进技术更为有效的途径

国际投资理论认为,发达国家的跨国公司向发展中国家直接投资所转移的并不是先进技术,而是已标准化的或即将淘汰的技术,其目的在于维护和增强其垄断优势。中国引进外资的实践也充分证明了这一点。20 世纪 90 年代中期以来,在国际竞争日趋激烈和中国企业技术水平显著提高的背景下,发达国家跨国公司对华直接投资的技术含量明显提高,但技术外溢效应仍不显著。具体来讲,发达国家跨国公司对技术含量较高的对华投资一直倾向于采用独资方式,技术保密措施极为严格;发达国家跨国公司在华设立的研究与开发型外资企业规模小、层次低,并不进行基础研究和应用研究,而是只进行试验开发研究,与中国的研究机构也极少有关联,其主要目标在于利用中国廉价的技术资源和为满足消费者偏好而对所销售的产品加以改进。与引进外国直接投资相比,鼓励中国企业"走出去"发展,"追赶型"对外直接投资是获得国外先进技术更为有效的途径。所谓"追赶型"对外直接投资,是指发展中国家的跨国公司在发达国家高新技术企业和研究机构聚集区进行研究与开发性投资,通过利用反向技术外溢效应获取发达国家先进技术的一种投资方式。中国企业通过发展"追赶型"对外直接投资设立境外企业,能够最大限度地获取发达国家技术集聚区所产生的溢出效应。同时,此类境外企业能将大量技术信息及时传递到国内公司总部,从而有助于中国企业及时了解世界前沿技术动态,增强国内企业研究与开发的能力。

8. "走出去"是节约矿产资源、保持经济可持续发展的重要途径

现阶段中国经济增长正处于严重依赖资源阶段,资源安全已经成为影响中国经济、政治和军事的重要因素。在国内矿产资源严重匮乏这一格局难以根本改变的条件下,中国企业"走出去"是节约矿产资源、保持经济可持续发展的重要途径。首先,中国企业"走出去",有助于稳定矿产资源的供应渠道和价格水平。目前,中国企业所需的一些主要矿产资源大量依赖贸易方式进口,无疑会增加矿产资源供应的不确定性,并且要承担矿产资源价格波动带来的风险。因此,中国的资源型企业急需通过"走出去"战略,来降低资源供应渠道的不确定性和价格波动带来的风险。其次,中国资源型企业"走出去",有助于形成一批有实力的资源型跨国企业,通过对外直接投资,中国的资源型企业可以实现规模经济和提高国际竞争力,还可以培养一批既懂专业又熟悉国际经营的管理人员队伍。

四、"引进来"和"走出去"战略相结合

当今世界形势复杂多变,金融危机带来的冲击和震动仍将持续,欧美金融危机阴霾未散,全球经济复苏步履维艰,这一切正改变着原有的全球经济格局,在此背景下,中国经济要稳中求进,必须继续坚定不移地实施"走出去"和"引进来"相结合的发展战略。

"引进来"不仅仅是引进国外资本、技术、人才等要素,更重要的是引进国外的先进理念,跟踪研究先进技术与运营模式。不仅要积极吸引外国企业到中国来投资办厂,也要积极引导和组织国内有实力的企业"走出去",到国外去投资办厂,利用当地的市场和资源。视野要广阔,既要看到欧美市场,也要看到广大发展中国家的市场。发展中国家的生产力水平比发达国家低,对产品和技术的要求相对也比较低,但市场十分广阔。"引进来"和"走出去",是我国对外开放方针的两个紧密联系、相互促进的方面,缺一不可。

第五节 对外贸易结构优化战略

一、对外贸易结构优化战略的提出

从改革开放到 21 世纪初期,我国在对外贸易领域的政策导向主要以出口创汇为主,较少关注贸易结构问题,但随着我国加入 WTO,我国的对外贸易飞速发展,截止到 2011 年我国出口 18 986 亿美元,位居世界第一位,进口 17 434.6 亿美元,位居世界第二位,对外贸易顺差 1 551.4 亿美元,外汇储备居世界第一位。在对外贸易高速发展的同时,对外贸易结构问题日益凸显。主要表现在对外贸易商品结构不合理,以进出口商品结构来说,1980 年出口商品中初级产品与工业制成品的比例为 50.3∶49.7,到 2010 年比重变为 5.2∶94.8;从对外贸易方式结构来看,主要以一般贸易和加工贸易为主,其他贸易所占份额很小;从中国对外贸易的外部区域结构上看,对外贸易的洲别和国别结构很不平衡,就洲别结构而言,主要集中于亚洲、欧洲和北美洲,占中国对外贸易额的 90% 以上,就国别结构而言,国别和地区集中程度非常高,对外贸易的伙伴多集中于欧盟、美国、日本、中国香港等相对集中的发达国家和地区。随着中国对外贸易的不断发展,对外贸易结构问题逐渐成为制约我国由贸易大国向贸易强国转变的"瓶颈"之一。为此,优化对外贸易结构显得刻不容缓。《国民经济和社会发展第十一个五年规划》指出"积极发展对外贸易,优化进出口商品结构,着力提高对外贸易的质量和效益。扩大具有自主知识产权、自主品牌的商品出口,控制高能耗、高污染产品出口,鼓励进口先进技术设备和

国内短缺资源,完善大宗商品进出口协调机制。继续发展加工贸易,着重提高产业层次和加工深度,增强国内配套能力,促进国内产业升级。大力发展服务贸易,不断提高层次和水平"。而"十二五"规划则把优化对外贸易结构作为一章重点介绍,由此看出优化对外贸易结构已经上升为对外贸易发展战略的高度。

> **专栏** 　　　　　　　　　　　**外贸结构如何优化**
>
> 　　2009年我国超越德国成为第一出口大国,在我国33.5万亿元的GDP中,外贸占44.96%。进出口在国民经济中举足轻重的地位,可见一斑。
>
> 　　但对于"第一出口大国"的光环,我们的舆论显得格外"低调"。原因很简单——我国的出口总量很大,但50%是加工贸易,60%是外企或与外企合作企业的出口贸易。也就是说,我们如此庞大的外贸规模,很大一部分是"为他人做嫁衣"的东西,真正属于自己的高附加值的、具有全球竞争力的产品不多。一些加工贸易,九成以上的利润都被外方所有,而留给我们的是微薄的加工环节利润、资源消耗和污染。
>
> 　　与此同时,尽管2010年1~2月,我国进出口总值比上年同期增长44.8%,但我国外贸仍没有摆脱国际金融危机的影响,而且这样的增长,是建立在2009年全年我国外贸总量负增长13.9%的特殊背景下实现的。
>
> 　　正因为如此,加快推进对外经济发展方式转变,特别是加快调整出口贸易结构,迫在眉睫。正如政府工作报告所分析提出的,稳定发展对外贸易,主要着力点是"拓市场、调结构、促平衡"。
>
> 　　优化外贸结构,潜力巨大。如何优化?一方面,要优化出口产品结构,稳定劳动密集型产品出口,扩大机电产品和高新技术产品出口,大力发展服务贸易和服务外包,努力培育出口品牌和营销网络,继续严格控制"两高一资"产品出口。另一方面,要积极推进加工贸易转型升级。
>
> 　　国际金融危机的影响还在持续。从诸暨店口镇的情况看,尽管大部分外向型企业通过学习"冬泳"度过了最艰难的时刻,但在微观经济层面,如何通过创新开拓新市场,仍然是优化外贸结构的一大课题。
>
> 　　　　　　　　　　　　　　　　　　　　　　　资料来源:《人民日报》2010年3月23日。

二、对外贸易结构优化战略的内涵

　　贸易结构是指某一时期贸易的构成情况,有广义和狭义之分。广义的贸易结构主要是指一定时期内贸易中货物贸易和服务贸易的构成情况,一般称为贸易结构。狭义的贸易结构主要是指一定时期内货物贸易中各种商品的构成情况。一般称为商品贸易结构。贸易结构反映一个国家的经济发展水平、产业结构状况及在国际分工中所处的地位。一般来说,一个国家出口制成品所占的比重越大,反映该国的经济发展水平越高,在国际分工中所占的优势越大;一个国家出口的商品结构越是多样化,就越能适应国际市场的需求和变化,该国在国际分工中的地位也就相对有利。对外贸易结构有四种表现形式,分别是:对外贸易商品结构、对外贸易方式结构、对外贸易模式结构和对外贸易区域结构。其中,对外贸易商品结构包括初级产品结构和工业制成品结构;对外贸易方式结构包括:一般贸易形式、加工贸易形式和其他贸易形式;对外贸易模式结构可分为产业间贸易模式、产业内贸易模式和产品内贸易模式;对外贸易区域结构分为外部区域结构和内部区域结构。

对外贸易结构优化战略是指在国家对外贸易总体发展战略指导下,推动对外贸易四大结构合理化和高级化发展的过程,是实现对外贸易结构和资源供给结构、技术结构和需求结构相适应的状态。对外贸易结构合理化是指四大贸易结构之间协调能力的加强和关联水平的提高,以推动和促进国民经济各产业之间的协调发展。对外贸易结构高级化也可以称为对外贸易结构现代化,是指遵循对外贸易结构演进规律,通过技术进步,使外贸结构整体素质和效率向更高层次不断演进的过程。对外贸易结构优化过程就是通过政府的有关外贸政策的调整,影响对外贸易结构变化的供给结构和需求结构,实现资源优化配置,推动外贸结构的合理化和高级化的过程。

对外贸易结构优化的内涵包括三个方面:第一,外贸结构优化是一个动态的过程,是外贸结构逐步趋于合理,不断升级的过程,在一国经济发展的不同阶段,外贸结构优化的衡量标准不同。第二,外贸结构优化应坚持外贸四大结构之间以及四大结构内部协调发展和最高效率原则。第三,外贸结构优化的目标是资源配置最优化和宏观经济效益最大化。

对外贸易结构合理化和高级化之间互相联系、互相制约。外贸结构合理化是外贸结构高级化的前提条件。如果外贸结构长期处于失衡状态,就不会有外贸结构高级化的发展;同时外贸结构合理化也是在一定高度基础上的合理化。外贸结构合理化主要从静态趋势或者一定阶段上优化,外贸结构高级化主要从动态趋势上优化,它是一个渐进的长期发展过程,外贸结构合理化是从一种合理化状态上升到更高层次合理化状态的过程。因此,外贸结构高级化是外贸结构合理化的必然结果。

三、"十二五"规划对外贸易结构优化战略的内容

"十二五"规划指出,要继续稳定和拓展外需,加快转变外贸发展方式,推动外贸发展从规模扩张向质量效益提高转变、从成本优势向综合竞争优势转变。

1. 培育出口竞争新优势

保持出口竞争优势,加快培育以技术、品牌、质量、服务为核心竞争力的新优势。提升劳动密集型出口产品质量和档次,扩大机电产品和高新技术产品出口,严格控制高耗能、高污染、资源性产品出口。完善政策措施,促进加工贸易从组装加工向研发、设计、核心元器件制造、物流等环节拓展,延长国内增值链条。完善海关特殊监管区域政策和功能,鼓励加工贸易企业向海关特殊监管区域集中。鼓励企业建立国际营销网络,提高开拓国际市场能力。积极开拓新兴市场,推进出口市场多元化。

2. 提升进口综合效应

优化进口结构,积极扩大先进技术、关键零部件、国内短缺资源和节能环保产品进口,适度扩大消费品进口,发挥进口对宏观经济平衡和结构调整的重要作用,优化贸易收支结构。发挥我国巨大市场规模的吸引力和影响力,促进进口来源地多元化。完善重要农产品进出口调控机制,有效利用国际资源。

3. 大力发展服务贸易

促进服务出口,扩大服务业对外开放,提高服务贸易在对外贸易中的比重。在稳定和拓展旅游、运输、劳务等传统服务出口的同时,努力扩大文化、中医药、软件和信息服务、商贸流通、金融保险等新兴服务出口。大力发展服务外包,建设若干服务外包基地。扩大金融、物流等服务业对外开放,稳步开放教育、医疗、体育等领域,引进优质资源,提高服务业国际化水平。

四、对外贸易结构优化战略的现实意义

对外贸易结构优化问题是当前我国发展对外贸易的一个十分具有现实意义的问题。一个国家应该出口什么产品,向哪些国家和地区出口,应该进口什么产品,从哪些国家和地区进口,以增加本国的福利,促进本国的发展。

1. 优化对外贸易结构有利于我国向世界经济链上游发展

从世界经济产业链的角度来看,中国目前停留在中等的层次上,经济的增长与进步也还是属于一种"末端"性质的发展,如果这种经济进步不能为商品技术含量等相关商品高附加值所取代,则不但不能实现向世界经济链上游进步,还可能形成我国对低端产品出口的过渡依赖,从而制约我国经济的进一步发展。通过对外贸易结构的优化,可以不断改善目前依靠低附加值产品出口的现状,从而对于优化国内经济结构,力争向世界经济链上游发展具有重要现实意义。

2. 优化对外贸易结构是我国突破目前顺差尴尬局面的最有效的内因方式

近年来,我国连续的贸易顺差,加剧了与各国的贸易摩擦,人民币升值压力陡升。要改变顺差局面,在进行一些临时性暂缓措施的同时,可以从贸易结构优化上进行努力。贸易结构能否优化,是中国能否成功完成在经济全球化中角色转变的关键转折点,同时,通过鼓励进口等措施以及贸易结构优化措施平稳度过高顺差这个关口,对解决贸易摩擦、缓解人民币升值压力也都具有重要意义。

3. 优化对外贸易结构是实现国内产业结构优化的重要途径

随着我国经济的高速发展,我国产业结构不合理逐渐成为制约我国经济进一步发展的桎梏。要改变国内产业结构不合理现状,除了从政策层面对产业结构进行调整外,还可以通过优化对外贸易结构来实现国内产业结构的优化。由于对外贸易是我国经济增长的一个重要因素,在我国经济增长中占有十分重要的地位,那么通过改善对外贸易商品结构、对外贸易方式结构、对外贸易模式结构和对外贸易区域结构使国内的产业结构也可以得以优化,所以,优化对外贸易结构对于实现国内产业结构优化也具有现实意义。

第六节 全球经济治理与区域合作战略

一、全球经济治理与区域合作战略的提出

2010年10月18日,中国共产党第十七届五中全会提出:"加快实施'走出去'战略,积极参与全球经济治理与区域合作,积极创造参与国际经济合作和竞争新优势。"2011年3月16日,中华人民共和国国民经济和社会发展第十二个五年规划提出:"积极参与全球经济治理和区域合作,推动建立均衡、普惠、共赢的多边贸易体制"。国家科学判断当前和今后一个时期世界发展大势,及时提出积极参与全球经济治理和区域合作的战略构想,体现了宽广的国际视野和高远的战略思维。

当前,世界经贸格局出现了新的变化,尤其是受世界金融危机的影响,全球经济增长放缓态势明显,世界各国围绕市场、资源和技术等问题的竞争日益加强,为应对世界经济格局的变化,在坚持"和平、发展、合作"时代潮流的基础上,我国需不断加大全球经济治理和区域合作的力度,通过合作谋共赢、谋发展,提高统筹国内、国外两个市场的能力,努力营造有利于我国经

济增长的战略机遇。

二、全球经济治理与区域合作战略的内涵

国际金融危机爆发后,关于全球经济治理问题的讨论急剧升温,矛头直指少数国家垄断国际经济金融事务的现行治理机制。这场国际金融危机中国际货币基金组织(IMF)、世界银行、八国集团(G8)等国际经济金融多边机制集体"失灵",应对乏术,其代表性不足、机制落后、效率低下等弊端暴露无遗。国际社会普遍认为,必须加强和完善"全球经济治理",其主要内涵是:各国政府、政府间国际组织以及各地区组织等加强合作,形成强有力的多边协调机制,制定公正、合理、有约束力的国际规则,共同应对国际金融危机这样的全球性挑战,以维持正常的国际经济秩序、促进世界经济健康发展。[①]

三、"十一五"期间我国蓬勃发展的国际经贸合作

(一)积极参与全球经济治理

"十一五"期间,我国在全球经济治理中的地位和影响力显著提升,尤其是我国以新兴发展中国家的身份平等参与全球G20峰会机制,使我国成为全球经济治理核心平台的重要一员,在G20峰会上发挥了积极的建设性作用。在经贸领域,我国旗帜鲜明的反对包括"碳关税"在内的贸易保护主义、积极推动多哈回合谈判、努力维护发展中国家的权益、促进解决和缩小南北发展不平衡等问题上都发挥了重要作用。

(二)自由贸易区建设的成果

"十一五"期间,我国积极推动自由贸易区建设,并取得了丰硕的成果。目前,我国与15个国家建立了7个自由贸易区,其中,除了中国—东盟自由贸易区货物贸易协议和中国—智利自由贸易区货物协议之外,7个自由贸易区的其余相关协议均在"十一五"期间签订,除了与哥斯达黎加签署的自由贸易区协议尚在生效程序中外,其余都在"十一五"期间生效。

(三)双边、多边经济合作和区域、次区域经济合作

1. 双边、多边经济合作

"十一五"期间,我国累计接受双边无偿援助近6亿美元,涉及扶贫、农业、交通、文卫、水利、能源和环保等十多个领域。在多边发展领域,争取联合国儿童基金会、联合国人口基金、联合国开发计划署的相关资金约合4.4亿美元,合作项目涉及扶贫、卫生、教育和环保等多个领域。这些双边或多边合作项目对我国经济发展起到了积极的作用。

2. 区域、次区域经济合作

"十一五"期间,我国通过参与亚太经济合作组织(APEC)、亚欧会议领导人会议和部长级会议,切实增强了对外经贸关系的协调,深入拓展了国际影响力,为我国参与经济全球化和区域经济一体化夯实了基础。在参与国际会议期间,我国积极宣介应对国际金融危机的政策、措施、成效以及我国对全球经济的巨大贡献,进一步展示了积极的、负责任的大国形象。

在以APEC为重点的区域经济合作中,我国积极、务实、建设性的推动包括市场准入、投资、服务贸易、知识产权、电子商务和生命科学等领域的合作,切实推动了地区贸易投资自由化和便利化进程。同时,推动了大湄公河、中亚、大图们江次区域合作取得积极进展,决策、磋商

[①] 杨洁篪:《积极参与全球经济治理与区域合作》,载《中共中央关于制定国民经济和社会发展第十二个五年规划的建议:辅导读本》,人民出版社2010年版,第363页。

机制日趋成熟,合作领域不断扩大,推动在建立地方合作机制、加强交通基础设施建设、建立跨境合作新型平台等问题上取得了初步成效。

二、当前国际经贸关系面临的新形势

(一)金融危机并未改变经济全球化总体趋势

2008年金融危机虽然对世界经济尤其是西方经济造成了一定程度的影响,但这种影响并未改变经济全球化的总体走向。全球经济体制的基本规则依然是全球经济有效运行的保障。比如:市场在资源配置中的基础地位不会根本改变,美元作为主要国际支付货币的地位没有根本改变,国际金融体系维持传统模式,国际贸易保持增长,跨国公司的国际资本流动继续成为国际直接投资的主体,科技进步和创新为经济增长提供源动力等。无论是发达国家,还是深入参与全球化的发展中国家,都在全球化中获益,经济全球化将继续深化发展。

(二)各国经济政策加快调整

为适应"后危机"时代的全球经济发展,各国在总结危机教训的基础上,加快政策调整的步伐。一是消费与储蓄的调整。二十国集团多伦多峰会制定了"强劲、可持续和平衡增长框架",提出发达赤字国家应加强储蓄,刺激出口,盈余经济体应减少外需依赖,更多依靠内需拉动经济增长。二是产业政策调整。美欧在危机后纷纷采取鼓励政策,推动"再工业化",美国出台"美国创新战略"、欧盟制定"欧盟2020战略"、日本制定"新增长战略",与此同时,美国还制定了相应的出口鼓励政策。三是向绿色低碳的转型。联合国环境规划署预测,全球环境产品及服务市场规模2020年将比目前增长一倍,达到2.74万亿美元。为此,美国、欧盟、日本、韩国等制订了低碳战略,印度、南非等新兴经济体也制订了发展计划。

(三)全球自由贸易区继续蓬勃发展

一般情况下,经济(金融)危机后,各国会出台贸易保护措施以稳定本国经济,自由贸易区发展会受到限制,但2008年金融危机后,自由贸易区得以迅猛发展,大国参与自由贸易区建设的积极性明显提高。迄今为止,按照向世界贸易组织通报数目统计,美国已签署自由贸易协定13个,涉及贸易伙伴19个;欧盟已签署自由贸易协定30个,涉及贸易伙伴85个;日本已签署自由贸易协定11个,涉及贸易伙伴20个。

亚太地区是目前全球经济最具活力的版块,已成为全球自由贸易区建设的重心。中国、日本、韩国、东盟、印度、澳大利亚、新西兰正在形成多组织相互交叉、竞争共进的自由贸易关系。目前,亚太地区已经开始整合各单独自由贸易区,推动地区经济一体化进程,相应的"10+3"模式、"10+6构想"、美国加入并推动《跨太平洋战略经济伙伴协定》等都已浮出水面。这些东亚和亚太区域合作的构想,将随着亚太自由贸易区网络的进一步演进,逐渐推动以自由贸易区为核心的区域一体化进程。

三、"十二五"期间我国进一步推动全球经济治理与区域经济合作的思路

中国共产党第十七届五中全会公报指出,"积极参与全球经济治理与区域合作,以开放促发展,促改革,促创新,积极创造参与国际经济合作和竞争新优势"。全会通过的《中共中央关于制定国民经济和社会发展第十二个五年规划的建议》强调:在"十二五"期间,参与全球经济治理和区域合作的重点工作是"推动国际经济体系改革,促进国际经济秩序朝着更加公正、合理的方向发展。推动建立均衡、普惠、共赢的多边贸易体制,反对各种形态的保护主义。引导和推动区域合作进程,加快实施自由贸易区战略"。这些文件为我国推动全球经济治理和区域

合作提出了指导思想和基本方向。为此,我国应积极营造有利的国际环境,扩大外部发展空间,服务我国深化改革开放、调整经济结构,提高民生和增加就业,促进顺利实现全面建成小康社会的战略目标。

"十二五"期间,应从以下几方面开展工作。第一,继续积极、全面参与全球经济治理与区域合作,巩固和提升发展中国家在二十国集团中的地位和发言权。从二十国集团层面反对各种形式的贸易保护主义,推动全球贸易进一步降低关税和非关税壁垒,有效维护我国的正当权益和发展空间,为促进我国经济发展营造更好的多边环境。第二,大力实施自由贸易区战略,推动与相关国家的自由贸易谈判,积极推动与东亚国家的一体化进程,促进我国对外贸易的市场多元化发展,改善对外贸易市场结构。积极落实已签署的自由贸易区相关协议的实施,使更多企业和国民享受自由贸易区建设的成果。第三,积极推动区域和次区域经济合作,构建东西南北合作新格局,向东为亚太经合组织和"10+3"合作机制,向西为亚欧会议和中亚区域合作机制,向南为大湄公河次区域合作机制,向北为上海合作组织和东北亚区域合作。在这些区域和次区域合作机制中,着力推进以海关程序、标准一致化、商务人员流动、电子商务、知识产权保护、基础设施建设为重点的贸易投资便利化合作,为我国企业创造良好的周边市场环境[①]。

四、"十二五"全球经济治理与区域合作的内容

加强与发达国家的交流合作,增进相互信任,提高合作水平。深化同周边国家的睦邻友好和务实合作,维护地区和平稳定,促进共同发展繁荣。加强同发展中国家的团结合作,深化传统友谊,维护共同利益,积极开展多边合作。

推动国际经济体系改革,促进国际经济秩序朝着更加公正、合理的方向发展。积极参与二十国集团等全球经济治理机制合作,推动建立均衡、普惠、共赢的多边贸易体制,反对各种形式的保护主义。积极推动国际金融体系改革,促进国际货币体系合理化。加强与主要经济体宏观经济政策协调。积极参与国际规则和标准的修订制定,在国际经济、金融组织中发挥更大作用。

加快实施自由贸易区战略,进一步加强与主要贸易伙伴的经济联系,深化同新兴市场国家和发展中国家的务实合作。利用亚太经合组织等各类国际区域和次区域合作机制,加强与其他国家和地区的区域合作。加强南南合作。优化对外援助结构,创新对外援助方式,增加对发展中国家民生福利性项目、社会公共设施、自主发展能力建设等领域的经济和技术援助。

▶ **专栏**　　　　温家宝:积极参与全球经济治理机制建设

国务院总理温家宝3月5日在十一届全国人大五次会议上作政府工作报告时提出,要努力提高对外开放的质量和水平,形成开放型经济新格局。

要保持对外贸易稳定发展。稳定出口退税政策,扩大贸易融资和信用保险,改进海关、质检、外汇等方面的监管和服务,帮助企业克服订单不足、成本升高、摩擦增多等多重困难和压力。深入实施科技兴贸、以质取胜和市场多元化战略,支持企业培育自主品牌、营销网络和研发中心,引导加工贸易向产业链高端延伸、向中西部转移。巩固美、日、欧传统市场,开拓新兴市场。稳定劳动密集型产品出口,扩大高技术、高附加值产品出口,控制高耗能、高污染产品出口。大力发展服务贸易,承接服务外包。制定加强进口、促进贸易

---

① 俞建华:《开创参与全球经济治理和区域合作新局面》,《中国经贸》,2011年第1期。

平衡的指导意见,完善进口政策,搭建更多的进口促进平台,推动进出口平衡发展。

要提高利用外资质量。实施新修订的外商投资产业指导目录,引导外资更多投向先进制造业、高新技术产业、节能环保产业、现代服务业和中西部地区。

要实施"走出去"战略。引导各类所有制企业有序开展境外能源、原材料、农业、制造业、服务业、基础设施等领域投资合作和跨国并购。创新境外经贸合作区发展模式,支持"走出去"的企业相互协同、集群发展。放宽居民境外投资限制。加强对外投资风险管理,维护我国境外企业人员和资产安全。

要参与全球经济治理和区域合作。努力保持与发达国家经贸关系稳定发展,全面深化与发展中国家的互利合作。继续推进自贸区建设和区域经济一体化进程。积极参与二十国集团等全球经济治理机制建设,加强与主要经济体宏观经济政策协调,反对各种形式的保护主义,继续在多哈回合谈判、国际金融体系改革中发挥建设性作用。

资料来源:新华网,2012年3月5日。

本章小结

对外贸易发展战略,是指在一个比较长的时期内有关对外贸易发展的全局性决策和规划。中国制定对外贸易发展战略的基本原则是:应具有国际交换和国际分工的合理性、实效性和竞争性,具有中国国情的客观性和可能性,具有战略实施的统一性、阶段性和可调性;指导思想是:要坚持对外开放、坚持自力更生的方针,以提高经济效益为中心,既要符合中国国情又要符合国际贸易规范。

大经贸战略的内涵是扩大开放、加快融合、转变功能;目标是适度超前增长、集约化发展、市场多元化、地区分工合理化、促进融合,实现良性循环。

科技兴贸战略包括两方面的内容:一是大力促进高新技术产品出口;二是利用高新技术成果改造传统产业、提高传统出口产品的技术含量和附加值,选择出口额最大的机电产品和纺织品作为高新技术改造传统产业的重点,初步完成我国出口商品结构由以低附加值、低技术含量产品为主向以高新技术产品为主的转变。科教兴贸战略的措施是建立和完善科技兴贸部际联合工作机制,出台一系列鼓励高新技术产品出口的政策措施,建立高新技术产品出口促进体系。

市场多元化战略是指一个国家在进出口贸易中,根据国际政治经济条件的变化,充分发挥本国的优势,有重点、有计划地调整进出口市场结构,逐步建立起进出口市场合理的、多元化的总体格局,而不能仅仅集中在少数国家和地区。新时期市场多元化战略应从总体目标和实施途径两个方面进行调整。

以质取胜战略的内涵是:按照加快转变外贸增长方式的要求,从以数量规模粗放的外延增长转向质量效益集约的内涵增长。实施以质取胜战略的措施是提高出口商品质量和信誉,不断优化出口商品结构,努力打造自主知名品牌,推行与国际标准接轨的质量管理体系。

统筹"引进来"与"走出去"发展战略。"引进来"发展战略指国家通过制定相关政策,吸引国外资本、技术、人才以及借鉴国际先进管理理念、制度、经验,积极融入全球创新体系的过程。"走出去"发展战略,广义上是指产品、服务、技术、劳动力、管理及企业本身走向国际市场开展竞争与合作的战略取向;狭义是指企业到国外投资,设立生产经营机构,向境外延伸研发、生产和营销能力,在更多的国家和地区合理配置资源的发展战略。加快我国企业"走出去",政府应加强宏观上的指导、协调与监管,企业要准确定位,科学制定跨国经营发展战略与目标。

对外贸易结构优化战略,是指一国根据国际国内经济、政治形势,通过对贸易商品结构、贸易方式结构、贸易模式结构和贸易区域结构进行改善和调整来适应本国经济发展要求的过程。

全球经济治理与区域合作战略的内涵是指通过加强国家与国家或国家与地区之间的友好与务实合作,维护地区和平稳定,促进区域共同发展与繁荣。

思考题

一、名词解释

对外贸易发展战略　大经贸战略　科技兴贸战略　市场多元化战略　以质取胜战略　"引进来"与"走出去"战略　对外贸易结构优化战略　全球经济治理与区域合作战略

二、简答题

1. 简述中国制定对外贸易发展战略的基本原则和指导思想。
2. 什么是大经贸战略？实现大经贸战略的目标有哪些？
3. 市场多元化战略的内容是什么？新时期市场多元化战略应如何调整？
4. 简述以质取胜战略的内涵和意义。实施以质取胜战略应采取哪些措施？
5. 简述"十二五"期间，我国为什么不但要积极发展"走出去"战略，而且要更加重视"引进来"战略，做到"引进来"与"走出去"统筹发展。
6. 什么是贸易结构？对外贸易结构优化的现实意义是什么？
7. 简述"十二五"规划全球经济治理与区域合作的内容。

三、案例分析题

鞋服行业通过"引进来、走出去"，实现与世界时尚的接轨

随着与世界时尚接轨意愿的日益增强，我国鞋服企业将目光聚集在时尚的缔造者——设计师身上，通过在时尚中心设立研发中心，以及在设计领域引入"外脑"等方式，来追逐并引领流行趋势。据了解，匹克设计研发中心设在北京和广州，美国洛杉矶的产品研发中心也于去年9月建成；几乎同一时间，361°在广州的（亚洲）设计研发中心正式启动；七匹狼拥有上海、香港、东京三个研发中心。业内人士分析称，企业将研发中心设在时尚前沿地带，就能加速与国际时尚的接轨，使版型、尺寸、色彩更接近国际流行趋势。

引进国际人才对接市场。与设计团队"走出去"相对应，不少企业也选择了将国际人才"引进来"的战略。左岸服饰与巴黎娜丽罗获设计事务所的合作传递了一个信号：随着国内消费者对国际流行时尚元素的青睐，泉州品牌鞋服正在通过与国际设计团队的合作，来拉近国内服装与国际流行趋势的距离。与左岸一样，特步也从韩国引进了首席设计师，为特步的时尚运动产品更为大胆地搭配色彩和款式。据了解，特步目前的设计团队包含了来自中国香港、中国台湾、日本、韩国等地的各类设计人才。韩国人对鞋服产品的色彩是非常敏感的，日本人则在质量掌控、技术研发上掌握得非常好。此外，格林集团与西班牙品牌童装企业 Kids Gallery 公司达成服装设计战略合作协议，聘请西班牙品牌童装的高级设计师担任设计总监，希望通过采用欧美最新的设计理念，将中国元素与世界时尚元素强势结合。而早在2008年七匹狼邀请法国设计师法瑞特全新打造的设计师品牌 SEPTWOLVES 就已正式亮相。

以设计顾问方式合作。"对泉州企业来说，不能过于依赖国际设计师，因为就目前来看，国内消费者对于时尚的感知与欧美相比依然有两年左右的差距。"JIM'S品牌设计总监惠文龙告诉记者，比如一款目前在意大利非常流行的"豆豆鞋"，目前很多中国消费者并不能接受，一些企业将这款鞋引入中国后，不得不作出一些相应的修改。"国内企业与国际设计师比较好的合作方式是设计顾问的模式。"业内人士称。据了解，所谓设计顾问，就是指中国企业或品牌在寻求与国际设计师合作的时候，应该让国际设计师把一些国际化元素和更具有创意性的元素带到品牌里面来，更好地延续或表达原有品牌的风格，而绝不是让其重建一种新的风格。比如，国内一服装企业曾聘请了一些韩国设计师，这些设计师平时待在韩国，每季开发新品时再来企业，一年大约五六次，每次待3～5天。这期间，韩国设计师会按照自己的理念提出某一季的设计主题和方案，企业的设计团队也会提出一个方案，最终，由企业设计总监进行综合统筹和把关，敲定最终的设计方案。

（资料来源：中国鞋网，http://cn.sonhoo.com，2011年8月17日。）

案例讨论：试分析我国鞋服行业如何通过"引进来"与"走出去"战略，实现与世界时尚的接轨。

第五章

中国对外贸易体制与管理

学习要求

了解中国对外贸易体制的演进轨迹,掌握对外贸易立法管理、经济管理和行政管理的相关内容。重点掌握税收管理、汇率和汇率制度、进出口信贷管理以及经营管理、货物进出口管理、进出口商品检验管理、海关管理、外汇管理的政策措施。

第一节 中国对外贸易体制改革

对外贸易体制是对外贸易经营管理体制的简称,指对外贸易的组织形式、机构设置、管理权限、经营分工和利益分配等制度。外贸体制是经济体制的一个重要组成部分,属于上层建筑的范畴,由经济基础决定并为经济基础服务,因此,随着经济基础的发展变化,应相应地变革对外贸易体制,使其更好地适应国民经济与对外贸易发展的需要。

我国的对外贸易体制,是在新中国成立后逐步形成和不断发展完善起来的。1978年以来,伴随着经济体制改革的进程,我国外贸体制的改革也从"放权、让利、分散"到"推行外贸承包制和放开经营"渐次推进,取得了一个又一个新的突破。我国外贸体制改革坚持"统一政策、放开经营、平等竞争、自负盈亏、工贸结合、推行代理制"的方向,以建立外贸宏观调控体系为重点,逐步建立起符合社会主义市场经济运行要求与国际经贸通行规则的新型外经贸管理体制。

一、对外贸易国家垄断体制的建立与特点

新中国成立后,政府设立了贸易部,统领国内贸易和对外贸易,之后组建的地方外贸管理机构,受外贸部和地方政府的双重领导,从而形成"条块结合、条条为主"的集中统一对外贸易行政管理体系。1957年,我国外贸体制适应国家经济体制的要求,形成了由政府职能部门领导的国营外贸公司集中经营,国家对外贸公司实行指令性计划管理和统负盈亏,管理和经营趋于一体的高度集中的对外贸易体制。1974～1978年,对可以开展外贸的地区、机构进行了局部调整,但原有高度集中的外贸体制并未发生根本性的变化。这种外贸体制将对外贸易纳入国家统一管理、控制和调节之中,因此也被称为外贸统制,或对外贸易国家垄断制。在当时的历史背景和历史条件下,与产品经济和单一的计划经济国家经济体制相适应,我国实行外贸统制也有其必要性:一是有利于集中统一对外,可以保证我国的政治独立和经济独立;二是有利于统一安排进出口,保证国家重点建设需要,从而保证我国经济建设的顺利进行,将中国国内市场与被资本主义国家控制的国际市场中的任何不确定因素隔离开来;三是能够使我国有效地防御世界性经济危机的冲击,使中国在国际收支中避免出现逆差;四是有利于统一调度资

源,提高产品国际竞争力,能够使我国步调一致地参与激烈的国际市场竞争,控制中国进出口水平和构成,达到保护民族幼稚工业,实现进口替代战略的目的,并获取更大利益。

国家垄断的对外贸易体制的弊端也是非常明显的。第一,对外贸易由少数国家外贸公司垄断经营,不利于调动各方面的主动性和积极性。第二,产销脱节、工贸脱节,统得过死,阻碍了企业与买方、卖方的接触,不利于外贸企业发挥自主经营能力,不能发挥大经贸的优势。第三,外贸财务由国家统收统支,统包盈亏,不利于外贸企业走自主经营、自负盈亏、自我发展和自我约束的企业化经营道路,使外贸出口的作用不能充分发挥,进口需求过度的倾向长期得不到根本解决。而且未能体现地方、国家、企业、个人的利益关系,影响其积极性的发挥。第四,统得过死,政企不分,官商特征明显。

二、外贸体制的初步改革

1979~1987年为我国外贸体制改革的探索时期,简政放权是这一时期外贸体制改革的主旋律。

1. 下放外贸经营权

扩大了某些外贸公司和地方的外贸经营范围,扩大对外贸易渠道,打破独家经营局面,下放商品经营权,建立海外贸易机构。1984年1月,明确28种限制进口商品,允许经贸部所属外贸公司和分公司,其他部门所属的外贸公司,省政府经营的外贸公司无须经过经贸部就可进口非限制类商品。

2. 开展工贸结合试点

工业企业和外贸企业共同出资、出人,直接结合,共同经营,工贸密切配合,合理分工,发挥各自优势,共同为提高出口商品在国际市场上的竞争力,提高经济效益而努力。如上海玩具进出口公司、北京抽纱进出口公司、浙江工艺品进出口公司等。

3. 外贸专业进出口公司试行代理制

1984年9月,通过了外贸体制改革报告,报告就"政企分开"、"简政放权"、"实行外贸代理制"、"改革外贸计划体制"和"改革外贸财务体制"等作出了具体的规定和安排。初期外贸专业公司对部分出口产品由收购制改为代理制。出口收购制是指外贸企业向国内生产企业收购产品,并组织出口,商品所有权要从生产企业转移到外贸企业,由外贸企业承担盈亏。代理制指由外贸企业提供各种服务,代生产、订货部门办理出口和进口业务,外贸企业收取一定的费用,盈亏由出口商品生产企业和进口商品用户自负。后期进口经营原则上全部实行代理制,由用户自负盈亏。出口经营基本上实行代理制,但要根据商品情况分别确定。工矿产品基本上采用代理制,农副产品和一批手工艺品等仍由外贸公司收购。

4. 简化外贸计划内容

自1985年起,经贸部不再编制、下达外贸收购计划和调拨计划,缩小指令性计划范围,扩大指导性计划范围,注意发挥市场调节的作用。

5. 实行出口承包经营责任制

1987年,外经贸部对所属外贸专业总公司实行出口承包经营责任制。承包的内容包括出口总额、出口商品换汇成本、出口盈亏总额三项指标,实行超亏不补,减亏留用,增盈对半分成,并按三项指标完成情况兑现出口奖励。1984年1月起,多数省份有权保留一定比例的外汇收入;1985年1月起,允许企业拥有50%留成外汇自主使用权。

通过以上改革,对外贸易由外贸部门独家垄断经营的局面得到改变,各省及下属外贸组织开始成为外贸活动的主力军。外贸公司的数量显著增加。据统计,自1979年下半年至1987年,全国共批准设立各类外贸公司2 200多家,比1979年增加了11倍多。经营渠道的扩大,调动了地方、部门发展外贸的积极性,探索了一些工贸结合、产销挂钩的途径,使生产和贸易两方面的优势相结合,缩小了外贸指令性计划的范围,扩大了指导性计划的范围,发挥了市场调节的作用。

这一阶段的改革仍然存在一些问题,如统负盈亏、吃大锅饭的统收统支的财务体制基本上没有触动;外贸企业尚未真正实行企业化管理,缺乏有效的自我约束机制;政企职责还未分清,外贸宏观管理仍以直接调控为主,经济调节体系还很薄弱等。大多数生产企业仍未彻底打破与国际市场之间的隔层,外贸公司依旧是它们通向国际市场的唯一选择。各种形式的垄断仍是加强竞争、优化贸易结构、提高贸易效益的主要障碍。

三、外贸体制改革的发展

1988~1993年间,我国外贸体制改革主要是围绕推行和完善对外贸易承包经营责任制进行的。

1990年12月9日,国务院作出了《关于进一步改革和完善对外贸易体制若干问题的决定》,将改革的重点放在了微观管理层面,其中心是建立外贸企业自负盈亏的机制。一是从1991年起,取消出口亏损的财政补贴,使外贸企业真正自负盈亏。二是在外贸留成比例中增大外贸企业留成比例,使外贸企业有条件实现自负盈亏;取消原来使用外汇控制指标,凡地方、部门和企业按规定所取得的留成外汇,允许自由使用,并开放外汇调剂市场。三是将外贸承包的经济指标具体分为出口总额指标、出口收汇指标、上交中央外汇指标。未完成指标的,由外管局在其外汇留成中扣除,并压缩其进出口许可证和配额的数量。四是给予一部分有条件的国有大中型生产企业和科研院所自营进出口权。五是外贸宏观管理要从行政手段管理为主转到运用关税、汇率、利率、信贷、税收等经济手段进行宏观管理。进一步改革外贸计划体制,除统一经营、联合经营的21种出口商品保留双轨制外,其他出口商品改为单轨制,即由各省、自治区、直辖市和计划单列市直接向中央承担计划,大部分由有进出口经营权的企业按国家有关规定自行进出口。外贸体制改革的深化,打破了大锅饭的财务体制,使企业逐步成为自主经营、自负盈亏、自我约束、自我发展的市场主体。

四、外贸体制改革的深化发展

从1994年开始,外贸体制改革的目标是完善外贸宏观管理体系、继续深化改革外贸管理体制,尽快建立适应社会主义市场经济体制、符合国际贸易规范的新型外贸体制。

1. 强化经济调控手段

如汇率并轨,取消外贸承包经营责任制;进一步降低进口关税水平,取消部分进口减免税,清理非法定的减免关税;改革所得税制,全国财税体制由包干制改为分税制,国有外贸企业统一上缴33%的所得税;进一步完善出口退税制度,出口退税全部由中央财政承担;实行有利于出口的信贷政策,对外贸企业优先贷款,设进出口银行,对出口办理信用保险业务、对资本货物出口提供卖方信贷。

2. 加强立法手段,完善外贸立法

1994年5月12日颁布了《中华人民共和国对外贸易法》。1996年9月,外经贸部颁布了《关于设立中外合资对外贸易公司试点暂行办法》,规定外国公司、企业可以与中国的公司、企业在上海浦东新区和深圳经济特区试办中外合资外贸公司。外商不仅在生产领域,而且可以在流通领域进行合资合作经营。此外,1996年我国还在5个经济特区进行生产企业外贸经营登记制试点。外贸经营权将根据我国的对外承诺,最终由审批制转向依法登记制。1997年发布《中华人民共和国反倾销和反补贴条例》,取消进口贸易的指令性计划,实行指导性计划,对少数重要的、大宗进出口商品实行配额总量控制,减少进出口商品配额许可证管理。这些法律、法规和制度的颁布与实施,标志着我国对外贸易的发展进入法制化轨道。

3. 改革行政手段

放宽生产企业经营外贸审批标准;逐步放开商品经营的范围,如两纱、两布、蚕丝、坯绸、茶叶等可由更多企业经营;按国际经济通行规则,改革出口商品管理体制,完善配额、许可证等行政管理手段,采用配额加许可证的办法或配额有偿招标、拍卖和规范化的分配办法或核定经营的办法对不同商品进行管理。

4. 深化外贸经营体制改革

包括建立现代企业制度,即产权清晰、权责明确、政企分开、管理科学的企业制度;转换企业经营机制,实行企业股份制改革,使外贸企业从单纯追求创汇数额转向重视效益;从商品经营转向资产经营;从单一经营转向一业为主、多种经营;从传统的收购制度转向服务型的代理制;从分散经营转向规模经营。

5. 大型外贸企业走实业化、集团化、国际化道路

实业化是指大型外贸企业的经营活动与生产企业紧密结合,为生产企业投产前提供市场信息和科技情报并提供销售和售后服务。集团化是在实业化基础上对生产、供应、贸易、科研、服务等部门的生产要素和经济利益进行多层次优化组合的一种组织形式。国际化是指企业从国内经营走向跨国经营的过程,即以国际市场为舞台,在国外设分支机构,广泛利用国内外资源。

6. 建立健全外贸协调服务机制

充分发挥进出口商会在外贸经营活动中的协调指导和咨询服务及纽带作用;建立社会中介服务体系,发挥各研究咨询机构和各学会、协会的信息指导和服务功能,形成全国健全的信息服务网络;逐步建立和完善外贸行业的律师、会计师和审计师事务所及咨询服务机制,为企业提供服务,并进行监督。1996年9月经贸部(现为商务部)成立了"中国国际电子商务中心",为实现我国对外经贸管理经营和服务的国际化、现代化提供了一条有效途径。

这一时期的外贸体制改革,扩大了地方政府对外贸易自主权,打破了垄断经营,密切了产销关系,规范了非关税壁垒,发挥了汇率杠杆对外贸的调节作用,使中国对外贸易体制在符合社会主义市场经济体制要求方面迈出了重要而坚实的一步。

五、"入世"后的外贸体制改革

2001年中国正式加入世界贸易组织(WTO),国家外贸体制与世界贸易组织多边体制相一致,是WTO成员的一项基本义务。中国加入WTO的主要承诺主要有市场开放的承诺、加入WTO后中国出口方面的承诺和中国为保障落实前两类承诺而作出的直接涉及体制方面的承诺。我国外贸体制经过20多年的改革,取得了重大突破,已从根本上解决了与WTO多边贸易体制相容性的问题,但在局部上还存在不相适应的地方,需要按照WTO要求和我国国情加以进一步规范和调整。

> **专栏** 　　　　　　　　中国加入 WTO 的主要承诺

　　根据中国加入 WTO 谈判中所坚持的权利与义务平衡原则,《中国加入 WTO 议定书》中,对中国加入 WTO 后享有的权利与义务作了如下规定:

　　1. 为 WTO 成员方提供非歧视性待遇。我国承诺在进口货物、关税、国内税等方面,给予外国产品的待遇不低于给予国内同类产品的待遇,并承诺对目前仍在实施的与国民待遇原则不符的做法和政策进行必要的修改和调整。

　　2. 贸易政策统一实施。承诺在关境内(包括民族自治地方),借鉴特区、沿海开放城市以及经济技术开发区的做法,统一实施贸易政策。

　　3. 保持贸易政策透明度。承诺公布所有涉及经贸法律和部门规章,未经公布的不予执行。加入 WTO 后将设立"WTO 咨询点",在对外经贸法律、法规及其他措施实施前,提供草案,并允许提出意见。

　　4. 进行外贸经营权改革。承诺在加入 WTO 3 年内取消外贸经营权审批制,实施登记制。中国的所有企业,在登记后都拥有经营除国营贸易产品外的所有产品。

　　5. 降低关税壁垒。承诺继续分步降低关税税率,到 2005 年,中国关税税率将降到发展中国家的平均水平以下,平均关税税率则降至 10% 左右。同时将全面实施 WTO 海关估价协议,促进海关税率征收工作的规范、公正、透明、高效。

　　6. 削减非关税措施。承诺现在对 400 多项产品实施的非关税措施将在 2005 年 1 月 1 日之前取消,并承诺因除非符合 WTO 的规定,否则不再增加或实施任何新的非关税措施。

　　7. 关于出口补贴。承诺遵守 WTO《补贴与反补贴措施协定》的规定,取消协定禁止的出口补贴,通知协定允许的其他项目补贴。

　　8. 实施《与贸易有关的投资措施协定》。承诺加入 WTO 后实施《与贸易有关的投资措施协定》,取消贸易和外汇平衡要求、当地含量要求、技术转让要求等与贸易有关的投资措施。承诺在法律、法规和部门规章中不强制规定出口实绩要求与技术转让要求,由投资双方通过谈判议定。

　　9. 接受过渡性审议机制。即在中国加入 WTO 后的 8 年内,WTO 的有关委员会将对中国履行 WTO 义务和实施加入 WTO 谈判所做的承诺情况进行年度审议,在第 10 年终止审议。

　　10. 接受特殊保障条款。中国入世之后 12 年内,如果中国产品出口至 WTO 其他成员国,增长的数量对同类产品或直接竞争产品的生产者造成威胁或造成市场扰乱,可以仅针对中国的产品采取保障措施。

　　11. 反倾销反补贴条款。有的 WTO 成员对中国的倾销产品采取特殊的程序,该程序在中国入世之后维持 15 年。该规定也适用于反补贴措施。

　　12. 关于服务领域的开放。服务业市场开放是中国加入 WTO 承诺的主要组成部分,议定书中中国对开放电信、银行、保险、证券、音像、分销等服务业的进程一一做了具体承诺。

　　　　　　　　　　　　　　　　　资料来源:www.jctrans.com,2004 年 6 月 24 日。

　　为了履行加入 WTO 的承诺,2002 年以来,中国进行了较大范围实质性降税,大幅减少和规范非关税措施,取消部分商品进口数量限制,对重要农产品由原来的绝对配额管理改为关税配额管理。调整和完善相关的制度,相继出台了有关出口配额许可证管理、进口配额许可证管理、出口国营贸易管理、特殊商品出口管理、特定产品进口管理、禁止进出口的商品管理、出口商品行业协调等方面的具体规定和办法。修订并颁布了《指导外商投资方向规定》和《外商投资产业指导目录》,加大了对外资的开放程度。完成了WTO知识产权理事会对我国入世以来执行《与贸易有关的知识产权协定》和相关承诺的审议工作。为了确保WTO规则的统一实施,2003年3月组建了商务部,统一管理国内外贸易与国际经济合作,实现内外贸管理一体化。为了提高政策的统一性和透明度,国务院于2001年11月16日发布、并于2002年1月1日实施《行政法规制定程序条例》和《规章制定程序条例》。这两个条例明确规定,行政法规、规章的实施都必须提前公布,公布与实施的间隔一般不得短于一个月。此外,中国政府较快完成角色转换,积极投身多哈回合新一轮多边贸易谈判,行使WTO成员权利,运用多边机制处理各种贸易纠纷,与国际贸易保护主义作斗争,维护了我国的正当权益。

中国认真履行加入世界贸易组织的承诺,为境外服务商提供了包括金融、电信、建筑、分销、物流、旅游、教育等在内的广泛的市场准入机会。在世界贸易组织服务贸易分类的160个分部门中,中国开放了100个,开放范围已经接近发达国家的平均水平。2010年,中国服务业新设立外商投资企业13 905家,实际利用外资487亿美元,占全国非金融领域新设立外商投资企业和实际利用外资的比重分别为50.7%和46.1%。

截至2010年,中国加入世界贸易组织的所有承诺全部履行完毕。中国认真履行承诺的实际行动得到世界贸易组织大多数成员的肯定。2006年、2008年和2010年,中国政府接受了世界贸易组织的三次贸易政策审议。世界贸易组织所倡导的非歧视、透明度、公平竞争等基本原则已经融入中国的法律法规和有关制度。市场意识、开放意识、公平竞争意识、法治精神和知识产权观念等在中国更加深入人心,推动了中国经济进一步开放和市场经济体制的进一步完善。

六、"十一五"期间外贸体制改革的成果

"十一五"期间,我国对外贸易体制改革围绕着转变对外贸易增长方式、提高外贸质量、效益与水平的目标进行。"十一五"以来,我国进出口实现了较快恢复性增长,出口市场格局发生了积极的重要变化,布局渐趋合理。对发达国家市场依赖程度明显下降,其中,对欧、美、日三大主要贸易伙伴进出口占我国进出口总额的比重由"十五"末的43.1%下降到39.2%。对新兴经济体和发展中国家进出口持续快速增长。进口方面,5年来我国认真履行开放国内市场的承诺,进口关税总水平降至9.8%,进口管理进一步简化,进口促进体系进一步完善,贸易便利化程度进一步提高。基本取消了进口配额管理,分批取消了800多个税目商品的自动进口许可证管理。2011年以来,我国外贸发展仍将面临复杂的国际国内形势。世界经济复苏势头明显放缓,国际环境中欧洲主权债务危机、国际市场汇率、大宗原材料价格走势等不确定性增强;从国内看,企业出口面临原材料价格上涨、劳动力成本上升、汇率变动、节能减排要求趋严、融资成本增加等压力。

案例 壮士断腕,外贸体制接轨世界

作为一个外向型城市,对外贸易是支撑东莞30年来发展的灵魂。"入世"以后,对外贸易政策发生的巨大变化改变了这座城市的经济谱系。其中,外贸体制之变成为首要之举。

"入世"以前,外国公司从事对华贸易只能与有进出口权的公司签约,往往不能与最终

用户直接签订合同。中国"入世",宣布每个在中国的企业均有权开展进出口的决定受到各缔约方的普遍欢迎,这也被视为中国外贸体制的一场革命。

"入世"之后,中国开始适应国际通行的关税政策,以往的出口配额制度在各个领域逐渐放开,曾经把控进出境贸易的国有进出口公司失去专有特权。与此同时,伴随着外贸经营权的放开,民间资本开始大量涌入进出口贸易。

外贸经济主体的多元化,为原本活跃的东莞外向型经济锦上添花。"入世"十年间,呈现了外资企业、民营企业竞相出口的繁荣局面。从而使得东莞产业链的分工越来越完善,将东莞的外贸经济推向高峰。2004年,东莞有79家民营企业从事加工贸易进料加工业务,进料加工进出口2.62亿美元。到2010年发展到678家民营企业从事加工贸易进料加工业务,进料加工进出口达到20.3亿美元,是2004年的7.7倍。

在活跃的市场环境中,改制后的国企并未因此陨落,更大的盘量和更有活力的制度为其带来了新的增长,当前东莞十大民营出口企业中,有6席仍被国有改制企业占有。

资料来源:《南方日报》,2011年12月20日。

七、"十二五"时期外贸体制改革的目标

"十二五"期间,我国对外贸易体制改革将围绕着"完善区域开放格局、优化对外贸易结构、统筹'引进来'和'走出去'、积极参与全球经济治理与区域合作"几个方面进行。

1. 完善区域开放格局

这一方面具体包括以下几个方面。第一,深化沿海开放。全面提升沿海地区开放型经济发展水平,加快从全球加工装配基地向研发、先进制造和服务基地转变。率先建立与国际化相适应的管理体制和运行机制,增强区域国际竞争软实力。推进服务业开放和国际服务贸易发展,吸引国际服务业要素集聚。深化深圳等经济特区、上海浦东新区、天津滨海新区开发开放,加快上海国际经济、金融、航运、贸易中心建设。第二,扩大内陆开放。以中心城市和城市群为依托,以各类开发区为平台,加快发展内陆开放型经济。发挥资源和劳动力比较优势,优化投资环境,扩大外商投资优势产业领域,积极承接国际产业和沿海产业转移,培育形成若干国际加工制造基地、服务外包基地。推进重庆两江新区开发开放。第三,加快沿边开放。发挥沿边地缘优势,制定和实行特殊开放政策,加快重点口岸、边境城市、边境(跨境)经济合作区和重点开发开放试验区建设,加强基础设施与周边国家互联互通,发展面向周边的特色外向型产业群和产业基地,把黑龙江、吉林、辽宁、内蒙古建成向东北亚开放的重要枢纽,把新疆建成向西开放的重要基地,把广西建成与东盟合作的新高地,把云南建成向西南开放的重要桥头堡,不断提升沿边地区对外开放的水平。

2. 优化对外贸易结构

这一方面具体包括三个内容:第一,培育出口竞争新优势。保持现有出口竞争优势,加快培育以技术、品牌、质量、服务为核心竞争力的新优势。提升劳动密集型出口产品质量和档次,扩大机电产品和高新技术产品出口,严格控制高耗能、高污染、资源性产品出口。完善政策措施,促进加工贸易从组装加工向研发、设计、核心元器件制造、物流等环节拓展,延长国内增值链条。完善海关特殊监管区域政策和功能,鼓励加工贸易企业向海关特殊监管区域集中。鼓励企业建立国际营销网络,提高开拓国际市场能力。积极开拓新兴市场,推进出口市场多元化。第二,提升进口综合效应。优化进口结构,积极扩大先进技术、关键零部件、国内短缺资源和节能环保产品进口,适度扩大消费品进口,发挥进口对宏观经济平衡和结构调整的重要作

用,优化贸易收支结构。发挥我国巨大市场规模的吸引力和影响力,促进进口来源地多元化。完善重要农产品进出口调控机制,有效利用国际资源。第三,大力发展服务贸易。促进服务出口,扩大服务业对外开放,提高服务贸易在对外贸易中的比重。在稳定和拓展旅游、运输、劳务等传统服务出口的同时,努力扩大文化、中医药、软件和信息服务、商贸流通、金融保险等新兴服务出口。大力发展服务外包,建设若干服务外包基地。扩大金融、物流等服务业对外开放,稳步开放教育、医疗、体育等领域,引进优质资源,提高服务业国际化水平。

3. 统筹"引进来"与"走出去"

这一方面具体包括以下内容:第一,提高利用外资水平。优化结构,引导外资更多投向现代农业、高新技术、先进制造、节能环保、新能源、现代服务业等领域,鼓励投向中西部地区。丰富方式,鼓励外资以参股、并购等方式参与境内企业兼并重组,促进外资股权投资和创业投资发展。引进海外高层次人才和先进技术,鼓励外资企业在华设立研发中心,借鉴国际先进管理理念、制度、经验,积极融入全球创新体系。优化投资软环境,保护投资者合法权益。做好外资并购安全审查。有效利用国外优惠贷款和国际商业贷款,完善外债管理。第二,加快实施"走出去"战略。按照市场导向和企业自主决策原则,引导各类所有制企业有序开展境外投资合作。深化国际能源资源开发和加工互利合作。支持在境外开展技术研发投资合作,鼓励制造业优势企业有效对外投资,创建国际化营销网络和知名品牌。扩大农业国际合作,发展海外工程承包和劳务合作,积极开展有利于改善当地民生的项目合作。逐步发展我国大型跨国公司和跨国金融机构,提高国际化经营水平。做好海外投资环境研究,强化投资项目的科学评估。提高综合统筹能力,完善跨部门协调机制,加强实施"走出去"战略的宏观指导和服务。加快完善对外投资法律法规制度,积极商签投资保护、避免双重征税等多双边协定。健全境外投资促进体系,提高企业对外投资便利化程度,维护我国海外权益,防范各类风险。"走出去"的企业和境外合作项目,要履行社会责任,造福当地人民。

4. 积极参与全球经济治理和区域合作

这一方面具体包括:第一,推动国际经济体系改革,促进国际经济秩序朝着更加公正、合理的方向发展。积极参与二十国集团等全球经济治理机制合作,推动建立均衡、普惠、共赢的多边贸易体制,反对各种形式的保护主义。积极推动国际金融体系改革,促进国际货币体系合理化。加强与主要经济体宏观经济政策协调。积极参与国际规则和标准的修订制定,在国际经济、金融组织中发挥更大作用。第二,加快实施自由贸易区战略,进一步加强与主要贸易伙伴的经济联系,深化同新兴市场国家和发展中国家的务实合作。利用亚太经合组织等各类国际区域和次区域合作机制,加强与其他国家和地区的区域合作。加强南南合作。优化对外援助结构,创新对外援助方式,增加对发展中国家民生福利性项目、社会公共设施、自主发展能力建设等领域的经济和技术援助。

第二节　中国对外贸易的立法管理

对外贸易管理是以国家法律、规章和方针政策为依据,从国家宏观经济利益和对内、对外政策的需要出发,对进出口贸易进行领导、控制和调节。对外贸易的立法管理是指在对外贸易中借助法律规范的作用对进出口活动施加影响的一种管理手段,具有权威性、统一性、强制性和规范性的特点。

一、中国对外贸易立法体系

对外贸易立法体系是对货物进出口、技术进出口和国际服务贸易进行管理和控制的一系列法律、法规和其他具有法律效力规范性文件的总称。新中国成立后，特别是改革开放以来，中国从具体国情出发，根据不同时期发展对外贸易的需要，制定了大量对外贸易法律和法规，并且不断加以修改、补充和完善，迄今已初步形成了与社会主义市场经济体制和国际贸易通行规则相适应的外贸法律体系。我国的对外贸易立法体系由国内法渊源和国际法渊源两部分组成。

（一）国内法渊源

对外贸易的国内法渊源是指国家权力机关和国家行政机关颁布的调整对外贸易关系各类规范性法律文件，主要包括以下内容：

1. 宪法

宪法是国家最高权力机关依据特定立法程序制定的国家根本大法，在我国法律体系中具有最高的法律效力。我国宪法明确把我国实施改革开放基本国策写进了序言，同时还明确规定了国务院负责管理外贸的权力。

2. 法律

这里的法律是指全国人民代表大会及其常务委员会制定颁布的基本法律，包括专门性外贸法律，如《外贸法》、《海关法》、《进出口商品检验法》等，还包括非专门性涉外经济法律中有关对外贸易的规定，如《民法通则》、《专利法》、《商标法》等。

3. 行政法规和部门规章

行政法规指国家最高行政机关即国务院颁布的条例、规定、实施细则、办法等，与外贸有关的各部委，对处理外贸具体问题颁布的专门部门规章。我国对外贸易法律制度实施主要依据，就是内容广泛的行政法规和部门规章，其内容涉及工商、海关、商检、外汇、税收、原产地、运输等各方面。

4. 地方性规章

地方性规章是指各省、自治区、直辖市和经国务院批准的较大的市的人民代表大会及其常务委员会或人民政府制定的调整本地区对外贸易关系的区域性法规，只要不与宪法、法律、行政法规相抵触，在所辖区域内具有规范性效力。

（二）国际法渊源

对外贸易的国际法渊源包括国际经济贸易条约和国际惯例。

1. 国际经济贸易条约

国际条约指各国之间缔结的、规定它们在政治、经济、文化等方面相互之间权利、义务的书面协议。国际组织或国际会议制定并由多国参加或缔结的调整国际经济贸易关系的国际经济贸易条约是国际经济法最重要的内容。中国从1971年恢复在联合国的合法席位后，参加了100多个国际条约，其中大部分是国际经济贸易方面的，主要包括各种国际商品协定、货物销售合同、金融组织及条约、海关组织及条约、保护知识产权组织和公约、国际运输公约、国际商事仲裁和司法协助公约等。此外，中国已经同世界上220多个国家和地区建立了贸易关系，同其中130多个国家或地区签订了有关贸易关系的双边条约、协定，与60多个国家或地区签订了避免双重征税和防止偷漏税协定，与近70个国家或地区签订了促进和保护投资协定。

2. 国际贸易惯例

国际贸易惯例是国家之间相互贸易交往中，当事人经常引用、用以确定当事人之间权利义务关系的规则。中国承认的国际贸易惯例有《国际贸易术语解释通则》、《华沙—牛津规则》、《联合运输单证统一规则》、《跟单信用证统一惯例》以及《托收统一规则》等。综上所述，中国对外贸易立法体系如图5-1所示。

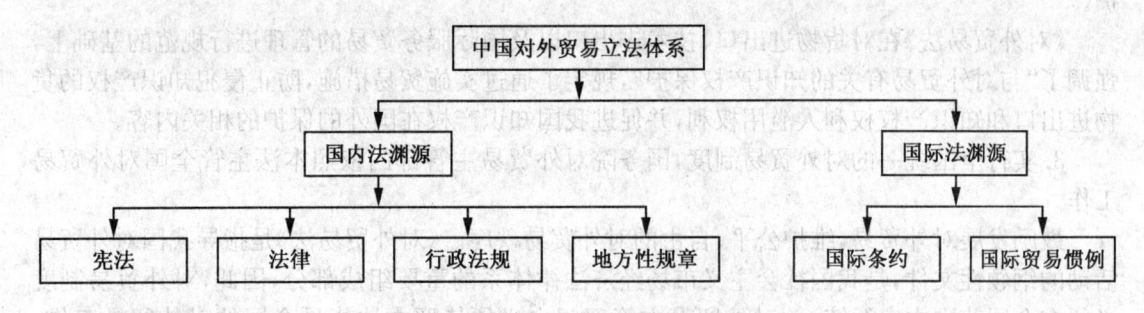

图5-1 中国对外贸易立法体系示意图

二、中华人民共和国对外贸易法

《中华人民共和国对外贸易法》（简称《对外贸易法》）于1994年5月12日第八届全国人民代表大会常务委员会第七次会议通过，是中国对外贸易领域的第一部基本法。2004年4月6日再由中华人民共和国第十届全国人民代表大会常务委员会第八次会议对《中华人民共和国对外贸易法》修订通过（简称新《对外贸易法》），2004年7月1日起施行。外贸法的修订是在中国国际经济地位正在发生根本性变化，面临着和改革开放初期甚至和10年前完全不同的内外部环境条件下进行的，体现了立法者与时俱进、实事求是的科学精神。

（一）新《对外贸易法》的基本框架和主要内容

新《对外贸易法》较之10年前的文本，新增35条、修改29条、删去2条，除一些原则性规定外，大部分内容都有变动。新《对外贸易法》共11章70条。第一章"总则"对《对外贸易法》的立法宗旨、适用范围以及发展对外贸易的基本原则作了规定。第二章"对外贸易经营者"，对经营者的主体资格及其权利义务进行了规范，并且增加了国家可以对部分货物的进出口实行国营贸易管理的内容。第三章"货物进出口与技术进出口"及第四章"国际服务贸易"对对外贸易客体——货物贸易、技术贸易和国际服务贸易的管理进行了规范。第五章"与对外贸易有关的知识产权保护"是修订时新增加的一章，规定了通过实施贸易措施，防止侵犯知识产权的货物进出口和知识产权权利人滥用权利，并促进我国知识产权在国外的保护的相关内容。第六章"对外贸易秩序"、第七章"对外贸易调查"、第八章"对外贸易救济"和第九章"对外贸易促进"，就外贸主体在经营活动中的行为以及国家进行贸易调查的范围、程序，可以采取的贸易救济措施，国家及贸易组织在贸易促进方面的行为作了规定。第十章"法律责任"，规定了对不同主体的各种违法行为进行法律追究，通过刑事处罚、行政处罚和从业禁止等多种手段，对对外贸易违法行为进行处罚。第十一章"附则"，规定了对敏感物项——"军品、裂变和聚变物质或者衍生此类物质的物质"、文化产品——依照相关法规管理，边境贸易可采取灵活优惠的原则，以及该法对单独关税区的非适用性，并规定了该法的生效日期。

（二）新《对外贸易法》的基本原则

1. 扩大对外开放，发展对外贸易，维护对外贸易秩序，保护对外贸易经营者的合法权益，促进社会主义市场经济的健康发展。

坚持对外开放是我国的一项基本国策，发展社会主义市场经济是我国的一项基本经济制度,《对外贸易法》作为指导我国对外贸易活动的基本法自然也坚持对外开放的基本原则,并在此基础上保护外贸经营者的合法权益,维护对外贸易秩序,促进社会主义市场经济的健康发展。

2. 适用于货物进出口、技术进出口和国际服务贸易以及与对外贸易有关的知识产权保护。

《对外贸易法》在对货物进出口、技术进出口以及国际服务贸易的管理进行规范的基础上,强调了"与对外贸易有关的知识产权保护",规定了通过实施贸易措施,防止侵犯知识产权的货物进出口和知识产权权利人滥用权利,并促进我国知识产权在国外的保护的相关内容。

3. 实行全国统一的对外贸易制度,国务院对外贸易主管部门依照本法主管全国对外贸易工作。

鼓励发展对外贸易,维护公平、自由的对外贸易秩序。《对外贸易法》是指导我国对外贸易活动的纲领性文件,是我国社会主义市场经济法律体系的重要组成部分,因此,对外贸易制度必须在全国范围内实行统一,对外贸易主管部门也必须依照本法指导全国的对外贸易工作。社会主义市场经济是法制经济,需要一个健康、有序的市场秩序,对外贸易作为社会主义市场经济的一个重要组成部分,在鼓励发展对外贸易的同时,必须强调维护公平、自由的对外贸易的秩序。

(三)新《对外贸易法》的特点

1. 新《对外贸易法》体现了立法者与时俱进、实事求是的科学精神

这主要表现在:第一,立法思想与宗旨体现了科学的发展观。科学的发展观要求以人为本,实现城乡发展、统筹区域发展、统筹经济社会发展、统筹人与自然和谐发展、统筹国内发展和对外开放的要求,更大程度地发挥市场在资源配置中的基础性作用。这一指导思想在外贸法的修订中得到充分体现。第二,体现了中国作为 WTO 成员的权利和义务的平衡。新《对外贸易法》充分利用 WTO 的例外条款,结合我国的具体国情,将维护产业经济安全作为我国对外贸易可持续发展的重要前提和基础,体现了权利和义务的平衡。这种平衡,一方面增强了主动条款的攻击力,另一方面增强了国内产业对进口冲击的防御力,特别是提升和增强国内产业对国际市场的开拓能力。使我国对外贸易法真正成为具有主动性的贸易防御法和积极的市场开拓法,以便遏制国外贸易保护主义,拓宽我国的贸易和投资。第三,体现了从外贸管理为主向外贸管理与服务并重的转变。"1994 年外贸法"主要是一部以管理外贸为主的"外贸管理法",新《对外贸易法》作为"1994 年外贸法"的继续和发展,一方面强调发挥政府在外贸管理中的重要作用,另一方面更强调了其外贸法服务和保护外贸发展的功能。

2. 新《对外贸易法》强调了市场保障、知识产权保护、预警机制建立以及透明度原则等前沿问题的重要性,一方面有利于保护国内产业与市场,另一方面有利于接轨世界

这主要表现在:第一,强化了开拓国际市场的保障功能。新《对外贸易法》的一个突出特点就是具有对外市场开拓,对内保护国内产业的功能。增强外贸法的开拓国际市场的保障功能,实施对外贸易调查,已经成为各国开拓国际市场,维护本国产业安全的重要法律手段,是当今各国外贸法的立法趋势。第二,高度重视与贸易有关的知识产权保护。新《对外贸易法》根据 WTO 的规则,在借鉴美、欧、日等国外立法经验的基础上,增加了第 5 章"与对外贸易有关的知识产权保护",具体规定了通过实施贸易措施,防止侵犯知识产权的货物进出口和知识产权权利人滥用权利等内容。第三,建立预警应急机制成为政府调控宏观经济的法定职责。入世后,特别是面临经济全球化、跨国公司快速发展的情况下,我国产业安全工作面临的形势日趋严峻。新《对外贸易法》第 49 条规定,国务院对外贸易主管部门和国务院其他有关部门应当建立货物进出口、技术进出口和国际服务贸易的预警应急机制,应对对外贸易中的突发和异常情

况,维护国家经济安全。第四,透明度原则作为一般性原则在新外贸法中得到全面的贯彻。透明度原则是世界贸易组织规则中最基本的原则之一,也是实现 WTO 总体目标的关键。我国在入世议定书有关透明度原则问题上的承诺,具有突破性的一点就是政府在管理外贸工作中取消内部文件,即凡是执行的,必须是公开的法律法规、规章制度和政策。这一方面增强了透明度,体现了新外贸法与 WTO 基本原则的一致;另一方面也通过将扰乱对外贸易秩序的行为公开的举措,确保了国民的知情权的实现,使得中国的经济环境更具稳定性和可预见性。

3. 新《对外贸易法》实现了外贸经营主体优化、外贸秩序健康、中介组织强化、贸易促进手段多元化以及法律责任健全五个方面的重大突破

这主要表现在:第一,突破了外贸经营主体单一和实行审批制的局面,优化了外贸经营主体结构。新《对外贸易法》取消了贸易权审批制,改为实行备案登记制。赋予企业更广泛的外贸经营权,从而为形成以多元经济为核心的外贸体制,充分发挥中国企业在国际市场上的总体优势奠定了基础。同时,新外贸法赋予自然人从事外贸的权利,彻底实现了外贸经营主体的国民待遇。第二,突破了重视对外贸易秩序中国内民商事主体救济的立法模式,突出和强化了公权的贸易救济功能,以及反垄断和反不正当竞争的作用。新外贸法增加了知识产权保护、对外贸易调查和贸易救济的内容,强化了对国内产业的保护功能,弥补了中国作为 WTO 成员国应当享受的相应权利。同时,在对外贸易秩序中还对垄断和不正当竞争行为做了相应的规定,明确国务院商务主管部门可以采取禁止进出口等措施消除其危害或者影响,及时发现和处理对外贸易中出现的新情况,更为全面地保障经济安全。第三,突破了以进出口商会为主参与外贸中介服务的规定,强化了行业协会等中介组织的作用。随着我国市场经济体制的不断完善,政府对经济的管理,由微观管理转向宏观管理,正逐步形成政府宏观调控——行业组织自律性管理和服务——企业自主经营的新格局,对外贸易由于其涉外性质更需要这种协调机制。特别是在处理贸易摩擦的实践中,行业协会、商会扮演着重要角色。第四,突破了单一的外贸发展道路,强化对外贸易促进的手段实现多元化。新《对外贸易法》第 5 条明确,中华人民共和国根据平等互利的原则,促进和发展同其他国家和地区的贸易关系,缔结或者参加关税同盟协定、自由贸易区协定等区域经济贸易协定,参加区域经济组织。这将积极推动我国参加区域经济一体化活动,有利于中国与东盟以及中日韩就建立自由贸易区的可能性进行有益的尝试。第五,突破了处理外贸违法主要依赖行政处罚的局面,健全了严格的法律责任。新修订的外贸法根据外贸管理出现的新情况、新问题,结合外贸管理的实际需要,补充、修改和完善了有关国营贸易等法律责任的规定。新外贸法还特别针对外贸违法行为法律关系比较复杂的特点,对涉及知识产权保护、垄断、不正当竞争、海关管理、税收征管、外汇管理、商检等法律、行政法规规定的违法行为,从法律责任上,与有关法律、行政法规进行了衔接,明确了违法行为的相应法则责任。

(四)《对外贸易法》的地位和作用

《中华人民共和国对外贸易法》为我国对外贸易的持续、协调和健康发展奠定了法律基础,是指导我国对外贸易活动的基本法,对外贸易领域的一切法规和条例都要依据此法制定。

《对外贸易法》的作用主要表现在以下几个方面:

1.《对外贸易法》是指导我国对外贸易活动的纲领性文件,为我国外贸立法体系的建立提供了基本准则

《对外贸易法》是我国社会主义市场经济法律体系的重要组成部分,在对外贸易中起到了基本法的地位和作用。它指导着我国对外贸易活动的各个领域,对我国对外贸易的持续、协调、健康发展起着积极的推动作用。

2.《对外贸易法》为保护国内产业安全,维护我国的对外贸易秩序提供了法律保障

针对最近几年我国频频遭遇到的贸易摩擦问题,专门增加有关对外贸易调查章节,以避免

他国实行贸易保护主义,以最大限度地保护国内产业利益。《对外贸易法》建立了对外贸易损害预警机制,通过对货物进出口、技术进出口和国际服务贸易异常情况的连续性监测,分析其对国内产业的影响,及时发布相关预警信息,为国务院领导、政府相关部门、产业和企业决策服务,实现"为之于未有,治之于未乱"。该系统由预警、预案、应对实施三个部分组成,是国家宏观管理的重要组成部分,是国家调控宏观经济的重要手段,也是有效运用贸易救济措施的基础性、前瞻性、预防性工作,对保护国内产业安全和维护我国的对外贸易秩序具有重要的作用。

3.《对外贸易法》为保护与贸易有关的知识产权提供了法律依据

与贸易有关的知识产权保护是世界贸易组织规则中的重要内容,正日益成为发达国家维护其国家利益的主要手段。在全球化的知识经济中,知识产权的本质已经不只是技术的创新,而是国际贸易中的竞争武器之一,因此,我国《对外贸易法》高度重视与贸易有关的知识产权保护,规定了通过实施贸易措施,防止侵犯知识产权的货物进出口和知识产权权利人滥用权利等内容。这些规定有利于中国企业妥善处理与外国专利人之间的知识产权纠纷,也有利于保护外商的合法权益。

4.《对外贸易法》有利于促进社会主义市场经济健康发展,人民生活水平的提高

我国的《对外贸易法》是伴随着社会主义市场经济的发展而不断修订和完善的,其必然对社会主义市场经济的健康发展起着推动作用,而社会主义市场经济的发展又反过来促进了我国对外贸易的发展,有利于我国产业结构和对外贸易结构的优化,有利于增加就业和改善人民的生活水平。

三、货物贸易管理立法

中国货物进出口管理立法体系包含了三个层次的内容,即货物进出口管理立法、货物进出口环节管理立法和维护贸易秩序的立法。本章主要就海关立法、外汇管理立法及维护贸易秩序的立法进行较为详细的阐述,其他内容如货物进出口管理立法和货物进出口环节管理立法中的商品检验立法在本书的第六章进行分析。

(一)海关管理立法

《海关法》是构成海关法律体系的核心,是海关法规、规章的立法依据,海关一切职能行为的基本规范。我国于1987年颁布《海关法》,并于2000年进行了修订。

我国的《海关法》明确了海关的性质、任务、基本权力、监管对象,海关组织领导体制、职责权限,海关及其工作人员的行为规范,海关对进出境运输工具、货物、物品的监管,海关对关税征收的监管,海关统计,海关缉私,海关事务担保,海关行政复议、行政诉讼程序等。

依照《海关法》的规定,海关的基本职能分别是监管、征税、查私、统计及其他海关业务。对《海关法》的执行发生影响的法律法规主要有《刑法》、《刑事诉讼法》、《行政复议法》、《行政处罚法》和《行政诉讼法》等。

(二)外汇管理立法

进出口贸易必然涉及外汇的收付,因此,外汇管理也是货物进出口管理的主要组成部分。我国的外汇管理,正在由过去的以行政管理为主转变为以法制管理为主,这对提高我国的金融监管水平,保持国际收支平衡,促进对外贸易健康有序发展有着十分重要的意义。

我国外汇管理至今尚未制定法律,目前的《外汇管理条例》是外汇管理的基本行政法规,由国务院于1996年1月29日发布,1996年4月1日起实施,1997年1月14日国务院进行了修改并重新发布,主要规定了我国外汇管理的基本原则与制度。2008年8月1日,国务院第20次常务会议再次进行修订并通过,内容有:人民币在经常项目下的可自由兑换;经常项目外汇收支管理规定,如结售付汇制度、进出口收付汇核销制度、居民个人外汇管理等;资本项目外汇

管理规定,即对资本项目外汇收支实行管制的政策,对外商投资、境外投资和外债的管理等;金融机构外汇业务管理规定;人民币汇率和外汇市场管理规定等。

《外汇管理条例》作为基本的行政法规,不可能包罗一切外汇收支活动细则,它只能作一些概括性和原则性的规定。因此,还需要配套的法规与规章来规范外汇管理的具体业务。其中涉及贸易外汇管理的法规和规章主要有:《出口收汇核销管理办法》、《出口收汇核销管理办法实施细则》、《关于调整出口收汇核销和外汇账户管理政策的通知》、《出口收汇核销管理操作规程》、《贸易进口付汇核销监管暂行办法》、《关于完善售付汇管理的通知》、《贸易进口付汇核销管理操作规程》、《外汇指定银行办理结汇、售汇业务管理暂行办法》、《进出口收付汇逾期未核销行为处理暂行办法》、《境内机构经常项目外汇账户管理操作规程》、《关于进一步加强加工贸易深加工结转售付汇及核销管理有关问题的通知》、《关于调整经常项目外汇管理政策的通知》等。

(三)维护贸易秩序的立法

反倾销、反补贴、保障措施是国际上通行的制止不正当竞争、规范国际贸易秩序、保护国内产业安全的重要措施。

我国于2001年11月26日出台了《反倾销条例》、《反补贴条例》和《保障措施条例》,2002年1月1日起施行。之后,原外经贸部又于2002年2月10日审议通过了《反倾销调查立案暂行规则》、《反补贴调查立案暂行规则》、《保障措施调查立案暂行规则》以及《反倾销调查公开信息查阅暂行规则》、《反倾销调查信息披露暂行规则》、《反倾销调查抽样暂行规则》、《外经贸部反补贴调查听证会暂行规则》和《外经贸部保障措施调查听证会暂行规则》,2002年3月13日又发布了《反倾销新出口商复审暂行规则》、《倾销及倾销幅度期中复审暂行规则》和《反倾销退税暂行规定》,2003年颁布《反倾销产业损害调查与裁决规定》、《反补贴产业损害调查与裁决规定》、《保障措施产业损害调查与裁决规定》以及《关于保障措施产品范围调整程序的暂行规则》。这些规则的出台使得我国反倾销、反补贴案件的调查和裁决有了具体依据,越来越严格遵循WTO规则,有利于我国政府恪守入世承诺,遵循国际惯例,依法行政,也有利于我国在国内市场不断开放的情况下防止国外低价倾销产品对我国市场的冲击。另一方面,加入WTO后,随着我国出口产品在国际市场占有量的不断增加,所面临的反倾销、反补贴及保障措施的挑战更为严峻。2004年颁布《国务院关于修改〈中华人民共和国反倾销条例〉的决定》,对《反倾销条例》进行再次修订。以上这些条例和配套法律、规则的适时颁布将使中国企业增强对这些规则的理解与掌握,从而有利于在对外的应诉中把握主动;也有利于我国对滥用这些措施的国家进行报复,从而遏制其对我国市场的频频冲击。

四、技术贸易管理立法

我国技术贸易管理立法由技术进出口管理的法律、法规和规章,保护知识产权的法律、法规和规章构成。《技术进出口管理条例》的主要内容有:国家对技术进出口实行统一的管理制度;技术进出口具体形式包括专利权转让、专利申请权转让、专利实施许可、技术秘密转让、技术服务和其他方式的技术转移等;技术进出口管理分禁止进出口技术、限制进出口技术和自由进出口技术三类,并实行目录管理;技术进出口合同自技术进出口许可证颁发之日起生效或自依法成立时生效,不以登记为合同生效的依据。

由于本书第七章对技术贸易管理立法和知识产权保护立法进行了较为详尽的阐述,这里不再赘述。

五、服务贸易管理立法

《对外贸易法》规定了我国发展国际服务贸易的基本原则,即国家促进国际服务贸易的逐步发展；在国际服务贸易方面根据所缔结或者参加的国际条约、协定中所作的承诺，给予其他缔约方、参加方市场准入和国民待遇。同时规定了国家限制和禁止国际服务贸易的几种情况，并对国际服务贸易的管理部门作了原则性规定。因此，《对外贸易法》是我国国际服务贸易立法框架的根本基础。近年来，我国加快了服务贸易立法步伐，但立法未成体系，不少领域还是空白，在一些重要的服务贸易领域还没有统一的法律。即使已颁布的一些有关服务贸易的法律法规也比较抽象，缺乏可操作性。不仅立法层次低，而且影响法律的统一性和透明度。一些规定与《服务贸易总协定》还存在一定的差距。今后，需加强这方面的立法。具体内容将在第八、第九章中阐述。

第三节　中国对外贸易的经济管理

对外贸易的经济管理是指国家通过调节经济变量，对微观经济主体行为施加影响，并使之符合宏观经济发展目标的间接管理方式。目前，我国实行的是社会主义市场经济，国家对经济的宏观调控，采用以经济手段为主的间接调控模式。中国作为WTO的成员，也必须以经济手段调控外贸企业的经济活动，减少对企业的直接干预，从而维护市场竞争的公平秩序。

目前，我国对外贸易领域的经济管理手段有税收手段、汇率手段、信贷手段等。国家运用这些经济杠杆，通过市场机制，影响各调控对象的利益，实现调控外贸活动和外贸经济关系的目的。经济调节手段的主要特点有间接性、非歧视性、非强制性以及通过市场机制起作用等。

一、对外贸易税收管理

对外贸易税收包括进出口关税及其进出口环节的其他税费，如进口商品的增值税、消费税等。

（一）进出口关税

关税是一国根据本国经济、政治的需要，由海关按照国家制定的关税税法、税则，对准许进出境的货物和物品所征收的一种税。1992年1月起我国开始实施以《协调制度》为基础的海关税则，此后进行多次调整。2007年1月1日，《中华人民共和国海关进出口税则》(以下简称《税则》)进行较大范围调整：第一，根据中国加入WTO的承诺和对外贸易发展的需要，对《税则》中税率进行大范围调整，国务院各主管部门也相应调整了进出口管理措施。第二，根据世界海关组织对HS编码新的调整，对2007年版《税则》商品编码也相应地进行了重大调整。第三，根据2006年4月1日起开始实施的新的消费税税率税目，2007年《税则》中涉及的相关内容也相应作出了调整。2009年版《税则》增加的内容有：第一，11月份起上调的3 486项商品出口退税率全部内容和12月份调整的退税所有内容；第二，对监管条件、十位编码、进口关税等进行了重大调整；第三，添加了报关必须填写的"申报说明"，即海关总署最新编制的《中华人民共和国进出口商品规范申报目录》的全部内容。2012年我国对《税则》再次进行大幅度调整，在海关税则8位编码的基础上加列了10位编码、11位编码。包括货品名称、进口税率(最惠国税率、中巴税率、普通税率)、增值税率、出口退税率、计量单位、监管条件以及准确规范的英文商品名称各栏，并加列了进口协定、特惠、暂定税率表、进出口申报说明以及2012年出口税则。我国目前采用两栏税则。

（二）进口商品国内税

进口商品国内税是指对进口商品征收的增值税和消费税，为方便纳税人，由海关在对进口货物征收关税的同时，代为征收，因此，也称海关代征税。代征税与关税性质不一样，代征税依据不在于限制进口，而在于将这些进口货物在国外经过的生产流通环节与国内同类货物经过的生产流通环节同等对待。这样,国内同类货物已征收的流转税,进口货物也要征收,从而使它们在国内市场上处于公平竞争的地位。

1. 进口商品的增值税

增值税是以商品的生产、流通和劳务各个环节所创造的新增价值为课税对象的一种流转税。在中华人民共和国境内销售货物或者提供加工、修理、修配劳务以及进口货物的单位和个人,为增值税的纳税义务人。我国增值税的征收原则是中性、简便、规范。对纳税义务人销售或者进口低税率和零税率以外的货物,提供加工、修理、修配劳务的,税率为17%。对于纳税人销售或者进口粮食、食用植物油、图书、报纸、杂志等19种货物按13%的低税率计征增值税。

进口商品的增值税计算公式为:

$$计税价格 = 关税完税价格 + 关税税额 + 消费税税额$$
$$应纳增值税税额 = 计税价格 \times 增值税税率$$

2. 进口商品的消费税

消费税是对我国境内从事生产、委托加工和进口应税消费品的单位和个人,就其销售额或销售数量,在特定环节征收的一种税。简单地说,消费税是对特定的消费品和消费行为征收的一种税。征税方法采用以从价税为主,极少量从量税、复合税和滑准税。

我国从1994年1月1日起开始实施消费税,按我国《消费税暂行条例》规定,应征收消费税的产品有烟、酒及酒精、化妆品等11类消费品。经国务院批准,自2006年4月1日起,我国对进口环节消费税税目、税率及相关政策进行了大规模调整,如新增对高尔夫球及球具、高档手表、游艇、木制一次性筷子、实木地板等产品征收消费税。这次调整的政策导向就是鼓励低耗能、低污染产业,促使消费者改变消费观念,使产业结构朝着有利于国民经济可持续发展的方向发生变化,同时也体现了国家通过税收杠杆来调节收入分配的不公平。这次调整对于全面落实科学发展观和构建节约型社会具有重要意义。

消费税的计算公式有两种情况:

第一,按从价定率计算。

$$计税价格 = (关税完税价格 + 关税)/(1 - 消费税税率)$$
$$消费税 = 计税价格 \times 消费税税率$$

第二,按从量定额计算。

$$消费税 = 应税消费品数量 \times 单位税额$$

案例　　关税下调化妆品价格不降反升

按照财政部的公告,进口化妆品关税从2012年1月1日起下调,但记者今天上午从京城各大商场了解到,本该受到降税利好刺激而有所降价的进口化妆品,却再次传出涨价的消息。据悉,目前SK-Ⅱ、香奈儿等化妆品已经上调了部分护肤品的价格,调价幅度在3%~10%。

对于目前国内出现的化妆品售价过高的情况,业内人士分析,进口环节的税负并不是导致国内外差价的最重要因素,降税能够带来的降价空间有限,降税远没有达到将购买力转移到国内的目的。业内人士认为,此次护肤品关税只降了1.5%,基本上不会影响进口护肤品的价格。因为关税虽然微降,但是化妆品的广告、宣传物料、人工等成本都在上升。就以此次调价来说,虽然护肤品关税价格降低了1.5%,但品牌护肤品一次的调价幅度就高达3%~10%,完全冲抵了降税带来的降价空间。

资料来源:http://info.china.alibaba.com,2012年5月30日。

(三)出口退税

出口退税就是将出口货物在国内生产和流转过程中已经缴纳的间接税给予退还的税收优惠措施,使出口商品以含少量税或不含税价格进入国际市场,提高该出口产品的国际竞争力,并力求避免对跨国流动物品重复征税,从而达到刺激一国或地区出口增长的目的。我国自1985年开始实行出口退税政策,1991年和1994年我国分别取消出口补贴和外汇留成后,出口退税政策事实上已成为我国最重要的一项出口鼓励措施。后来,由于出口骗税行为屡禁不止,中央政府在1995年两次下调了出口退税率,结果给出口企业带来了诸如出口成本上升、企业利润下降和出口减少等问题。1999年我国大幅度提高了出口退税率,平均退税率达到15%。2003年由于经济局部过热,出口欠税严重,政府又将出口退税率由15%下调到12.51%。2006年9月14日,由财政部、国家发改委、商务部、海关总署、国家税务总局五部委联合发出的《调整出口退税和加工贸易税收政策》通知,取消了煤炭、木炭等原材料的出口退税,还将钢材、纺织品等产品的出口退税下调了2%~5%。与之相反的是,国家产业政策鼓励出口的高科技产品的出口退税,则从13%提高到17%。出口退税调整的"一升一降",体现了优化产业结构的调控目标,限制高污染、高能耗和资源性行业的出口,同时扶植高新技术产业出口,与我国的贸易政策相一致。自2008年12月1日起,家用电器等部分机电产品出口退税率提高到9%~14%不等。2009年1月1日,提高部分技术含量和附加值高的机电产品出口退税率:航空惯性导航仪、工业机器人等产品的出口退税率将由13%、14%提高到17%;摩托车、缝纫机等产品的出口退税率由11%、13%提高到14%。2009年6月1日,进一步提高部分商品的出口退税率,涉及农业深加工、机电、鞋帽、玻璃制品、钢铁制品等不同类型加工制造业产品,调整后的出口退税率从5%到17%不等。

二、汇率与汇率制度管理

汇率是调控一国进出口总量平衡和优化进出口商品结构的主要经济杠杆,世界上许多国家都把汇率作为调节进出口贸易的重要手段。汇率制度又称汇率安排,是一国货币当局对本国汇率变动的基本方式所做的一系列安排或规定,汇率制度制约着汇率水平的变动。

人民币汇率制度形成于1949年新中国成立时,随着社会政治经济环境的变化,经历了五个重要发展阶段:第一阶段:1949~1980年,人民币汇率总体上表现为严格管制和固定不变;第二阶段:1981~1984年,开始尝试对人民币汇率制度进行改革,但并没有明确的改革方向,采用了对外贸易外汇内部结算价与官方公布牌价并存的双轨制;第三阶段:1985~1993年,人民币汇率制度进入实质性改革和典型的价格"双轨制"时期;第四阶段:1994~2005年7月21日,通过汇率并轨取消双轨制,形成了以市场供求为基础的、单一的、有管理的浮动汇率制;第五阶段:2005年7月21日起,我国实行以市场供求为基础的、参考一篮子货币进行调节、有管理的浮动汇率制度。现阶段,每日银行间外汇市场美元兑人民币的交易价仍在中国人民银行公布的美元交易中间价上下3‰的幅度内浮动,非美元货币兑人民币的交易价在中国人民银行公布的该货币交易中间价上下一定幅度内浮动。这样既强调了有管理,也突出了浮动汇率的特点,使汇率更具弹性,尽量反映外汇市场供求状况,以此来更好地发挥汇率这一价格信号在优化配置市场资源中的作用,更好地调节国际经济交易。在扩大汇率波动区间后,中央银行减少市场干预频率,除非当市场汇率由于各种因素的影响,形成趋势性、较长时期内的低估或者高估,并可能对经济运行产生不利影响时,才入市干预。这样,外汇市场的基础作用可以得到较充分的发挥,同时又不会削弱中央银行对外汇的管理。

> **案例　人民币汇率开年再创新高，2012年双向波动或加大**
>
> 2012年首个交易日，中国外汇交易中心人民币兑美元中间价和盘中汇价再度刷新汇改以来的新高。尽管人民币面临的外部升值压力随着外贸顺差的下滑而减轻，不过受中国庞大的外储支撑，人民币相对其他新兴市场货币中长期仍有望走强。
>
> 自2005年以来，人民币汇率走势可以划分为三波曲线：2008年7月之前的3年，人民币累计上涨21%；2008年7月之后，人民币兑美元汇率锁定在6.83的水平，变动不大。2010年6月19日央行重启汇改，人民币兑美元重启升值步伐，中间价至今升幅逾7%。2011年8月美国痛失3A主权信用评级，此后美联储祭出"扭转操作"变相量化宽松。欧债危机疑云未除，全球经济不明朗，全球资本撤离欧洲和新兴经济体，将信任票投给了美元。
>
> 值得注意的是，中国的外汇储备虽然有3.2万亿美元，但对外净资产只有2万亿美元，私人部门持有的外汇资产较少。
>
> 中金公司认为，这种政府部门和私人部门对外资产的分布失衡，在经济下滑时，如果没有政府干预，会导致资金流出、人民币贬值的压力。因此判断人民币汇率未来走势就要看政府的态度。
>
> 苏格兰皇家银行研究团队认为，2012年人民币汇率双向波动加大。政府可能日益参考市场的行为来确定汇率，允许更大幅度的双向波动，避免调控过度。从技术层面上看，在岸汇率将继续感受到离岸市场的压力。但由于参与者和波动区间的限制，在岸与离岸市场仍可能保持差价。
>
> 资料来源：http://www.sina.com.cn，2012年1月5日。

三、进出口信贷管理

进出口信贷是一国政府通过银行向进出口商提供贷款，以鼓励出口、确保进口的重要措施。我国进出口信贷的主要任务是贯彻执行国家产业政策、外经贸政策和金融政策，运用符合国际惯例的出口信贷、出口信用保险、对外担保、对外优惠贷款等政策性金融手段，支持扩大机电产品、成套设备和高新技术产品出口，增加境外投资，从而取得良好的经济效益和社会效益。

我国提供进出口信贷的主要机构是中国进出口银行，该政策性银行是我国外经贸支持体系的主要力量和金融体系的重要组成部分，经过12年的发展，已成为我国机电产品、高新技术产品出口和对外承包工程及各类境外投资的政策性融资主渠道，外国政府贷款的主要转贷行和中国政府对外优惠贷款的承贷行。中国进出口银行的国际信用评级与国家主权评级一致。

过去，我国进出口信贷杠杆作用主要体现在出口信贷方面，从2006年起，我国进出口信贷开始对重要进口项目进行支持，如中国进出口银行利用进口信贷支持深圳航空有限责任公司进口飞行器及器材等。

第四节　中国对外贸易的行政管理

对外贸易行政管理是国家经济管理机关凭借行政组织权力，采取发布命令、制定指令性计划及实施措施、规定制度程序等形式，按照自上而下的组织系统对对外贸易经济活动进行直接调控，是对外贸易管理的一种辅助手段。在我国市场经济还不完善，法制手段还不健全的情况下,对外贸易行政管理具有相当重要的作用。

行政手段同经济手段相比,具有强制性、权威性、直接性和速效性等特点,能在短时期内集中全力解决重大经济问题;与法律手段相比,它可以根据不同场合、不同情况作出及时反应,因而具有明显的灵活性和速效性。但是,培育和发展社会主义市场经济,客观地要求减少行政手段的运用,要求政府依法行政,要求行政管理符合国际规范、具有公开性和稳定性。对外贸易行政管理包括对外贸易经营管理、货物进出口管理、进出口商品检验管理、海关管理、外汇管理等。本节对对外贸易经营管理、海关管理和外汇管理加以阐释,货物进出口管理和进出口商品检验管理两部分在第六章介绍分析。

一、对外贸易经营管理

对外贸易经营者,是指按《中华人民共和国对外贸易法》规定办理工商登记或者其他执业手续,依照本法和其他有关法律、行政法规的规定从事对外贸易经营活动的法人、其他组织或者个人。按照我国修订后《对外贸易法》的规定,从事货物进出口或者技术进出口的对外贸易经营者,应当向国务院对外贸易主管部门或者其委托的机构办理备案登记,这标志着我国外贸经营权从此告别审批制,迎来备案制,彻底拆除外贸经营权门槛。根据《对外贸易法》规定,个人从事外贸经营活动,必须依法办理工商登记。个人(自然人)必须在工商部门注册个人独资企业或个体工商户后,才能从事商品进出口业务;如不办理工商登记,备案登记机关则不予备案登记。个人做外贸,具体到技术层面上,必须到工商部门登记,取得营业执照、组织机构代码,以一个经营主体的面目出现,才能到商务机关办理外贸经营权备案登记,进而办理税务登记、银行开户许可等手续。依法办理工商登记的个体工商户(独资经营者),在经营活动中承担无限责任。

2004年7月1日实施的《对外贸易经营者备案登记办法》没有对对外贸易经营者办理备案登记设定任何资格条件(与从事国内贸易的个体工商户相同),此备案登记完全是程序性的。这种备案登记制是一种自动登记的方式,不再是行政审批,不对经营者取得外贸经营权的获得构成任何障碍,只为政府的监管提供一定的信息基础。外贸经营由审批改为备案登记制,既放开了经营权,促进了经营主体多元化,又可保证对外贸易秩序的有效监管和维护。

对外贸易经营者应凭加盖备案登记印章的《登记表》在30日内到当地海关、检验检疫、外汇、税务等部门办理开展对外贸易业务所需的有关手续。逾期未办的,《登记表》自动失效。在30天之内只要到上述一个部门办理了手续,表格就视为有效。不到检验检疫部门办理备案登记,则不能办理进出口货物的检验检疫,特别是经营法定检验的货物;不到外汇管理部门办理注册登记,进出口商品外汇不能核销;不到银行办理银行开户许可证,没有账户,进口就无法对外支付、出口不能结汇;新设立的企业与个体工商户不到税务机关办理税务登记证书,就无法依法纳税,也不能办理出口退税;不到海关注册登记,进出口货物就不能报关。

为了避免有些外贸经营者不履行应有的义务,从而为政府管理带来困难,《对外贸易法》将备案登记与海关的验放程序协调一致,最低限度地保障了政府主管机关对外贸秩序的监管,也有利于整体外贸的发展。商务部门将加强与工商、海关、税务、检验检疫、外汇管理、银行等部门的协调,维护外贸经营秩序,帮助企业规范、健康、有效地走出国门。

当然,彻底放开对外贸易经营权并不意味着外贸经营者什么进出口业务都能做,对外贸易经营者经营进出口贸易业务的范围一般与在工商部门登记的经营范围相同。例如:国家对核、生物、化学、导弹等各类敏感物项和技术出口制定了管制法规,一般的对外贸易经营者是不能经营的;国家规定为国营贸易的货物,需经商务部和国务院有关经济管理部门批准的企业才能经营,如进口粮食、植物油、食糖、烟草、原油、成品油等。对外贸易经营者,在经营限制类商品时,还要受到限制进出口的货物目录、配额、关税配额、许可证制度等方面的约束。

二、海关管理

根据《海关法》、《海关稽查条例》等有关法律、法规,我国海关的职能为:监督管理进出境的运输工具、货物、行李物品、邮递物品和其他物品;征收关税和其他税费;查缉走私;编制海关统计;实施海关稽查和办理其他海关业务。海关通过履行这些职能,达到维护进出关境秩序,保证国家税收,打击违法犯罪行为,保障国家利益的目的。

(一)海关监管

海关监管是指海关依据国家法律、法规对进出关境的货物、物品、运输工具实施报关登记、审核单证、查验放行、后续管理、查处违法等行政监督管理职能。任何商品的进出口都要办理通关手续,又称报关手续,是指出口商或进口商向海关申报出口或进口,接受海关的监督与检查,履行海关规定的手续。办完通关手续,结清应付的税款和其他费用,经海关同意,货物即可通关放行。通关手续通常包括货物的申报、查验、征税和放行环节。海关监管对象为进出境货物、物品和运输工具。针对不同的监管对象,海关的监管措施是不同的,监管程序上也有所差别。为了更好地发挥海关监管职能,《海关法》还依照海关业务制度的分类,确立了对各种进出口货物在不同时间和空间适用的海关监管制度,如报关制度、保税制度、海关事务担保制度、许可证制度、外汇管理制度、进出口商品检验制度、原产地规则制度、知识产权海关保护制度、固体废料污染环境防止制度、文物进出境管理制度、机电设备进出境管理制度,以及麻醉品、精神药物、濒危物种、金银及其制品进出境管理制度等。

(二)海关征税

征收关税和其他代征税费是海关的基本职能之一。其他代征税费是指海关在货物进出口环节,按照关税征收程序征收的有关国内税费,目前主要有增值税、消费税等。海关是关税的法定征收机关,海关征收关税的对象是准许进出口的货物和进出境物品。海关征税工作的基本法律依据是《海关法》、《中华人民共和国进出口关税条例》。海关通过执行国家制定的关税政策,对进出口货物、进出境物品征收关税,起到保护国内工农业生产、调整产业结构、组织财政收入和调节进出口贸易活动的作用。

(三)查缉走私

走私是指逃避海关监管,进行非法进出境活动,偷逃关税,非法牟取暴利,扰乱社会经济秩序,严重危害国家主权和国家利益的违法犯罪行为。《海关法》规定:"国家实行联合缉私、统一处理、综合治理的缉私体制。海关负责组织、协调、管理查缉走私工作。"这一规定从法律上明确了海关打击走私的主导地位以及有关部门的执法协调。为了严厉打击走私犯罪活动,国家在海关总署设立专门侦查走私犯罪的公安机构,配备专职缉私警察,负责对其管辖的走私犯罪案件的侦查、拘留、执行逮捕、预审。在缉私工作中,海关负责具体的组织、应有的协调和所需的管理,从而使缉私工作责任明确并有秩序地进行。

(四)编制海关统计

海关统计是指海关运用各种科学方法,对进出境的货物进行统计调查、统计分析的活动。海关统计的基本任务是:对进出关境的货物以及有关的贸易事项进行统计调查和统计分析,科学、准确地反映国家对外贸易的运行态势;提供统计资料和统计咨询服务;实行统计监督,通过审核海关统计,对货运监管、征税等业务环节起监督把关作用;开展国际贸易统计的交流与合作,为系统研究比较我国对外贸易和国际经济贸易关系提供资料,促进对外经济贸易的健康发展。

三、外汇管理

外汇管理,广义上是指一国政府授权国家的货币金融当局或其他机构,对外汇的收支、买卖、借贷、转移以及国际间结算、外汇汇率和外汇市场等实行的控制和管制行为;狭义上是指对本国货币与外国货币的兑换实行一定的限制。其目的在于保持本国的国际收支平衡,限制资本外流,防止外汇投机,促进本国的经济发展。我国外汇管理的主管机关为国家外汇管理局。

(一)外汇管理原则

根据《中华人民共和国外汇管理条例》(2008年修订版),我国贸易外汇管理的原则:一是境内机构的经常项目外汇收入必须调回境内,不得违反国家有关规定将外汇擅自存放在境外;二是对贸易项下外汇支付不予限制,境内机构贸易项下用汇可以按照市场汇率凭相应的有效凭证和商业单据,用人民币向外汇指定银行购汇或从其外汇账户上对外支付;三是实行以事后监管为主的真实性审核,通过对银行付汇数据和进口报关到货数据的核对,审核进口付汇的贸易真实性;以出口收汇核销单为依据对出口外汇收入的真实性进行事后核查。

(二)贸易外汇管理制度

我国贸易外汇管理是以间接管理和事后检查监督管理为主,具体表现为实行银行结汇制、银行售付汇制、出口收汇核销制度、进口付汇核销制度等管理制度。

1. 银行结汇制度

我国对境内机构经常项目下的贸易外汇收入实施银行结汇制度,即境内机构贸易项下的外汇收入,除国家规定准许保留的外汇可以在外汇指定银行开立外汇账户外,都必须及时调回境内,按市场汇率卖给指定银行。

2. 银行售付汇制度

我国对境内机构经常项目下的贸易外汇支出实施银行售付汇制度。售汇是指外汇指定银行将外汇卖给外汇使用者,并根据交易行为发生之日的人民币汇率收取等值人民币的行为。从用汇单位角度来讲,售汇又称购汇。我国的企业经常项目下产生的外汇需求,只要能够提供与支付手段相应的有效商业单据和凭证(例如进口合同、进口付汇核销单及形式发票等单据和凭证,以及在有许可证管理或其他管理措施时要提交进口许可证、技术进口合同登记证书等有关部门签发的进口证明文件),就可以从外汇指定银行购买外汇。

付汇是指经批准经营外汇业务的金融机构,根据有关售汇以及付汇的管理规定,在审核用汇单位或个人提供的规定的有效凭证和商业单据后,从用汇单位或个人的外汇账户中或将其购买的外汇向境外支付的行为。如从其外汇账户中对外支付,用汇单位或个人除提交规定的有效凭证及商业单据外,还必须符合外汇账户的收支范围。

3. 出口收汇核销制度

出口收汇核销制度是指国家外汇管理部门根据国家外汇管制的要求,通过海关对出口货物的监管,对出口单位的收汇是否按规定结汇给国家而进行监督的一种管理制度。这是一种以出口货物价值为标准核对是否有相应的外汇收回国内的事后管理措施,可以监督企业在货物出口后及时、足额地收回货款。根据《外汇管理条例》及有关规定,境内出口单位或个人向境外出口货物,均应当办理出口收汇核销手续。

出口收汇核销的凭证是"出口收汇核销单"。出口收汇核销单,系指由外汇管理局制定格式,出口单位或个人凭以向海关出口报关,向外汇指定银行办理出口收汇,向外汇管理局办理出口收汇核销,向税务机关办理出口退税申报的有统一编号的凭证。它是出口收汇管理中最主要的一份单据,也是海关直接审核并签章的单据。在口岸电子执法系统网络上登记有电子底账的出口收汇核销单,将长期有效。出口收汇核销单只准本单位使用,不得借用、冒用、转让和买卖。

4. 进口付汇核销制度

进口付汇核销制度是指进口货款付出后,由外汇管理部门对相应的到货进行核销。这是以付汇金额为标准核对是否有相应的货物进口到国内或有付汇真实性的其他证明的一种事后管理措施,可以监督企业进口付汇后是否及时、足额地收到货物。获得对外贸易经营权的单位或个人,以通过银行购汇或从外汇账户支付的方式,向境外支付有关进口商品的各类款项(即进口付汇),均应向外汇管理部门办理进出口付汇的核销手续。

进口付汇核销主要使用"进口付汇核销单"进行核销。"贸易进口付汇核销单"(代申报单)系指由国家外汇局制定格式,进口单位或个人填写,外汇指定银行审核并凭以办理进口付汇的凭证。一份进口付汇核销单只可凭以办理一次付汇。企业凭"进口付汇核销单"办理有关进口货物的通关手续。

(三)外汇管理政策的调整

中国外汇管理局遵循经常项目可兑换原则,努力推进贸易便利化,不断完善管理,逐步理顺外汇供求关系,采取了一系列措施。2006年4月14日,国家外汇管理局发布了《关于调整经常项目外汇管理政策的通知》,对经常项目外汇账户、服务贸易售付汇及境内居民个人购汇三项管理政策进行了调整。

1. 取消经常项目外汇账户开户事前审批,提高经常项目外汇账户限额

此次经常项目外汇账户政策调整主要包括以下三方面内容:一是取消经常项目外汇账户开户事前审批。除开立首个账户需进行机构基本信息登记外,企业开立、变更和关闭经常项目外汇账户,由银行按外汇管理要求和商业惯例直接办理并向外汇局备案,无需经外汇局审批。二是调整账户限额核定办法,提高限额水平。过去限额的核定仅以境内机构上年度经常项目外汇收入为依据,新的核定方法综合考虑收入和支出结构,由以前按收入的50%或80%核定,统一调整为按上年度经常项目外汇收入的80%与经常项目外汇支出的50%之和确定。对于上年度没有经常项目外汇收支且需开立经常项目外汇账户的境内机构,其初始限额由不超过等值20万美元调整为50万美元。三是允许有进口支付需求的企业提前购汇存入外汇账户,更加便利进口企业的生产经营用汇安排。

2. 简化服务贸易售付汇凭证,调整服务贸易售付汇审核权限

主要内容包括以下三个方面:一是境内机构办理等值5万美元以下、个人办理等值5千美元以下服务贸易购付汇手续时,可不再提交相关税务凭证,凭合同或发票即可办理;二是将以往外汇指定银行、所在地外汇分局、外汇局按5万美元以下、5万~50万美元、50万美元以上分三档审核,调整为外汇指定银行、所在地外汇分局按10万美元以下、10万美元以上两档审核,外汇局不再负责具体审核;三是允许国际海运企业直接到外汇指定银行购汇支付国际海运项下运费及相关费用,不再对其购汇行为进行限制。以前,货主必须委托运输代理企业代其对外支付国际海运项下运费及相关费用,政策调整后,货主可根据业务需要直接对外支付海运运费及相关费用。

3. 放宽境内居民个人购汇政策,实行年度总额管理

其主要内容是:第一,将过去按出国时间长短分别核定不同数额的供汇,统一调整为确定一个公历年度内的购汇总额,目前这一总额定为2万美元;第二,年度总额内购汇的手续大大简化,从需提供各种真实凭证简化为境内居民个人凭本人真实身份证明向银行申报用途后即可购买;第三,对于超过年度总额的用汇需求,只要提供了真实需求凭证,经银行审核后仍可按实际需要购买;第四,取消对境内居民个人购汇核销管理。

案例 危机下的区域金融合作:从区域外汇储备库到"亚元"

在博鳌亚洲论坛2009年年会上,建立亚洲区域外汇储备库再次被提上议事日程。这表明,虽然推出亚洲统一货币"亚元"道路仍然很长,但亚洲区域货币合作的步伐却因金融危机而加快。

长期以来,由于美元在国际储备和流通中的霸主地位,美国高枕无忧地积累高额预算赤字、吸纳海外资金过度消费、进行过度的金融创新,最终把世界卷入了一场第二次世界大战以来最严重的金融危机中。

"是改革国际货币体系的时候了。"在博鳌亚洲论坛以及G20伦敦金融峰会上,这样的声音越来越多。而在推动世界经济增长的重要引擎——亚洲,加强金融合作,减少对美元的依赖的呼声日益强烈。

有"欧元之父"美誉的诺贝尔经济学奖得主蒙代尔曾建议,设立由亚洲地区某一组货币组成的共同货币,争取在每个国家不放弃本币的情况下,能让一种叫作"亚元"的区域性货币在亚洲流通。

时隔10多年之后,全球金融危机的爆发使得亚洲地区的金融合作更为迫切,统一货币的意义更加凸显。"统一的货币可以使亚洲经济避免因美元、欧元大幅波动而受到影响,以'亚元'给亚洲各国发行的债券定价,可以减少证券投资风险,而美元、欧元、亚元共同构成国际货币体系,也有利于世界经济的稳定。"美国前总统经济顾问拉特里奇在接受新华社记者采访时说。

在今年年会的主旨演讲中,温家宝总理提出,加快清迈倡议多边化进程,最大限度照顾彼此关切的问题,尽早达成共识,建成区域外汇储备库,增强本地区抵御金融风险能力。他还提出,要充分发挥双边货币互换协议作用,研究扩大互换额度和签约国范围。

尽管亚洲区域金融合作不断加强,但统一货币的未来路径依然模糊。这不仅因为亚洲各国经济发展不平衡,经济目标与政策难以一致,而且各经济体之间总体悬殊较大,这些都将成为"亚元"诞生的障碍。

资料来源:新华网,2009年4月19日。

本章小结

"十二五"期间,我国对外贸易体制改革围绕着"完善区域开放格局、优化对外贸易结构、统筹'引进来'和'走出去'、积极参与全球经济治理与区域合作"的目标进行。

我国对外贸易管理手段主要以国家的法律、法令和政策规定为依据,从国家的宏观经济利益以及对内和对外政策需要出发,对进出口贸易活动实施领导、控制和调节。我国的外贸管理主要是运用立法管理和经济管理并辅助必要的行政管理来进行。

对外贸易立法管理有国内法渊源和国际法渊源两部分。国内法渊源主要包括宪法、法律、行政性法规和

地方规章制度,国际法渊源主要包括国际条约和国际贸易惯例。2004年7月1日修订的《中华人民共和国对外贸易法》是中国对外贸易管理的基本法。对外贸易的立法管理具有权威性、统一性、规范性和强制性的特点。

对外贸易领域的经济管理有对外贸易税收管理、汇率和汇率制度管理、进出口信贷管理等。国家运用这些经济杠杆,通过市场机制,影响各调控对象的利益,以实现调控外贸活动和外贸经济关系的目的。经济管理的主要特点有间接性、非歧视性、非强制性以及通过市场机制起作用。

对外贸易行政管理包括对外贸易经营管理、货物进出口管理、进出口商品检验管理、海关管理、外汇管理。对外贸易行政管理具有强制性、权威性、直接性和速效性的特点。

思考题

一、简述题

1. 简述"十二五"期间外贸体制改革的目标。
2. 简述《对外贸易法》的主要原则。
3. 对外贸易税收管理包括哪些内容?
4. 对外贸易海关管理有哪些内容?
5. 外汇管理有哪些内容?

二、案例分析题

2007年4月30日我国商务部、海关总署发布2007年第41号公告《对部分钢材出口实行出口许可证管理》,公告内容有六条,核心内容是:决定从5月20日起对83个编号目录的钢材产品实行出口许可证管理,规定只限于一般贸易出口贸易方式的企业须向省级发证机构申请,所列钢材出口许可证实行"一批一证"管理,许可证有效期为许可证签发之日起3个月有效。同时规定外商投资企业按《货物出口许可证管理办法》的有关规定执行。该公告发布后股市钢铁股股价出现不同程度的下跌。

问题:请结合案例分析对外贸易不同管理手段的特点及其关系。

第六章

货 物 贸 易

学习要求

了解中国货物贸易的发展历程和中国当代货物贸易的特点;全面理解并把握中国货物贸易的立法与管理;重点理解和掌握中国当代货物贸易面临的主要问题和发展策略。

第一节 中国货物贸易的发展演变及特点

新中国成立以来,中国货物贸易规模不断扩大,改革开放尤其是加入世贸组织后取得了突飞猛进的发展,形成了贸易规模迅速增加、商品结构明显优化、市场结构多元化、贸易方式多样化的新格局,跻身于世界贸易大国之列。中国货物贸易的发展大致可以分为四个阶段:

一、起步阶段

起步阶段主要指的是新中国成立后到改革开放前的时期。新中国成立后,党和国家就非常重视发展对外贸易,坚持独立自主、自力更生,逐步开展对外经济贸易交流,尽管受到国际政治环境、国内计划经济体制以及"大跃进"的"左"倾思想和十年动乱的负面影响等因素的制约,对外贸易发展相对缓慢,对外贸易的规模较小,地区范围狭窄,没有发挥其应有的作用。但是,我国货物贸易还是有所发展的。具体特点如下:

(一)对外贸易规模较小

1978年,我国货物进出口总额只有206亿美元,在世界货物贸易中排名第32位,所占比重不足1%,不仅远远落后于美国、日本和欧洲等发达国家和地区,也落后于"亚洲四小龙"。出口占国民生产总值的比重仅为5.6%,在世界上30个国家和地区的统计中位居最后一名,还赶不上巴西(6.1%)和墨西哥(5.9%)。

(二)出口商品结构以初级产品为主,工业制成品比重逐步上升

新中国成立初期,中国政府组织出口了大豆、桐油、茶叶、蚕丝、钨砂等农副产品和一些原料,换取生产和生活所需的钢材、石油、化肥、车辆、棉花、食糖等,并在"一五"期间组织进口了苏联帮助我国设计的165个大型建设项目所需物资,对我国国民经济的恢复和发展起到了积极作用。以出口商品结构为例,1953年,我国出口的商品中,初级产品占79.4%,其中,食品占30.9%,饮料及烟草占7.9%,非食品原料占33.3%;工业制成品占20.6%,其中,轻纺工业产品占12.3%,重化工业产品仅占8.3%。

(三)市场结构狭窄

新中国成立初期,帝国主义对中国采取敌视、孤立和封锁禁运政策,在这种历史条件下,中

国主要同苏联、东欧等社会主义国家建立和发展经济贸易关系,同时积极发展了同东南亚各国和西方国家的贸易关系。

二、发展阶段

发展阶段主要指的是改革开放后到"六五"时期。1978年,中国进入改革开放的新时期,党的十一届三中全会确立了对外贸易在国民经济发展中的重要战略地位,中国对外货物贸易走上了持续稳定发展的轨道,贸易规模逐步扩大,商品结构逐渐优化,贸易伙伴也不断增加。具体特点如下:

（一）贸易规模逐步扩大

改革开放后,我国的对外贸易规模逐步扩大,进出口总额由1978年的206.4亿美元增至"六五"末期的696.0亿美元,增加了237%,出口总额和进口总额也分别由1978年的97.5亿美元和108.9亿美元增加到1985年的273.5亿美元和422.5亿美元,分别增加了181%和288%。"六五"期间对外贸易年均增长12.8%,这一水平既高于世界贸易平均增长水平,也高于国民经济的增长水平。该阶段我国出口贸易依存度也提高到了"六五"末年的9%。即便如此,我国对外贸易作为国民经济发展"发动机"的作用并没有完全发挥出来。

（二）商品结构逐渐优化

就出口商品结构而言,1981年,工业制成品的出口比重首次超过了初级产品,占全部出口额的50.4%。其中重化工业产品占18.2%;轻纺工业产品占32.2%;初级产品占49.6%,其中,食品占14.7%,饮料及烟草占0.4%,非食品原料占9.9%,矿物燃料占24.2%。1985年,工业制成品的比重又低于初级产品的比重,工业制成品占45.8%,初级产品占54.2%。我国的进口商品结构主要受国内产业部门发展的影响,以工业制成品为主,其中技术含量高的机械及运输设备占了一半以上。1985年,工业制成品占到进口总额的87.7%,其绝对额为369亿美元,是1980年的2.8倍。20世纪70年代以来,我国的进口商品结构一直没有太大的变化;20世纪80年代初期,由于国内粮食短缺,食品及主要供食用的活动物进口相应增加,使得1980年的初级产品占总进口额的比重达39.7%。

（三）贸易伙伴不断增加

改革开放后,随着经济全球化发展,中国的贸易伙伴不断增多,贸易地区逐渐扩大,在中苏关系恶化,中美、中日恢复邦交正常化后,我国贸易开始转向西方国家,中美、中日、中欧贸易得到了快速发展。

三、徘徊阶段

徘徊阶段主要指的是"七五"时期。该阶段中国的对外贸易总额进一步增加,但在世界贸易中的比重却徘徊不前。同时,中国出口商品结构实现了由初级产品为主向工业制成品为主的转变;进出口市场结构多元化发展,亚洲为我国进出口的主要市场;对外货物贸易方式主要以一般贸易为主,而加工贸易和其他贸易方式从整体上处于从属地位。具体特点如下:

（一）外贸规模在世界的位次徘徊不前

尽管"七五"期间的对外贸易平均增长速度为10.6%,外贸依存度也由1984年的不到22.8%上升到了1991年的33.4%,但外贸规模在世界的位次却一直徘徊不前。"七五"末年,我国对外贸易占世界贸易的比重也只有1.8%,其中出口为1.7%,进口为1.9%,与改革开放前的1978年相比,所占比重只提高了一个百分点,在世界贸易中的位次向前移动了近20位,居第15位。1984年,我国对外贸易在世界贸易中的比重曾经占据第16位,甚至在后来的两年中位次还一度上升到第11位和第12位,但是1987年再度跌落到17位,而以后的四五年间,排名一直徘徊在第15位和第16位,也就是说,从1984年至1991年的8年间,我国对外贸易占世界贸易的比重徘徊在第15位左右。

(二)出口商品结构实现了由初级产品为主向工业制成品为主的转变

1986年,我国提出要实现由主要出口初级产品向出口制成品、主要出口粗加工制成品向精加工制成品的两个转变。1988年,工业制成品占总出口的比重超过了2/3,达到69.7%。1990年,工业制成品的出口占总出口额的74.4%,此后,出口商品结构一直是工业制成品的比重大于初级产品的比重,且逐年提高。20世纪80年代中后期,随着国内农业的丰收,初级产品的进口大幅度下降,到1990年,其比重已降至18.3%。

(三)进出口市场结构多元化发展,亚洲为我国进出口的主要市场

1986年对亚洲国家的出口额占中国全部出口额的60.9%,但该比重在不断地下降;同年从亚洲国家的进口额占中国全部进口额的比重为46.4%,"七五"期间该比重大体呈上升的趋势。其中日本是中国的第一大进口市场、第二大出口市场。1986年中国向北美的出口在出口总额中所占的比重为10.1%,且呈不断上升的趋势;而进口方面的比重则一直相对稳定,保持在12%左右,在北美市场中,对美国的进出口占据了该地区的90%以上,美国是中国的第一大出口国。在非洲、拉丁美洲和大洋洲,中国加强了与该地区的贸易往来,在这些地区的进出口贸易额占中国进出口贸易总额的比重呈上升的势头。据中国海关统计数据,1986年中国前五位的贸易伙伴依次为日本、中国香港、美国、原联邦德国和英国。

(四)对外货物贸易方式以一般贸易为主,加工贸易和其他贸易方式比重不断上升

在这一时期,对外货物贸易方式虽然以一般贸易为主,而加工贸易和其他贸易方式从整体上处于从属地位。不过,一般贸易的比重在不断下降,而加工贸易的比重在不断地上升。在中国的出口贸易方式构成和进口贸易方式构成中,一般贸易的比重不断下降,分别由1986年的81.1%和82.1%下降到1990年的57.1%和49.1%;相反,加工贸易额的比重却在稳步上升,分别由1986年的18.6%和15.6%上升到1990年的41.0%和35.2%。

四、高速增长阶段

高速增长阶段时间期限是20世纪90年代以后至今。"八五"时期以后,我国的对外贸易就进入了高速增长阶段。由于世界经济背景和表现特征的不同,依据贸易的相对增长速度,我们把这二十多年的贸易发展又分成了下面的几个时期:

(一)高速增长时期

高速增长阶段主要指的是20世纪90年代,即我国经济发展的"八五"和"九五"时期。该时期,我国的对外货物贸易规模迅速增加;出口商品结构实现了由轻纺产品为主向机电产品为主的转变;货物贸易的市场结构发生了较大变化。具体特点如下:

1. 对外货物贸易规模迅速增加

"八五"时期是我国对外贸易高速发展的阶段,年均增长19.5%。对外贸易占世界贸易的比重由1990年的1.7%上升到1995年的2.9%,外贸依存度由1990年的29.8%上升到1995年的40.1%。虽然"九五"期间受亚洲金融危机、美国经济增缓和日本经济衰退的不利影响,我国对外贸易仍保持着高度活力,2001年进出口总额达到5 089亿美元,是1989年的4.6倍,1997年的1.57倍,远远高于同期世界贸易6.1%的平均增长水平,也超过同期国内生产总值

9.3%的增长速度,中国对外贸易在世界的排名跃居第6位。

2. 出口商品结构实现了由轻纺产品为主向机电产品为主的转变

20世纪90年代国家把出口贸易工作重点放在改善出口商品结构和提高出口商品质量上,附加价值高的机电产品、轻纺产品和高技术产品出口逐年增加,出口商品的质量、档次和国际信誉不断提高。1994年,工业制成品出口1 013.3亿美元,占总出口额的83.7%。

3. 货物贸易的市场结构发生了较大变化

中国向北美的出口在20世纪90年代有了很大的改变,在出口总额中所占的比重呈不断上升趋势,北美取代了欧洲成为中国的第二大出口地区;而进口方面的比重则一直相对稳定,保持在12%左右。在北美市场中,对美国的进出口占据了该地区的90%以上,美国是中国的第一大出口国,而欧盟市场在中国对外贸易中的份额从20世纪90年代开始,基本上保持在13%~15%的水平。在非洲、拉丁美洲和大洋洲,中国加强了与该地区的贸易往来,在这些地区的进出口贸易额占中国进出口贸易总额的比重呈上升趋势。据中国海关统计,1986年中国前五位的贸易伙伴依次为日本、中国香港、美国、原联邦德国和英国,到了2002年,中国前五位贸易伙伴变为日本、美国、欧盟、中国香港和东盟;其中出口前五大市场分别是美国、中国香港、日本、欧盟和东盟;进口前五大市场是日本、欧盟、中国台湾、东盟和韩国。

(二)稳定增长时期

稳定增长时期指的是我国加入WTO后至2007年。加入WTO以后,中国的对外货物贸易的世界背景变得更好,贸易规模快速增长,出口商品结构进一步优化,货物贸易市场结构多元化,与新兴市场和发展中国家的贸易持续较快增长,而对外贸易方式主要以加工贸易和一般贸易为主。具体特征如下:

1. 贸易规模快速增长

加入WTO后直至2007年,我国的货物贸易迅猛发展,进出口总额的增长率均在23%以上,2003年和2004年进出口总额的增长率分别高达37.1%和35.7%。2002年,进出口总额达到6 207.7亿美元,比2001年增长21.8%,其中出口3 255.7亿美元,增长22.3%,进口2 952.0亿美元,增长21.2%。货物贸易进出口总额在世界贸易中所占的比重由2001年的4%上升到4.7%,成为全球第五大贸易国。2004年货物贸易进出口总额首次突破万亿美元大关,达到11 547.9亿美元,在世界贸易中的排名上升到第3位。2007年,中国出口货物贸易占世界比重增加到了8.8%,成为世界第二;进口货物贸易占世界比重为6.7%,位居世界第三,中国贸易大国的地位得以确立(具体数据见表6-1和表6-2)。

表6-1 　　　　　2001~2007年中国贸易规模占世界市场份额变化　　　　单位:亿美元,%

年份	进出口			出口		
	金额	比重	位次	金额	比重	位次
2001	5 097	4	6	2 660	4.3	6
2002	6 208	4.7	5	3 256	5	5
2003	8 510	5.5	4	4 382	5.8	4
2004	11 546	6.2	3	5 933	6.4	3
2007	21 738	7.7	3	12 179	8.8	2

资料来源:根据2002~2008年WTO统计数据计算。

表 6—2　　　　　　　　2001～2007年中国进出口总体情况　　　　　单位:亿美元,%

年份	进出口 总额	进出口 增速	出口 总额	出口 增速	进口 总额	进口 增速
2001	5 097.6	7.48	2 661.5	6.80	2 436.1	8.23
2002	6 207.66	21.8	3 255.96	22.4	2 951.70	21.2
2003	8 509.88	37.1	4 382.28	34.6	4 127.60	39.8
2004	11 545.54	35.7	5 933.26	35.4	5 612.29	36.0
2005	14 219.06	23.2	7 619.53	28.4	6 599.53	17.6
2006	17 604.39	23.8	9 689.78	27.2	7 914.61	19.9
2007	21 765.72	23.6	12 204.56	26.0	9 561.16	20.8

资料来源:2002～2008年中国海关统计数据。

2. 出口商品结构进一步优化

加入世界贸易组织以来,出口产品结构不断优化,以IT产业为代表的高新技术产品出口快速增长,对外贸易竞争力指数显著提升。"入世"以后,工业制成品出口一直保持在90%以上,在部分农副及轻纺产品保持传统优势的前提下,机电产品和高新技术产品的出口增长强劲,2002年机电产品出口额1 570亿美元,占出口总额的48.2%,高新技术产品的出口额678亿美元,占出口总额的20.8%;到2006年我国机电产品出口额达到5 494.4亿美元,是2002年的3.5倍,占当年出口总额的56.7%;高新技术产品出口额达到2 814.9亿美元,是2002年的4倍,而且出口产品结构逐步改善,其中机电仪器产品及设备出口占机电产品出口总额的92.9%,金属制成品所占比例下降为7.1%;高新技术机电产品出口占机电产品出口总额的50.3%,占全国高新技术产品出口总额的98.2%。出口前10位的产品依次为:计算机、手机、集成电路及微电子组件、液晶显示器、液晶显示板、汽车零部件、存储部件(磁盘驱动器)、电子游戏机、船舶、彩电。2007年,我国出口商品结构中初级产品为615亿美元,仅占进出口总额的6%,而工业制成品所占比重高达94.1%,其中高新技术产品和纺织服装类产品分别为3 478亿美元和1 712亿美元,所占比重各为28.5%和14%,高新技术产品比2001年提高了11个百分点。

表 6—3　　　　　　　　2001～2007年中国出口商品结构变化　　　　　单位:亿美元,%

年份	初级产品 金额	初级产品 占比	工业制成品 金额	工业制成品 占比	高新技术产品 金额	高新技术产品 占比	纺织服装类产品 金额	纺织服装类产品 占比
2001	263	9.9	2 398	90.1	465	17.5	534	20.1
2002	285	8.8	2 971	91.2	679	20.8	618	19.0
2003	348	7.9	4 036	92.1	1103	25.2	789	18.0
2004	406	6.8	5 528	93.2	1655	27.9	951	16.0
2005	493	6.4	7 130	93.6	2183	28.6	1 150	15.1
2006	529	5.5	9 161	94.5	2815	29.1	1 440	14.9
2007	615	6.0	11 565	94.1	3478	28.5	1 712	14.0

资料来源:2002～2008年中国海关统计数据。

中国的进口商品结构反映了中国工业化建设需要大量的原材料的供应,对机电类产品的进口需求居高不下,也反映出国内经济发展对世界高新技术产品的强烈需求。2002年,机械及运输设备的进口额为1 370.3亿美元,比2001年增加了299.9亿美元,所占的比重为55.7%。初级产品的进口幅度直至2003年一直在18%左右波动,2004年以后有轻微上升的趋势,达到20.89%,2006年,进口初级产品1 871.4亿美元,占当年进口总值的23.67%,工业制成品进口6 044.7亿美元。其中占比重较大的是铁矿砂及钢材、电器及电子产品、机械设备、汽车、大豆等。

3. 货物贸易市场结构多元化,与新兴市场和发展中国家的贸易持续较快增长

"入世"后,原有的市场结构发生了明显变化。2004年,中国与主要贸易伙伴双边贸易实现全面快速增长,海关统计显示,欧盟成为中国第一大贸易伙伴,美国居第二,日本列居第三;除上述三大贸易伙伴外,中国与中国香港、东盟的双边贸易首次突破千亿美元大关。此外,前10大贸易伙伴中,中国与加拿大、澳大利亚和韩国等贸易伙伴的双边贸易发展增速明显高于其他贸易伙伴。中国除了对大洋洲、非洲地区出现逆差外,对北美洲和亚洲、欧洲市场都有一定规模的顺差。2005年,中欧、中美贸易进一步发展,双边贸易额双双突破2 000亿美元,分别达到2 173.1亿美元和2 116.3亿美元,分别增长22.6%和24.8%;中日贸易额1 844.1亿美元,保持9.9%的增速;中国与俄罗斯、韩国、东盟等周边地区的贸易额继续保持快速增长,增幅分别达到37.1%、24.3%和23.1%,比如中国来自韩国和东盟的进口额明显增加,已成为中国第二、第三大进口来源地;此外中国与非洲、拉美贸易发展迅速,中非贸易额增长34.9%,增幅居各大洲之首;中国与拉美贸易额增长26.1%,高于进出口总体增幅2.9个百分点。中国对外货物贸易市场结构的这种多元化的变化反映了中国对外贸易的增长和发展,并不断建立新的贸易伙伴关系,市场领域也不断扩大。

4. 该时期的对外贸易方式主要以加工贸易和一般贸易为主

在中国的出口贸易构成中,加工贸易额的比重2000~2005年基本保持平衡,维持在55%左右;2005年以后,加工贸易额的比重有逐步下降的趋势,从54.7%增加至2007年的50.6%。一般贸易出口额占出口总额的比重在2005年以前有下降的趋势,从2001年的42.1%下降到2004年的40.1%;2005年以后,一般贸易出口额的比重又开始稳健地上升,由2005年的41.4%增加至2007年的44.1%。易货贸易等其他贸易方式近几年所占的比重略有上升,但是所占的比重很小,不到总出口额的8%,2005年之后有逐渐上升的趋势,由3.9%增加至2007年的5.3%。

在中国的进口贸易构成中,加工贸易的比重由2001年的38.6%升至2005年的41.5%,此后2年开始逐渐下降,直接跌至2007年的38.5%。一般贸易所占的比重在近几年有回升的趋势,2001年该比重回升到46.6%,2002年下降为43.7%,2004年以后开始逐步回升,由2004年的42.1%增加至2007年的44.8%。2001~2007年进口中其他贸易方式开始逐步上升,增至2007年的16.6%。

(三)增长放缓时期

增长放缓时期指的是2008~2009年,受世界金融危机的影响,我国的货物贸易增长放缓,货物贸易出现了负增长,货物贸易商品结构比较合理,在主要贸易伙伴中,与澳大利亚、东盟和美国的贸易比重略有上升,与欧盟和俄罗斯的贸易比重略有下降,一般贸易总体出口降幅较大,加工贸易出口比重继续上升。具体特点如下:

1. 货物贸易出现了负增长

2008年，受国际金融危机的影响，虽然中国的进出口总额由2007年的21 765.7亿美元增加到了25 632.6亿美元，但是进出口总额的增长率则由23.6%降到了17.8%。2009年，中国的对外贸易绝对数额和相对数额都出现了入世后的首次下降，进出口总额下降到了22 075.4亿美元，进出口总额的增长率锐减为-13.9%，出现了负增长，出口和进口总额分别由2008年的14 306.93亿美元和11 325.67亿美元下降到12 016.12亿美元和10 059.23亿美元；出口和进口增长率也出现了负增长，分别为-16.0%和-11.2%。但我国依然是全球对外贸易表现最好的国家之一，降幅远低于全球贸易降幅。面对国际金融危机的严峻考验，中国政府千方百计稳外需、保市场，通过结构调整为稳定外需注入新动力，对外贸易在逆境中实现了新跨越。2009年，世界货物贸易进口量下降12.8%，中国进口量增长2.9%，中国出口货物贸易和进口货物贸易占世界比重分别增加到了9.6%和7.9%，首次位居世界第一和第二。

2. 货物贸易商品结构比较合理。2008年，我国工业品出口超过德国，成为世界第一大工业制成品出口国。2009年底，中国纺织业、电器机械及器材制造业、交通运输设备制造业、通信设备及电子设备制造业的国际竞争力大幅上升，竞争力评价指数皆达到102.0。初级产品的进口幅度受金融危机的影响，2009年下降到28.81%。

3. 与主要发达国家贸易互有升降

在主要贸易伙伴中，与澳大利亚、东盟和美国的贸易比重略有上升，与欧盟和俄罗斯的贸易比重略有下降。2008年金融危机发生时，中国对欧盟、美国和日本的出口约占中国出口总量的60%。2009年，在前三大贸易伙伴中，中国对欧盟出口2 362.8亿美元，比上年下降19.4%，自欧盟进口1 278.0亿美元，下降3.6%；对美国出口2 208.2亿美元，下降12.5%，自美国进口774.4亿美元，下降4.8%；对日本出口979.1亿美元，下降15.7%，自日本进口1 309.4亿美元，下降13.1%。与东盟贸易下半年开始趋好，全年对东盟出口1 063.0亿美元，下降7.0%；自东盟进口1 067.1亿美元，下降8.8%，东盟已经取代日本成为中国第三大出口市场。前十大进口贸易伙伴中，仅自澳大利亚进口保持增长（具体见表6-4）。

表6-4　　　　　　　　　2009年中国进出口贸易伙伴情况　　　　　　　　单位：亿美元，%

主要出口贸易伙伴情况				主要进口贸易伙伴情况			
位次	国家或地区	出口金额	增速	位次	国家或地区	进口金额	增速
	总值	12 016.6	-16.0		总值	10 055.6	-11.2
1	欧盟	2 362.8	-19.4	1	日本	1 309.4	-13.1
2	美国	2 208.2	-12.5	2	欧盟	1 277.6	-3.6
3	中国香港	1 662.3	-12.8	3	东盟	1 067.1	-8.8
4	东盟	1 063.0	-7.0	4	韩国	1 025.5	-8.5
5	日本	979.1	-15.7	5	中国台湾	857.2	-17.0
6	韩国	536.8	-27.4	6	美国	774.4	-4.8
7	印度	296.7	-6.1	7	澳大利亚	394.6	5.4
8	澳大利亚	206.5	-7.2	8	巴西	282.8	-5.3
9	中国台湾	205.1	-20.8	9	沙特阿拉伯	236.2	-23.9
10	俄罗斯	175.1	-47.1	10	俄罗斯	212.8	-10.7

资料来源：中国商务部网站。

4. 一般贸易总体出口降幅较大，加工贸易出口比重继续上升。国际市场需求严重萎缩，一般贸易受到较大冲击,加上2008年基数相对较高,2009年出口下降明显。2009年全年一般贸易出口5 298.3亿美元,下降20.1%,占出口总额比重由上年的46.4%下降到44.1%。加工贸易与国际产业链联系紧密,在国际金融危机爆发初期受到的影响较大,但随着外部需求状况改善,下半年加工贸易订单和出口逐步恢复。2009年加工贸易出口5 869.8亿美元,下降13.1%,在出口总额中所占比重为48.8%,比上年提高1.6个百分点。其他贸易方式全年出口848.5亿美元,下降7.9%,在出口总额中所占比重上升0.7个百分点,主要是"走出去"带动了相关设备和产品出口。

(四)增长恢复时期

增长恢复时期是指2010年至今。2010年以来,我国的货物贸易形势大好,贸易规模再创新高;货物贸易商品结构不断优化,机电产品增长较快;从货物贸易的市场结构来看,新兴经济体和发展中国家的贸易规模大幅上升;货物贸易经营主体活力增强;从贸易方式看,由于进出口企业加快转变增长方式,提高自主营销比重,一般贸易增长呈现快于加工贸易的态势。具体表现为:

1. 贸易规模再创新高

2010年我国进出口再创历史新高,货物进出口总额达到29 740亿美元,增长34.7%,比1978年增长了143倍,年均增长16.8%。其中,出口15 779亿美元,比上年增长31.3%;进口13 948亿美元,比上年增长38.7%;进出口均比"十五"末期增长1.1倍。2010年中国出口总额和进口总额占世界货物出口和进口的比重分别提高到10.4%和9.1%,连续两年成为世界货物贸易第一出口大国和第二进口大国。

2. 货物贸易商品结构不断优化,机电产品增长较快

2010年我国机电产品在国际金融危机阴影犹存、国际贸易环境动荡的情况下艰难前行,机电产品进出口额达到1.59万亿美元,同比增长32.3%,占全国外贸出口比重达到53.2%,已经全面恢复并大幅超越2008年金融危机以前的水平,增速前高后低,呈现出快速恢复增长的良好态势。其中出口9 334.4亿美元,增长30.9%,占全国外贸出口比重达到59.2%;高新技术产品出口4 924.1亿美元,增长30.7%。2010年出口额领先的机电产品依次是自动数据处理设备(1 812.1亿美元)、通信设备(1 092.9亿美元)、家电和消费类电子(804.6亿美元)、电子元器件(782.7亿美元)和电工器材(657.7亿美元)等,以上产品占我国机电产品出口额的55.2%。其中自动数据处理设备增长33%、通信设备增长23%、家电及消费类电子产品增长28%、电子元器件增长51%、电工器材增长38%,发展较快,全面超越2008年出口的峰值水平20%~30%,是带动出口增长的主要力量。具体数据见表6-3、图6-1和图6-2。2010年我国机电产品进口6 603.1亿美元,增长34.4%,占全国外贸进口比重达到47.3%。2010年进口额领先的机电产品依次是电子元器件(2 031.5亿美元)增长32%,自动数据处理设备及零件(525.8亿美元)增长34%,电工器材(519.2亿美元)增长32%,通信设备(236.9亿美元)增长19%,汽车及零配件(565.1亿美元)增长71%,以上产品占我国机电产品进口额的58.7%。

3. 从货物贸易的市场结构来看,新兴经济体和发展中国家的贸易规模大幅上升

2010年,中国已成为日本、韩国、澳大利亚、巴西、南非等经济体的第一大出口市场,欧盟第二大、美国和印度第三大、东盟第四大出口市场。尤其是对新兴经济体和发展中国家的贸易规模大幅上升。与东盟贸易所占比重提高到9.8%,与"金砖五国"贸易所占比重提高到6.9%。与2008年出口占比相对照可以看出,中国出口市场的增长点集中在拉丁美洲、大洋洲和非洲,其中对拉丁美洲出口的增长尤其重要。与贸易伙伴往来的增加,也给中国在双边和多边合作中提

供了更多机遇,进一步增强了中国参与国际规则制定的实力和能力。2010年中国出口与进口市场结构状况及主要出口市场出口与进口增速分别见表6—5、图6—1、图6—2、图6—3和图6—4。

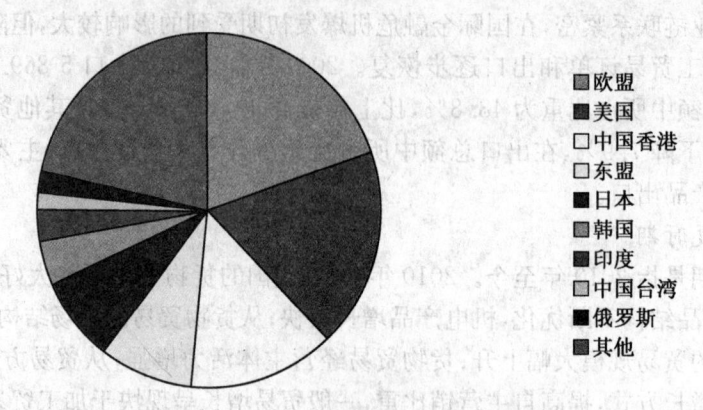

资料来源:2011年海关进出口统计数据。

图6—1 2010年中国出口市场结构状况

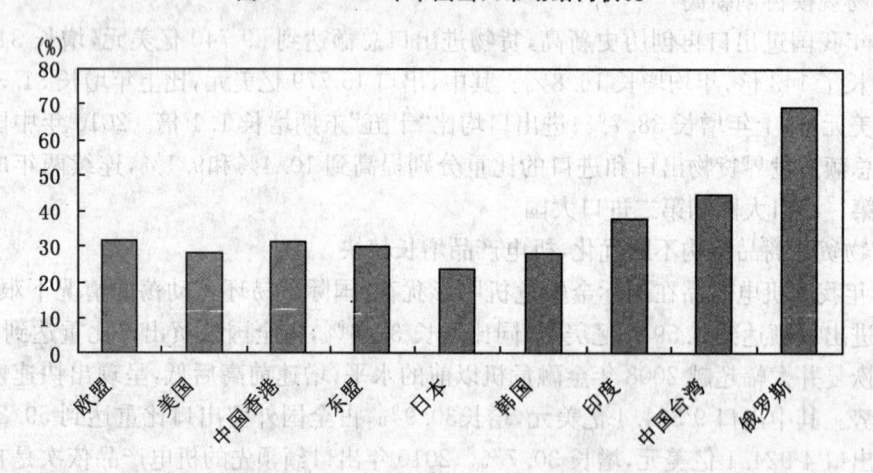

资料来源:2011年海关进出口统计数据。

图6—2 2010年中国主要出口市场出口增速比较

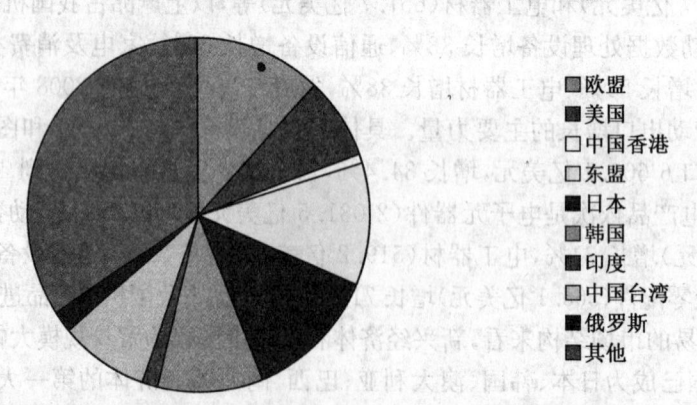

资料来源:2011年海关进出口统计数据。

图6—3 2010年中国进口市场结构状况

资料来源:2011年中国海关统计数据。

图6-4 2010年中国主要进口市场增速比较

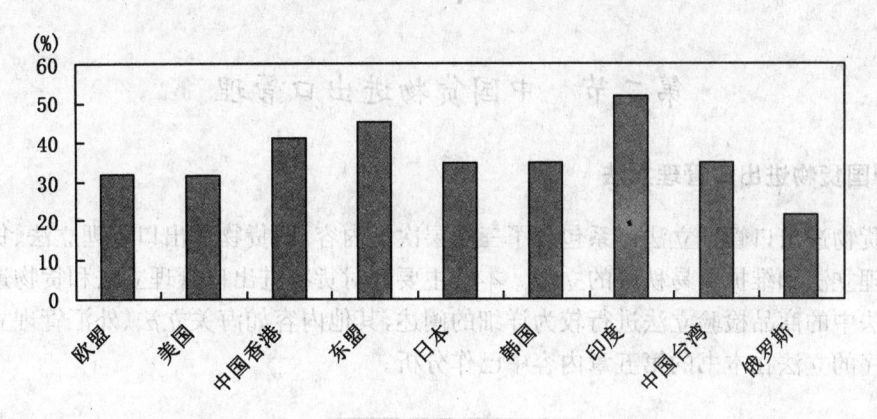

表6-5   2010年对主要国家和地区货物进出口额及其增长速度   单位:亿美元,%

国家和地区	出口		进口	
	出口额	比上年增长	进口额	比上年增长
欧盟	3 112	31.8	1 685	31.9
美国	2 833	28.3	1 020	31.7
中国香港	2 183	31.3	123	40.9
东盟	1 382	30.1	1 546	44.8
日本	1 211	23.7	1 767	35
韩国	688	28.1	1 384	35
印度	409	38	208	51.8
中国台湾	297	44.8	1 157	35
俄罗斯	296	69	258	21.7

资料来源:2011年中国海关统计数据。

4. 货物贸易经营主体活力增强

2001年,国有企业、外资企业、民营企业三大经营主体进出口额占中国对外贸易总额的比重分别为42.5%、50.8%、6.6%,而2010年则分别为20.9%、53.8%、25.3%,可以看出民营企业在出口中的作用明显上升。随着我国对外贸易管理体制的进一步完善,外贸企业整体素质不断提高,企业的产品质量、自主创新能力等核心竞争力明显有所改变。通过利用外商投资,引进技术,促进产业结构升级,提高了我国产品在全球价值链中的地位。中国加工贸易的增值系数由2001年的1.57上升为2010年的1.78,表明加工贸易创汇水平和质量显著提高,贸易创造效应增强。

5. 一般贸易增长快于加工贸易

从贸易方式看,由于进出口企业加快转变增长方式,提高自主营销比重,一般贸易增长呈现快于加工贸易的态势。2010年,一般贸易出口和进口分别增长36.0%和43.7%,加工贸易出口和进口分别增长了26.2%和29.5%。

第二节 中国货物进出口管理

一、中国货物进出口管理立法

中国货物进出口管理立法体系包含了三个层次的内容,即货物进出口管理立法、货物进出口环节管理立法和维护贸易秩序的立法。本节主要针对货物进出口管理立法和货物进出口环节管理立法中的商品检验立法进行较为详细的阐述,其他内容如海关立法、外汇管理立法及维护贸易秩序的立法在本书的第五章内容中已作分析。

```
                        货物贸易管理立法体系
          ┌──────────────────────┼──────────────────────┐
    货物进出口管理立法        货物进出口环节管理立法        维护贸易秩序的立法
    货物进出口管理条例        商品检验立法、海关          反倾销条例、反补贴
    及其配套法规              立法、外汇管理立法          条例、保障措施条例
```

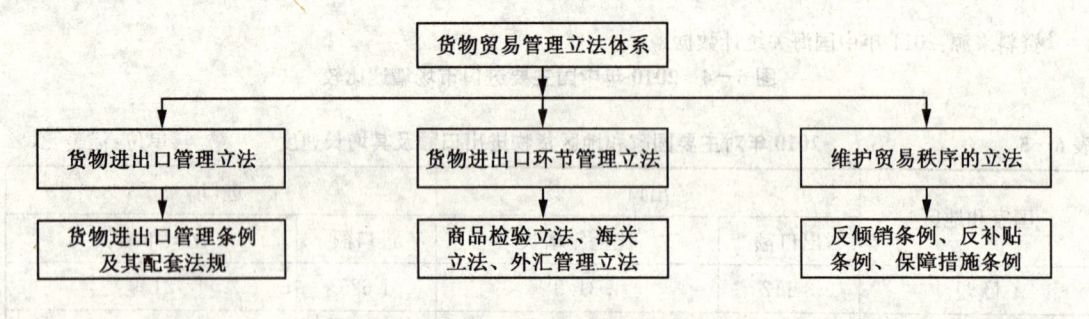

图6-5 中国货物贸易管理立法体系结构

《货物进出口管理条例》及其配套规章构成了中国货物进出口管理的主要法律依据。该条例于2001年12月31日由国务院制定发布,目的是规范货物进出口管理,维护货物进出口管理秩序,促进对外贸易健康发展。

《货物进出口管理条例》的内容主要有国家对货物进出口实行统一的管理制度。国家准许货物的自由进出口,依法维护公平有序的货物进出口贸易,除法律、行政法规明确禁止或者限制进出口的货物外。属于禁止进口的货物不得进口;国家规定有数量限制的限制进口货物,实行配额管理,其他限制进口货物实行许可证管理;进口属于自由进口的货物不受限制;属于关税配额内进口的货物,按照配额内税率缴纳关税,属于关税配额外进口的货物,按照配额外税率缴纳关税。国家对部分进出口货物实行国营贸易,实行国营贸易管理的货物,国家允许非国营贸易企业从事部分数量的进出口;国务院外经贸主管部门基于维护进出口经营秩序的需要,可以在一定期限内对部分货物实行指定经营管理。条例规定,国家采取出口信用保险、出口信贷、出口退税、设立外贸发展基金等措施,促进对外贸易发展。

与此同时,为了配合该条例的实施,国务院有关部委相继颁布了新的配套部门规章,如《出口许可证管理规定》、《货物进口许可证管理办法》、《货物自动进口许可管理办法》、《出口商品配额管理办法》、《原油、成品油、化肥国营贸易进口经营管理试行办法》、《货物进口指定经营管理办法》等等。

二、中国货物贸易的管理措施

当代国际贸易发展的主流是自由化和便利化,但不加任何限制的绝对的自由化是不存在的。任何国家对外贸易均存在着不同程度的管制,包括关税的和非关税的管理措施。

(一)按不同管制程度对进出口货物进行的分类管理

依据我国《对外贸易法》及其配套法律法规,国家有关部门对进出境货物按禁止进出口货

物、限制进出口货物和自由进出口货物三类实行不同管制程度的管理。

《对外贸易法》对于禁止进出口的货物进行了规定。为了维护国家安全,对与裂变、聚变物质或者衍生此类物质的物质有关的货物与武器、弹药或者其他军用物资禁止进出口。例如,禁止进口鸦片液汁及浸膏、含铅汽油淤渣（包括含铅抗震化合物的淤渣）、医疗废物、废机电产品（包括其零部件、拆散件、破碎件、砸碎件,除国家另有规定外）。另外,在战时或者为维护国际和平与安全,国家在货物进出口方面也可以采取禁止的措施。禁止进出口的货物目录由国务院外经贸主管部门会同国务院有关部门制定、调整并公布。属于禁止进出口的货物,不得进口和出口。

限制进出口的货物主要包括为维护国家安全、社会公共利益或者公共道德需要限制的货物;为保护动物、植物的生命或者健康,保护环境,需要限制进口或者出口的货物;为实施与黄金或者白银进出口有关的措施,需要限制进口或者出口的货物以及根据我国缔结或者参加的国际条约、协定的规定,其他需要限制进口或者出口的货物。另外,限制进口的货物还包括为建立或者加快建立国内特定产业需要限制进口的货物。限制出口的货物包括国内供应短缺或者为有效保护可能用竭的自然资源,需要限制出口的货物;输往国家或者地区的市场容量有限,需要限制出口的货物;出口经营秩序出现严重混乱,需要限制出口的货物。如限制进口苯乙烯聚合物的废碎料及下脚料和废汽车压件等货物。限制进出口的货物目录由国务院外经贸主管部门会同国务院有关部门制定、调整并公布。国家规定有数量限制的限制进出口货物,实行配额管理;其他限制进出口货物,实行许可证管理。

除以上禁止与限制进出口以外的货物均为自由进出口货物,可以由有进出口经营权的企业放开经营。特别是基于监测货物进口情况的需要,国务院外经贸主管部门和国务院有关经济管理部门可以按照国务院规定的职责划分,对部分属于自由进口的货物实行自动进口许可管理。进口属于自动进口许可管理的货物,进口经营者应当在办理海关报关手续前,向国务院外经贸主管部门或者国务院有关经济管理部门提交自动进口许可申请。进口经营者凭国务院外经贸主管部门或者国务院有关经济管理部门发放的自动进口许可证明,向海关办理报关验放手续。WTO提倡贸易自由化,今后禁止与限制进出口的货物会越来越少,而自由进出口的货物将越来越多。

（二）货物进出口管理的主要手段

目前,国际上对进出口货物进行行政管理的主要手段有进出口货物配额管理、进出口许可证管理两种。按照我国加入WTO的承诺,在货物进口方面,这两种管理手段将被陆续取消。

1. 进出口货物配额管理

进出口货物配额管理,是指国家在一定时期内对某些货物的进出口数量或金额直接加以限制的管理措施。在规定的期限和配额以内的货物可以进出口,超过了的不准进出口。依据《对外贸易法》第19条规定,国家对限制进口或者出口的货物,实行配额、许可证等方式管理。我国配额管理主要针对部分限制出口货物。在法律规定的特定条件下,国家可以采取临时性进口限制措施。必要时,可以对出口采取临时的限制或出口措施。对于部分受配额管理的出口货物,要求申请者取得配额证明后,到商务部及其授权发放许可证的机关,凭配额证明申领出口货物许可证,凭双证办理出口通关、外汇核销等手续。

在进口贸易方面,仅仅保留农产品的关税配额管理。目前,实行进口关税配额管理的农产品品种有小麦、玉米、大米、豆油、菜籽油、棕榈油、食糖、棉花、羊毛以及毛条等,以任何贸易方式进口以上农产品均受关税配额管理。进口经营者凭关税配额证明,向海关办理关税配额内货物的报关验放手续。

2. 进出口许可证管理

进出口许可证管理，是指对外贸易经营者进口或者出口国家规定限制进出口的货物，必须事先征得国家的许可，取得进口或者出口许可证，没有许可证一律不准进口或出口。

商务部是全国进出口许可证的归口管理部门，负责制定进出口许可证管理的规章制度，发布进出口许可证管理商品目录和分级发证目录，设计、印制有关进出口许可证书和印章，监督、检查进出口许可证管理办法的执行情况，处罚违规行为。

我国进口货物配额管理已取消，只剩下进口许可证管理，而且受进口许可证管理的商品越来越少，目前只剩下三种特殊货物。其中，对监控化学品，发证机构凭国家履行《禁止化学武器公约》工作领导小组办公室批准的《监控化学品进口核准单》和进口合同签发进口许可证；对易制毒化学品，发证机构凭商务部《易制毒化学品进口批复单》和进口合同签发进口许可证；对消耗臭氧层物资，发证机构凭国家消耗臭氧层物资进出口管理办公室批准的《受控消耗臭氧层物资进口审批单》签发进口许可证。

我国实行出口许可证管理的商品主要是关系国计民生，大宗的、资源性的，国际市场垄断的和某些特殊的出口货物和国际市场容量有限，有配额限制和竞争激烈、价格比较敏感的出口货物。基于监测货物进出口情况的需要，我国商务部及有关部门对部分属于自由进出口的货物实行自动进出口许可管理，任何经营者进出口属于自动进出口管理的货物，有关部门均给予许可。经营者在报关前，向有关主管部门提交自动进出口许可申请，主管部门在收到申请后，立即发放自动进出口许可证明，经营者凭此向海关办理报关验放手续。若无此证明，海关不予放行。这部分货物每年由商务部公布的《自动许可管理货物目录》确定，除此之外，可以自由进出口。对于自由进口的货物，为监测需要也可以实行自动许可管理。这种货物，均给予许可。

三、进出口商品检验管理规则

进出口商品检验，是指在国际贸易中对买卖双方达成交易的进出口商品，由法定商检机构依法对其品质、数量、规格、包装、安全、卫生、装运条件等进行检验的活动。进出口商品检验管理是指依据WTO规则和我国的《商检法》，对进出口商品检验各方面进行管理。进出口商品检验制度是实行对外贸易管理的主要手段之一，通过进出口商品检验，增强出口商品在国际市场上的竞争能力，维护国家的对外信誉，防止伪劣商品的进口，保护国家的政治和经济利益。

（一）进出口商检机构

我国的进出口商检机构分为下面两种类型：

1. 官方检验机构

我国进出口商检机构的主管部门为中华人民共和国质量监督检验检疫总局。目前，我国官方检验检疫机构为中华人民共和国质量监督检验检疫总局及其分支机构。

国家质量监督检验检疫总局的主要职责是：组织起草有关进出口商品检验方面的法律、法规草案；研究拟定商检工作的方针、政策；制定和发布有关规章制度；组织实施与商检工作相关的法律、法规；组织实施进出口商品法定检验和监督管理；监督管理进出口商品鉴定和外商投资财产价值鉴定；管理国家实施进口许可制度的民用商品的入境验证工作；审批法定检验商品免检，组织办理复验；组织对有关的进出口商品认证管理；组织和管理进出口食品及其生产企业的卫生注册；审批并监督管理从事进出口商品检验鉴定业务的机构（含中外合资、中外合作的检验鉴定机构）；垂直管理出入境检验检疫机构；管理国家认证认可监督管理委员会和国家标准化管理委员会等。

另外,国家质量监督检验检疫总局在各地设立商检机构——出入境检验检疫机构,管理各所辖地区的进出口商品检验工作。目前,国家质检总局在全国设立了585个出入境检验检疫机构(即商检机构),其主要职责是:贯彻执行进出口商品检验方面的法律、法规及政策规定;实施进出口商品的法定检验和监督管理;负责进出口商品鉴定管理工作;实施外商投资财产鉴定;办理进出口商品复验;实施进出口商品认证认可工作;实施对进出口食品及其生产企业的卫生注册登记;实施民用商品入境验证工作;管理进出口商品检验证单、标志及签证、标识、封识等。

2. 民间商检机构

民间商检机构是指经国家商检部门许可的、从事进出口商品检验鉴定业务的民间机构。它属于社会中介服务机构,接受对外贸易关系人或者外国检验机构的委托,办理进出口商品检验鉴定业务。民间商检机构必须经国家商检部门许可才具备从事委托的进出口商品检验鉴定业务的资格。

专栏 民间商检机构状况

瑞士通用公证行(SOCIETE GENERALE DE SURVEILLANCE S. A.)是目前世界上最大的专门从事国际商品检验、测试和认证的集团公司,是一个在国际贸易中有影响的民间独立检验机构。SGS创建于1878年,其总部设在日内瓦,据1994年资料称,SGS在世界上142个国家设有274个分支机构、1 150多个办事处及291个实验室,雇用了近3万名员工,年商品检验业务量占世界贸易总量的5%。SGS是一个综合性的检验机构,可进行各种物理、化学和冶金分析,包括进行破坏性和非破坏性试验,向委托人提供一套完整的数量和质量检验以及有关的技术服务,提供装运前的检验服务,提供各种与国际贸易有关的诸如商品技术、运输、仓储等方面的服务,监督与购销、贸易、原材料、工业设备、消费品迁移有关联的全部或任何一部分的商业贸易暨操作过程。在SGS内部,按照商品分类,设立了农业服务部,矿物化工和冶金服务部,非破坏性试验科,国家政府合同服务部,运输和仓库部,工业工程产品服务科,风险和保险服务部等部门。SGS在中国的业务由香港SGS中国事务部承担。SGS与我国国家技术监督局合资开办"通标检验公司",取"通用公证行"和"标准计量局"首字之意,主要办理CISS业务。

资料来源:http://info.news.hc360.com,2004年1月6日。

(二)进出口商品检验管理的法律依据

进出口商品检验检疫制度是实行对外贸易管理的主要手段之一,国家通过对进出口商品的检验检疫,加强进出口商品质量管理,增强出口商品在国际市场上的竞争能力,维护国家的对外信誉,防止伪劣商品的进口,保护国家政治和经济利益。我国在这方面颁布的法律、法规和规章有《进出口商品检验法》及其配套法律、法规和规章,如《进出口商品检验法实施条例》、《进出境动植物检疫法》、《进出境动植物检疫法实施条例》、《边境贸易进出口商品检验管理办法》、《进出境集装箱检验检疫管理办法》、《出入境检验检疫报验规定》、《进口汽车检验管理办法》、《出口煤炭检验管理办法》、《进出口商品复验办法》、《出入境检验检疫标志管理办法》、《强制性产品认证管理规定》等。

1.《进出口商品检验法》(以下简称《商检法》)

《商检法》是规范进出口商品检验活动的基本法。该法于1989年颁布,2002年进行了修订。《商检法》是中国进行进出口商品检验的最主要的法律依据,各项条款是指导、规范进出口商品检验的法定的行为准则。《商检法》对该法的立法宗旨、进出口商品检验体制、商检主体及其行为规范、商检原则、商检分类、商检内容、商检依据、商检监管制度、进口商品检验和出口商品检验管理、商检工作人员的法律责任、违法行为及其处罚等,都作出了明确的规定。为使《商检法》在实施的过程中更具有时效性、针对性和可操作性,中国颁布了相关的配套法律、法规和规章。

2.《进出境动植物检疫法》

1991年10月30日,全国人大常委会颁布《进出境动植物检疫法》、国务院发布了《实施条例》、国务院主管部门发布了一系列规章,规范进出境动植物检疫工作。

3. 与进出口商品检验管理相关的法律、法规

中国颁布的其他部门的法律法规也涉及进出口商品检验检疫管理的有关内容,如《国境卫生检疫法》、《食品卫生法》、《农产品质量安全法》、《产品质量法》、《标准化法》及其配套实施细则与管理方法等。

(三)进出口商品检验的分类

1. 法定检验

我国法律规定,对国家指定范围内的商品实施强制性检验检疫即法定检验。法定检验是指商检机构根据国家有关法令规定,对指定的重要进出口商品进行强制性检验。商品或运载工具未经商检机构检验并签发证书放行单,不准出口或进口,由海关负责监管。法定检验是实施品质管制的主要手段,是国家行政管理措施之一,也是商检工作的主要任务。为了防止低劣商品进口和提高出口商品质量,维护国家利益和促进对外贸易发展,我国实行这一强制性的检验制度,并用法律程序予以保证。

国家制定、调整并公布《商检机构实施检验的进出口商品种类表》(简称《种类表》)。法定检验的范围包括:(1)对列入《种类表》的进出口商品的检验;(2)出口食品的卫生检验;(3)出口危险货物包装容器的性能鉴定和使用鉴定;(4)对装运出口易腐烂变质食品、冷冻品的船舱、集装箱等运载工具的适载检验;(5)有关国际条约规定必须经商检机构检验的进出口商品的检验;(6)其他法律、行政法规规定须经商检机构检验的进出口商品的检验。

对于法定检验的进口商品,未经检验,不得销售、使用;对于法定检验的出口商品,未经检验合格的,不准出口。

2. 抽查检验

对法定检验之外的进出口商品,可以抽样检验。对进出口商品质量及检验工作实行抽查检验或称监督管理,是世界各国通行的做法。其监管范围主要包括:对法定检验以外的进出口商品进行抽查检验;对重要出口商品生产企业派驻质量监督员;对进出口商品质量进行认证,并准许认证合格的商品使用质量认证标志;指定及认可符合条件的国内外检验机构承担特定的检验鉴定工作;对重要进出口商品及其生产企业实行质量许可制度等。

3. 公证鉴定

对外贸易的公证鉴定业务是指凭对外贸易关系人的申请或委托,由第三方公证鉴定检验机构,对申请有关的内容进行检验鉴定,出具权威的、公正的证明,具有法律效力。公证鉴定的性质是委托鉴定,它不同于法定检验,也不是行政行为,而是一种服务。检验者与被检验者之间的权利与义务要靠合同来规定,发生争议要靠民事法律规范来调整。

另外,经当事人申请、国家质检部门批准,可以免于检验。

(四)进出口商品检验标准

1. 进出口商品的检验

我国进出口商品检验内容包括商品的质量、规格、数量、重量、包装以及是否符合安全、卫生的要求;商品的装载容器、包装物,以及来自疫区的运输工具。凡是列入《出入境检验检疫机构实施检验检疫的进出境商品目录》的商品在进出口通关时,必须向有关商品检验检疫机构报检。海关凭检验检疫机构出具的《入境货物通关单》或《出境货物通关单》验放。

进出口商品按下列标准进行检验:法律、行政法规规定有强制性标准或者其他必须执行的标准的,按照法律行政法规规定的检验标准检验;法律、行政法规未规定有强制性标准或者其他必须执行的检验标准的,按照对外贸易合同约定的检验标准检验;凭样品成交的,应按照样品检验;法律、行政法规规定的强制性标准或者其他必须执行的检验标准,低于外贸合同约定的检验标准的,按照对外贸易合同约定的检验标准检验;法律、行政法规未规定有强制性标准或者其他必须执行的检验标准,对外贸易合同又未约定检验标准或者约定检验标准不明确的,按照生产国标准、有关国际标准或者国家检验机构指定的标准检验。

2. 进出境动植物检疫

根据进出境动植物检疫法及其实施细则,对下列各物实施检疫:进境、出境、过境的动植物、动植物产品和其他检疫;装载动植物、动植物产品和其他检疫物的装载容器、包装物、铺垫材料;来自动植物疫区的运输工具;进境拆解的废旧船舶;有关法律、行政法规、国际条约或者贸易合同约定应当实施进出境动植物检疫的其他货物、物品。

通过贸易、科技合作、交换、赠送、援助等方式输入动植物、动植物产品和其他检疫物的,应当在合同或者协议中订明中国法定的检疫要求,并订明必须附有输出国家或者地区政府动植物检疫机关出具的检疫证书。此处所称的中国法定的检疫要求,指中国法律、行政法规和国务院农业行政主管部门规定的检疫要求。

对输入的动植物、动植物产品和其他检疫物,按照中国的国家标准、行业标准以及国家质检总局的有关规定实施检疫。输入动植物、动植物产品或其他检疫物,经检疫不合格的,由口岸检疫机关签发《检疫处理通知书》,通知货主或其代理人在口岸检疫机关的监督和技术指导下,作除害处理。

在国(境)外发生重大动植物疫情并有可能传入中国时,可以采取紧急预防措施。

第三节 中国当代货物贸易面临的主要问题及策略

中国当代货物贸易已步入了良性发展的快车道,表现在贸易规模快速增长,商品结构逐步优化,贸易地区不断拓展,贸易方式更趋灵活,对国民经济的贡献率显著提高。但长期积累的素质性、结构性、体制性等矛盾和问题日益凸显出来,如贸易增长方式依然粗放,质量和效益不高;市场经营秩序混乱,恶性竞争现象严重;贸易摩擦增多,贸易条件恶化等诸多问题,已成为阻碍我国货物贸易发展的"瓶颈"和重大隐患,如果现在不加以高度重视和有效解决,未来中国货物贸易发展之路必将更加艰难坎坷,甚至要付出巨大的代价。

一、中国当代货物贸易面临的主要问题

(一)贸易增长方式粗放,质量和效益不高

近年来,我国货物贸易增长方式主要是依靠劳动力、资金、土地、资源等要素投入实现的,还未从根本上摆脱数量增加、规模扩张、粗放型的特征,增长的质量和效益不高,增长的基础比较脆弱,这是我国货物贸易发展面临的最为核心的问题。主要表现在:

1. 货物贸易规模比较大,而贸易利益比较少

由于国内产业发展水平相对较低,仅有劳动力、土地、资源等相对优势,因此,在国际分工中地位不高,大多产业处在国际价值链的底端,出口商品多以贴牌生产或加工贸易方式为主,企业仅能赚取加工生产环节的微薄收益,产品国内附加值低,利润空间狭小。据统计,在来料加工中,目前我方企业平均仅能获得占出口总额8%左右的工缴费收入,其余大量的产品增值部分被外方获得;而在进料加工贸易方式中,由于外方控制着原材料采购和制成品销售等关键环节,便于利用转移价格等手段,使我方企业利润严重流失。

专栏　　　　　我国纺织业对外贸易获利能力较差

2004年全球纺织品贸易为3 800亿美元,中国是950亿美元,目前中国是全球最大的纺织品生产国、消费国和出口国,加工能力占全球的1/3,出口份额占全球的1/4。从种棉花到高档女士服装,从原材料加工纺织印染到裁剪缝加工,没有任何一个国家具有中国如此完整的产业链。然而中国却只能依靠为国外产品贴牌生产或加工贸易方式出口,赚取的加工费仅占服装总价值的10%左右。2005年全国出口了177亿件服装,平均每件服装的价格只有3.51美元,全国出口的鞋超过了50亿双,平均每双鞋的价格不到2.5美元。

资料来源:根据中国经济研究中心2006年《中国的对外贸易形势与环境研究报告》整理。

2. 货物贸易国际份额比较大,而核心竞争力比较差

尽管近年来,我国出口商品结构明显优化,但与发达国家相比,我国出口商品中的高技术含量、高附加值产品比重不高,尤其是出口商品缺乏核心技术、自主知识产权和自主品牌,出口产品缺乏核心竞争力。2006年机电产品出口额达5 494.2亿美元,居世界第三位,包括手提电脑、手机、显示器等高科技产品在内的48种机电产品出口额排名世界第一,然而许多核心技术多掌控在国外跨国公司手中,我们能做的仅仅是加工组装以及一些周边产品,比如手提电脑中,鼠标、硬盘、读写卡、CPU等核心部件却都需要进口。

3. 我国企业加工能力比较强,而研发和营销的能力比较薄弱

我国外贸额多数由外商投资企业承担,我国企业加工能力较强,但研发和营销的能力比较薄弱,主要是因为我国企业高科技人才缺乏,研发投入不足,新技术新产品研发能力弱;缺乏国际营销经验,没有国外营销网络,自主营销能力还很薄弱。众所周知,完整的产业链包括研发、设计、加工制造、物流、营销等环节,生产曲线中研发和营销属于附加值大的高端环节,而我国企业正好处在生产曲线当中最低端,附加值最低的环节,上游环节中的研发、设计,下游环节的物流、营销是我们的软肋所在,这必然导致出口贸易增量不增值的结果。

(二)出口经营秩序混乱,恶性竞争行为普遍

随着我国外贸体制改革和企业贸易经营权的扩大,相关的法律法规和政策措施还不够完善,导致出现严重的货物贸易竞争无序化,严重影响了国际形象。其具体表现在:

1. 经营企业多而杂,良莠不齐

目前,我国拥有外销经营权的外贸企业、生产企业和科研院所已达9 000多家,另有23万多家"三资"企业拥有自营出口权,其中绝大部分是近几年新被授权或新建立的,且多为中小企

业。众多对外经营企业为了抢占国际市场,在出口商品同质化严重的情况下,恶性竞争、无序经营在所难免。

> **专栏** 我国汽车产业出口同质化倾向严重
>
> 以我国汽车产业的出口为例,2005年,全国整车出口企业多达1025家,其中出口额1亿美元以上的企业仅有2家,出口额在1亿美元以下3000万美元以上的也只有8家,比重不足0.1%;其中超过600家企业出口在10辆以下,更有160家企业仅出口汽车1辆。
>
> 资料来源:中国证券网,2006年8月31日。

2. 出口产品低价竞销现象严重

由于出口企业之间的竞相压价,利润日益低薄,已经到了出口成本的边缘。比如摩托车是我国的重点出口商品,2005年出口数量超过700万辆,金额突破24亿美元,市场分布在185个国家和地区,出口数量已连续5年名列世界第一,但由于出口中无序状态十分严重,有些企业不计成本以低价拼出口,行业平均利润率一度降至1%左右,形成恶性竞争、自我残杀的局面。

(三) 贸易摩擦不断增多,贸易环境进一步恶化

贸易摩擦是国际产业和产品竞争的必然产物。伴随着我国货物出口数量和规模的快速增长,我国与贸易伙伴国的贸易摩擦不断增多,进入21世纪后,针对我国的贸易摩擦已进入高发期,具体表现在:

1. 贸易摩擦的领域和产品不断扩大

21世纪以来,中国对外贸易摩擦涉案行业不仅有化学工业、冶金工业、纺织工业、日用品和机械工业,还有农副产品、食品类、农产品、电子工业和药物等。

2. 贸易摩擦的主体呈多元化的发展趋势

根据WTO反倾销委员会的统计,在WTO成立后的12年间(1995~2006年),WTO的27个成员对中国产品实施过共计536次反倾销调查,其中印度(93)、欧盟(72)、美国(64)、阿根廷(50)、土耳其(43)五国对中国产品实施反倾销调查的数量最多,共计322件,占调查总数的60%,其中3个发展中成员实施的调查数量占了57.76%,超过了发达成员实施调查的数量。

3. 由传统的"两反一保"措施向不利条款和技术性贸易壁垒扩张

入世后,受到WTO规则的约束,国外对我国出口商品的关税壁垒及许可证、配额等传统非关税壁垒逐步降低或取消,但反倾销、反补贴以及保障措施三类"公平贸易"措施成为一些国家贸易保护的主要手段,近年来一些发达国家更以环保标准、质量标准、技术标准、卫生标准等多种形式的非关税壁垒对我国出口产品实行限制。今后以技术壁垒、绿色壁垒、环境壁垒、社会壁垒以及各类"公平贸易"措施为核心的形形色色新贸易壁垒的门槛会越来越高,成为我国货物贸易发展的巨大障碍。

二、中国当代货物贸易的发展策略

鉴于我国当代货物贸易发展中存在问题的长期性、复杂性、战略性特点,其发展策略的总体思路是:以转变货物贸易增长方式为目标,立足政府战略地位和主导作用,营造良好的发展环境;调整优化进出口商品结构,提高国际竞争力;加快加工贸易转型升级,提高出口质量和效

益;实施出口名牌战略,增强产品的非价格竞争优势;充分发挥中介组织的作用,规范贸易经营秩序;发挥规模经营优势,提高企业自主创新和自主营销能力;提升进口综合效应。总之,在继续保持货物贸易适度增长的基础上,着力提高我国对外货物贸易的竞争力和综合效益,加快从贸易大国向贸易强国的转变。

(一)立足政府战略地位和主导作用,营造良好的发展环境

1. 构建"效益导向型"的出口促进政策体系

长期以来,我国一直把出口创汇和出口额作为唯一追求目标,为了实现这些目标,不分行业不分产品,采取无区别的出口补贴、出口退税、出口金融支持和优惠等政策,这就给出口企业创造了压价竞销,抢占国际市场的一种鼓励,无益于未来对外货物贸易的发展,必须加以改变。摒弃过去"规模导向型"的"大锅饭"政策,构建新型有效的"效益导向型"出口促进政策体系,对一部分低附加值的简单加工品降低出口退税,对高能耗、高物耗、高污染以及资源性产品征收出口税,从价格信号上影响出口商品结构。在财政拨款、财政贴息、出口退税、信贷支持、科研立项等方面,重点支持核心产业和核心产品。加大对自主知识产权、自有品牌的产品,高技术产品,机电产品和高附加值劳动密集型产品的出口支持力度,引导企业积极开展新产品的研发、品牌培育和营销网络建设;推动企业采用国际标准和国外先进标准,实施国际通行的质量管理体系、环境管理体系和产品质量认证体系;鼓励名牌企业参加境外知名展会等,为中国企业创国际名牌,中国产品在国际市场上增强竞争优势、占据垄断地位提供政策和资金方面的支持。

2. 建立科学的绩效考核指标体系

现有的外贸考核指标体系过于注重出口规模的增长,地方政府和企业领导大多出于政绩的需要,出口企业为了自身利益,片面追求出口数量和创汇规模,忽视出口质量和出口效益。因此,必须正确处理规模、速度与质量、效益的关系,建立新型科学的绩效考核指标体系,科学评估出口绩效及其对税收、就业及产业的贡献,有效监控对环境和生态发展的影响。新的考核指标体系要淡化出口规模的考核,重点考核出口销售利润和利润率、资金周转次数、资本利润率等效益指标;考核自主研发和自主品牌产品出口、资金回收率、人均利润额等综合竞争力指标;要增加出口结构优化方面的考核指标。通过建立科学的绩效考核指标体系,引导地方和企业将发展货物贸易的重点转移到提高质量和效益上来。

3. 建立以动态监测、预警机制为主体的公共服务体系

由于近年来我国货物出口增长过快,数量激增、售价偏低、出口地集中,出口企业和出口产品频繁遭遇国外反倾销等贸易措施的制裁,不仅给相关行业和企业造成重大损失,也严重制约了我国货物贸易的发展。因此,政府部门(商务部门、海关、行业主管等)应和行业协会(进出口商会)及企业密切配合,建立以动态监测、预警机制为主体的公共服务体系。首先,要加强对出口商品价格、质量、数量的动态监测,当发现某一出口商品的数量激增或价格明显下降或投诉增多时,应快速作出反应,着手调查事件原因,采取措施进行调控或协调,防患于未然。其次,对于容易引起贸易摩擦的重点行业和产品,要建立相应的预警机制,及时发布预警信息,使出口企业及时控制出口数量和调整出口价格,将反倾销指控出现的可能性降至最低。最后,以商务部门的政府网站为平台,建立和完善公共信息服务体系。建立一批重要的外经贸信息库,内容涵盖国内外贸易法规、各国贸易政策、市场指南、产品指南、市场商情及动态、进出口数据资料、行业及产品预警等,解决企业信息不畅等问题。

4. 强化标准化建设和质量认证工作

产品技术标准是衡量产品质量和品质的重要标志,也是产品竞争力的一种具体体现。目前之所以要求强化标准化建设和质量认证工作,是因为:一方面国际贸易保护出现新变化,发达国家贸易保护主义的重要策略之一是构筑技术壁垒,即利用各种标准化手段(如技术法规、标准、合格评定、出入境检验检疫等)限制进口,保护本国相关产业,而我国的最大贸易对象是欧盟、美国、日本等发达国家和地区,如果产品达不到技术标准,不能通过认证,就不能获取进入国际市场的"通行证"。另一方面,从某种意义上讲,产品质量和品质的竞争就是技术标准的竞争。我国正处于经济、技术和外贸发展的黄金时期,适时地推进标准化建设和质量认证,对提高企业的管理水平,提升产品的档次,增强核心竞争力,开拓国际市场都具有战略性意义。因此,强化标准化建设和质量认证工作,首先要积极采纳国际标准和国外先进标准,主动提高出口产品在安全、卫生、环保等方面的品质,依据国情,严格执行劳动、安全、环保标准;其次,在领先领域积极构建我国自己的标准体系,并使国家标准国际化,增强国际话语权;最后,在认证方面,既要搞好 ISO9000 质量体系、ISO14000 环境标准体系等国际通行的标准化认证,也要搞好诸如美国的 FDA、UL 和欧盟的 CE 等认证工作,并加强认证认可及国际互认工作,为我国产品顺利进入国际市场铺平道路。

5. 协调国际经贸关系

面对当今国际贸易保护主义日渐高涨的不利形势,我国的货物贸易要想取得长期稳定发展,必须协调好国际经贸关系,为我国企业营造良好的国际经营环境。首先,要利用 WTO 成员国的有利身份,处理好多边贸易关系。积极参与 WTO 多边贸易谈判和国际经贸规则的制定,推动国际贸易自由化进程,为包括中国在内的发展中国家创造有利的贸易环境和条件;利用好 WTO 贸易争端解决机制,处理贸易摩擦问题,维护国家贸易利益;尤其针对近年来凸显的我国"非市场经济国家"问题,政府应加强宣传和游说,增进了解和互信,争取更多主要国家承认我国的市场经济地位。其次,加强区域贸易合作。目前国际区域经济合作步伐加快,各种区域贸易安排不断涌现,国际影响愈来愈大,如果不积极参与的话,就有被边缘化的危险,在加强同东盟、北美等自由贸易区的传统友好合作以外,争取新的诸如南部非洲关税同盟、海湾合作委员会、智利和新西兰的自贸区等商谈,构建面向全球的区域经贸合作网。最后,处理好双边贸易关系。尤其要注重与美国、欧盟、日本及其他重要贸易伙伴之间的协调,建立制度化的对话和磋商机制,强化合作淡化矛盾,达到互利共赢。

(二)调整优化出口商品结构,提高国际竞争力

一国的进出口商品结构合理与否,不仅影响该国出口产品在国际市场上的竞争地位、该国在国际贸易中的利益分配,而且也影响着该国产业结构的优化升级乃至整个国民经济的持续健康发展。因此,立足我国货物贸易的长远发展,调整和优化进出口商品结构就显得格外重要。

"十二五"规划中提出要培育出口竞争新优势的战略,这必须从调整优化出口商品结构做起。如加快培育以技术、品牌、质量、服务为核心竞争力的新优势,提升劳动密集型出口产品质量和档次,扩大机电产品和高新技术产品出口,严格控制高耗能、高污染、资源性产品出口。鼓励企业建立国际营销网络,提高开拓国际市场能力。积极开拓新兴市场,推进出口市场多元化。

具体而言,首先,要在保持传统优势农产品、轻纺产品出口稳定增长的基础上,重点发展在国际上已拥有较强竞争力的运输及机械设备、机电制造等劳动资本密集型机电产品以及电子信息、软件、生物、医药等高新技术产品,扩大出口规模,提高出口比重,增加出口效益。其次,

增大有影响力的自主品牌、自主知识产权和自主营销产品的出口力度,提高出口产品的国际竞争力,占领竞争的制高点。最后,严格控制高能耗、高物耗、高污染以及资源性产品的出口,减轻国内资源和环境的压力。

(三)加快加工贸易的转型升级,提高出口质量和效益

加工贸易是经济全球化条件下发展中国家参与国际分工和国际贸易的一种有效方式。近年来我国充分利用比较优势发展加工贸易,取得了可喜成就,在促进就业、扩大出口等方面发挥了重要作用,从国际产业分工趋势和我国发展水平来看,加工贸易在相当长的时期内仍有发展空间,但我国的加工贸易也存在加工链条短、附加值低、易产生贸易摩擦等弊端。

因此,"十二五"规划中提出的"培育出口竞争新优势"的战略指出,完善政策措施,促进加工贸易从组装加工向研发、设计、核心元器件制造、物流等环节拓展,延长国内增值链条。完善海关特殊监管区域政策和功能,鼓励加工贸易企业向海关特殊监管区域集中。具体而言,要加快调整加工贸易的发展模式,促进产业转型升级,延长产业链,提高附加值,提升出口质量和效益。在产业结构方面,要推动加工贸易产业链向上游研发设计、中游集约发展、下游营销服务等高端环节延伸,提高我国产业在国际价值链中的地位,严格控制低层次加工贸易的发展规模;在技术辐射方面,充分发挥加工贸易的技术溢出和产业带动效应,通过消化、吸收,增强自主创新能力,鼓励和引导加工贸易企业增加研发投入和通过技术转移等多种形式,逐步从代加工向代设计和自创品牌发展;在区域布局上,要按照国家四类主体功能区的定位,引导加工贸易逐步向土地承载能力较强、劳动力充裕的中部地区转移;在监管模式上,要借鉴国际先进经验,引导加工贸易企业逐步向实行封闭管理的特殊区域转移。另外,提高加工贸易中国产原材料和零配件的使用率,促进加工贸易向一般贸易转化,带动产业结构升级;鼓励有条件的企业"走出去",开展境外加工贸易,带动国内设备、技术、原材料、零配件等出口,打破国际贸易壁垒,开拓发展空间。

(四)实施出口名牌战略,增强产品的非价格竞争优势

国际名牌代表的是质量、品质和服务的综合声誉。当前,我国企业生产的相当数量的产品质量并不低于跨国公司的产品,但缺乏品牌优势。未来我国的出口产品要占领国际市场,尤其想要在欧美等发达国家市场进一步打开销路,必须打造国际知名的出口产品自主品牌,增强出口产品的非价格竞争优势。为此,必须加强产业集中度和产业链的建设,提高企业的研发实力、创新能力和售后服务水平,实现从无牌、贴牌到有牌,从有牌到名牌,从名牌到打造国际著名品牌的嬗变,使每个主要行业和贸易商品中出现若干含有中国价值和文化内涵的国际知名品牌,获取最大限度的国际贸易利益。近期我国品牌建设的重点,应放在电子信息、软件、生物、医药、精细化工和有传统出口优势的农产品、轻纺产品等行业领域。

> **案例** "制造大国、品牌小国"的尴尬
>
> 目前国际市场上比例不到3%的名牌商品,但市场占有率高达40%,销售额超过50%,个别行业超过90%。在2005年度《世界品牌500强》中,美国有249个,法国有46个,日本有45个,而我国只有4个。与此形成鲜明对照的是我国有170多类产品的产量居世界第一位。
>
> 资料来源:节选自搜狐财经,2006"新资本论":10大经济要素之变,2007年1月15日。

(五)充分发挥中介组织的作用,规范贸易经营秩序

根据国外经验,许多国家在进出口市场上,各种中介组织发挥着独特的指导、管理、协调和

服务功能,承担着许多国际贸易中不宜由政府或企业管理的事务。目前我国各种行业协会、进出口商会、中介咨询机构等组织发展滞后,现有的机构多属半官方性质,只是政府机构的外延,体制僵化、办事官僚,难以起到应有的作用。因此,要加强行业协会、进出口商会、各种中介咨询机构等的组织调整和建设,真正发挥中介组织的作用。首先,必须深化行业中介组织体制改革,促进现有行业中介组织从半官方地位向民间组织的转变,鼓励企业自发建立新型中介组织;其次,强化中介组织的职能:及时向政府反映企业利益和呼声,协调政府和企业间的矛盾;加强行业自律,协调企业进出口行为,创造公平竞争的环境,规范经营秩序,避免因无序竞争而最终遭受国外反倾销制裁;代表行业在反倾销等贸易纠纷中对外协调和交涉,维护我国出口企业和行业的整体利益;搞好咨询服务、会展服务、法律服务、教育培训服务等工作;制定行业准入标准和行业技术标准;参与反倾销预警体系和应诉机制建设等。

(六)发挥规模经营优势,提高企业自主创新和自主营销能力

"十二五规划纲要"指出,"要继续稳定和拓展外需,加快转变外贸发展方式,推动外贸发展从规模扩张向质量和效益提高转变,从成本优势向综合竞争优势转变"。因此,必须在以下几个方面下工夫:首先,要大力推动各类企业包括外贸企业的兼并重组,努力形成具有国际影响力和竞争力的超大型企业集团,提高产业的集中度和企业的集聚水平。集团内进行科学的专业化分工和紧密协作,发挥规模经营优势,这样集团可以集中研发人才、设备、资金,提高自主创新能力、新技术新产品的研发水平,提高装备水平保证制造质量,集中力量打造企业共享的一个或几个知名品牌,避免无序竞争,降低内耗成本。其次,国家要建立重点产品出口企业的联系机制,促进企业达成长期战略联盟,选择若干个带动性强的重点行业,培育重点产品的产业出口基地和一批规模质量效益性出口基地企业。再次,树立全球意识,出口企业应积极同国内外其他企业、研究机构、高等院校等单位开展研发、制造、营销、物流、服务等多方面、多领域的合作。最后,加大人力资本投入,积极进行高素质人才的培育和引进,打造一流的创新人才队伍,同时,加强专业技术人员的培养和从业人员的职业教育,提高企业人才的整体素质。

(七)提升进口综合效应

根据"十二五"规划(2011~2015年)国民经济发展目标和对产业结构调整的明确要求,"十二五"期间,在对外贸易发展中要提升进口综合效应。也就是要优化进口结构,积极扩大先进技术、关键零部件、国内短缺资源和节能环保产品进口,适度扩大消费品进口,发挥进口对宏观经济平衡和结构调整的重要作用,优化贸易收支结构。发挥我国巨大市场规模的吸引力和影响力,促进进口来源地多元化。完善重要农产品进出口调控机制,有效利用国际资源。

1. 积极引进先进技术和关键设备

根据国家产业结构调整部署,中国技术和设备引进的重点包括如下内容:

(1)确保电子、信息等先导产业发展所需要的技术设备的引进。电子、信息、航天、生物工程和新能源、新材料工业等是在高科技领域中跟踪国际先进技术水平,对中国经济发展有重大意义的先导产业,也是中国技术引进的重点。我们要根据中国的实际情况,优先引进先进的微电子技术、计算机技术和传感技术,使之成为中国今后的带头产业。

信息化是当今世界经济和社会发展的大趋势,信息技术的发展对社会进步产生的影响是不可估量的。中国当前应重点发展信息产业,努力实现跨越式发展。发展信息产业包括高速宽带网络、大规模集成电路、高性能计算机、大型软件系统、超高速网络系统等。信息产业对于中国来说还是一个弱质产业,与国外先进水平还有较大差距,需要积极引进该领域外国的先进技术和设备。

(2)引进能源、交通等基础设施建设所需要的技术设备。能源是中国经济建设的战略重点,又是薄弱环节,中国不仅能源增长率低,而且利用率也低,美国等发达国家能源利用系数在50%左右,而我国仅在28%左右。能源工业引进技术设备一是要扩大能源的生产和开发;二是能推广能源节约和综合利用技术,合理、有效的利用能源以提高能源利用率;三是能将能源对环境的有害影响减至最低。交通运输既是中国国民经济的战略重点,也是制约经济发展的"瓶颈"。为了改变中国交通运输的现状,应该重点引进有关的技术和设备,加强公路、铁路、港口、机场的基础设施建设,建设现代化的综合运输体系。

(3)确保传统产业技术改造所需的技术设备的引进。中国许多传统产业设备陈旧、技术落后,严重制约了中国现代化进程。要从根本上改变这种落后的状况,必须要加强传统产业的技术改造,这是经济结构高级化的重要一环。因此中国应该通过进口贸易,积极引进精密高效的机床、仪器仪表等先进的技术和设备,加强轻纺、冶金、化工、汽车、建材等传统工业部门的技术改造,使其尽快赶超世界先进水平。

(4)确保中国农业现代化所需技术设备的引进。"十二五"规划指出,加强农业现代化是经济结构调整的重要内容,也是保持经济发展和社会稳定的基础。农业结构的调整要面向市场,依靠科技,不断向生产的深度和广度进军。根据这一要求,中国要引进与农业现代化和农业结构优化有关的技术设备,加强该新技术在农业上的应用,如计算机技术、生物工程技术和其他高新技术。

2. 确保短缺资源和节能环保资源的进口

任何一个国家都不能拥有发展本国经济所需要的一切资源,因此要通过进口国内短缺的资源和物资来满足国民经济的综合平衡。中国在矿产资源方面,石油、天然气人均储量不足世界平均水平的1/10,即使是比较丰富的煤炭资源,人均储量也不到世界平均水平的40%。中国在1995年以前还是一个原油和成品油的净出口国,随着国内对能源需求的增加和中国工业化的发展,国内能源生产的增长远远赶不上消费的增长,1995年以后则成为能源的进口大国。中国原油进口依赖度已经达到41.4%。在中国制造业快速发展的情况下,铁矿石、天然橡胶、棉花、纸浆、化工原材料等工业原材料也主要依靠进口。如中国是一个钢铁生产大国,目前中国也是世界上最大的钢铁产品进口大国。我国虽然在数量上是钢铁生产第一大国,但是钢铁产品的结构很不均衡,普通钢铁产品生产过剩,但是许多重要的特殊钢铁产品却生产不足,需要大量从国外进口。中国是个传统的农业国,所以许多重要的农业生产原料如化肥、农药、塑料薄膜等也是重要的进口物资。此外,还要把节能环保资源的进口也放在进口贸易中非常重要的地位。

3. 认真组织加工贸易物资的进口

加工贸易在中国对外贸易中居于十分重要的地位。尤其是进入20世纪90年代以后,加工贸易方式完成的对外贸易总额占中国对外贸易的比重增长较快,2005年的加工贸易额为6 905.1亿美元,占总贸易额的49%,2006年达到8 318.8亿美元,占总贸易额的47.2%。由此可见,保证加工贸易所需物资的进口对于中国出口贸易持续稳定发展是十分重要的。

4. 适度扩大消费品进口

进口粮、油、棉、糖等生活必需品是关系国计民生的大事,对于保证社会的安定与经济的增长有着举足轻重的作用,所以要适度扩大社会必需品和一般消费品的进口,保证市场物资。中国加入WTO以后,承诺的市场开放度不断提高,越来越多的生活消费品也大规模地进入国内市场,如汽车、计算机、彩电、录音机、录像机、照相机等进口量在逐年增加,纺织品、服装、食品、水果、饮料、药品等也成为大宗进口产品。今后,随着自由贸易区逐步增加和缩小贸易顺差,中国的进口贸易还要适度增长,这样才能发挥进口对宏观经济平衡和结构调整的重要作用,从而优化贸易收支结构。一般消费品必将成为增速最快的商品,这些产品进口的增多给国内同类产品带来一定的压力,但也将有力地推动国内工业的发展。

本章小结

中国货物贸易发展经历了起步、发展、徘徊、高速增长四个阶段。"八五"以后,中国对外贸易进入高速发展阶段,尤其是入世后,货物贸易发展更是突飞猛进,形成了贸易规模迅速增加、商品结构明显优化、市场结构多元化、贸易方式多样化的新格局,跻身于世界贸易大国之列。

货物贸易的商品结构包括出口商品结构和进口商品结构。中国的出口商品结构经历了以初级产品为主转向制成品为主、以粗加工制成品为主转向精加工制成品尤其是机电和高科技产品为主的优化过程,目前工业制成品出口一直保持在90%以上。中国进口商品结构一直以工业制成品为主,其中技术含量高的机械及运输设备占了一半以上,近年来,由于国内工业化发展的需要,原料和初级产品的进口增长明显。

伴随着中国的入世和经济全球化进程,中国加强了同加拿大、澳大利亚、俄罗斯、韩国、东盟以及非洲、拉美等国家的贸易关系,贸易地区逐渐扩大,贸易伙伴不断增多,贸易的市场结构呈现出多元化的良好局面。

货物贸易方式一般分加工贸易(主要包括进料加工、来料加工、来件装配、协作生产等)、一般贸易和其他贸易方式。目前中国货物贸易方式主要以加工贸易和一般贸易为主,其他贸易方式整体上处于从属地位。

中国货物贸易规模比较大,但贸易利益比较少;货物贸易国际份额比较大,但核心竞争力比较差;我国企业加工能力比较强,但研发和营销的能力比较薄弱。中国是当今世界的贸易大国,但不是贸易强国。

"十二五"期间,以转变货物贸易增长方式为目标,立足政府战略地位和主导作用,营造良好发展环境;调整优化进出口商品结构,提高国际竞争力;加快加工贸易转型升级,提高出口质量和效益;实施出口名牌战略,增强产品的非价格竞争优势;充分发挥中介组织的作用,规范贸易经营秩序;发挥规模经营优势,提高企业自主创新和自主营销能力;提升进口综合效应。总之,在继续保持货物贸易适度增长的基础上,着力提高我国对外货物贸易的竞争力和综合效益,加快从贸易大国向贸易强国的转变。

思考题

一、简述题
1. 简述中国货物贸易的发展历程。
2. 中国当代货物贸易的特点有哪些?
3. 中国当代货物贸易面临的主要问题有哪些?
4. 论述中国当代货物贸易的发展策略。
5. 在营造贸易发展环境方面,政府的主导作用体现在哪些方面?

二、案例分析

成本压力让一些品牌把制造转出中国

有迹象表明,一些国际品牌已经或者正在把它们的加工部分转出中国,转到东南亚一带。一方面,中国以棉花为主的原料价格,包括厂房租金、石油、橡胶等持续飙升;另一方面,代工厂工人反抗过度加班和超低薪酬的事屡屡发生。在2010年以前,中国还是耐克的最大代工国,而现在,耐克代工厂已经向越南等成本更低的国家和地区转移。

耐克历年年报显示,2001年,中国生产了其40%的鞋,排名世界第一,越南只占13%;到了2005年,中国的份额降至36%,越南升到26%,排在第二位;2009年,中国、越南分别以36%的份额并列第一;2010年,越南的份额升至37%,中国降至34%。

耐克在中国的代工厂，其中大部分属于耐克的大代工商宝成所有。对于像宝成这样的大代工厂来说，成本敏感度非常高，因为供货量大，单位成本一点点微小的变化都会对最终利润影响巨大，因此，代工厂一般具有从成本高的地方向成本低的地方迁徙的特性，在代工厂发展的历史上，其从未停止过区位转移，从北美到南美、日本、韩国、中国台湾，一直到现在的内地东南沿海（即将成为过去），然后是越南和印度尼西亚（代工厂的下一站）。据耐克网站介绍，运动鞋对劳动力成本尤其敏感，企业必须把劳动力成本控制在24%以内，才有竞争力。

耐克发布的2011年第三财季业绩报告称，该季度营业收入增长5.2%，但由于石油、棉花、人工成本和运费上涨，耐克的毛利率不高。成本的不断上涨逼迫耐克代工厂向越南等地转移。一环扣一环，牵一发而动全身，上游成本的增加如同开启了一个魔咒，链条反应正在继续，市场形势让耐克难以乐观。

问题：请根据以上资料，谈一谈中国加工贸易存在的问题和挑战是什么？中国加工贸易的出路和前景在哪里？

第七章

技术贸易

学习要求

了解中国技术贸易发展的历程、我国对知识产权的保护方式。掌握中国技术进出口管理制度、知识产权保护对我国对外贸易的影响。理解中国技术贸易发展中存在的问题及策略、中国涉外知识产权保护存在的问题及策略。

第一节 中国技术贸易的发展

一、国际技术贸易概述

(一)国际技术贸易的含义

国际技术贸易是指不同国家的企业、经济组织或个人之间,按照一般商业条件,向对方出售或从对方购买软件技术使用权的一种国际贸易行为。它由技术出口和技术引进这两方面组成。简言之,国际技术贸易是一种国际间的以纯技术使用权为主要交易标的的商业行为。国际技术贸易的内容主要包括专利技术、商标、工业产权和专有技术。国际技术贸易采用单纯的技术贸易与混合的技术贸易两种方式或途径。单纯的技术贸易有许可贸易、专有技术转让、技术协助;混合的技术贸易主要有合作生产、合资经营、补偿贸易、工程承包、装配生产、交钥匙工程(引进成套设备、技术转让)、租赁贸易、特许专营等。

(二)国际技术贸易的特点

技术贸易与一般商品贸易具有不同的特点:

1. 交易标的性质不同

一般商品贸易的标的是有形的物质商品,易计量、论质和定价;而技术贸易的标的是无形的知识,其计量、论质和定价的标准都是很复杂的。

2. 交易双方当事人不同

一方面,一般商品贸易双方当事人不是同行,而技术贸易双方当事人则一般都是同行。因为只有双方是同行,引进方才会对转让方的技术感兴趣,引进方才有能力使用这种技术。另一方面,一般商品贸易中的卖方始终是以销售为目的,而技术贸易中的卖方(转让方),一般并不是为了转让而是为了自己使用才去开发技术的,只是在某些特定情况下才转让技术。

3. 交货过程不同

一般商品贸易的交货是实物移交,其过程较简单。技术贸易的"交货"则是传授技术知识、经验和技艺的复杂而又漫长的过程。

4. 所涉及的问题和法律不同

技术贸易涉及的问题多、复杂、特殊。如技术贸易涉及工业产权保护、技术风险、技术定价、限制与反限制、保密、权利和技术保证、支持办法等问题。技术贸易中涉及的国内法律和国际法律、公约也比一般商品贸易多,因而从事技术贸易远比从事一般商品贸易难度大。

5. 政府干预程度不同

政府对技术贸易的干预程度大于对一般商品贸易的干预程度。由于技术出口实际上是一种技术水平、制造能力和发展能力的出口,所以为了国家的安全和经济利益上的考虑,国家对技术出口审查较严。在技术贸易中,技术转让方往往在技术上占优势,为了防止其凭借这种优势迫使引进方接受不合理的交易条件,也为了国内经济、社会、科技发展政策上的考虑,国家对技术引进也予以严格的管理。

二、中国技术贸易的发展历程

(一)中国技术引进的发展历程

1. 技术贸易初步发展阶段

新中国成立后,我国的技术引进一直是以进口设备,尤其是以成套设备的引进为主。20世纪50年代,由于受到主要资本主义国家的禁运封锁,我国的技术引进主要来源于苏联和东欧国家。此期间引进的内容涉及冶金机械、汽车、煤炭、石油、电力、电信、化学以及一些军工项目,共引进成套设备和技术400多项,用汇27亿美元。至60年代,由于中苏关系恶化,我国技术的引进出现转轨,转向西方发达国家。先后从日本和西欧等10个国家引进了涉及石油、化工、冶金、矿山、电子和精密机械等方面技术设备84项,用汇2.8亿美元。虽仍以成套设备的引进为主,但也开始引进生产制造技术。1968~1971年间,我国的技术引进完全中断。从1972年始,我国又恢复了技术引进,至1977年,我国先后从美、日等10多个国家引进技术和设备222项,用汇39.61亿美元。

2. 技术贸易大发展阶段

改革开放后,我国技术引进发生了两个大转变:一是从进口大型成套设备转向引进单项技术;二是从引进技术主要为新建企业服务转向为现有企业技术改造服务。这些转变促进了我国能源、交通、原材料、农业生产资料和新型产业的发展,同时外国专家技术指导、我方人员的技术培训、精密仪器的技术专利使用、运行软件等技术贸易进口大大增加。在国家政策上,与硬件进口相配套的技术贸易进口享有免除海关关税及增值税的待遇。20世纪90年代,技术引进逐步转变进口模式,从全盘引进转变为进口重点设备、核心部件。国家缩小了设备免税的范围,对国内已经具备成熟生产能力的设备不再给予免税优惠政策。同时,开始注重知识产权的引进,并注意对知识产权的合法保护和合法转让。国家在政策上也对有关知识产权的技术贸易进口给予大力支持。进入21世纪,伴随着钢铁、交通、通信、能源等各大基础设施产业的设备需求的大部分国产化,与硬件相结合的技术软件贸易进口在这一时期大幅度减少,设计领域的技术服务进口成为技术贸易进口的主要表现。

(二)中国技术出口的发展历程

改革开放以来,通过引进技术的消化吸收,我国已拥有大量成熟的产业化技术。随着技术自主研发能力的提高,我国硬件水平已经逐渐进入国际先进行列,并培养出一批技术人才。20世纪90年代以来,我国已成功实现电力、通信、建材生产、石油勘探、汽车制造、化工和冶金技术出口并带动大量成套设备出口。技术力量的增强让我们不断地为第三世界发展中国家提供技术贸易出口和技术援助。在中东、非洲等技术相对落后的国家开展国际援助承包工程,为其提供通信、电力甚至油田灭火、救灾抢险等技术劳务服务;从通信网络设计到设备供货、安装和管线铺设,最终建成整个区域通信网络的网络工程承包服务。我国的建筑工程、电力设计等行业企业均具备了雄厚的技术实力,不断地开拓国际市场,以国际工程承包的方式最大程度地实现技术出口的价值。另外,我国的运载火箭、多媒体软件、专用系统集成电路等高新技术产品的出口也逐年攀升,占出口贸易的比重逐年增长。

三、中国技术贸易发展的成就

2010年,我国技术市场围绕产业结构调整和高新技术产业发展,着力推动技术转移和成果转化,引导和支持创新要素向企业集聚,大批科技成果通过技术市场交易实现了经济价值,技术市场合同交易保持了平稳较快的发展势头。

(一)技术合同成交量稳步增长

2010年,我国技术市场充分发挥配置科技资源的基础性作用,在推动自主创新、产学研合作、技术转移、高新技术产业化等方面取得了较大进展。全年共签订各类技术合同229 601项,成交金额3 906.6亿元,同比分别增长7.4%和28.5%。合同成交金额占国内生产总值的0.1%,较上年提高了0.1个百分点;合同成交金额占全国R&D经费投入的55.9%,较上年提高了3个百分点。技术合同质量继续提高,平均每项技术合同成交金额170万元,同比增长19.7%。技术市场成为联系科技创新与经济增长的重要纽带,为助推国民经济平稳较快增长发挥了重要的支撑作用。

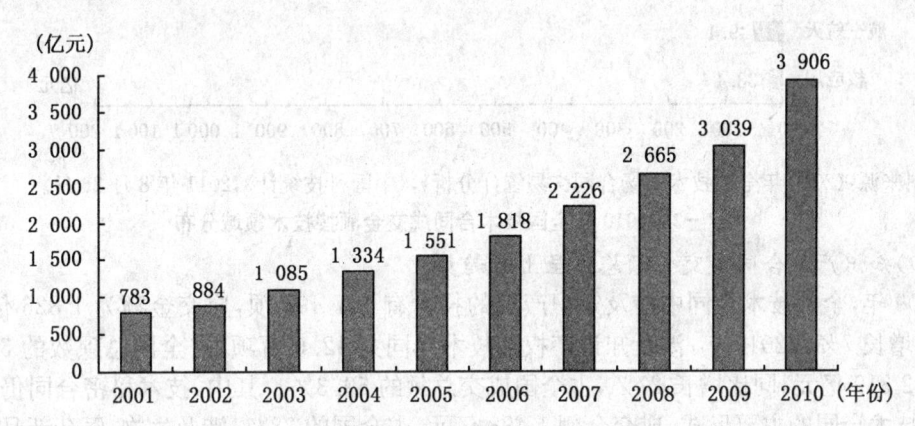

资料来源:《2010年全国技术市场合同交易统计分析》,《中国科技统计》2011年8月26日。

图7—1 全国技术合同成交金额(2001~2010年)

(二)技术服务合同成交额快速增长

在四类技术合同中,技术开发与技术服务的合同总项数和总金额均占80%以上。随着产学研合作范围逐年扩大,技术开发合同继续保持在四类合同中的优势地位,成交金额达到1 634亿元,同比增长29.2%,占成交总额的41.8%。技术服务合同成交金额居第二位,为1 545亿元,同比增长35.3%,占成交总额的39.5%。技术转让合同在企业所得税优惠政策的推动下成交金额增长13.2%,为610亿元,但仍低于全国的平均增速,占成交总额的比重仍较低,仅为15.6%。技术咨询合同116亿元,同比增长23.9%。

(三)电子信息和先进制造是技术交易的重点领域

2010年,技术市场交易向电子信息、生物、新能源、新材料和节能环保等战略性新兴产业集聚的迹象明显。在各类技术领域中,电子信息技术仍居绝对主导地位,成交金额1 172亿元,同比增长23.3%,占成交总额的30%;位居第二位的是先进制造技术,成交金额568亿元,同比增长26.1%,占14.5%;新能源和高效节能技术居第三位,成交金额544亿元,增长35.7%,占13.9%。生物、医药与医疗器械、新材料及其应用、环境保护与资源综合利用、现代交通、城市建设与社会发展领域的技术交易增幅均达到20%以上。核应用技术、航空航天技术和农业技术领域的技术交易则出现了不同程度的负增长。

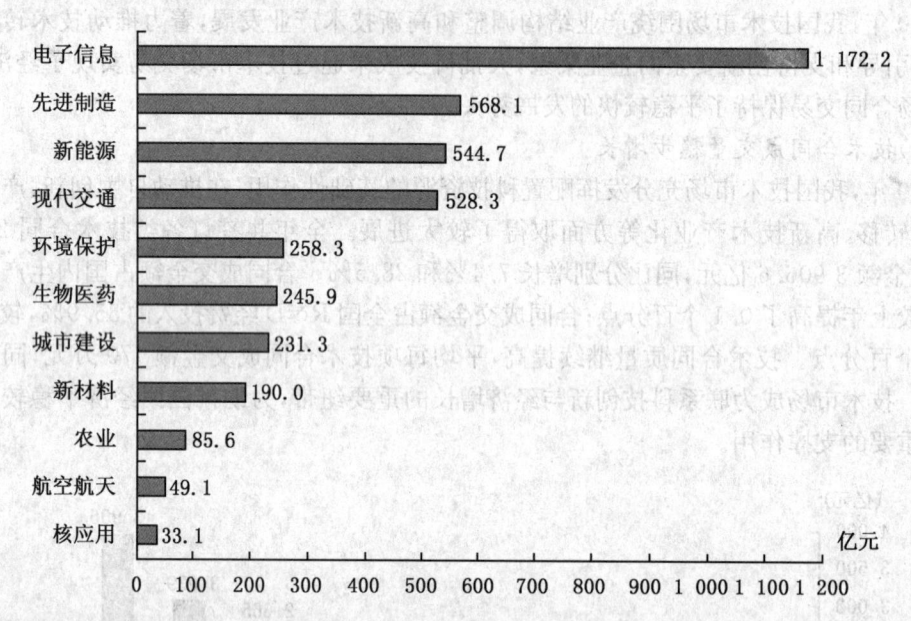

技术领域	成交金额(亿元)
电子信息	1 172.2
先进制造	568.1
新能源	544.7
现代交通	528.3
环境保护	258.3
生物医药	245.9
城市建设	231.3
新材料	190.0
农业	85.6
航空航天	49.1
核应用	33.1

资料来源:《2010年全国技术市场合同交易统计分析》,《中国科技统计》,2011年8月26日。

图7—2　2010年全国技术合同成交金额按技术领域分布

(四)知识产权合同成交金额总体呈上升趋势

2009年,全国技术合同中涉及知识产权的技术有117 408项,成交金额为1 826亿元,较2008年增长7%。2010年,涉及知识产权的技术合同共12.6万项,占全国总项数的55%,成交金额2 319亿元,同比增长27%,占全国成交总额的59.3%。其中,技术秘密合同仍是知识产权类技术合同的主要形式,成交金额1 488亿元,占全国的38%;涉及生物、医药新品种权和集成电路布图设计权、计算机软件著作权和植物新品种权的技术合同分别增长96.4%、60.1%、7.5%和1.62%。专利技术合同成交额为284.1亿元,较上年下降了8.1%,占全国成交总额的比例也由上年的10.1%下降到7.2%。

(五)各级科技计划项目成果通过技术市场成功转化

2010年,由国家各级财政科技投入形成的科技成果转化规模增幅明显,大量国家科技计划项目成果通过技术市场实现成功交易,达成技术合同27 774项,占全国总项数的12.1%;成交金额931亿元,同比增长62.1%,占全国总成交金额的23.8%。国家和部门的科技计划项目成交金额为574亿元,同比增长53.5%。其中,科技部支持的各类国家科技计划项目为1 933项,成交金额29亿元,与2009年持平,占国家和部门科技计划成交金额的5.1%。"863"计划、科技支撑计划、成果推广计划、重点新产品计划项目成交项数较2009年均有不同程度增长。省(区、市)级科技计划和地市县级科技计划项目成交金额分别为249亿元和108亿元,比

2009年分别增长了104.2%和39.0%。

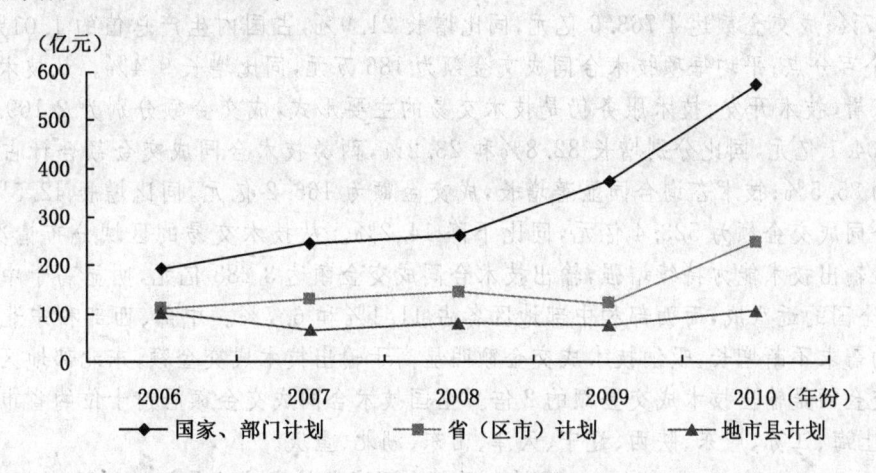

资料来源:《2010年全国技术市场合同交易统计分析》,《中国科技统计》,2011年8月26日。

图7-3　国家各级科技计划项目成果成交金额(2006～2010年)

(六)企业的技术交易主体地位更加突出

随着企业创新能力和市场竞争力的不断增强,其在技术交易中的双向主体地位更加突出,输出技术和吸纳技术均明显高于上年。2010年,企业输出技术合同成交金额较上年增长27%,占全国成交总额的85%,远高于其他各类技术交易主体;在吸纳技术方面,企业对技术的需求持续旺盛,成交金额较上年增长34%,占全国成交总额的80%,居各类交易机构首位。大学和科研机构作为技术创新源头的作用进一步显现,签订技术合同项数较上年增长13.4%,占全国总项数的1/3,成交金额394.5亿元,同比增长21%,占全国的10.1%。

表7-1　　全国技术合同成交金额按交易主体类型分布(2010年)　　单位:亿美元

交易主体	输出技术 项数	输出技术 金额	吸纳技术 项数	吸纳技术 金额
科研机构	2 9700	197.82	12 754	95.16
高等院校	42 251	196.69	5 654	26.02
内资企业	132 577	2 518.29	154 913	2 055.29
港澳台商投资企业	2 467	95.66	1 297	53.01
外商投资企业	10 502	521.40	8 985	384.54
个体经营	551	5.44	1 370	9.03
境外企业	1 009	206.26	5 169	654.12
其他	10 544	165.02	39 459	629.42
合计	229 601	3 906.58	229 601	3 906.58

资料来源:《2010年全国技术市场合同交易统计分析》,《中国科技统计》,2011年8月26日。

专栏　　技术市场交易实现"十二五"良好开局

2011年全国技术合同成交金额达4 764亿元,同比增长21.9%,平均每项技术合同成交金额达186万元,同比增长9.4%。2011年我国技术市场紧密围绕产业结构调整和高新技术产业发展,以技术转移和科技成果转化为主线,深入贯彻落实国家技术转移促进行动和科技服务体系火炬创新工程,加速构建以需求为导向的新型技术转移体系。2011

年全国技术市场技术合同成交金额呈明显上升态势,共签订技术合同 256 428 项,同比增长 11.7%;成交金额达 4 763.6 亿元,同比增长 21.9%,占国内生产总值的 1.01%,增长 0.03 个百分点;平均每项技术合同成交金额为 186 万元,同比增长 9.4%。从技术交易的形式来看,技术开发、技术服务仍是技术交易的主要形式,成交金额分别为 2 169.8 亿元和 1 904.1 亿元,同比分别增长 32.8%和 23.2%,两类技术合同成交金额合计占总成交金额的 85.5%;技术咨询合同显著增长,成交金额为 166.2 亿元,同比增长 42.5%;技术转让合同成交金额为 523.4 亿元,同比下降 14.2%。从技术交易的区域分布情况看,东部地区输出技术能力持续增强,输出技术合同成交金额达 3 283 亿元,明显高于中西部地区,占全国的近八成,而西部和中部地区各占 11.1%和 6.7%。中部、西部和东北地区对技术的需求不断增长,吸纳技术成交金额明显高于输出技术成交金额,东北部地区吸纳技术成交金额是输出技术成交金额的 2 倍。全国技术合同成交金额居前十位的省市依次为北京、上海、江苏、广东、陕西、辽宁、天津、山东、湖北、重庆。

资料来源:《中国高新技术产业导报》,2012 年 4 月 5 日。

四、中国技术贸易存在的问题

(一)贸易中高新技术科技含量低

2010 年,国家刺激出口、鼓励进口的政策效应逐步显现,高新技术产品进出口增速出现大幅反弹,且进口增速 10 年来首次快于出口。全年我国高新技术产品完成进出口额 9 050.87 亿美元,同比增长 31.79%。其中出口额达到 4 924.14 亿美元,同比增长 30.7%;进口额达到 4 126.73 亿美元,同比增长 33.2%。虽然我国的高新技术得到了较快发展,高新技术的贸易额逐步增大,但这些技术还远跟不上国际高新技术的发展。与世界高精尖技术相比,我国的所谓高新技术科技含量并不高,技术贸易的层次相对较低。

(二)引进与消化投入比例失衡

多年来,我国大规模引进国外先进技术,有力地推动了产业技术更新换代和产业结构优化升级。但由于一些企业重引进、轻消化吸收,或者技术引进和消化吸收再创新有所脱节,造成不断重复引进和对国外技术的持续依赖,有的甚至陷入"引进—落伍—再引进—更落伍"的不良循环,长期不能形成拥有自主知识产权的技术和产品。大量重复引进、忽视消化吸收再创新,尤其是关键技术和重大技术装备过度依赖进口,严重削弱了我国国际竞争力。据统计资料显示,目前全国 2.3 万余家大中型企业中,仅有 9 100 余家设立了技术开发机构,占 39.8%左右,尚有 43.1%的大中型企业缺乏技术开发活动。2001 年以前,我国技术引进金额一直高于研发经费,2001 年以后,这种情况有了很大改观,2010 年,我国研究开发经费 7 000 亿元,是技术引进金额的 4.6 倍。但与发达国家相比,仍有很大距离。据国外经验,技术引进投入与技术消化投入的比例通常为 1∶10,因为引进投入和消化投入之间的比例反映了引进和消化之间的内在联系。所以,技术消化投入的不足必然导致技术消化不良,严重影响企业的自主创新能力。不仅如此,我国不少产品虽然数量增长很快,但由于缺乏核心技术,只能处于国际产业链的低端,依靠低价竞争生存,高额利润大多被外国公司赚取。

(三)技术进出口贸易失衡

近年来,我国越来越多的企业逐步由技术贸易的受让方转变为技术贸易的转让方。但与发达国家相比,我国技术进出口额仍偏小,特别是技术出口数量不多,金额不大。我国的技术贸易长期呈现逆差状况,每年的技术贸易逆差超过 100 亿美元。与此同时,我国技术贸易区域发展不平衡。我国技术进口主要集中在欧盟、日本和美国等发达国家和地区,占我国技术进口总额的70%以上;技术出口主要集中在美国、日本和中国香港,占我国技术出口总额的50%以上。我国技术引进和技术出口均以东部沿海地区为主。

在国际技术贸易市场上,技术转让方通常具有比较优势。而这种优势常常被技术转让方利用,因此,技术贸易市场中的限制性商业行为比普通的货物贸易市场更频繁、更隐蔽。由于我国技术进出口贸易失衡,缺乏技术出口的能力,在技术贸易市场中始终处于技术受让方的地位,所以我国长期受到各类限制性商业行为的困扰。尽管我国采取了许多积极的应对措施,但如果不改变技术进出口的失衡局面,我国在技术贸易市场中的被动地位不可能根本转变。

(四)对国际技术贸易活动规则缺乏了解和深入分析

由于我国对知识产权保护的国际规则缺乏深入了解和分析,近些年高新技术类无形资产流失达到了触目惊心的程度。造成这种情况的重要原因就是由于许多人对国际技术贸易的特殊性、复杂性和程序知之甚少,以至于在技术贸易中束手无策,屡屡吃亏。此外,在签订技术贸易合同时,只重视有关技术价格确定、技术资料交付、支付方式等方面的内容,而忽视了考核与验收、技术服务与咨询、保密责任等所谓"软条款"的内容,极大地损害了我方的利益。

五、中国技术贸易的发展战略

(一)建立、健全合理的技术引进和输出机制

1. 技术引进机制

技术引进是缩小技术差距的重要途径,它需要一定的技术基础,这是技术消化吸收的前提条件。建立合理的技术引进机制的具体措施有:扩大技术进口的规模,使先进技术和软件技术的进口不断增加;以技术密集型战略产业技术为进口重点,实施向战略产业倾斜的技术进口战略;优化技术进口结构,不断提高产品设计、工艺、制造和生产管理等软件技术的比重;适应社会主义市场经济的要求,结合投资、金融、税收和外汇体制的改革,建立有效的技术进口宏观管理机制;充分发挥沿海开放区的"窗口"作用,通过这些地区大力引进技术或提供技术信息,然后向资源丰富的内地辐射和传播等。

2. 技术输出机制

技术输出是技术贸易发展的重要环节。建立技术输出机制的主要措施有:大力发展成套设备和以高技术为基础的软件技术的出口;制定促进技术和成套设备出口的相关配套政策,建立技术出口信贷和风险基金以提供技术出口保障;加强技工贸结合,促进科技成果商品化、产业化;实施多元化市场战略,根据世界各国的不同需求,发挥自己的技术优势,以亚太和周边国家为重点,积极开拓技术出口市场;加强政府管理,重视知识产权,加强对科研成果的保密,采取经济手段或必要的行政手段来保护和促进技术产品的出口等。

(二)提高对外技术贸易的科技含量,走科技兴贸之路

高科技含量增大是国际技术贸易发展的一个重要趋势,通过提高产品的技术含量和附加值来获取更高的经济效益已成为国际技术贸易的重要手段。要使我国对外技术贸易在激烈的国际竞争中得到发展,就必须提高我国对外技术贸易的技术含量。改革开放以来,我国技术出口发展很快,初步具备了参与国际技术贸易的能力和条件。在技术引进过程中,对先进技术的选择和消化能力逐步增强,同时,我国在技术出口方面的能力和水平也有所提高。我国出口的技术和成套设备,如机电产品、重工业和轻纺织业具有一定的竞争力,但在技术贸易中仍然要坚持科学技术的发展和提升。一方面要利用高新技术改造传统产业,提高产品档次、质量和科

技含量以进军国际技术贸易市场;另一方面要通过高新技术贸易的发展来促进高技术附加值产品的生产和出口。因此,我国有必要在部分条件成熟的城市和高新技术区建立一批高新技术贸易城,形成集高新技术信息交流、博览、贸易、开发及教育等多功能于一体的国内国际高新技术产品的集散地和信息库,以实现高新技术成果的展示和贸易;了解、引进、吸收国内外高技术成果并带动以高新技术贸易市场为中心的金融、信息、商品、通信、劳务等整个市场体系的发展。

(三)加强技术的消化、吸收和创新

对引进技术的消化、吸收,直接关系到对所引进技术的应用和横向扩展,这是目前国际技术贸易的重要内容和环节。在技术的消化、吸收方面应作如下考虑:在资金安排上,把消化吸收作为技术贸易投资的重点,从金融、财政和税收政策上给出一定的倾斜,搞好行业规划以及引进项目的布局;培养专门的技术人才,对引进技术设备进行合理合法的研究和推广,适当保护本国企业对进口技术的消化和吸收。此外,还要在技术创新上下工夫,只有技术的消化和吸收,没有技术的创新,技术水平就会永远处于被动地位,永远不能领先于世界。要建立合理的技术研发创新机制,加强科学与技术的合作。加强产、学、研的结合,促进科技经济一体化、系统化。加强开发与创新的国际分工与合作,发展高科技并促使其产业化。只有这样,才能提升我国技术贸易的层次和水平,才能应对国际技术贸易日趋高科技化的发展趋势。

(四)加强技术贸易的宏观管理,完善配套的政策、法律、法规

随着国际技术贸易在政府间进行的比例增大以及我国在技术贸易宏观管理方面问题的突出,加强技术贸易的宏观管理和改善技术贸易环境已经成为当务之急。首先,要抓好法律法规建设,保护知识产权,使我国的技术贸易纳入全面法制化管理的轨道,为发展技术进出口提供良好的政策、法律环境;其次,应抓好重大技术贸易项目的内外协调与管理,对引进的技术作出正确合理的评估,做到引进国外先进技术和自主研究开发相结合,避免盲目引进和重复引进,特别要杜绝一些企业对同一技术进出口竞相压价以及一些高新技术、核心技术泄密的不正常现象;再次,要加强信息引导,收集和传递技术进出口的重大信息,使开发和引进有的放矢,为技术贸易提供良好的信息服务,创造良好的贸易环境。

面对国际技术贸易发展的新形势,我国的技术贸易面临新的挑战和机遇。从长远来看,能否顺利融入国际贸易体系,最大限度地参与并享受国际分工所带来的好处,取决于我国能否尽快提高对外技术贸易的科技含量和附加值,从而获取技术贸易的最佳效益。只有加快实施科技兴贸战略,才能重新配置我国出口产业和产品的比较优势,在未来的国际分工和国际贸易中取得有利的位置,逐步实现向技术贸易大国和强国目标的跨越。

第二节 中国技术进出口管理

一、中国技术进出口管理立法

我国技术贸易管理立法由技术进出口管理的法律、法规和规章,保护知识产权的法律、法规和规章构成。

改革开放以来,我国在技术进出口管理方面公布过三个行政法规:《中华人民共和国技术引进合同管理条例》(1985年)、《中华人民共和国技术引进合同管理条例施行细则》(1987年)、《技术出口管理暂行办法》(1990年)。这些法规的颁布和实施,对规范当时的技术进口合同管

理、维护技术进口秩序起到了积极的作用。但随着技术贸易的发展,它们已不能适应当前和今后我国技术进出口管理工作的需要,与后来出台的有关法律不够衔接,有些内容也不符合WTO《与贸易有关的知识产权协定》(TRIPS)的有关规定。因此,国务院于2001年12月10日颁布了统一的技术进出口管理法规《技术进出口管理条例》。为贯彻落实该条例,原外经贸部于2001年12月30日颁布了《禁止进口、限制进口技术管理办法》、《禁止出口、限制出口技术管理办法》、《技术进出口合同登记管理办法》三个部门规章,随后又公布了《禁止进口、限制进口技术目录》、《禁止出口、限制出口技术目录》。同年,为加强管理、鼓励软件出口,还颁布了《软件出口管理和统计办法》。2009年2月,商务部2009年3号文件,根据《中华人民共和国技术进出口管理条例》公布了修订后的《技术进出口合同登记管理办法》,自公布之日起30日后施行。

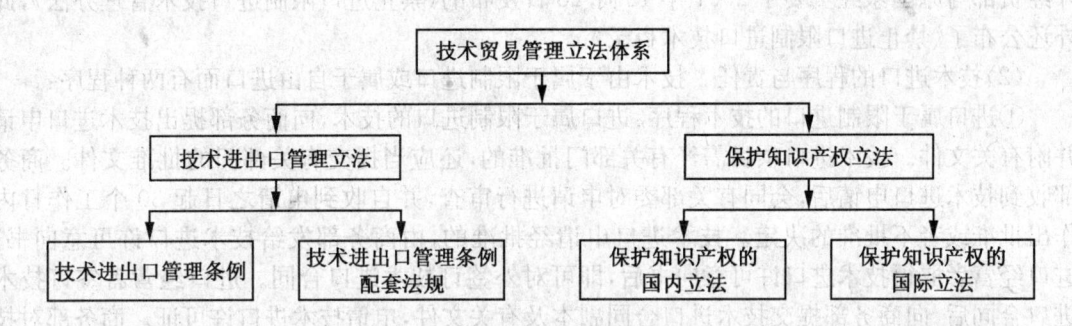

图7-4 中国技术贸易管理立法体系

二、中国技术进出口管理的基本原则与政策措施

《对外贸易法》规定技术进出口是对外贸易的组成部分,阐明了技术进出口在我国整个对外贸易中的法律地位,确立了我国技术进出口管理制度的基本原则,这对于发展我国的技术贸易具有重要的意义和作用。《对外贸易法》规定,从事技术进出口的经营者,要取得资格许可,遵守规定的限制或禁止进出口技术的原则,以及我国管理技术进出口的行政法规、规章。根据《对外贸易法》规定,国务院于2001年12月19日颁布了《技术进出口管理条例》,该条例的主要内容有:国家对技术进出口实行统一的管理制度;技术进出口具体形式包括专利权转让、专利申请权转让、专利实施许可、技术秘密转让、技术服务和其他方式的技术转移等;技术进出口管理分禁止进出口技术、限制进出口技术和自由进出口技术三类,并实行目录管理;技术进出口合同自技术进出口许可证颁发之日起生效或自依法成立时生效,不以登记为合同生效的依据。

(一)中国技术进出口管理的基本原则

1. 国家对技术进出口实行统一的管理制度

这主要体现在三个方面:(1)国家对技术进出口贸易的管理与管制不单纯是出于经济利益的考虑,而且带有较多的政治、军事、外交色彩;(2)国家对技术进出口的管理和管制,不仅体现在国家颁布的法律、法规上,而且还体现在在一定程度上起指导作用的政府政策;(3)国家对技术贸易的管理和管制不是固定不变的,而随国家的经济技术发展、世界局势和国家政治、经济、外交政策及技术进出口环境的变化而变化。

2. 依法维护公平、自由的技术进出口秩序

除法律、行政法规另有规定的,国家准许技术的自由进出口。鼓励先进、适用的技术进口,也鼓励成熟的产业化技术出口。对危害国家安全或者社会公共利益的、危害人的生命或者健

康的、破坏生态环境的、违反国家的缔结或参加的国际条约、协定规定的,禁止进口。

3. 技术进出口与国家政策相符合

技术进出口应当符合国家的产业政策、科技政策和社会发展政策,以有利于促进我国科技进步和对外经济技术合作的发展,有利于维护我国经济技术权益,促进国民经济和社会发展。

(二)中国技术进出口管理措施

1. 技术进口管理措施

(1)技术进口分类管理的政策。国家鼓励先进、适用的技术进口。《对外贸易法》第17条规定禁止进口的技术,禁止进口。《对外贸易法》第16条规定限制进口的技术,限制进口;属于限制进口的技术,实行许可证管理,未经许可,不得进口。

商务部会同有关部委制定、调整并公布禁止或者限制进口的技术目录。目前执行的是原外经贸部与原国家经贸委于2001年12月28日发布的《禁止进口限制进口技术管理办法》,此外还公布了《禁止进口限制进口技术目录》。

(2)技术进口的程序与责任。技术由于属于限制进口或属于自由进口而有两种程序:

①进口属于限制进口的技术程序:进口属于限制进口的技术,向商务部提出技术进口申请并附有关文件。技术进口项目需经有关部门批准的,还应当提交有关部门的批准文件。商务部收到技术进口申请后,会同有关部委对申请进行审查,并自收到申请之日起30个工作日内作出批准或者不批准的决定。技术进口申请经批准的,由商务部发给技术进口许可意向书。进口经营者取得技术进口许可意向书后,即可对外签订技术进口合同。进口经营者签订技术进口合同后,向商务部提交技术进口合同副本及有关文件,申请技术进口许可证。商务部对技术进口合同的真实性进行审查,并自收到前述规定的文件之日起10个工作日内,对技术进口作出许可或者不许可的决定。申请人也可以在依照规定向商务部提出技术进口申请时,再一并提交已经签订的技术进口合同副本。商务部依照规定对申请及其技术进口合同的真实性一并进行审查,并自收到前述规定的文件之日起40个工作日内,对技术进口作出许可或者不许可的决定。技术进口经许可的,由商务部颁发技术进口许可证。技术进口合同自技术进口许可证颁发之日起生效。

②进口属于自由进口的技术程序:对属于自由进口的技术,实行合同登记管理。进口属于自由进口的技术,合同自依法成立时生效,不以登记为合同生效的条件。

进口属于自由进口的技术,向商务部办理登记,并提交下列文件:技术进口合同登记申请书;技术进口合同副本;签约双方法律地位的证明文件。商务部自收到上述文件之日起3个工作日内,对技术进口合同进行登记,颁发技术进口合同登记证。

(3)技术合同的转让。技术转让合同一经成立,当事人双方均负有一定义务。

让与人的主要义务是:①保证自己是所转让的技术的权利持有人。②按照合同的约定,将技术移交受让人所有或者持有,并保证该技术的真实、完整、有效。③按照合同约定,办理技术转移手续,交付与转让的权利有关的技术资料等材料,并向受让人提供必要的技术指导。④遵守保密义务,不得泄露与技术有关的内容。⑤承担受让人按照约定实施技术,侵害他人合法权益的责任。

在技术转让合同中,受让人的主要义务是:①按照合同约定,向让与人支付约定的价款。②技术转让合同的受让人应当按照约定的范围和期限,对让与人提供的技术中尚未公开的秘密部分,承担保密义务。

(4)限制性条款。《技术进出口管理条例》规定,在技术进口合同中,不得含有下列限制性条款:①要求受让人接受并非技术进口必不可少的附带条件,包括购买非必需的技术、原材料、产品、设备或者服务。②要求受让人为专利权有效期限届满或者专利权被宣布无效的技术支付使用费或者承担相关义务。③限制受让人改进让与人提供的技术或者限制受让人使用所改进的技术。④限制受让人从其他来源获得与让与人提供的技术类似的技术或者与其竞争的技术。⑤不合理地限制受让人购买原材料、零部件、产品或者设备的渠道或者来源。⑥不合理地限制受让人产品的生产数量、品种或者销售价格。⑦不合理地限制受让人利用进口的技术生产产品的出口渠道。

2. 技术出口管理措施

(1)技术出口分类管理的政策。国家鼓励成熟的产业化技术出口。《对外贸易法》规定禁止出口的技术，不得出口；规定限制出口的技术，限制出口，属于限制出口的技术，实行许可证管理；未经许可，不得出口。

国务院1998年6月10日发布《中华人民共和国核两用品及相关技术出口管制条例》、2002年8月22日发布《中华人民共和国导弹及相关物项和技术出口管制条例》、2002年10月14日发布《中华人民共和国生物两用品及相关设备和技术出口管制条例》。原外经贸部与科技部于2001年12月12日发布了《禁止出口限制出口技术管理办法》及《禁止出口限制出口技术目录》。2002年10月18日原外经贸部、原国家经济贸易委员会与海关总署发布《有关化学品及相关设备和技术出口管制办法》，2002年11月12日原外经贸部发布《中华人民共和国敏感物项和技术出口经营登记管理办法》。

(2)技术出口的程序。出口属于限制出口的技术，向商务部提出申请。商务部收到技术出口申请后，会同科技部对申请出口的技术进行审查，并自收到申请之日起30个工作日内作出批准或者不批准的决定。限制出口的技术需经有关部门进行保密审查的，按照国家有关规定执行。技术出口申请经批准的，由商务部发给技术出口许可意向书。申请人取得技术出口许可意向书后，即可对外进行实质性谈判，签订技术出口合同。申请人签订技术出口合同后，应向商务部提交下列文件，申请技术出口许可证：①技术出口许可意向书；②技术出口合同副本；③技术资料出口清单；④签约双方法律地位的证明文件。

商务部对技术出口合同的真实性进行审查，并自收到前款规定的文件之日起15个工作日内，对技术出口作出许可或者不许可的决定。技术出口经许可的，由商务部颁发技术出口许可证。技术出口合同自技术出口许可证颁发之日起生效。

对属于自由出口的技术，实行合同登记管理。出口属于自由出口的技术，合同自依法成立时生效，不以登记为合同生效的条件。出口属于自由出口的技术，向商务部办理登记，并提交下列文件：①技术出口合同登记申请书；②技术出口合同副本；③签约双方法律地位的证明文件。

商务部应当自收到上述文件之日起3个工作日内，对技术出口合同进行登记，颁发技术出口合同登记证。

三、中国技术进出口合同登记管理办法

为规范自由进出口技术的管理，建立技术进出口信息管理制度，促进我国技术进出口的发展，根据《中华人民共和国技术进出口管理条例》，商务部于2009年2月1日出台了修订后的《技术进出口合同登记管理办法》(简称《办法》)，并将于公布之日起30日后施行。原2002年1月1日开始实施的《技术进出口合同登记管理办法》同时废止。

1. 明确登记主管部门

商务主管部门是技术进出口合同的登记管理部门。其中，商务部将负责对《政府核准的投资项目目录》和政府投资项目中由国务院或国务院投资主管部门核准或审批的项目项下的技术进口合同进行登记管理；除此以外的自由进出口技术合同，将由各省、自治区、直辖市和计划

单列市商务主管部门负责登记管理。

2. 严格规定自由进出口技术合同登记时限

进出口经营者应在合同生效后 60 天内办理合同登记手续。支付方式为提成的合同,应在首次提成基准金额形成后 60 天内,履行合同登记手续,并在以后每次提成基准金额形成后,办理合同变更手续。

3. 国家对自由进出口技术合同实行网上在线登记管理

技术进出口经营者应登录商务部政府网站上的"技术进出口合同信息管理系统"(网址:jsjckqy.fwmys.mofcom.gov.cn)进行合同登记,并持技术进(出)口合同登记申请书、技术进(出)口合同副本(包括中文译本)和签约双方法律地位的证明文件,到商务主管部门履行登记手续。

4. 调整登记内容、简化变更登记程序

《办法》不再要求对"结汇方式、信贷方式"进行登记,但是新增对"合同有效期"的登记要求。同时,若已登记的技术合同发生了针对必须登记事项的变更,如合同因技术供方、受方和使用方发生更名或合同金额、支付方式、合同有效期等条款发生变化,进出口经营者只需就原合同条款中变化部分办理合同登记变更手续,无需重新办理合同登记手续。

5. 登记证遗失可以补发

技术进出口登记证遗失,进出口经营者可凭挂失证明、补办申请和相关部门付汇证明到商务主管部门办理补发手续,但是必须事先公开挂失。

第三节 与贸易有关的知识产权保护制度

一、《WTO 与贸易有关的知识产权协定》对知识产权保护的基本原则

(一)知识产权的概念及范围

知识产权是指,公民或法人对其在科学、技术、文化、艺术等领域的发明、成果和作品依法享有的专有权,也就是人们对自己通过脑力活动创造出来的智力成果所依法享有的权利。

一般来说,知识产权范围的划分有两种,即广义的知识产权和狭义的知识产权。广义的知识产权包括一切人类智力创作的成果,也就是《建立世界知识产权公约》中所划分的范围。该公约第二条第七款规定,知识产权应包括下列权利:关于文学、艺术及科学作品的权利;关于表演艺术家的演出、录音和广播的权利;关于在一切领域中因人的努力而产生的发明;关于科学发现的权利;关于工业品式样的权利;关于商品商标、服务商标、厂商名称和标记的权利;关于制止不正当竞争的权利;以及在工业、科学及文学艺术领域的智力创造活动中所产生的权利。狭义的知识产权,也称传统的知识产权,包括工业产权和著作权两大部分。工业产权包括专利权、商标权、禁止不正当竞争权等,著作权包括作者权和传播权等。

(二)知识产权保护的基本原则

对知识产权进行国际保护,是知识和技术交流日趋国际化的客观需要。1883 年制定的《保护工业产权巴黎公约》是知识产权国际保护的开端。1967 年《成立世界知识产权组织公约》在瑞典斯德哥尔摩签订。世界知识产权组织于 1970 年 4 月成立,1974 年成为联合国的一个专门机构,主管工业产权、著作权及商标注册的国际合作。现行的知识产权国际公约主要有《保护工业产权巴黎公约》(简称《巴黎公约》)、《专利合作公约》、《商标国际注册马德里协定》(简称《马德里协定》)、《保护文学艺术作品伯尔尼公约》(简称《伯尔尼公约》)、《保护表演者、录音制品制作者与广播组织公约》(简称《罗马公约》)和《集成电路知识产权公约》等。随着国际

贸易的不断发展,通过转让技术、专利和商标的使用权及版权许可,含有知识产权的产品在国际贸易中所占的比重越来越大。但由于各国对知识产权的保护水平不一致,法律法规不协调,假冒商品、盗版书籍和盗版电影等侵犯知识产权的现象时有发生,加强与贸易有关的知识产权保护,势在必行。

针对以往国际公约的不足,发达国家认为应当谈判一项新的国际公约以解决这些问题。《与贸易有关的知识产权协定》(Agreement on Trade-Related Aspects of Intellectual Property Rights / TRIPS Agreement)(简称《知识产权协定》)就是在参考和吸收前述公约的基础上,进行了有效的补充和修改,成为世界范围内知识产权保护领域内涉及面广、保护水平高、保护力度大、制约力强的一个国际公约。《知识产权协定》于1994年4月15日签署,1995年1月1日生效。它是迄今为止内容最广泛、保护最充分的知识产权多边协定,也是对世界各国和地区的知识产权法律制度影响最大的全球性多边条约,与货物贸易协定、服务贸易协定共同构成世界贸易组织的三大支柱。

《知识产权协定》进一步明确了在国际贸易中知识产权保护的基本原则。

一是国民待遇原则。《知识产权协定》规定,各成员在知识产权保护方面,给予其他成员的国民待遇不应低于其给予本国国民的待遇。这一规定与《巴黎公约》、《伯尔尼公约》等完全相同,《巴黎公约》等知识产权国际公约中已经规定的国民待遇的例外也予以保留。

二是最惠国待遇原则。最惠国待遇原则未被《巴黎公约》、《伯尔尼公约》等知识产权国际公约所采用。《知识产权协定》第一次把这一项国际自由贸易中最基本的原则引入了知识产权保护制度之中,从而为世界贸易组织各成员之间实行非歧视贸易提供了重要的法律基础。《知识产权协定》也规定了不适用最惠国待遇的例外。

三是最低保护标准原则。与知识产权的国际公约一样,《知识产权协定》在实体部分也规定了知识产权保护的最低标准。还规定,各成员应确保本协定的效力,成员可以、但并无义务在其法律中实施比协定要求更广泛的保护,只要该保护与协定的规定不相冲突。

四是平衡保护原则。知识产权保护应当对于技术创新与技术转移作出贡献。知识的生产者与消费者都应当受益,并且应当有助于提升经济和社会福利,有助于社会和经济的发展以及权利和义务的平衡。同时还规定,各成员可以在其国内立法中具体说明在许可证(技术转让)贸易中,哪些情况下构成对知识产权的滥用,从而可能限制竞争。各成员可采取适当措施,制止滥用知识产权的行为。此外,《知识产权协定》专门指出,有关知识产权的权利用尽原则交由各成员在其法律中自行解决。不得适用本协定的任何规定去解决知识产权用尽的问题。所谓权利用尽原则,也称首次销售原则,是指权利人首次出售包含有知识产权的产品后,其在该产品上的知识产权权利就穷尽了,在以后的商业活动中就可自由使用或再销售该产品。

二、中国的知识产权保护

(一)中国对知识产权的保护

中国作为WTO成员国履行知识产权协议的义务体现在以下几个方面:

1. 企业内部管理保护

企业拥有的"商业秘密"实行自我保护的原则,如企业自主开发的计算机软件和以专有技术为代表的商业秘密。商业秘密具有"不为公众所知悉"和"采取保密措施"的特点,如果企业将自己产品的配方、制作工艺、方法公布出去,或者在企业内部没有制定相应的保密规定,就不具备商业秘密的特质。

除商业秘密和著作权外,有些知识产权权利是要通过相关申请程序获得的,如专利、商标、植物新品种等。企业在获得实用新型专利权后,在条件允许的情况下,应当不失时机地请求国家知识产权局、专利局出具实用新型检索报告,及时申请专利权。

2. 知识产权行政保护

我国对知识产权保护实行司法机关和行政机关"两条途径,协调运作"的模式,即知识产权权利人既可以通过诉讼途径请求法院保护,也可以直接请求知识产权行政机关予以保护。这是我国知识产权执法方面的鲜明特点。知识产权行政执法具有程序简单、便捷高效的特点,能够迅速、有效地制止故意侵权、反复侵权等严重侵权行为。实践证明这一模式是符合我国国情、行之有效的。根据不同的知识产权,我国的知识产权行政执法机关主要有各级知识产权局、工商局、版权局等。

3. 知识产权司法保护

(1)惩治侵犯知识产权犯罪行为。我国在刑法中专门规定了侵犯知识产权罪。最高人民法院和最高人民检察院于2004年底联合公布了《关于办理侵犯知识产权刑事案件具体应用法律若干问题的解释》。目前,主要发达国家对侵犯知识产权犯罪规定的最高法定刑期为5年,而我国刑法对侵犯知识产权犯罪行为规定的最高法定刑期为7年。

(2)审判知识产权侵权纠纷和其他民事纠纷案件。对于知识产权侵权纠纷和其他民事纠纷案件,案件的审理期限适用我国《民事诉讼法》的规定,人民法院对一审案件应当在立案之日起6个月内审结;对二审案件应当在第二审立案之日起3个月内审结。与世界上多数国家相比较,我们的司法审判更为便捷高效。

(3)对涉及知识产权行政行为进行司法审查。根据当事人的请求,人民法院对涉及知识产权的行政行为通过行政审判进行司法审查,适用我国《行政诉讼法》的规定。

(4)知识产权海关保护。目前大多数国家海关仅对货物进口环节提供知识产权保护,根据我国《知识产权海关保护条例》,我国海关部门不仅在进口环节保护知识产权,而且还禁止侵权货物的出口。我国10年来在海关知识产权保护工作所取得的成就,得到了国际社会的广泛关注和好评。

案例　　　　　　　　擅用"喜羊羊"超市赔钱

动画片"喜羊羊与灰太狼"的卡通形象受到广大观众的喜爱,一些商家为让产品热销,擅自将"喜羊羊"卡通形象印到了产品上。

2010年11月份,动画片《喜羊羊与灰太狼》主角造型之"喜羊羊"美术作品的著作权人原创动力公司发现徐州市某超市未经其许可,擅自在其经营的超市内销售印有"喜羊羊"卡通形象的防寒背心以及手套。原告认为其行为严重侵犯了原告"喜羊羊"卡通形象的著作权,损害了原告的经济利益,故诉至法院。

2011年4月,经法院调解,原被告最终达成一致的调解协议:超市立即停止侵权行为,并赔偿原告经济损失3万元。

资料来源:中国徐州网,2012年4月25日。

(二)知识产权保护对中国国际贸易的影响

在当前以新兴技术为基础的经济全球化背景下,国际贸易与知识产权两者之间的关系日益密切。一方面,随着国际贸易内容的丰富,知识产权已成为国际贸易中的直接标的物或要素,体现在以货物和服务为载体,突出以技术和品牌为核心的竞争优势,决定了一国在国际分工和国际贸易中的地位;另一方面,不断加强的知识产权保护,不仅提高了产品的附加值,增强了一国的竞争优势,同时为维护国际贸易秩序提供了良好的制度环境。然而,与国际贸易相关的知识产权是一把双刃剑,随着知识产权在国际贸易中地位的提升,知识产权壁垒作为一种更为隐蔽的非关税措施悄然兴起,知识产权贸易摩擦不断增加,成为国际贸易摩擦形式升级的一个重要组成部分。

随着经济全球化和知识经济的深入发展,知识产权日益成为国际竞争力的核心要素。在激烈的国际市场竞争中,知识产权保护对我国对外贸易的影响主要体现在以下几个方面。

1. 知识产权保护有利于激励企业进行自主创新

保护知识产权是维护良好的贸易投资和公平竞争环境的客观需要,是维护一个好的投资"软环境"的重要内容。保护知识产权也是鼓励创新的前提和保障,是参与国际竞争的需要。加强知识产权保护可以减少创新成果被模仿复制的风险。从而减少风险防范成本,所以企业在知识产权保护得更好的情况下愿意更多地投资于研发活动。加强知识产权保护,可以激励我国企业从事更多的创新活动,提高本国技术创新水平和促进技术进步,尤其是对我国具备较强自主创新能力的行业和企业的促进作用更加明显,从而增加我国知识产权产品的出口。

2. 高标准的知识产权保护增加了我国企业创新的难度

从我国的知识产权构成发现,在我国的专利申请中,发明专利比例较低,而实用新型和外观设计专利占据较大比例。这一方面是因为我国科技发展时间较短,在很多技术上难以与世界水平接轨,甚至一片空白。这种技术发展的空白加上国外的先进程度,给我国的企业创新造成了很大难度,国内企业很难在短时期内找到技术上的突破口来抵制国外产品的市场垄断。

3. 发达国家和跨国公司动辄提起知识产权争端和诉讼,对国内企业造成很大冲击

知识产权已成为美国和西方商业竞争的重要"武器"。目前美国对涉华知识产权问题主要采取的措施有"337调查"和海关扣留。此外,美国开始对中国知识产权侵权和促进本土创新政策进行系统分析,其调查均是针对处于"一线"的美国企业。2010年,美国共发起56起"337调查",其中涉及中国的案例共18起,占比约三成,位居首位。在如此频繁地针对我国的知识产权侵权调查和诉讼中,我国本土企业的发展可谓举步维艰。

4. 国际知识产权保护加强,影响中国企业全球化进程。由于中国企业缺乏自主拥有的知识产权而必须支付巨额专利费用,或者因为知识产权诉讼所产生的巨额费用大大增加了企业的各种成本,使中国产品的国际市场竞争力显著降低。从长期来看,由于企业利润降低而减少的资本积累将导致企业对技术研发投入的不足,创新能力不强,大部分产品出口没有核心技术和自主知识产权,关键技术、核心元器件和重要基础件依赖进口,处处受制于人,跨国公司在全球进行的知识产权布局,将成为制约我国企业全球化最重要的因素。

(三) 中国涉外知识产权保护取得的成绩

专栏　　　　　　　　　中国知识产权国际交流与合作

2010年,中国知识产权国际交流与合作范围进一步扩大,合作层级进一步提高,合作方式更为多样,合作内容更为具体,合作力度更为深入,中国知识产权保护的国际影响力日益提高。

2010年,国家工商行政管理总局开展了一系列商标领域多边及双边交流合作项目,共发文处理外事事项295件,安排接待或参与接待来访团组42个,派遣出国28个,团组35人次。多次派员参加世界知识产权组织、世界贸易组织、亚太经合组织的多边会议和中国—澳大利亚、中国—俄罗斯、中国—瑞士等双边会议或谈判;加强了与美国、欧盟、英国、日本、朝鲜、泰国等国家和地区商标主管机关的交流与合作。与世界知识产权组织签署了《中华人民共和国国家工商行政管理总局和世界知识产权组织关于进一步加强合作

的谅解备忘录》。与美方共同举办了中、美、日、欧商标申请中的新问题研讨会,派员参加了赴美国自动化考察;开展了中欧知识产权保护二期项目下的进一步合作;参加了中欧地理标志协议第一次会议、第六次中欧知识产权对话;参加了第二次中日知识产权工作组会议、中日仿冒技术层工作组会议、中日恳谈会议等;与法国工业产权局、英国知识产权局共同举办的研讨会,交流了商标体系、制度及知识产权保护等问题;积极组团或派人参加其他单位团组,先后赴德国、罗马尼亚、日本、捷克、欧盟等国家考察宣讲;在上海世博会上被授予"西班牙品牌在中国的友好使者"称号。

2010年,国家版权局积极参与世界知识产权组织有关国际重大版权问题的磋商和版权新条约的制定,加强与国际组织的合作,与世界知识产权组织在北京共同举办第四届国际版权论坛以及全球原创金曲演唱会暨版权金奖(中国)颁奖典礼;组织世界知识产权组织南通示范点调研项目成果全球发布会及报告首发式,并积极推进世界知识产权组织在华继续设立版权保护优秀案例示范点。着重做好中美、中英、中欧、中日、中韩等重要双边关系的沟通磋商工作,积极拓展其他双边关系,营造良好的对外知识产权环境。与英国知识产权局签署《中华人民共和国国家版权局和英国知识产权局版权战略合作协议》;与日本文化厅签署了《中华人民共和国国家版权局与日本国文化厅版权战略合作备忘录》(部长级);积极参与中澳、中哥自由贸易区谈判及中俄经贸分委会知识产权工作组会议准备工作。

农业部积极做好东亚植物新品种保护论坛秘书处工作,组织召开植物新品种保护与农民权益国际研讨会,研究平衡资源提供者、育种者、生产者和经营者利益的办法;积极参与国际植物新品种保护联盟等国际组织活动;加强中荷、中德、中日植物新品种保护双边合作,实施"中国—欧盟农产品地理标志合作项目",参与中欧、中瑞知识产权工作组有关会议。

林业局认真履行《国际植物新品种保护公约》,积极派员参加《国际植物新品种保护公约》理事会会议,承担3项国际测试指南编制工作;积极推动东亚植物新品种保护论坛工作,参与举办东亚植物新品种保护与农民权利研讨会;参加在韩国举办的论坛第三次会议,加强中荷植物新品种保护合作,认真组织实施合作项目。

中国海关继续保持与美、日、韩等国海关在已签署文件框架下开展的执法合作,并进一步加强与其他国家、地区海关的合作。2010年11月与俄罗斯海关总署签订《中俄海关关于加强知识产权边境执法合作的备忘录》,2010年12月与欧盟海关签订《〈中欧海关知识产权合作行动计划〉延期文件》。

公安部积极拓展合作领域,深化国际执法合作。与来华访问的美国司法部部长举行会谈,就深化知识产权保护合作进行富有成效的交流;通过与美国国土安全部移民海关执法局共同签订《合作意向书》,深入推进中美执法合作渠道;会同有关国家联合侦办跨国制售假烟案,开展打击制售假药"风暴"联合执法行动,并积极赴外参加国际执法会议等执法交流活动,多次在具有国际影响力的世界论坛上阐明中国政府和公安机关打击侵犯知识产权犯罪的坚定立场和态度。

最高人民法院、最高人民检察院注重加强国际合作与交流,提升中国知识产权司法保护国际影响力。积极派员参加中欧知识产权工作组、中欧知识产权二期合作项目,中瑞、中巴、中日知识产权工作组、中美商贸联委会等会议。最高人民法院组织法官代表团赴欧美有关国家,最高人民检察院组织检察官代表团赴欧洲有关国家,考察并交流知识产权司法保护经验。

资料来源:中华人民共和国国家知识产权局,2011年5月12日。

1. 我国已经建立了比较健全的知识产权法律体系

(1) 有关知识产权保护的国内立法。我国在改革开放初期就开始了知识产权保护的法制建设。通过借鉴国际公约、条约规定和其他国家在知识产权保护立法方面的先进经验,我国不断建立、健全了知识产权保护的立法体系。现有的知识产权保护法律体系主要由法律、行政法规和部门规章三个部分组成。其中,专门法律主要包括《商标法》(1983年,1993年第一次修正,2001年第二次修正,2011年国务院法制办官网公布了《中华人民共和国商标法(修订草案征求意见稿)》全文)、《专利法》(1985年,1992年第一次修正,2000年第二次修正,2008年第三次修正)、《著作权法》(1991年,2001年修正,2010年第二次修正)等;专门行政法规包括《商标法实施条例》(2002年)、《专利法实施细则》(2001年,2002年修订,2010年第二次修订)、《著作权法实施条例》(2002年,2010年第二次修订)、《知识产权海关保护条例》(2004年,2010年第二次修订)、《计算机软件保护条例》(2002年)、《集成电路布图设计保护条例》(2001年)、《植物新品种保护条例》(1997年)等;专门部门规章包括《驰名商标认定和保护规定》(2003年)、《集体商标、证明商标注册和管理办法》(2003年)、《专利实施强制许可办法》(2003年,2012年第二次修正)等。在不断建立、健全知识产权法律体系的同时,中国政府也根据实际需要对相关法律法规进行了修改。

(2) 参加知识产权保护的国际立法。在不断完善国内法律体系建设的同时,从20世纪80年代起,中国相继参加了一些主要的知识产权保护国际公约、条约和协定。自1980年中国加入《建立世界知识产权组织公约》起至今,中国先后加入了《保护工业产权巴黎公约》、《关于集成电路知识产权条约》、《商标国际注册马德里协定》、《保护文学和艺术作品伯尔尼公约》、《世界版权公约》、《保护音像制作者防止非法复制公约》、《国际专利合作公约》、《商标注册用商品和服务国际分类尼斯协定》、《国际承认用于专利程序微生物保存布达佩斯条约》、《建立工业品外观设计国际分类洛伽诺协定》、《国际专利分类斯特拉斯堡协定》、《国际植物新品种保护公约》、WTO《与贸易有关的知识产权协定》等。我国已加入大部分保护知识产权的国际公约,知识产权法律保护逐步与国际标准靠拢,所有这些举措将有利于我国国际贸易的开展。

2. 国际专利申请与授权量不断增长

近几年,我国经济在持续快速增长的同时创新活动也得到同步发展。同时,得益于在国际金融危机中快速率先复苏,我国国际专利申请与授权量均快速增长。据世界知识产权组织(WIPO)最新数据显示,2010年,我国专利合作条约或称PCT国际专利申请总量达到了12 337件,比上年增长56.2%,名列世界第四。2010年,美国实际专利申请量为44 855件,排名仍居全球榜首。紧随其后的是日本(32 156件)和位居第三的德国(17 171件)。我国国际专利申请量在取得跳跃式增长的同时,也涌现出一些在专利领域取得成功的企业。在2010年全球企业PCT国际专利申请量排行榜中,我国有两家企业国际专利申请量进入全球前10名,中兴通讯以1 863件国际专利申请居全球第二位,华为公司则以1 528件专利申请居第四位。

3. 企业、外贸经营者知识产权保护意识增强

我国企业、外贸经营者的发明专利申请一直保持良好的增长势头。据国家知识产权局统计,1985年4月～2010年4月,我国共受理专利申请6 095 949万件;其中,国内申请5 134 526万件,国外申请961 423万件,且连年增长。商标方面,2002～2008年,我国商标注册申请量已连续7年为世界第一。版权方面,2009年软件申请登记总量7.09万件,同比增长49.75%;其中软件著作权登记量6.79万件,同比增长48.6%。可见我国企业对于知识产权保护意识大有提高,更加重视对自己无形资产的保护。

(四)中国涉外知识产权中存在的问题

1. 我国企业的涉外知识产权纠纷日益增多,将不断面对跨国公司以知识产权为手段的竞争压力

随着科技经济迅速发展和经济全球化进程加快,资源、劳动力成本等问题日益突出,中外企业之间的竞争业已演变为知识产权的角力。近年来,我国企业涉外知识产权纠纷呈不断上升趋势,已成为影响企业进军国际市场、参与国际竞争的重要因素。涉外知识产权保护形势严峻。一是涉外知识产权案件呈多发、高发态势。具体表现为涉外侵权案件多发、认定侵权的比例高、涉案金额大、重复侵权严重。二是涉外知识产权案件影响大。涉外知识产权案件的权利一方当事人往往是国际知名度较高的国外大公司,案件的国际影响大。从调查情况来看,我国企业在国外被控侵权产品主要集中在轻工和机电行业,不少具有国际竞争力的特色产品受到国外同行的知识产权诉讼。这些知识产权纠纷中,提出诉讼的原告大多为同行业的国外大公司,这些企业的产品在国际市场上占有很大的份额,拥有国际著名商标,有雄厚的技术和资金实力。而被诉的企业大多为中小企业,诉讼实力相差悬殊。

2. 知识产权转化率有待提高

知识产权转化率就是指知识产权所有者通过自己实施、转让或许可他人使用,转化为实际生产力并以此来获取最大利益占知识产权研发所花费费用的总额。从授权数量来看,中国是知识产权大国;但就无形资产质量而言,中国远不是知识产权强国。《中国知识产权报》2009年5月27日在题为《高校科技成果转化路在何方》的报道中披露我国500余万项专利成果实际转化率不足30%;在商标领域,在国际知名品牌的排行榜单上,中国企业商标无一进入100强,进入500强的只有12家。就外贸而言,中国企业出口200强,70%以上是定牌生产、加工贸易。在合资企业,90%以上是使用外国投资方的品牌。据统计,美国、日本的知识产权利用率高达95%。只有当知识产权付诸生产时它的价值才能真正体现出来。因此,在获得了知识产权之后的关键性问题是如何使之转化为实质生产力并获取最大利益,实现由量的发展到质的飞跃,这是中国企业要认真思考的问题。

3. 知识产权发展所需人才匮乏

我国知识产权的人才配备与发展需要不相符。按照国际惯例,企业应按技术人员总数的4%比例设立知识产权管理岗位;依此比例,我国知识产权人才的总需求量应该是8万人,我国现在所能培养的知识产权管理人才远远不能满足企业的实际需求。另外,现在所培养的知识产权管理人才也缺乏必需的综合专业知识背景。如果涉及知识产权争端,往往要支付高额费用聘请外部人员应诉,大大增加了外贸知识产权保护成本。

(五)中国应对发达国家知识产权保护的对策

1. 妥善应对国际贸易知识产权争端

面对着愈来愈多关于知识产权所引发的国际贸易争端,特别是针对我国的国际贸易摩擦,我们迫切需要建立起真正有效的应对策略。因为知识产权保护主要源自于西方发达国家,加上发达国家自身具有较为先进的技术能力,特别是大型跨国企业掌握着众多行业中的核心技术,知识产权保护体制建设之权利几乎全部被这些企业掌控,因此,作为世界上最大的发展中国家,我国应当更加积极地加入到国际贸易相关法规的研究制定、相关知识产权保护机制的研讨制定过程之中。要通过增加话语权,切实有效地维护发展中国家的共同利益,打破原本被动的局面。同时,政府应当努力营造出积极向上的氛围,建设同行业间的企业网络,提供企业技术与文化交流的渠道,并努力发挥出中介组织所具有的协调、服务与预警等作用,从而使企业

能够更好地应对国际贸易中所要面对的知识产权贸易争端。

2. 提高知识产权转化率

企业应及时将创新成果、核心技术、名优产品在国内外申请相应的知识产权,并参与国际国内标准化组织使核心专利成为标准,取得有效保护。要以企业的核心专利技术为依托,构筑自身的知识产权创造、管理、实施和保护措施体系。加大资本与人才投入,从小技术到大专利,不断进行技术创新,充分扩大自己拥有的知识产权贸易量,提高出口产品的附加值,使知识产权进行最大化的实质生产力转化,创建和保护拥有自主品牌和核心技术的产品。

3. 强化知识产权人才培养,发展知识产权中介服务机构

知识产权保护问题涉及贸易、法律等方面的专业问题,特别是知识产权的纠纷和诉讼都有很强的专业性。国家和企业应共同努力,大力培养知识产权专业人才,并给他们充足的空间与资源,发挥其在知识产权战略中的核心作用,造就一支包括各类专业人才和管理人才在内的知识产权队伍。知识产权中介服务机构是连接市场与社会的纽带。加快知识产权中介服务机构建设,可以大力推进知识产权工作,使维权之路更加顺畅。

（六）知识产权保护和发展的展望

1. 抓住机遇,应对各种挑战,促进知识产权保护和发展的自主创新

知识产权已成为国家竞争力的核心要素,掌握和控制关键领域、核心技术和重大装备中的知识产权成为各国竞争的焦点;美、日等发达国家制定和实施其国家知识产权战略,以举国机制,力图巩固和扩大其知识产权优势,振兴本国经济、增强其国际竞争力,知识产权成为产业高生产力、产品高附加值和企业取得竞争优势和市场份额的重要手段和基础。知识产权保护制度促进科学技术发展、生产要素流动和产业转移,促进自主创新,国内国际两个市场、两种资源相互补充,总体上对我国经济后来居上,实现跨越式和健康可持续发展十分有利。同时,国家之间科技经济水平不同,发达国家在知识产权上的优势将长期存在,知识产权不平衡状况加剧,知识产权竞争更加激烈,以知识产权作为贸易保护主义有新的表现,因而对我国知识产权事业发展和经济社会发展提出了新的挑战。必须紧紧抓住机遇,应对各种挑战,认真解决存在的矛盾和问题,从推进自主创新和创新型国家建设角度,从推动可持续发展和建设和谐社会的高度,充分认识在新形势下加强知识产权工作的重要性,进一步增强责任感和紧迫性,使我国知识产权制度建设、能力建设和体制机制建设成为我国经济、社会发展的强大支撑和动力,奋力把中国特色的知识产权事业推向前进。

2. 营造良好的社会环境,推动知识产权工作持续发展

保护知识产权需要营造良好的社会环境,以推动知识产权工作的持续发展。只有这样,在意识上有良好的知识产权保护意识,在机制上有利益激励机制,有规范的科技管理制度,在组织上有知识产权保护管理机构,从这个意义上来讲才能为知识产权保护工作营造良好的环境,确保知识产权保护工作持续发展。

本章小结

技术贸易是指不同国家的企业、经济组织或个人之间,按照一般商业条件,向对方出售或从对方购买技术使用权的一种国际贸易行为。

技术贸易的标的不是有形的商品,而是无形的技术知识;技术贸易一般只是转让技术的使用权,而不转让所有权;技术的使用权可以多次转让;技术贸易和一般商品作价方法不同。

国际技术贸易的内容主要包括专利技术、商标和专有技术。

国际技术贸易的基本方式有许可贸易、技术服务与咨询、特许专营、合作生产，以及含有知识产权和专有技术许可的设备买卖等。

中国坚持技术贸易有管理的自由进出口原则，对技术进出口实行分类管理。

知识产权是指公民或法人对其在科学、技术、文化、艺术等领域的发明、成果和作品依法享有的专有权。

知识产权范围的划分有两种，即广义的知识产权和狭义的知识产权。广义的知识产权包括一切人类智力创作的成果。狭义的知识产权包括工业产权和著作权两大部分。工业产权包括专利权、商标权、禁止不正当竞争权等，著作权包括作者权和传播权等。

知识产权具有无形性、专有性、地域性、时间性、可复制性。

知识产权对我国国际贸易既有正面影响，又有负面影响。

我国目前对知识产权保护具有以下方式：企业内部管理保护、知识产权行政保护、知识产权司法保护。

思考题

一、简述题

1. 技术贸易与一般贸易有何区别？
2. 国际技术贸易的形式有哪些？许可证贸易有哪些种类？
3. 专利与专有技术有哪些区别？
4. 知识产权的特点是什么？
5. 拥有知识产权对我国国际贸易有哪些影响？
6. 我国对知识产权的保护有哪些方式？

二、案例分析题

1. 著名的美国可口可乐公司成功地运用技术秘密来保护自己的产品。尽管对于"可口可乐"饮料，全世界几乎是家喻户晓，而可口可乐的产品配方历经数十年，对外界仍是一个谜，可口可乐公司对外许可生产过程中，对其配方采用半成品保护，即不提供生产技术和配方，只提供浓缩的原浆让被许可方配成可口可乐成品。但本书认为，配方得以保护的原因还在于可口可乐公司将技术秘密结合了商标专用权保护。在巨大的商业价值诱惑下，相信已有无数的人试图破获可口可乐的配方，或者有人曾经已经找到一个配比，但这毫无意义，只要权利人不主动承认，配方永远都是秘密的，因为即使你能生产一个类似于可口可乐的饮料，甚至你认为比可口可乐更好喝，也不可能是可口可乐，而只能是"百事可乐"或其他什么。

问题：试根据这一案例谈谈你对专有技术的认识。

2. 2007年8～11月期间，格力先后向市场推出应用了该技术发明专利的卧室空调"睡梦宝"、"睡美人"等系列产品，引起了消费者的极大兴趣，出现供不应求的市场现象。

同年12月，美的推出"梦静星"系列睡眠空调产品。格力发现，美的该系列产品不仅侵犯格力所拥有的"控制空调器按照自定义曲线运行的方法"的技术发明专利，而且美的还利用各种宣传渠道，大肆利用该卖点以促销该产品获取利益。

格力认为，美的的这种剽窃行为严重违反了国家鼓励企业自主创新的政策，违背了企业公平竞争的商业道德，并给自主创新企业带来巨大的经济损失。在多次交涉无果的情况下，格力被迫使用法律武器保护自己的创新成果。

2008年末，格力向珠海市中级人民法院提起诉讼，以涉嫌侵犯专利使用权为由状告美的，要求美的立即停止对格力的侵权行为并赔偿相应经济损失。

经过两年多时间的调查取证，2011年4月，珠海市中级人民法院认定美的侵权行为成立，并依法判决美的立刻停止使用格力"控制空调器按照自定义曲线运行的方法"专利，立刻停止销售侵权的产品，并赔偿格力经济损失200万元。

美的不服一审判决，向广东省高级人民法院提起上诉，请求撤销原审判决，驳回格力的全部诉讼请求。经审理,广东省高级人民法院最终认定原审判决事实清楚,使用法律正确,依法驳回美的上诉,维持原判。

问题:美的应该从这个案例中汲取哪些教训?

3. 加多宝:无意再争"王老吉"商标

历时一年多的"王老吉"商标争夺案,日前以加多宝集团的败诉落下帷幕。加多宝集团品牌管理部副总经理王月贵5月16日表示,"加多宝集团或不再提起上诉。我们无意纠结于过去的事情。"

昨日下午,加多宝在北京召开媒体说明会。加多宝称裁决对其是个沉重打击,感叹民企力量微薄,无法如愿。

5月11日,广州药业曾发布公告称,中国国际经济贸易仲裁委员会裁决广药集团与加多宝母公司鸿道集团此前签订的《"王老吉"商标许可补充协议》和《关于"王老吉"商标使用许可合同的补充协议》无效,鸿道集团须停止使用王老吉商标。

对于市场上关于"加多宝销售将大降"的猜测,王月贵指出,失去"王老吉"商标,对加多宝的市场不会出现任何影响。他引用尼尔森的数据称,"今年一季度,公司销售数据同比增长了30%"。

"王老吉"为传统医药品牌,属于广药集团。1995年,加多宝和广药集团签订红罐王老吉的商标使用协议到2020年。"怕上火喝王老吉"这句广告词,让"王老吉"成为家喻户晓的凉茶品牌。

广药集团总经理李楚源曾透露,2009年,王老吉凉茶在中国市场销售160亿元,超过了可口可乐的150亿元。2010年和2011年这两年间红罐王老吉的销售额提高至180亿元。

目前,失去红色罐装及瓶装"王老吉"凉茶生产经营权的鸿道集团已全面推进改名,启用新商标"加多宝"。

(资料来源:《东方早报》,2012年5月17日)

问题:加多宝与王老吉的商标争夺战,让你对商标有怎样的认识?

第八章

服务贸易

学习要求

理解服务贸易的方式、分类、当代国际服务贸易的特点和中国服务贸易取得的成就,掌握中国服务贸易的管理体系和管理内容,理解中国发展服务贸易存在的问题、面临的挑战和机遇及相应的对策措施。

第一节 中国服务贸易的发展

世界贸易组织(WTO)关于服务贸易的法律文件"服务贸易总协定"(GATS)将服务贸易按提供方式分为跨境交付、过境消费、商业存在、自然人的流动四种形式。世界贸易组织将服务贸易按部门分为商业服务、通信服务、建筑及相关的工程服务、分销服务、教育服务、环境服务、金融服务、与医疗有关的服务与社会服务、旅游及与旅行有关的服务、娱乐文化和体育服务、运输服务、其他服务12个类别。

一、世界服务贸易的发展状况

过去十余年里,在世界经济增长与调整中,世界服务贸易发展迅速,在贸易结构、贸易方式、贸易竞争力等方面呈现出一些新变化,未来世界服务贸易存在巨大的发展空间。

(一)服务贸易规模不断扩大

据世界贸易组织(WTO)统计,1980年,世界服务进出口额为7 702亿美元,2000年增加到29 403亿美元,期间年均增速为6.9%。2011年,世界服务进出口额增加到80 150亿美元,比2010年增长10.6%,是1980年的10倍。其中,出口41 500亿美元,同比增长11%;进口38 650亿美元,同比增长10%。2000~2011年间世界服务贸易年均增速为9.5%,期间,新兴经济体的服务贸易迅速增长,发展速度超过了发达经济体。图8-1显示了1980~2011年世界服务贸易额以及增长速度。

目前,世界服务贸易与货物贸易保持同步增长,世界服务出口额占全球贸易总额(货物加服务)的比重基本维持在20%的水平。

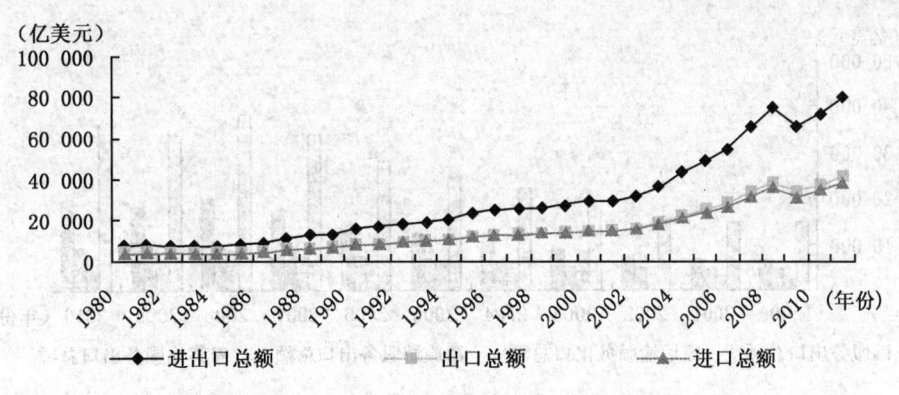

资料来源：中国服务贸易指南网。

图8—1 世界服务贸易进出口总额

(二)服务贸易结构趋向高级化

在世界服务贸易发展中，贸易结构呈现出由传统服务贸易逐渐向现代服务贸易优化的趋势。这表现为运输、旅游等传统服务贸易所占比重下降，而以其他商业服务(主要包括通信、建筑、保险、金融、计算机和信息服务、专有权利使用和特许、咨询、广告宣传、电影音像和其他商业服务)为代表的现代服务贸易发展迅速，增长强劲，所占比重提升。WTO统计显示，2000～2010年间，运输服务在世界服务贸易中所占比重基本保持稳定，2000年为23.4%，2010年达到21.4%；旅游服务所占比重呈下降之势，由2000年的32.1%下降到2010年的25.5%；而其他商业服务所占份额显著提升，由2000年的44.5%上升到2010年的53.1%。图8—2、图8—3、图8—4分别显示了2000～2010年间世界服务贸易进出口总额、运输、旅游、其他商业服务进出口总额及运输、旅游、其他商业服务在世界服务贸易总额中的比重变化。

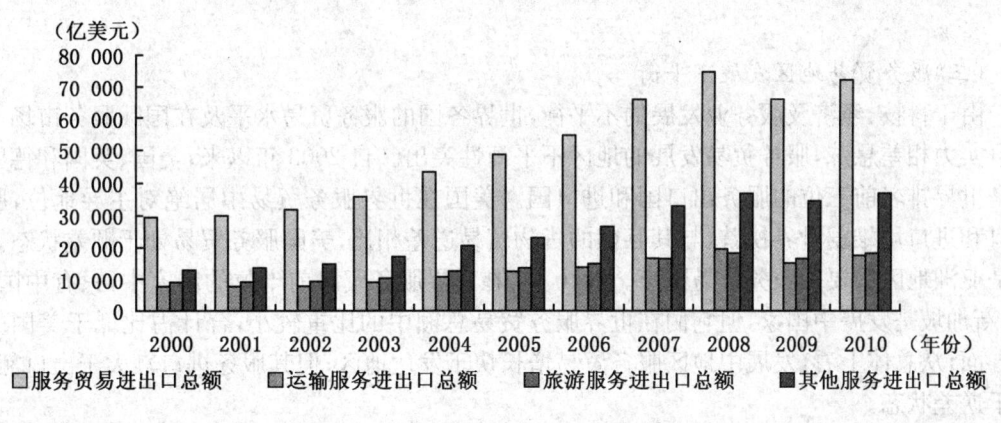

资料来源：中国服务贸易指南网。

图8—2 世界服务贸易分项进出口额

第八章 服务贸易 / 131

资料来源：中国服务贸易指南网。

图8—3 世界服务贸易分项出口额

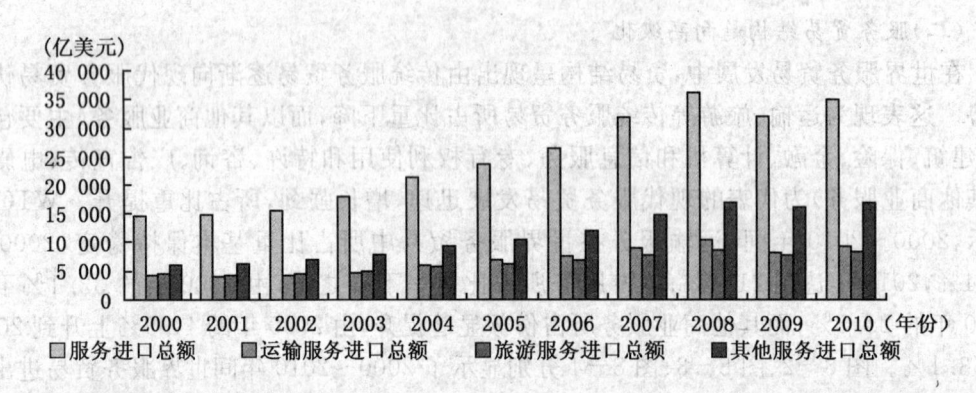

资料来源：中国服务贸易指南网。

图8—4 世界服务贸易分项进口额

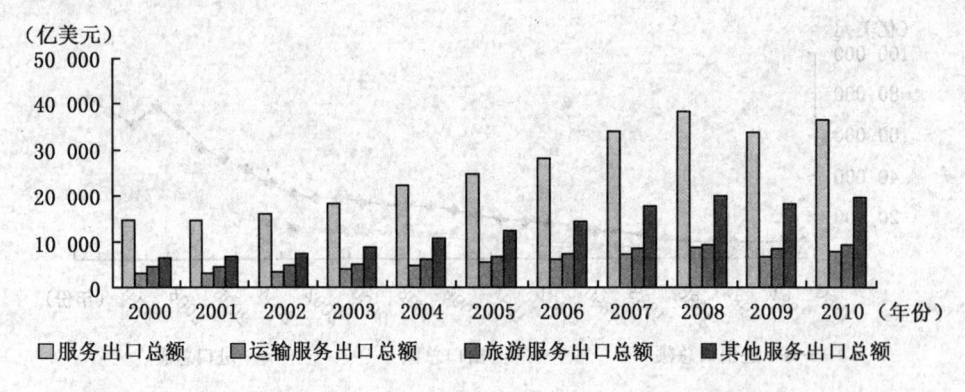

（三）服务贸易地区发展不平衡

由于科技、经济及服务业发展的不平衡，世界各国的服务贸易水平及在国际服务市场上的竞争实力相差悬殊，服务贸易发展的地区不平衡性突出。自2003年以来，美国、英国和德国一直是世界排名前三位的服务出口国和进口国。美国在世界服务贸易中居绝对主导地位，服务出口和进口均雄踞世界榜首，与其巨额的货物贸易逆差相比，美国服务贸易处于顺差状态。日本是亚洲地区重要的服务贸易国家。2010年，在世界服务贸易前十位的国家中，只有中国、印度、新加坡是发展中国家，但它们在世界服务贸易总额中的比重较小，合计占比低于美国。另一方面，从总体上看，发展中地区服务贸易增长快于发达地区，但其服务进口额大于出口额，多处于逆差状态。

（四）服务贸易自由化进程缓慢

与货物贸易相比，服务贸易具有无形性、时间同一性的特点。与货物贸易通过关税壁垒实施保护不同，服务业没有关税，壁垒也很难量化。服务贸易保护表现为国内法规限制性规定，如资格资质要求、参股比例限制、经营范围和地域要求、行政管理的复杂度及透明度，等等，因此服务贸易壁垒也更加隐蔽。服务贸易的四种模式均受到政策和规则的影响。由于服务贸易壁垒的隐蔽性和非数量性，服务贸易自由化远比货物贸易自由化复杂得多，消除服务贸易壁垒的进展十分困难和缓慢。

二、中国服务贸易的发展阶段

新中国成立至今,中国服务贸易的发展主要经历了三个阶段:

第一阶段,初步发展阶段(1949~1979年)。在当时中国"重工业、轻服务业"、优先发展重化工业战略指导下,服务业发展受到压制,发展处于低谷。中国服务贸易占世界比重甚微,不足1%。

第二阶段,迅速发展阶段(1980~2001年)。伴随着改革开放政策的实施,商贸餐饮、交通运输、居民服务等传统服务业开始从无到有,服务业市场空间得到广泛、快速地拓展。1988年《国务院关于深化科技体制改革的若干问题的决定》发布,科研机构开始进入科技咨询服务领域。20世纪80年代末至90年代初大量咨询服务机构成立。服务贸易迅速发展。1982年中国服务贸易进出口总额为44亿美元。1991年突破100亿美元达到108亿美元,至2001年达到719亿美元,年均增长速度为15.8%。2011年中国服务贸易占世界服务贸易比重达到2.4%。

第三阶段,快速增长阶段(2002年至今)。此时中国已初步成为世界服务贸易大国,具备了逐步开放服务业的条件。2011年12月,中国加入世界贸易组织,随后,国务院办公厅转发了国家计委《关于"十五"期间加快发展服务业若干政策措施的意见》,明确提出市场化、产业化、社会化的改革思路,强调在金融、电信、媒体以及在文化、体育、教育、医疗等服务领域要放宽市场准入。随着相关政策的实施和入世承诺的逐步兑现,我国服务业开放程度不断加深,中国服务贸易进入快速发展阶段,经历了一个"黄金十年"。年均增长速度达到19.3%,规模迅速扩大,结构逐步优化,排名进入世界前列。旅游、运输等领域的服务贸易增势平稳,建筑、通信、保险、金融、计算机和信息服务、专有权利使用费和特许费、咨询等领域的跨境服务以及承接服务外包快速增长。

三、中国服务贸易发展的特点与问题

进入新世纪以来,我国国际地位不断提升、对外开放有序推进,逐步确立了服务贸易大国的地位。

(一)规模迅速扩大,国际地位不断提升

1982年,中国服务贸易进出口总额44亿美元,占世界服务贸易总额的0.6%,其中服务贸易出口额25亿美元,占世界服务贸易出口总额的0.7%,服务贸易进口额19亿美元,占世界服务贸易进口总额的0.5%。近30多年来,中国服务贸易年均增长速度达到17%,高于同期中国货物贸易进出口增速,也远高于同期全球服务贸易的发展速度。至2011年,中国服务贸易进出口总额达到4 191亿美元,是1982年的95.25倍,占世界服务贸易进出口总额的比重已上升到5.2%,提高了4.6个百分点。进出口总额和出口总额世界排名由第28位上升到第4位,进口世界排名由第40位上升到第3位。这在世界服务贸易发展史上是绝无仅有的,中国已经成为名副其实的服务贸易大国,成为新兴经济体中的佼佼者。但是,与此同时,中国服务贸易额占对外贸易比重小,2010年中国服务贸易占对外贸易比重为10.9%,低于19.0%的世界平均水平,不但远低于贸易强国美国、英国,而且与经济总量、贸易总量都小于中国的西班牙、印度相比也差距明显,这与中国当前世界贸易大国的地位极不相称。

专栏　图示近年中国服务贸易发展状况

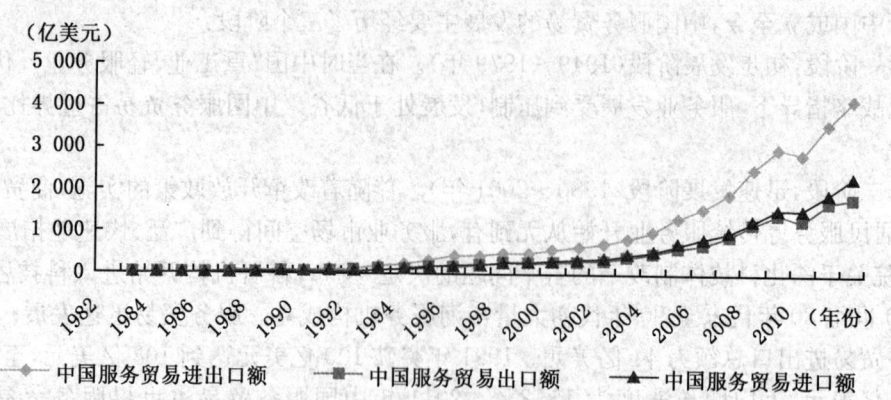

资料来源：中国服务贸易指南网。

图8-5　1982～2011年中国服务贸易额

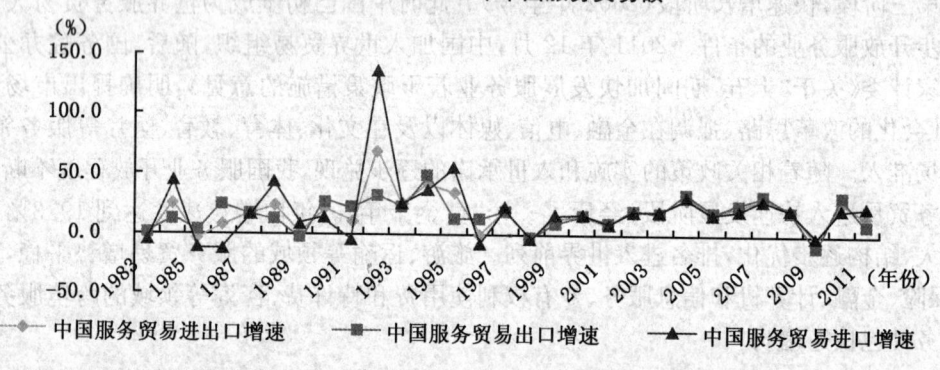

资料来源：中国服务贸易指南网。

图8-6　1983～2011年中国服务贸易进出口增速

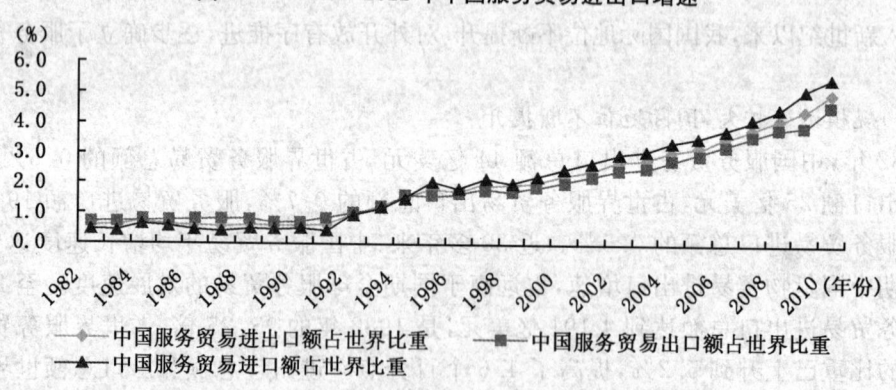

资料来源：中国服务贸易指南网。

图8-7　1982～2010年中国服务贸易额占世界比重

(二)服务外包成为新增长点

据中国服务外包研究中心编写的《中国服务外包发展报告2012》显示，中国服务外包业在承接国际转移、吸纳就业、企业成长等指标都有较好表现。截至2011年，内地服务外包企业累计达16 939家，从业人员318.2万人，其中大学生占七成以上。已涌现出一批营业额超亿美元、人数超万人的服务外包领军企业。离岸外包合同金额873.8亿美元,离岸外包执行金额539.6亿美元。中国服务外包产业未来几年将保持40%~50%左右的增长速度,预计到2015年,中国服务外包将达900亿美元,实现翻两番的目标,占世界近一半的份额。

(三)传统服务贸易额占主导,贸易结构不合理

当前,新兴服务业和服务贸易成为推动世界经济和贸易增长的重要动力。全球服务贸易增长最快的金融、保险、咨询、邮电等技术密集和知识密集行业,中国仍处初级发展阶段。近年来,尽管中国的计算机和信息服务、保险服务、金融服务、咨询服务等高附加值服务贸易增长速度很快,2006~2010年年均增速达到22.4%,但是在中国服务进出口总额中的比重偏低,五年间仅从16.3%上升到19.4%。与此同时,运输、旅游、建筑等传统服务贸易占据中国服务贸易的主导地位,2006~2010年,年均增速16.4%,低于高附加值服务贸易,占中国服务进出口总额高达60%以上,五年间从61.8%调整到60.1%,仅下降了1.7%。此外,中国重点服务贸易行业内部结构也不平衡。以技术贸易为例,技术引进方式仍较集中,仍以专有技术许可或转让、技术咨询与技术服务等方式为主;技术进口来源地仍较集中,欧盟、日本和美国等发达国家和地区仍是技术引进的主要来源地;技术引进的地区较集中,主要集中在东部沿海地区;技术出口领域较集中,主要是软件出口。因此,优化服务贸易结构,不断提高知识技术密集型服务贸易的比重,对于优化中国对外贸易的整体结构,改善在国际分工中地位,促进国内产业结构调整,走可持续发展的道路,都具有重大的现实意义。

(四)进出口发展不平衡,长期处于逆差状态

中国服务贸易自1992年首次出现贸易逆差以来,除1994年外一直处于逆差地位,尤其是近年来,服务贸易逆差呈逐步扩大趋势。2011年逆差达到549亿美元。逆差行业主要集中在运输、保险、专有权利使用和特许费、旅游等领域。反映了国内经济和货物贸易发展所产生的国际航运、货运保险、先进技术等方面的竞争力不强。反观印度,其服务贸易自2004年起转为顺差,且顺差额逐年增长,2005年,计算机和信息服务成为印度最大的顺差行业,印度服务贸易出口一半以上为新兴行业。中国服务贸易"由大变强"任重道远。

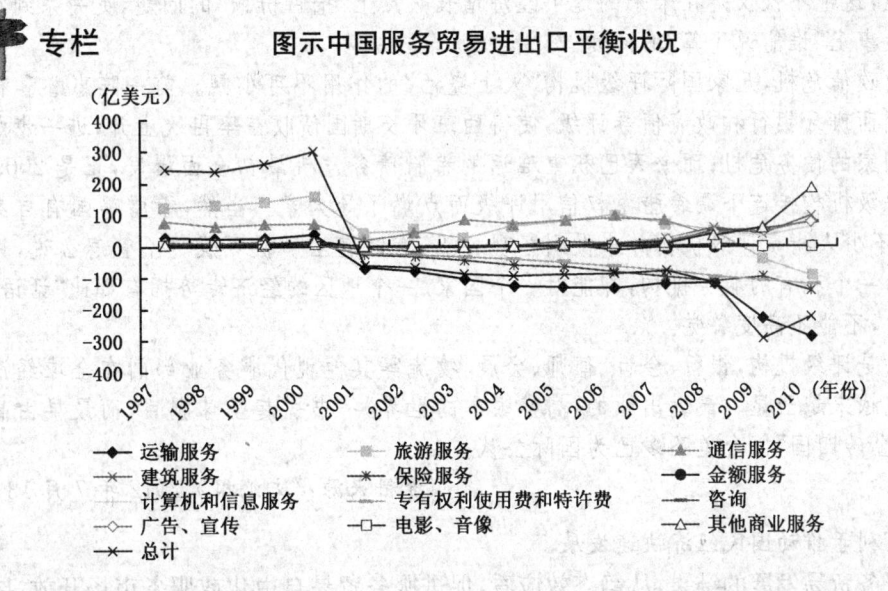

专栏　　　　图示中国服务贸易进出口平衡状况

资料来源:中国服务贸易指南网。

图8-8　近年中国服务贸易进出口平衡状况

(五)区域结构不平衡

首先,中国服务贸易的区域结构不平衡表现在中国主要服务贸易伙伴相对集中。截至2010年,我国前五大服务贸易伙伴依次为中国香港、美国、欧盟、日本和东盟,与该五大伙伴之间的服务贸易额占服务贸易总额的68%。中国香港一直是我国最大的服务出口目的地、进口来源地和顺差来源地,双边服务贸易占中国服务贸易的比重达到1/4。中国香港及美国分别为我国运输第一大及第二大出口市场;旅游出口市场集中于中国香港、中国台湾、韩国、日本等亚洲国家和地区;美国为我国计算机和信息服务最大的出口市场,其次是东盟;中国香港是我国咨询第一大出口市场,其次是欧盟和美国。

其次,中国服务贸易的区域结构不平衡表现在东部沿海发达地区在运输、保险、计算机和信息服务、咨询服务和广告宣传等领域较内陆地区具有明显优势,目前是中国服务贸易的主要出口地区。2010年,75%的金融服务、保险服务、专有权利使用和特许以及计算机和信息服务进出口集中在北京、上海和广东三地;91%的服务贸易集中在东部11个省份,其中北京、上海和广东占65%;而中部和西部地区的合计占比仅为9%。2011年,90%的服务贸易集中在东部11个省份,其中北京、上海和广东合计占65%。

四、发展服务贸易对提升中国国际竞争力的意义

当今世界,服务业的跨国转移成为经济全球化的新趋势,服务贸易成为推动世界经济增长的新动力。大力发展我国国际服务贸易,是贯彻落实科学发展观、转变经济发展方式、推动经济又好又快发展的客观需要,是应对日益激烈的综合国力竞争、适应世界发展趋势、掌握发展主动权的必然要求,是我国从经济大国迈向经济强国、从贸易大国走向贸易强国、从制造经济转向服务经济的战略抉择,在新时期具有重大战略意义。

案例　　　　当现代服务业成为"超级权力"

有不少人担心跨国企业对本国制造业的大量并购和蚕食可能危及国家经济安全,但似乎还较少有人关注现代服务业演绎着的悬殊竞争更涉及经济要害。重视培育自己的现代服务业,这绝不仅仅是在未来的这个经济增长热点上"抢占份额"的问题,更关系到在很多经济大事上"谁能说了算"的问题。

此次欧债危机,几家国际评级机构"火上浇油"的作用不可小觑。前一阵惠誉和穆迪相继下调西班牙银行和政府债券评级,使得西班牙长期国债收益率再次上升,进一步加深了这个国家的债务危机;而今天已积重难返的希腊债务危机最初全面爆发,正是2009年底三大评级机构接连下调希腊主权信用评级而点燃了导火索。当然,希腊等国有自身的问题,但不少人指责评级机构并未做到客观公正,有时甚至动机可疑。不管怎么说,评级机构作为一个私有的服务机构,却能对一个国家、一个地区的经济走势拥有如此"话语权"和影响力,不能不高度警觉。

不只是评级机构,银行、会计、律师、会展、物流等其他现代服务业部门在全球经济中的地位也越来越凸显。最近出版的《高盛眼中的世界》一书引起全球瞩目,而最早由高盛提出的"金砖四国"概念差不多已为国际公认。

资料来源:《文汇报》,2012年7月13日。

(一)有利于推动国民经济快速发展

国际服务贸易发展的结果,从静态效应看,促进服务贸易自由化或服务市场开放,导致服务价格下降,从而促进社会福利提升;从动态效应看,伴随要素流动的技术转让、技术溢出效

应,服务贸易能够提高国内要素生产效率,增加财富。

(二)有利于促进外贸发展方式转变

在全球经济转向服务经济的过程中,服务贸易的发达程度标志着一个国家贸易增长方式的科学性和合理性。大力发展服务贸易,将服务贸易占我国对外贸易总额和全球服务贸易总额的比重稳步提高,进出口平衡增长,实现服务贸易与货物贸易协调发展,改变目前中国服务贸易发展滞后于货物贸易,与中国货物贸易大国地位不相称的现状。同时,服务贸易的发展将对国民经济的带动作用进一步增强,对于加快转变外贸发展方式,从而使中国实现贸易大国向贸易强国的转变具有重要意义。此外,还会促进中国经济结构的调整、实现中国经济全面协调可持续发展。

(三)有利于提高承接世界服务外包能力

从20世纪70年代开始,服务外包迅速发展,中国正在成为承接服务外包较多的国家之一。当前以服务业跨国转移和要素重组为主的新一轮国际产业转移不断加速,为我国服务贸易实现跨越式发展提供了难得历史机遇。我们要把承接国际服务外包作为扩大服务贸易的重点,鼓励中国企业积极承接信息管理、数据处理、技术研发、工业设计等国际服务外包业务,坚定不移地推进服务领域对外开放,着力提高利用外资的质量和水平,最终推动外向型经济的可持续发展。

(四)有利于引导国内产业结构调整

一个国家或地区向国际市场提供服务的能力,直接受国内服务业发展水平的影响。大力发展国际服务贸易,可以促进国内服务业发展,引导国民经济发展和产业结构调整。国家"十二五"规划纲要指出,"十二五"时期我国服务业增加值占国内生产总值比重要提高4个百分点,要把推动服务业大发展作为产业结构优化升级的战略重点,不断提高服务业比重和水平。我国服务业正面临与我国当初制造业发展相类似的机遇,必须尽快使服务业成为国民经济的主导产业,这是推进经济结构调整、加快转变经济发展方式的必由之路,是适应对外开放新形势、实现综合国力整体跃升的有效途径。

(五)有利于缓解国内就业压力

服务业是创造工作机会的最大来源。现在占到了劳动力市场的36%,而在十年前只占到18%。服务贸易特别是离岸外包转移的工作岗位主要集中在知识密集型和服务技术密集型行业。大力发展服务贸易能够帮助解决我国结构性的就业难题。在服务贸易中,技术、设计、创意、分销、环境、法律、保险、通信等,这些都有利于制造业的转型升级,能够增加大学生就业,发挥知识型人才的作用。同时伴随着餐饮业、沐浴业、物流业、会展业等商贸服务业加快步伐"走出去",扩大我国劳务出口,有利于缓解国内就业压力,促进社会和谐。

第二节 中国服务贸易的管理体系

一、中国服务贸易的组织管理体系

(一)商务部

为加强我国服务贸易管理,促进服务贸易发展,商务部于2006年4月成立了服务贸易司,具体负责服务贸易领域的事务,这是我国第一次明确服务贸易的主管部门。商务部服务贸易司的重要职能:牵头拟订并实施服务贸易的发展战略、方针、政策、规划与服务贸易相关的部门规章;负责制订技术进出口目录,并组织实施、监督管理;负责收集、管理、分析和发布服务贸易统计数据;指导服务贸易促进体系和服务贸易出口品牌建设的相关工作,推动服务贸易公共平台建设,促进重点服务贸易领域出口;参与国际多、双边服务贸易谈判等。

(二)各服务业主管部门

由于服务贸易涉及金融、保险、电信等诸多服务业部门,服务贸易的管理包括商务部作为主管机构同各行业部门的整体协调,通过各部门密切配合、中央和地方互动来实现全国服务贸易的协调管理。2007年商务部等35个部门建立了服务贸易跨部门的联席机制,加强服务贸易的管理。

在服务贸易各具体行业的管理上,国家规定根据服务贸易所属的服务业部门由具体国家管理机关依据各行业服务贸易法律法规对其实施管理。如教育服务由国家教育部管理,旅游服务由国家旅游局管理,运输服务贸易由交通部管理。目前,中国服务业各行业主管部门包括:国务院的组成部门包括教育部、环境保护部、文化部、卫生部、人民银行、工业和信息化部、交通运输部;国务院直属机构包括广电总局、新闻出版总署、知识产权局、旅游局;国务院部委管理的国家局如民航局、邮政局、外汇局等。此外,财政部、税务总局、工商总局也对服务业进行管理。

二、中国服务贸易管理的法律体系

(一)WTO的《服务贸易总协定》(GATS)

WTO的《服务贸易总协定》是多边国际贸易体制下第一个有关服务贸易的框架性法律文件,是迄今为止服务贸易领域内第一个较系统的国际法律文件。中国作为WTO的成员国,《服务贸易总协定》是我国服务贸易管理法律体系构建的基本依据。GATS的一般义务包括最惠国待遇、透明度原则、逐步自由化承诺以及发展中国家的更多参与。与货物贸易不同的是,服务贸易的最惠国待遇不但给予服务本身,而且要给予服务的提供者。至于市场准入和国民待遇原则在GATS中不是作为普遍义务,而是作为具体承诺,与各具体部门的开放相联系,经过谈判才承担的义务。这种将一般性义务与具体承诺的义务区分开来的做法是GATS一个十分重要的特点。GATS还认识到发达国家和发展中国家服务业发展的不平衡。因此,在发展中国家更多参与原则中体现了对发展中国家的特殊考虑:第一,发达国家对于发展中国家服务贸易的发展要给予自由准入的优先权;第二,允许发展中国家对服务业适当保护,使其服务业的开放享有一定的灵活性;第三,发展中国家开放服务贸易时可以设置条件。

(二)《中华人民共和国对外贸易法》

《中华人民共和国对外贸易法》(2004年修订)是我国对外贸易管理的根本大法,也是我国服务贸易管理立法的法律具体依据。第二十四条对中国服务贸易的对外开放作出了总体规定,即根据所缔结或者参加的国际条约、协定中所作的承诺,给予其他缔约方、参加方市场准入和国民待遇。第二十五条要求国务院对外贸易主管部门和国务院其他有关部门,依照本法和其他有关法律、行政法规的规定,对国际服务贸易进行管理。第二十六条、第二十七条指出国家限制或者禁止有关的国际服务贸易的规定,制定、调整并公布国际服务贸易市场准入目录,如维护国家安全、公共利益和道德、保护人和动植物的健康、为建立或者加快建立国内特定服务产业、为保障国家外汇收支平衡、为遵守有关法律、行政法规或履行我国缔结或者参加的国际条约、协定的规定。

(三)服务业各领域立法

服务行业的立法工作,是由所涉及行业主管部门负责收集信息、提交法案,交由相应立法机构经过立法程序变成法律。目前适用于各主要服务业领域的法律法规主要有(见表8—1):

表8—1　　　　　　　　　　各服务业主要法律法规一览表

类别	法律法规
综合类	《中华人民共和国公司法》(2005年修订)、《中华人民共和国税收征收管理法》(2001年修订)、《中华人民共和国中外合资经营企业法》(2001年修订)、《中华人民共和国外资企业法》(2000年修订)、《中华人民共和国反垄断法》(2008年)等。
专业服务业	《中华人民共和国律师法》(2007年)、《外国律师事务所驻华代表机构管理条例》、《中华人民共和国会计法》(1999年)、《中华人民共和国注册会计师法》(1993年)、《中华人民共和国广告法》(1994年)、《关于设立外商投资广告企业的若干规定》等。
金融业	《中华人民共和国中国人民银行法》(2003年)、《中华人民共和国商业银行法》(2003年)、《中华人民共和国外资银行管理条例》(2006年)、《外汇管理条例》(2008年修订)、《中华人民共和国社会保险法》(2010年)、《外资保险公司管理条例》(2002年)、《中华人民共和国证券法》(2005年修订)等。
通信业	《中华人民共和国电信条例》(2000年)、《外商投资电信企业管理规定》(2008年)、《互联网电子邮件服务管理办法》(2006年)、《国际通信设施建设管理规定》(2002年)、《电信建设管理办法》(2002年)等。
批发零售业	《零售商促销行为管理办法》(2006年)、《零售商供应商公平交易管理办法》(2006年)、《外商投资图书、报纸、期刊分销企业管理办法》(2003年)等。
旅游业	《国务院关于加快发展旅游业的意见》(2009年)(已经发布实施,这是我国旅游业发展史上具有里程碑意义的纲领性文件)、《中外合资经营旅行社试点经营出境旅游业务监管暂行办法》(2010年)、《中国公民出国旅游管理办法》(2002年)。此外,主要是各地方政府发布的《旅游业管理条例》和《旅游产业发展规划》等法规。
运输业	《中华人民共和国国际海运条例》(2002年)、《中华人民共和国国际海运条例实施细则》(2003年)、《港口经营管理规定》(2009年)、《中华人民共和国水路运输服务业管理规定》(2009年)、《外商投资国际货物运输代理企业管理办法》(2005年)、《外商投资铁路货物运输业审批与管理暂行办法》(2000年)、《外商投资民用航空业规定》(2002年)、《国内船舶管理业规定》(2009年)、《中华人民共和国航道管理条例》(2008年)、《中华人民共和国水路运输管理条例》(2008年)、《中华人民共和国公路管理条例》(2008年)、《中华人民共和国船员服务管理规定》(2008年)等。
建筑业	《中华人民共和国建筑法》(2011年)、《对外承包工程管理条例》(2008年)、》、《建筑工程方案设计招标投标管理办法》(2008年)、《注册建造师管理规定》(2006年)、《外商投资建设工程服务企业管理规定》(2007年)、《外商投资建筑业企业管理规定》(2002年)、《外商投资建设工程设计企业管理规定》(2002年)、《外商投资城市规划服务企业管理规定》(2003年)、《关于外商投资建筑业企业管理规定中有关资质管理的实施办法》(2003年)等。

以上是服务业涉及服务贸易领域的重要法律和法规,有些综合类法律和法规从总体上对包括外国服务提供者在内的服务贸易企业的经营资格、申请程序和应遵从的法律规范等作出规定,更多的是各服务业部门法律法规从单个服务业的角度对服务贸易的发展、对包括外国服务提供者在内的服务贸易企业的经营资格、申请程序、应遵从的具体行业的法律规范等作出了规定。这些法律和法规对构筑真正适应社会主义市场经济和国际通行规则需要的统一开放、有序竞争、规范管理的服务贸易体制起到了重要作用。

第八章　服务贸易 / 139

第三节　中国服务贸易的进口管理

中国服务贸易的进口管理主要是对服务贸易市场开放的管理。中国2001年加入世界贸易组织时，作出了大量具有商业实质意义的承诺。十年来，中国认真履行加入世界贸易组织的承诺，为境外服务商提供了包括金融、电信、建筑、分销、物流、旅游、教育等在内广泛的市场准入机会。在世界贸易组织服务贸易分类的160个分部门中，中国开放了100个，开放范围已经接近发达国家的平均水平。

在市场准入方面，中国对自然人流动和商业服务的限制最为严厉，有一多半的部门受到约束限制，另外一些部门不作承诺，特别是对商业存在的承诺，比其他成员（包括发展中国家）有明显的差距。相比而言，对跨境交付与境外消费的限制较为宽松，对境外消费没有限制的比例高达52%，在跨境交付上除敏感部门外几乎不受任何限制，不过这两种方式不做承诺的比例也依然很高，分别达到57%和45%。在国民待遇方面，对自然人流动的限制相当严格，但在商业存在方式上比市场准入要缓和许多，包括对敏感的7个部门实现了不同程度的非歧视待遇。

中国现在进一步放松了对外国直接投资的限制，尤其在金融领域、电信和旅游业。中国"十二五"时期将进一步提高服务业对外开放水平，继续扩大金融、物流等服务业的对外开放，稳步开放教育、医疗、体育等领域，并深化沿海开发，吸引国际服务业要素向珠三角、长三角、环渤海地区和服务业为主的特大型城市集聚。2010年，中国服务业新设立外商投资企业13 905家，实际利用外资487亿美元，占全国非金融领域新设立外商投资企业和实际利用外资的比重分别为50.7%和46.1%。

在对服务进口的具体行政管理上，主要依据服务贸易的综合法律法规和各服务业的法律法规进行。例如，境外消费形式的服务进口如出国旅游要按照《中国公民出国旅游管理办法》（2002年）等法规进行具体的行政管理。出国留学要依据《教育部关于简化大专以上学历人员自费出国留学审批手续的通知》（2003年）、《国家公派出国留学研究生管理规定（试行）》（2007年）、《境内居民个人出国留学购汇预收人民币保证金操作规程》（2000年）等法规以及各地方的法规进行具体管理。此外，境外消费、自然人流动形式的服务进口还要依据《中华人民共和国出境入境管理法》（2012年6月30日经第十一届全国人大常委会第二十七次会议审议通过，将于2013年7月1日起实施，将取代1985年全国人大常委会制定的《中华人民共和国公民出境入境管理法》和《中华人民共和国外国人入境出境管理法》）等法律进行管理。商业存在形式的服务业的进口管理还要依据《外商投资产业指导目录》（2011年最新修订）、《中华人民共和国中外合资经营企业法》（2001年修订）、《中华人民共和国外资企业法》（2000年修订）、《中华人民共和国中外合作经营企业法》（2000年）、《外商投资建设工程服务企业管理规定》（2007年）等法律法规进行具体的行政管理。

目前我国服务贸易主要部门基于"入世"承诺开放现状如下：

一、专业服务业

（一）法律服务

外国律师事务所可以在中国设立代表处，提供法律服务，但代表处不得从事中国法律事务或聘请中国注册律师。外国律师事务所的代表应为执业律师，并且为某WTO成员的律师协会或律师公会的会员，且在中国境外执业不少于2年。首席代表应为某WTO成员的律师事务所的合资伙伴或相同职位人员，且在中国境外执业不少于3年。所有代表在华居留时间每年不得少于6个月。

(二)会计服务

只允许获得中国主管部门颁发的中国注册会计师执业许可证的人在华设立合伙会计师事务所或有限责任会计事务所。允许外国会计师事务所与中国会计师事务所结成联合所,并与其在其他世界贸易组织成员的联合所订立合作合同。

(三)广告服务

允许外国提供者在中国设立中外合资广告企业或外资独资子公司。跨境交付和境外消费的广告服务只能通过在中国注册、有权提供外国广告服务的广告代理。

(四)建筑设计、工程、集中工程、城市规划服务(不包括城市总体规划服务)

允许外国服务提供者在中国设立合资企业并允许拥有多数控股或设立外资独资企业。外国公司如欲提供跨境服务,必须通过与中国专业团体合作进行,但方案设计除外。

(五)教育服务

教育服务包括初等教育、中等教育、高等教育、成人教育及其他教育服务(不包括义务教育和特殊教育服务)。对于教育服务,允许合作办学,允许外方拥有多数控制权。外国个人到中国境内提供服务(自然人流动),除服务贸易水平承诺允许的入境和居留措施以外,外国个人教育服务提供者受中国学校和其他教育机构邀请或雇佣,可入境提供教育服务。但外方教育提供者需要如下资格:具有学士或以上学位,具有相应的专业职称或证书,具有2年专业工作经验。

(六)音像服务

在不损害中国审查音像制品内容权利的情况下,允许设立中外合作企业,从事除电影以外的音像制品的分销和录像带的出租;允许每年以分账形式进口20部外国电影;允许外商建设或改造电影院,外资比例不得超过49%。在兑现"入世"开放承诺的基础上,2012年2月,中美双方就解决WTO电影相关问题的谅解备忘录已经达成协议。根据协议,中国每年将增加14部以IMAX和3D电影为主的美国大片;另外,美方票房分账比例从13%提高到25%。

(七)医疗和牙医服务

允许设立中外合资医院或诊所,允许外方控股,根据中国的实际需要,设有数量限制。允许具有其本国颁发专业证书的外国医生,在获得中国卫生部的许可以后,在中国提供短期的医疗服务,期限为6个月,并可以延长至1年。

二、金融服务

(一)银行服务

在商业存在方面,允许外资金融机构在华提供外汇服务,允许外资银行对中国居民提供人民币业务。在跨境交付方面,下列服务可以跨境交付:提供和转让金融信息、金融数据处理以及相关软件;就协议所列各项银行和其他金融服务项目提供咨询、中介和其他附属金融服务,包括信用调查和分析、投资和证券组合的研究和咨询、收购咨询、公司重组和战略制定的建议。中国对其他服务内容不作跨境交付方面的承诺。

(二)保险服务

在跨境服务方面,除国际海运、航空、货运险和再保险,以及大型商业险和再保险经纪外,对其他不作承诺。在境外消费方面,除保险经纪不作承诺外,其他未作限制。在自然人流动方面,除跨行业的水平承诺(即包括保险行业普遍承诺)外,对其他没有承诺。在商业存在方面,允许在中国境内设立寿险合资公司,外资比例不超过50%。允许合资寿险公司向外国人和中国居民提供健康险、团体险和养老金/年金险服务。允许外国非寿险公司在中国境内设立非寿险分公司或合资公司,外资比例可以达到51%。允许向外国和国内客户提供全面的非寿险服务。

(三)证券服务

外资证券公司可以建立合资公司(外资占1/3),承销A股、承销并交易B股和H股以及政府与公司债券;"入世"后外资证券公司还可以直接跨国界交易B股。在跨境交付方面,外国证券机构可不通过中国中介直接从事B股交易。

三、通信服务

(一)增值服务(含互联网服务)与寻呼业务

允许外国服务提供者在中国境内无地域限制设立增值电信企业,合资企业中外资所占股份不得超过50%。

(二)移动语音与数据业务

允许外商在中国境内设立合资公司,合资企业可以在中国境内无地域限制开展业务,外资所占股份可达到49%。

(三)国内与国际业务

允许外商在中国境内设立合资公司,外资占少数的合资企业可以在中国境内无地域限制提供服务,外资所占股份可达到49%。

四、批发和零售

对于佣金代理服务、批发业务(不包括烟草和盐),(无股权比例的限制)可以分销其在中国生产的产品,并针对其分销的产品,提供包括售后服务在内的相关配套服务。零售服务(不包含烟草)向外资开放,无地域、数量、股比限制。以下除外:分店在30家以上,并销售来自多个供应商的同种类和品牌商品的连锁店,如销售任何上述产品和中国保留由国营贸易企业进出口的产品,则不允许外资拥有多数股权。

案例　外资零售巨头折戟中国三、四线城市　本土化难解

2012年炎夏刚过,在中国市场耕耘十多年的外资零售企业正在冷热交替中挣扎:沃尔玛宣布放缓在华开店速度;家乐福、TESCO(乐购)陷入被本土零售企业收购的传闻;外资巨头悉数撤离中国三、四线城市……

在消费增幅减缓、销售增长赶不上成本增长、网络零售冲击、本土零售商竞争力增强、限制购物卡发售、叫停卖场收费等背景下,外资卖场的获利渠道正在收紧。面对市场的严峻考验,外资零售企业无不努力寻找生财之道转战中国三、四线市场。然而,中国与美国不同,三、四线城市居民收入与一、二线城市相差巨大,消费习惯也迥异,但外资企业在三、四线城市开设的大卖场从模式到成本与一线城市相差无几,因而他们面临难以盈利的问题,有的甚至是关门歇业。

这是外资零售业进入中国十多年以来首次集体遭遇"状况"。究其原因,一方面,受到中国经济放缓的影响,零售业上半年业绩惨淡已成普遍现状;另一方面,经历了探索、布局以及快速扩张的阶段,由于三、四线市场拓展受阻,外资卖场颓势已显,局部进入下滑通道。从行业层面来看,受到电子商务、专卖店以及新生渠道的冲击,传统大卖场业态已经无法满足消费者日益多变的购物需求。

资料来源:中国新闻网,2012年9月16日。

五、旅游与旅行相关的服务

(一)旅行社服务

在商业存在方面,允许设立外资独资旅行社并取消地域限制。在境外消费方面,中国入境旅游已基本开放。旅行社或旅游经营者的业务范围包括:向外国旅游者提供可由在中国的交通和饭店经营者直接完成的旅行和饭店住宿服务;向国内旅游者提供可由在中国的交通和饭店经营者直接完成的旅行和饭店住宿服务;在中国境内为中外旅游者提供导游;在中国境内的旅行支票兑现业务。

(二)饭店服务

外资可以以独资或合资(允许外资在合资饭店中占多数股权)的形式在中国提供服务。在自然人流动方面,与中国合资饭店及旅行社签订合同的外国经理、专家、高级管理人员在中国获准提供服务。

六、运输服务

(一)铁路、公路运输服务

对公路运输,允许外资占合资企业多数股份和全资拥有子公司;对于铁路运输,允许外资占合资企业多数股份和全资拥有子公司。允许外资占仓储合资企业多数股份和全资拥有子公司。

(二)国际运输服务(货运和客运,不包括沿海和内水运输)

允许设立注册公司,经营悬挂中华人民共和国国旗的船队,允许外国服务提供者在华设立合资船运公司,外资比例不得超过49%。

(三)货运运输代理服务(不包括货检服务)

允许有至少3年经验的外国货运代理在中国设立合资货运代理企业或独资子公司。

第四节 中国服务贸易的出口管理

一、财政、税收政策

(一)中央财政设立促进服务业发展专项基金

2008年3月,财政部发布《中央财政促进服务业发展专项资金管理暂行办法》指出,中央财政设立促进服务业发展专项资金将重点扶持服务业发展的关键领域和薄弱环节。专项资金支持范围包括:社区服务、副食品安全服务体系等面向居民生活的服务业;农业信息服务体系、农业产业化服务体系等面向农村的服务业;第三方物流、连锁配送等商贸流通业、商务服务业、再生资源回收利用体系、业务外包、电子商务等面向生产的服务业等。暂行办法提出,将根据国家服务业发展总体要求和专项资金的使用方向,财政部明确年度专项资金补助的重点行业和领域。专项资金采取奖励、贷款贴息和财政补助等方式。

(二)技术先进型服务企业进行税收优惠试点

我国于2006年开始对苏州工业园区技术先进型服务企业进行税收优惠政策试点,至今已将优惠试点扩大到21个服务外包示范城市。对经认定的技术先进型服务企业,减按15%的税率征收企业所得税;对经认定的技术先进型服务企业,其发生的职工教育经费按不超过企业工资总额8%的比例据实在企业所得税税前扣除,超过部分,准予在以后纳税年度结转扣除;对经认定的技术先进型服务企业离岸服务外包业务收入免征营业税。

(三)示范城市离岸服务外包业务免征营业税

2010年7月,财政部、国家税务总局、商务部下发《关于示范城市离岸服务外包业务免征营业税的通知》,该通知首先增加了一个示范城市厦门,其次进一步明确了免征营业税的离岸服务外包业务收入的概念:该收入是指特定企业根据境外单位与其签订的委托合同,由本企业或其直接转包的企业为境外提供符合政策规定的信息技术外包服务(ITO)、技术性业务流程外包服务(BPO)或技术性知识流程外包服务(KPO),从上述境外单位取得的收入。对于在21个示范城市以外的国际服务外包企业,可视条件分别享受软件企业、高新技术企业等其他相关税收优惠政策。

(四)营业税改征增值税试点并逐步扩大范围

自2011年底以来,国家陆续出台了《财政部国家税务总局关于应税服务适用零税率和免税政策的通知》、《国家税务总局关于发布〈营业税改征增值税试点地区适用增值税零税率应税服务免抵退税管理办法(暂行)〉的公告》和《财政部国家税务总局中国人民银行关于营业税改征增值税试点地区适用增值税零税率应税服务免抵退税有关预算管理问题的通知》等文件,明确营业税改征增值税试点地区"国际运输服务、向境外单位提供的研发服务和设计服务适用增值税零税率",并针对零税率应税服务免抵退税政策涉及的认定、申报、审核和审批等各环节,制定了具体的管理办法和操作细则。其中包括:

(1)零税率应税服务的退税率为其在境内提供对应服务的增值税税率。

(2)免抵退税办法是指,零税率应税服务提供者提供零税率应税服务,免征增值税,相应的进项税额抵减应纳增值税额(不包括适用增值税即征即退、先征后退政策的应纳增值税额),未抵减完的部分予以退还。

(3)零税率应税服务提供者在申报办理零税率应税服务免抵退税前,应向主管税务机关办理出口退(免)税认定。

(4)主管税务机关在办理服务出口退(免)税认定时,对零税率应税服务提供者属原适用免退税计税方法的出口企业,应将其计税方法调整为免抵退税办法。

(5)零税率应税服务提供者在提供零税率应税服务,并在财务作销售收入次月(按季度进行增值税纳税申报的为次季度,下同)的增值税纳税申报期内,向主管税务机关办理增值税纳税和免抵退税相关申报。

2012年重点推行的"营改增"政策,覆盖了交通运输业和部分现代服务业,包括研发和技术、信息技术、文化创意、物流辅助、有形动产租赁以及鉴证咨询这六个领域。营改增试点后将消除对现代服务业的重复征税,有助于延长服务业的产业链,有利于服务业分工的进一步细化,这对于现代服务业的发展来说非常关键。

(五)符合条件的软件和集成电路企业营业税、所得税优惠政策

根据国务院2011年2月下发的《国务院关于鼓励软件和集成电路产业发展的通知》(即新18号文件),继续实施软件增值税优惠政策;对符合条件的软件企业和集成电路设计企业从事

软件开发与测试,信息系统集成、咨询和运营维护,集成电路设计等业务,免征营业税,并简化相关程序。符合条件的软件企业和集成电路企业享受企业所得税"两免三减半"、"五免五减半"优惠政策,在 2017 年 12 月 31 日前自获利年度起计算优惠期,并享受至期满为止。国家规划布局内的集成电路设计企业符合相关条件的,可比照国发 18 号文件享受国家规划布局内重点软件企业所得税优惠政策;为完善集成电路产业链,对符合条件的集成电路封装、测试、关键专用材料企业以及集成电路专用设备相关企业给予企业所得税优惠。同时规定,国家对集成电路企业实施的所得税优惠政策,根据产业技术进步情况实行动态调整。

二、金融政策

(一)利用金融手段扩大重点行业服务出口

针对中国服务贸易传统产业集中度高、贸易结构不合理的现状,《服务贸易发展第十二个五年规划纲要》选择了 30 个领域作为"十二五"时期的发展重点。这些服务贸易领域首先涵盖了中国具有比较优势的传统领域,如旅游、建筑服务等,其发展方向在于"巩固优势";其次涵盖了一些符合国际服务贸易发展趋势的新兴领域,如通信、金融、会计、计算机和信息服务、传媒、咨询等,其发展方向在于"重点培育";再次,涵盖了一些中国特色的服务项目,如中医药、文化艺术、广播影视、新闻出版、教育、体育等。落实这一规划的政策措施主要是借助税收和金融手段的支持。2012 年 3 月,商务部会同中国进出口银行下发了《商务部、中国进出口银行关于"十二五"期间金融支持服务贸易发展的意见》,利用金融扩大重点行业服务出口,对于为提升国内服务业的水平和质量、提高我国服务贸易竞争优势而实施的国内基础设施建设项目、境外投资项目,以及能够带动服务贸易快速增长的平台类、示范类项目加大信贷支持力度。具体而言,中国进出口银行支持服务贸易出口的手段包括开发信贷产品、开拓中间业务、创新担保方式、完善配套服务。

(二)金融手段支持服务外包产业的发展

为加大金融对产业转移和产业升级的支持力度,重点做好 20 个示范城市服务外包产业发展的金融服务工作,中国人民银行、商务部、银监会、证监会、保监会、外汇局于 2009 年 9 月下发了《关于金融支持服务外包产业发展的若干意见》,要求金融机构通过积极发展符合服务外包产业需求特点的信贷创新产品、探索推动适合服务外包产业业态的多种信用增级形式、深化延伸对服务外包产业配套服务的信贷支持等措施,全方位提升银行业支持服务外包产业发展的水平;完善创新适应服务外包企业需求特点的保险产品;改进外汇管理,便利服务外包企业外汇收支。

此外,商务部于 2010 年 9 月下发的《关于支持和鼓励服务外包企业海外并购的若干意见》,提出要通过财政、金融手段鼓励服务外包企业海外并购,具体包括对符合条件的企业可以提供专项资金等资金支持,并做好金融服务工作,包括加大间接融资支持力度、积极拓宽服务外包企业海外并购多元化融资渠道、支持各类社会资金通过参控股或投资方式支持服务外包企业发展、鼓励各类担保机构联合提供担保服务,提高服务外包企业信用等级。同时,根据《商务部办公厅关于中西部等地区国家级经济技术开发区服务外包基础设施项目享受中央财政贴息政策的通知》,中西部地区国家级经济技术开发区内的服务外包基础设施建设项目贷款,可按规定享受中央财政贴息政策。

> **专栏** 　　**上海出台加强服务外包产业知识产权工作若干意见**
>
> 　　日前,上海市知识产权局、市商务委员会、市工商行政管理局、市版权局、市经济和信息化委员会共同发布了《关于加强本市服务外包产业知识产权工作的若干意见》。该意见旨在深入实施知识产权战略,加强上海服务外包产业知识产权工作,引导企业在服务外包业务中尊重、管理、保护知识产权,促进服务外包产业发展。
>
> 　　该意见提出,要强化政府对服务外包业知识产权的服务和政策支持,充分运用上海市服务贸易发展联席会议机制的组织协调和资源整合功能,加强对服务外包企业知识产权工作统筹协调;加大资金支持力度,鼓励服务外包企业拥有自主知识产权;积极为服务外包企业提供知识产权维权服务;制定服务外包合同中商业秘密、专利、商标、版权等知识产权的示范条款;在条件成熟的服务外包示范区、专业园区内建立健全服务外包知识产权工作机构;积极向服务外包企业提供知识产权信息平台数据资源及应用工具;加强知识产权人才培养。该意见提出,要健全服务外包行业知识产权的自律和保护机制,完善服务外包企业协会职能,积极推动形成上海市服务外包企业知识产权保护联盟,研究制订维护服务外包企业知识产权合法权益、应对纠纷的措施;要提升服务外包企业知识产权保护水平,建立知识产权工作制度,加强商业秘密管理,强化知识产权管理,增强知识产权纠纷应对能力,培育企业知识产权文化。
>
> 　　　　　　　　　　　　　　资料来源:上海市知识产权局网站,2012年9月10日。

（三）投融资政策支持软件产业、集成电路产业发展

新18号文件规定:政策性金融机构在批准的业务范围内,可对符合国家重大科技项目范围、条件的软件和集成电路项目给予重点支持对软件企业与国外资信等级较高的企业签订的软件出口合同,政策性金融机构可按照独立审贷和风险可控的原则,在批准的业务范围内提供融资和保险支持等投融资政策。同时,还提出要充分利用多种资金渠道,进一步加大对科技创新等的支持力度,促进研究开发。

三、提供信息、广搭平台的市场促进政策

近年来,在鼓励服务贸易出口方面,尤其是服务贸易企业"走出去"方面,商务部等部门采取以下措施来为服务贸易企业扩大"走出去"的空间,主要包括:

（一）提供服务贸易信息

"中国服务贸易指南网"是由商务部服务贸易司主办的、我国服务贸易领域最具权威的专业网站,是全国服务贸易促进体系的重要依托。"十一五"以来为增强公共服务职能和政策信息透明度,发布《对外投资合作国别(地区)指南》、《国别贸易投资环境报告》、《国别投资经营障碍报告》,完善对外投资合作信息服务系统,提供境外权益保障。

（二）广搭平台,扩大服务贸易发展空间

近些年,商务部加强政府间沟通合作,商签双边投资保护协定、自贸区协定和政府间基础设施及劳务合作协议,通过多边贸易谈判和自贸区谈判,推动我国服务出口和企业"走出去"。

此外,政府组织牵头组织服务贸易洽谈会。近年来,特别是"十一五"以来,商务部组织搭建中国服务贸易大会、中国(北京)国际服务贸易交易会(简称京交会)、中国国际投资贸易洽谈会、中国—东盟博览会、中非合作论坛、中国工程技术展览会等促进平台,以此促进服务贸易的出口。

四、人才培养政策

（一）加快培养跨国经营管理人才

加快培养跨国经营管理人才，是新时期我国实施"走出去"战略的一项重要工作内容。商务部自2004年开始实施"人才强商"战略，近年来多次举办跨国经营管理人才培训班并对培训予以补贴，培训对象为重点企业主管海外业务的有关负责人，为企业进一步"走出去"提供人才保障。

（二）大力培养服务外包人才

针对目前服务外包是我国服务贸易发展的重要战略和服务外包人才短缺的现状，2009年下发的《教育部、商务部关于加强服务外包人才培养促进高校毕业生就业工作若干意见》，提出要建立服务外包人才培养培训体系并加大对服务外包人才培养的财政支持力度。在2011年6月举办的第三届中国服务贸易大会人才论坛暨服务贸易（服务外包）人才培养国际峰会上，成立了"全国服务外包人才培养联盟"并发表了联合行动宣言。教育部副部长鲁昕出席并提出，教育部将做好推进服务外包人才培养目标、专业结构布局、课程体系和教材、教育教学过程、信息技术应用、人才成长途径、教师培养培训、行业指导作用、校企深度合作和教育评价改革等十个衔接，十年建成职业教育完整体系。

（三）培养软件和集成电路高级人才

具体措施包括：通过加快软件与集成电路海外高层次人才的引进、完善期权、技术入股、股权、分红权等多种形式的激励机制，充分发挥研发人员和管理人员的积极性和创造性；高校进一步深化改革，加强软件工程和微电子专业建设；鼓励有条件的高校采取与集成电路企业联合办学等方式建立微电子学院，经批准设立的示范性微电子学院可以享受示范性软件学院相关政策；支持建立校企结合的人才综合培训和实践基地，联合培养国际化、复合型、实用性的软件和集成电路人才。

此外，人才培养政策还包括动漫人才培养等专业服务贸易领域的培养以及整体服务贸易人才的培养。服务贸易领域人才的培养毫无疑问会增强中国服务贸易的竞争力，有利于出口贸易的健康发展。

五、其他政策

这主要包括加强知识产权保护政策、加强反垄断工作进而规范市场秩序的政策，主要体现在新18号文件中。新18号文件提出要鼓励软件企业进行著作权登记、严格落实软件和集成电路知识产权保护制度，依法打击各类侵权行为、进一步推进软件正版化工作，探索建立长效机制。服务外包行业国内领先的上海近期就服务外包已出台知识产权政策，加强知识产权的保护工作，可以预见未来服务贸易领域的知识产权政策将会加强，而这毫无疑问会规范市场秩序，促进服务贸易的发展和出口。新18号文件还提出要进一步规范软件和集成电路市场秩序，加强反垄断工作，依法打击各种滥用知识产权排除、限制竞争以及滥用市场支配地位进行不正当竞争的行为，充分发挥行业协会的作用，创造良好的产业发展环境。良好的产业环境促进产业发展的同时也必然会促进服务贸易出口的发展。

在对服务出口的具体行政管理上，要依据服务贸易的综合法律法规和各行业的法律法规进行。比如，境外消费形式的中国服务出口（如外国公民来中国旅游）的管理还要依据中国旅游业的法律法规包括各地方政府发布的《旅游业管理条例》等法规。此外，自然人流动和境外消费形式的服务出口还要根据《中华人民共和国出境入境管理法》(2012年)进行管理。商业存在形式的服务出口管理还要根据《对外投资国别产业导向目录》(2004年)、《商务部关于2010年全国对外投资合作工作的指导意见》、《商务部、外交部、国务院国有资产监督管理委员会关于进一步规范我国企业对外投资合作的通知》(2008年)、《对外投资合作企业在外人员相关信息备案制度》(2010年)、《交通运输部部属事业单位对外投资管理暂行办法》(2010年)等法规以及各地方的法规进行具体管理。

第五节 "十二五"时期中国服务贸易发展的目标与对策

一、"十二五"时期中国服务贸易发展的目标

(一)贸易规模稳步扩大

中国政府高度重视服务业和服务贸易在经济发展中的重要作用。国家"十二五"规划中明确提出,要把推动服务业大发展作为产业结构优化升级的战略重点,服务业增加值要从占GDP总量的43%提高到47%。商务部会同33个部门联合发布的《服务贸易发展"十二五"规划纲要》提出,2015年,我国服务进出口总额要达到6 000亿美元,5年内年均增速要超过11%。中国服务业发展潜力巨大,与扩大内需、经济结构调整相辅相成。

(二)贸易结构要不断优化

到2015年,通信、计算机和信息服务、金融、文化、咨询等智力密集、技术密集和高附加值服务贸易占服务出口总额的比重要力争超过45%;对外工程承包、劳务合作、运输、旅游、分销等服务出口规模进一步扩大。

(三)对外开放水平要进一步提升

要逐步提高服务贸易领域的开放步伐,扩大通信、金融、计算机和信息服务、商业服务等行业的商业存在规模,提升经营服务水平,带动、培育和壮大国内产业。

(四)国际竞争力不断增强

对外承包工程、劳务合作、运输、旅游、通信、计算机和信息服务、金融、文化、咨询、分销、研发等行业服务出口规模显著扩大,培育一批拥有自主知识产权和知名品牌的重点企业,打造"中国服务"。境外商业存在数量明显增加,加快培育一批具备国际资质和品牌的服务外包企业,国际市场开拓能力逐步提升。

(五)服务贸易的区域要协调发展

科学合理规划,实施差异化发展战略,充分发挥各地发展服务贸易的比较优势,服务贸易发展较快的地区充分发挥辐射带动作用,实现良性互动、优势互补,构建充满活力、各具特色、区域协调的服务贸易发展格局。

二、中国服务贸易发展的对策

(一)稳步扩大服务贸易规模

服务贸易的竞争力来自于一国高度发达的服务业。因此,要大力发展服务贸易、稳步扩大服务贸易规模必须首先大力发展服务业。目前,发展服务业是我国产业结构优化升级的战略重点。"十二五"时期,要着力提高服务业比重,在此基础上大力发展服务贸易。为改变中国服务贸易逆差大的现状,要着力发展服务出口,着力推动重点行业服务出口。

具体而言,要进一步巩固运输、旅游、建筑等行业在服务贸易中的规模优势,扩大出口规模,同时,积极推进中医药、文化艺术、广播影视、新闻出版、教育、体育等有中国特色的服务出口,重点培育通信、金融、会计、计算机和信息服务、传媒、咨询等现代服务贸易积极承接服务外包,以外包的发展带动服务贸易出口,使"中国服务"与"中国制造"并肩进入国际市场。在大力发展服务出口的同时,要积极扩大服务进口,鼓励引进先进技术、管理经验和高端服务,要继续扩大服务业对外开放,扩大服务业利用外资领域,提高利用外资的质量和水平,扩大服务业国际交流与合作,深入推进内地与港澳台地区服务业合作。另一方面,要鼓励具有较强竞争优势和经营管理能力的企业"走出去",在境外建立地区总部、营销网络和研发中心。重点推动一批具有较强实力的服务贸易企业在发达国家和我国台、港、澳地区开拓市场。

(二)优化服务贸易结构

服务业是服务贸易的基础,为进一步优化服务贸易结构,必须要优化服务业结构。中国服务业的发展要适应产业结构和消费结构升级的趋势,重点发展现代服务业,规范提升传统服务业。现代服务业是制造业的"心脏"和"大脑",是实体经济发展的重要支撑和强大动力。中国正处于工业化的关键阶段,现代制造业和现代服务业相互促进、协调发展,是必须长期坚持的战略方针。要适应制造业转型升级的迫切要求,大力发展金融、物流、商贸、广告会展、科技服务、信息服务等生产性服务业,促进生产性服务业与先进制造业深度融合,提高制造业的附加值和竞争力。大力发展旅游、健身、家政、养老等生活性服务业,满足城乡居民多样化需求。鼓励传统服务企业改革创新和兼并重组,走规模化、品牌化、网络化经营之路,形成一批拥有自主知识产权和知名品牌、具有较强竞争力的大型服务企业或企业集团。

要把增强自主创新能力作为调整结构、转变发展方式和推动服务贸易健康发展的中心环节,强化企业在自主创新中的主体地位,建立以企业为主体、市场为导向的服务贸易领域技术创新体制,不断进行管理创新、服务创新、产品创新。实现通过技术进步提高服务贸易竞争力,带动贸易结构的优化。

(三)协调各区域服务贸易的发展

针对中国服务贸易伙伴相对集中的现状,应该在巩固与主要贸易伙伴贸易关系的基础上,在世界范围内积极开拓新的市场,比如,非洲市场。近几年,随着中非贸易的发展,中非服务贸易从传统领域逐渐扩展到现代服务贸易领域。在中非服务贸易中,中国的建筑和工程建设以较强的竞争力处于突出的地位,并保持稳速发展的趋势。进入21世纪以来,非洲各项促进经济发展、鼓励外来投资的政策不断出台,丰富的资源、广阔的市场,以及人口红利是非洲的优势。虽然非洲服务业总体处于起步阶段,但是电信、零售等服务业领域已经逐渐成为外国对非投资和并购活动的重要内容,航空旅游等服务业成为非洲发展速度最快、前景最好的产业之一,在这些领域都可以培育中非服务贸易新的增长点,同时也有助于实现中国服务贸易的多元化战略。

针对国内服务贸易市场区域发展不平衡的问题,要充分发挥东、中、西部各地比较优势,服务贸易发展较快的地区充分发挥辐射带动作用,实现良性互动、优势互补,构建充满活力、各具特色、区域协调的服务贸易发展格局。具体而言,东部沿海地区要充分发挥人才、物流、信息和资金等方面的集中优势和交通、研发、设计服务等行业的集群优势,重点发展金融、运输和信息领域的服务,培育一批物流中心、金融中心、研发中心和设计中心,带动咨询、计算机和信息服务、服务外包等现代服务贸易的快速增长。依托城市群、中心城市培育形成一批服务贸易集聚区,加强对其他地区和城市的辐射和带动效应。中西部地区要加强与东部发达地区的合作,延伸东部服务贸易产业链，培育服务贸易增长带。根据地域特点，充分利用边贸地区和中心城市的区位优势及资源优势，加强与周边国家交流与合作，加快运输、旅游、医疗、文化艺术、广播影视和新闻出版领域的服务贸易发展。发挥人力资源优势，提高承接服务外包能力。根据各自比较优势和区域特色，积极探索和创新服务贸易区域发展新模式，发挥示范带动作用。

（四）加快服务贸易人才培养

服务业是智力密集型行业，许多新兴服务业的服务要依靠人的智力劳动来完成，必须依靠具有一定专门知识和劳动技能的劳动者来提供，服务者不具备必需的技术知识，就不可能提供有价值，尤其是高附加值的服务。服务提供者的素质是决定服务质量和服务效益的关键，也是制约中国服务贸易发展的主要因素。

改革开放以来，虽然中国在人才培养方面取得了很大成绩，但由于培养的人才结构与市场需求结构的矛盾，一方面一些人才供大于求，另一方面，市场急需的人才却不能满足，特别是从事咨询、信息、国际旅游、会计、广告、技术服务等方面的高级专门人才的不足，严重影响着中国服务贸易的发展。因此，要加强服务贸易人才的培养，尤其是当前极为短缺的服务贸易研究人员、企业家、金融家、会计师、审计师、保险师、律师、工商管理人员和工程承包商等人才的培养。

（五）不断完善服务贸易的管理体系

1. 完善服务贸易的法律制度

首先，应完善《中华人民共和国对外贸易法》(2004年修订)。《对外贸易法》是我国的对外贸易中的基本法，其中的第四章对有关服务贸易的内容进行了规定，明确了国家应促进国际服务贸易逐步开展，并根据承诺给予缔约方市场准入和国民待遇，而且还对服务贸易的禁止和限制的原因作了规定。但是，《对外贸易法》对于服务贸易的规定较为简单和原则性，对于外贸秩序、外贸的经营者、法律责任等方面的规定都侧重于货物贸易，而没有真正体现出服务贸易的特点。因此，应完善《对外贸易法》作为服务贸易的基本法。修改的重点之一应该是明确有关国际服务贸易经营者的资格问题。按照《对外贸易法》第二章第十条的规定，"国际服务贸易企业和组织的设立及其经营活动，应当遵守本法和其他相关法律、行政法规的规定"。但《对外贸易法》的其他条款并没有作出明确规定。由于大量的服务贸易都是通过建立商业存在来完成的，而且我国服务业市场的开放程度较高，因此必须对国际服务贸易经营者资格作出明确规定，防止由于开放引发鱼龙混杂的局面出现。为了促进服务贸易的发展，必须鼓励国内各种所有制资本参与服务贸易，对服务贸易经营者逐步实行以登记制为主、审批制为辅的制度。在对国内经营者实行登记制的同时，通过具体承诺对外国经营者来华经营服务的进出口的资格条件作出规定。相应地，政府管理工作重点也应由对经营者的审定转移到对经营者的管理。

其次，应逐步完善行业和其他配套的法律、法规。由于一些重要服务贸易部门如电信业、旅游业仍缺乏必要的法律，因此，旅游业应参照服务贸易发达国家的做法尽快出台《旅游法》，电信业应尽快出台《电信法》。另外，现有的其他法律如《知识产权保护法》、《税法》、《公司法》等综合法律中缺乏配套条款的应尽快出台配套的法律法规。随着服务贸易领域的开放程度加大，特别是外国服务贸易经营者的不断进入，国内市场还应出台《竞争法》、《移民法》等配套法律。在完善法律法规的同时，还要及时公布正在实施的法律法规以增强服务贸易政策法规的透明度。

再次，应进一步完善保护知识产权法规体系，健全企业知识产权管理制度，从而加大对知识产权保护的力度。因为知识产权是服务贸易中的重要问题，通过知识产权的保护可以为服务贸易进口创造良好的知识产权环境，防止知识产权滥用，也可以引导服务贸易出口企业提升知识产权创造、运用、保护和管理能力,鼓励企业有效运用知识产权,积极参与国际技术标准的制定。同时,理顺知识产权政策,也将有利于减少贸易摩擦。

2. 推进服务业体制改革

由于我国服务业长期处于政企不分、政事不分、营利性机构与非营利性机构部分的状态,许多服务领域至今还被认为是非生产性活动。服务业产业化水平低、市场化水平低。落后的服务业使我国经济发展出现了服务"瓶颈",在服务贸易自由化程度不断提高的形势下,加快国内服务业的改革势在必行。

要坚持市场化、产业化、社会化的改革方向,坚决打破部门分割、地区封锁和行业垄断,充分释放服务业的发展潜力和活力。要深化金融、电信、铁路、民航等服务行业改革,放宽市场准入,引入竞争机制,实现投资主体多元化。对属于基本公共服务范畴的基本公共教育、基本医疗卫生、基本住房保障、基本社会服务、社会保险、就业服务、公共文化体育等,坚持在政府负责的前提下,注重发挥市场机制作用,鼓励社会力量参与。按照政企分开、政事分开、事业企业分开、营利性机构与非营利性机构分开的原则,加快事业单位改革,使相当部分事业单位逐步转化为企业。深化政府机关后勤服务社会化改革,实现以内部自我服务为主,向主要以社会提供服务为主转变。建立统一、开放、竞争、有序的服务业市场,坚决破除阻碍民营企业投资的"玻璃门"和"弹簧门"。凡是法律法规没有明令禁入的服务领域,都要向社会资本开放。

3. 建立服务贸易发展促进体系和保障机制

(1)建立服务贸易发展促进体系。

发展出口导向性服务产业,谋求具有比较优势的服务产业扩大出口,进而实现服务贸易的进出口平衡发展,是我国服务贸易发展的走向。从先进国家的经验来看,服务贸易的发展往往得益于贸易发展促进体系,因此我国也需要建立服务贸易发展促进体系。服务贸易发展体系促进分为两个层次:

一是国家层面的发展促进体系,主要由商务部和各行业主管部门组成。这一层级的职责主要是制定服务贸易发展目标、规划和设计促进服务贸易发展的政策。由于服务业是服务贸易的产业基础,因此在产业政策、区域经济政策上,政府应加强政策倾斜。例如:制定和完善支持服务贸易发展的财政税收、金融政策,尤其是对重点服务业和重点地区的服务业进行适当倾斜,以促进重点服务业和重点地区的服务贸易竞争力提高。扶持公共服务平台建设,完善对服务外包的资金支持政策。引导和鼓励金融机构在风险可控的情况下,优化贷款审批程序,加大对服务贸易人民币结算和融资的支持力度,积极推动金融创新,开发适合服务贸易企业需求的金融产品。推动中小企业信用担保体系建设,积极搭建中小企业融资平台。完善出口信用保险机制,简化理赔手续,加快理赔速度等。

二是行业协会的促进体系,要培育行业协会。目前已经建立了服务贸易协会,这是整个服务业大的龙头协会。随着服务业的发展,还要推动成立中国服务外包协会,有一些协会现在已经成立并发挥了很好的作用,例如:国际货代协会、会展协会、餐饮业方面的协会等都已经陆陆续续地成立了,为企业和政府之间搭建了桥梁,在为反映企业的诉求、政策的呼声、建议方面发挥了纽带作用。协会的作用是不可替代的,应对协会的工作给予更多的关注和支持。

(2)建立服务贸易保障措施机制。

根据《服务贸易总协定》规定,由于进口激增,在国内服务业受到严重损害的情况下,成员国有权实施保障措施。按照世界贸易组织的定义,服务贸易的进口有两种形式:一种是类似于货物贸易进口,即跨国贸易;另一种形式是通过商业存在完成进口,而外资服务企业为国内企业或消费者提供服务也属于服务进口,因此进入国内的外资企业所从事的经营活动也属于国际服务贸易的范畴。而进口激增一方面表现为跨越国境的服务进口迅速增加,另一方面也表现为外资服务企业在国内服务业市场的份额增长过快。这两种进口激增都有可能对国内企业造成损害。因此,建立服务贸易紧急保障机制尤为重要。

然而,建立服务贸易紧急保障机制并不是对外资企业在我国国内市场份额进行限制,而只是为了避免国内服务企业受到严重损害而设置的一种预防机制,是针对服务贸易自由化带来的冲击设置的一种缓冲机制。目前我国跨境贸易引起的进口增长表现得比较明显,因此已经引起了各方面的重视,但因商业存在引起的进口增加并不明显。出现这种情况主要因为,我国对外资服务业的经营范围、地域以及股权等方面都还保留着一定的限制。另外,外资服务业企业进入我国的时间比较短,对国内服务业的环境不太适应。随着我国服务业开放程度的提高,以及对我国经济环境的熟悉,外资服务企业的竞争优势会逐渐显露出来,市场份额会不断提高。尽管从目前的绝对额上看,外资服务业企业难以对国内主要服务提供商形成威胁,但是在一些行业中也已经出现了外资企业挤压内资企业生存空间的现象。当然,外资企业的市场份额提高并不必然会对我国服务业造成损害,但是这种份额的上升如果是建立在国内的服务业企业的市场份额受挤压,甚至是出现大量企业退出市场的基础上,就容易对我国服务业造成损害。因此为了防止对我国国内服务业形成实质性损害,建立紧急保障机制是必需的。

本章小结

世界贸易组织(WTO)关于服务贸易的法律文件《服务贸易总协定》(GATS)将服务贸易按提供方式分为跨界提供、境外消费、商业存在和自然人流动四种形式,将服务贸易按部门可分为12个类别。

世界服务贸易的发展速度快,贸易规模不断扩大;同时,服务贸易结构趋向高级化,贸易结构呈现出由传统服务贸易逐渐向现代服务贸易倾斜的趋势;基于各国的竞争优势,发达国家是当代国际服务贸易的主体,地区不平衡仍然存在;服务贸易壁垒仍多繁杂。

中国服务贸易增速快,国际地位不断提高,成为服务贸易大国,但是大而不强,中国服务贸易占对外贸易比重小,传统产业集中度高,贸易结构不合理,进出口发展不平衡,逆差大,而且区域发展不平衡,国际市场结构不平衡,服务贸易的管理亟待完善。

中国服务贸易的主管部门是商务部,具体是服务贸易司负责,但是由于服务贸易涉及金融、保险、电信等诸多服务业部门,服务贸易的管理还包括商务部作为主管机构同各行业部门的整体协调。

服务贸易的法律体系包括《服务贸易总协定》(GATS)、《对外贸易法》和各服务业部门的法律法规。

中国服务贸易的管理包括进口和出口管理。进口管理主要是对服务业的开放的管理,出口管理包括利用信贷、税收等手段扩大重点领域服务贸易出口、发展服务外包、支持中国服务贸易企业"走出去"。

为进一步增强中国服务贸易的竞争力,实现从服务贸易大国到服务贸易强国的转变,中国需从完善服务贸易管理体系等多种措施来努力。

思考题

一、简述题

1. 服务贸易可以划分为哪几种方式?
2. 中国服务贸易的管理部门有哪些?
3. 中国服务贸易的管理体系中存在哪些问题?
4. 中国服务贸易在国际市场上的竞争力如何?

5. 收集有关资料,剖析我国服务贸易存在的问题及其发展前景。

二、案例分析题

1. 2012年2月下旬,中美签署的"电影新协议"不仅令中美媒体兴奋,也引发了中国电影界的热议:有的惊呼"狼来了",有的淡定地说"怕什么"。

14部美国IMAX和3D电影;美国电影票房分账比例从13%提高到25%以及梦工厂在华建合资企业;分账式进口片垄断的格局将被打破,这些对可获得资格的民营公司是利好消息。"像其他产业对外开放一样,中国文化领域也在稳步开放,这对于中国电影业来说是好事。"中国传媒大学文化产业研究院学术委员会主任齐勇峰对国际商报记者说。中国从1995年开始引进美国大片。当年,中国电影局下发348号文件决定自1995年起,由中影公司每年以国际通行的分账发行的方式进口10部"基本反映世界优秀文明成果和当代电影艺术、技术成就"的"好电影"。2001年12月,中国正式加入WTO。作为"入世"条件,分账"好电影"从10部增加到20部,"批片"为30部,即中国每年进口电影50部。10年后,分账电影20部的进口配额提高至34部。

从分账电影进口配额的增加,可以看出中国在逐渐放开文化领域。"中国一直在践行'入世'承诺。"齐勇峰说。"此次协议,有可能部分给予中国民营影视制作公司进口海外电影的发布权利,但不太可能一下放开,很有可能逐步推行比如与进口一般影片区别开来。具体配额是多少也未知。"张智华表示,在广电总局未出具体执行明文之前,媒体披露的内容只可能是中美双方的酝酿方向或讨论议题。

齐勇峰认为,虽然电影市场的终极目标是回归自由竞争的市场经济,但作为特殊的文化产业不能一下子完全放开,曾经非常景气的台湾电影在完全开放后迅速跌入谷底,至今无法重建昔日辉煌就是一个教训。据悉,美国电影的年拍摄数量占全球总量的7%~8%,而在全球的市场占有率却占70%以上,可见其超强的竞争力。罗马尼亚也由于完全放开本国电影市场而遭遇了毁灭性的打击。在2011年10月的一个讨论会上,罗方电影代表表示其院线基本无本国电影放映。韩国对此规定,院线放映本国影片不得低于40%。

问题:你如何看待中国新签署的协议对中国电影业影响的利弊? 中国电影业将如何抓住扩大开放的机遇?

2. 印度是世界软件与服务外包产业最大的离岸服务外包接包国。从20世纪70年代末开始,印度发展软件与服务外包已经有30多年的历史,具有规模大、国际化程度高、龙头企业带动作用明显的特点。2005年,印度软件与服务外包产业规模为283亿美元,2010年该数据已增长到739亿美元。年均复合增长率高达50.6%。同时,印度在全球离岸服务外包市场中所占份额从稳步上升,所占份额从49%提高至55%,占据全球市场的1/2。

印度主要承接来自美、欧的外包业务,其最大的软件外包服务企业如TCS、Infosys等早在2004年度营业收入就已突破10亿美元。截至2010年末,印度IT-BPO企业总数超过5 000家,其中年营业收入超过10亿美元的企业为9家。印度的大型软件外包企业如TCS,Infosys,Satyam和Wipro等在全球享有高知名度,并具有万人以上规模,建立起在全球接包的能力。印度的主力外包商均已进入美国和日本市场设立分支机构,直接与IBM、埃森哲、EDS等竞争。

目前,软件与服务外包产业已成为印度经济的支柱产业。2006年该产业在印度GDP中所占比例接近5%,5年间该比例不断提升,2010年该数据已增长到6.2%,成为了印度经济增长最重要的动力之一。

问题:参阅有关资料,印度软件外包的成功案例带给中国什么启示?

第八章 服务贸易 / 153

第九章

中国利用外资与对外直接投资

学习要求

了解我国利用外资、对外投资的演变过程。掌握我国利用外资、对外投资的方式,理解我国利用外资的适度规模和对外直接投资的政策。

第一节 中国利用外资

一、国际资本流动的基本形式

国际商品资本流动、国际货币资本流动以及国际生产资本流动是国际资本流动的三种基本形式。在国际资本流动的三种基本形式中,国际货币资本流动和国际生产资本流动为通常所说的"外资"的具体形式。其中,国际货币资本流动的主要方式为购买股票、证券投资和借贷资本输出,即"外国间接投资",其特点是投资者仅购买企业的股票和债券,或者是只向企业提供借款,并不实际参与企业的经营;而国际生产资本流动,则指投资者直接输出生产资本到另一国家进行投资,并且直接参与企业的生产经营和管理,就是通常所称的"外国直接投资"(Foreign Direct Investment, FDI)。

二、改革开放以来中国利用外资方式的演变

(一)借贷形式为主时期

新中国成立之初,由于受国际政治格局的影响,我国主要通过向苏联低息贷款以及利用卖方信贷的方式解决经济发展中资金短缺问题,并没有形成真正意义上的利用外资。1978年12月25日,我国政府公布了接受外国政府贷款和允许外商来华直接投资的政策,随着改革开放的进程,我国逐渐开创了全方位利用外资的格局。

在改革开放之初,对于大规模购买先进技术、设备等所需资金,我国主要通过外国政府贷款、以世界银行(World Bank, WB)和国际货币基金组织(International Monetary Fund, IMF)为代表的国际金融机构贷款以及外国商业银行现汇贷款等渠道,采取举借外债的方式获得,而引进的直接投资很少。据统计,1979~1982年实际利用外资为126亿美元,其中贷款为109亿美元,占86.5%,吸引的直接投资仅为17亿美元,占13.5%。

(二)中外合作、中外合资和外商独资形式为主时期

借贷资本虽然可以弥补我国资金不足的部分问题,但是,举借外债不仅有还本付息的沉重负担,而且还要受外国政府或外商种种苛刻条件的限制。对于我国这样技术落后、人才缺乏、

外汇不足的发展中国家来说,在利用外资问题上,引进直接投资比借用外债无疑更有利于经济发展的需要。直接投资虽然也是利用外资,但大量引进不会增加我国的债务负担,不影响外债清偿能力,并且外方还会千方百计让企业取得最佳经济效益,同时对于我国引进外国先进的生产技术和管理经验有特殊的作用。

自20世纪80年代中后期开始,我国利用外资水平呈现出增长的趋势,如图9-1所示。1979年至2010年我国利用外资总额为12 504.43亿美元,2010年我国利用外资总额为1 088.21亿美元,比1979~1984年的总和181.87亿美元增加了906.34亿美元,增长为498%。在1997年出现了利用外资的高峰期之后,我国利用外资进入了理性增长的发展阶段。

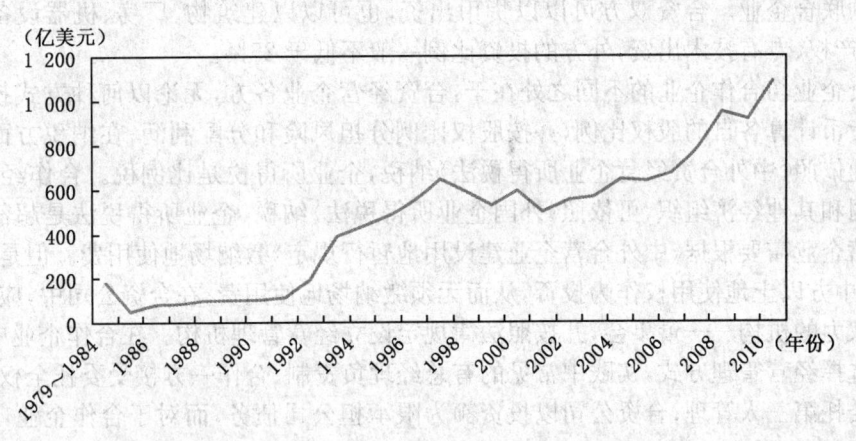

资料来源:《中国统计年鉴》2011年。

图9-1　改革开放以来我国实际利用外资情况

此阶段中,我国利用外资种类逐步从以借贷资本为主的间接投资向直接投资发展。如图9-2所示,1995年我国对外借款103.27亿美元,FDI为375.21亿美元,后者超过前者2倍多,对外借款开始退居第二位,外商直接投资占据主要地位。到目前为止,引进外商直接投资(FDI)仍是我国利用外资的主要形式。

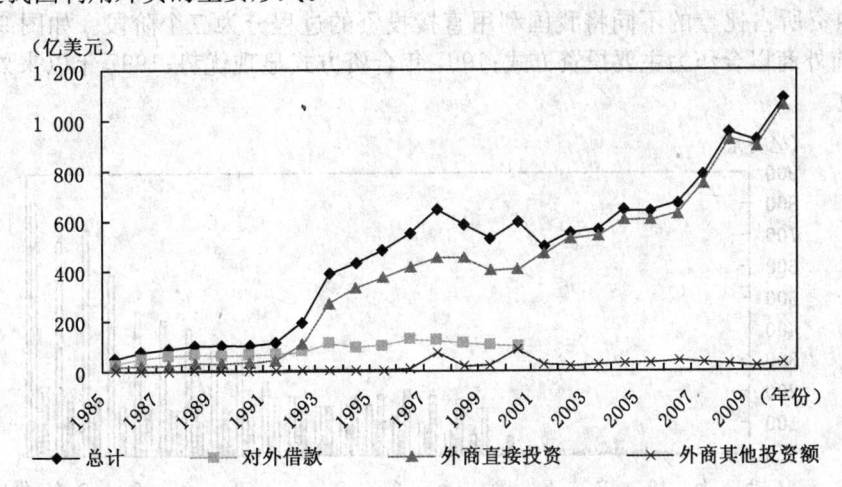

资料来源:《中国统计年鉴》1996~2011年及中国海关统计数据。

图9-2　不同投资方式实际使用外资额概况

1. 三种直接投资方式

直接投资采用最多的方式是中外合作、中外合资和外商独资形式,在我国习惯称为"三资企业"。中外合作经营企业，又称契约式合资企业，是依照《中华人民共和国中外合作经营企业法》（简称《合作法》）在中国境内设立的合作企业及法人。合作双方的投资及合作条件、利润或产品分配、风险和亏损的分担、经营管理的方式和合同终止时财产的归属都在各方签订的合同中确定。合作经营的一般做法是：外方提供资金、设备、技术，中方提供场地、劳动力和服务。合同期满时，企业的全部财产归中方所有，外国合作者一般在合作期间已收回全部投资及所得利润。

中外合资经营企业在我国也称股权式合资企业。合资企业是由外国公司、企业和其他经济组织或个人，依照《中华人民共和国中外合资经营企业法》（简称《合资法》），经我国政府批准，在我国境内同我国的公司、企业或其他经济主体建立的，共同投资、共同经营、共担风险、共享利润的联合企业。合资双方可以以货币出资，也可以以建筑物、厂房、机器设备、场地使用权、工业产权、专有技术出资，外方的投资比例一般不低于25％。

合资企业与合作企业的不同之处在于：合资经营企业各方，无论以何种方式投资，都必须折算成货币计算各自的股权比例，并按股权比例分担风险和分配利润；在纳税方面，中外合资经营企业依照《中外合资经营企业所得税法》纳税，企业所得税是比例税。合作经营企业中的外国公司和其他经济组织，可依照《外国企业所得税法》纳税，企业所得税法是超额累进税率；合资经营企业需要根据《中外合营企业建设用地暂行规定》缴纳场地使用费。但是在合作经营企业中，中方以土地使用权作为投资，从而无须缴纳场地使用费；在合资公司中，应设立代表公司最高权力的机构——董事会，并按照法律规定设立经营管理机构。在合作企业中，合作者可以自主选择经营管理方式，实践中常见的有总经理负责制、合作一方接受委托全权负责公司管理以及委托第三人管理；合资公司以投资额为限承担公司债务，而对于合作企业，则以合作企业的全部资产承担责任。

外商独资企业即我们所说的外资企业，是指外国公司、企业依照《中华人民共和国外资企业法》（简称《独资法》）在我国境内设立的全部资本由外国投资者投资的企业。它与前两种类型企业最大的区别就是企业完全由外方所有，经营管理完全由外方决定。

2. 利用外商直接投资方式的演变

我国确立积极利用外商直接投资方针以来，通过对有关数据的统计分析，可以发现根据合作、合资、独资所占比重的不同将我国利用直接投资的过程分为三个阶段。如图9—3所示，1986年以前外商以合作为主要投资方式；1997年合资方式显现优势；1997年以来外商独资形式居于首位。

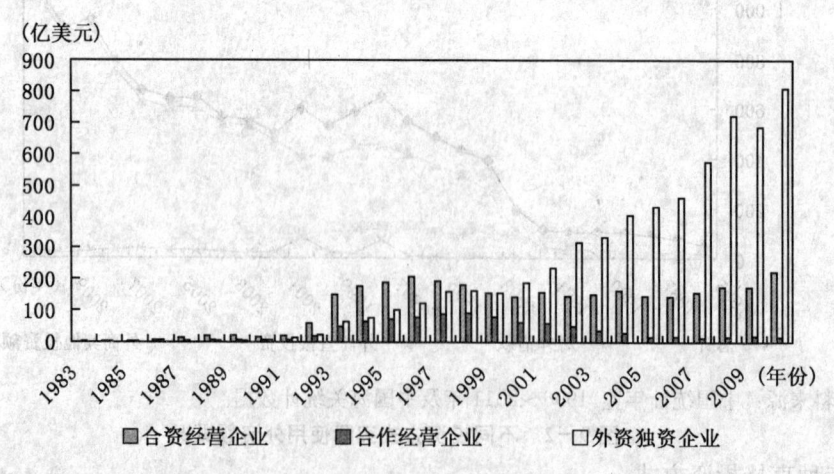

资料来源：《中国统计年鉴》1996～2011年及中国海关统计数据。

图9—3　1983～2010年"三资企业"实际金额变化情况

(1)合作方式占主要地位时期(1979～1985年)。1979～1985年期间,在我国的外商投资企业中,合作企业的比例一直高于其他方式。按投资企业数量、合同利用外资金额和实际利用外资金额,合作企业分别占到我国利用FDI的61%、68%和62%。1979～1980的两年间,我国共批准合作项目300多个,吸引合同外资5亿美元;批准举办中外合资企业20项,吸引合同外资2.1亿美元。1985年签订中外合作经营项目1 611项,占全年利用直接投资项目的一半;协议利用金额35亿美元,占全年吸收外商直接投资协议金额一半以上,无论项目数量还是利用金额,均在我国利用外商直接投资的各种方式中列居首位。

(2)合资方式占主要地位时期(1986～1997年)。早在1979年我国就出台了《合资法》,但由于法律内容过于笼统,对允许设立合资企业的行业范围缺乏具体说明,操作性不强,加上国内基础设施较为落后,投资环境较差,因而对外商建立合资企业的推动力不大。1983年通过的《中华人民共和国中外合资经营企业实施条例》对于外商合资的投资方式做出了具体的补充规定,对合资企业的发展产生重要的作用。同时,国内基础设施建设逐步完善,国内投资环境进一步好转。从1984年开始,合资企业发展迅速,到1985年实际利用外资金额与合作企业实际利用外资金额已十分接近,分别为5.80亿美元和5.85亿美元;1987年,合资企业在项目数量、合同利用外资金额和实际使用金额中所占比例分别为61%、52%和62%,开始超过合作企业而居主导地位。

(3)独资方式占主要地位时期(1998年至今)。由于受《外资法》的影响,加上1992年邓小平南方讲话的推动作用,我国利用外资的整体数量呈现出爆炸性的增长趋势,独资方式更是得到了长足的发展。1992年外商独资企业所占比重大幅上升到27.0%,1998年独资企业首次在项目数量方面、1999年独资企业在合同利用外资金额方面超过合资企业,成为我国利用外资的最主要的方式。2001年新批外商独资项目比合资项目多出近70%,合同利用外资金额是合资企业的2倍。

2002年是我国加入WTO的第一年。根据WTO贸易和投资自由化的原则,我国减少了对外商投资企业投资领域和股权结构方面的限制,更进一步促进了独资企业的发展。2002年当年,我国新批外商独资企业22 173家,合同金额为572.55亿美元,独资企业项目数是合资、合作企业项目数的1.85倍,金额则为2.31倍。2005年,独资企业合同利用外资金额所占比例已上升到78%。2010年,我国新批设立外商投资企业27 406家,同比增长16.94%;实际使用外资金额为1 057.35亿美元,同比增长17.44%。其中,独资企业实际金额809.75亿美元,占全部外商直接投资金额的76.58%。可以预见,外商独资企业仍将是今后相当长一段时期内外商首选的投资方式。

3. 直接投资方式选择的原因

外商投资企业在不同阶段选择不同的投资方式,既受其自身经济利益等因素的影响,也同我国国内的政策、投资环境等条件的变化密切相关。

(1)合作为主要投资方式的原因

20世纪80年代中期以前,我国对外开放时间很短,人们的观念还没有完全转变,对于引进外资存在很多顾虑,政府在开展引进外资这项工作时态度还是很慎重的。而独资企业因为完全被外方控制,所以我国对外资企业的建立所设立的条件或限制更多;另一方面,由于当时国内对于引进外资的各项制度尚不完善、透明,所以外商对我国的政治、经济环境较为陌生,也不愿意以独资方式承担全部风险,因而往往会与一些国内企业共同投资。所以中外合作、中外合资是当时外商最主要的投资方式。

而中外合作企业由于其自身的特点,尤其受到外方的青睐。首先,中外合作方式投资形式灵活、获利时间短,减少了企业的风险。另外,因为合作企业可以通过提折旧、分摊成本的方式收回投资,较之于一般从企业利润中收回投资的方式,实际上等于国家免除了投资额这一部分的所得税,所以当时在外商对我国投资存在疑虑的情况下,合作企业成为外商首选的投资方式;其次中外合作企业手续简单快捷。报批时间一般只需几个月就可以完成。而合资企业手续繁多,包括项目建议书、可行性研究报告、合同和公司章程,直至经有关部门审批,仅仅是上报到批准的时间,少则近一年,多则要三四年;最后,对于需要占用土地较多的企业的建立,如宾馆、饭店、种植以及捕捞等项目,中方多以土地作为出资方式,外商主要以现金作为投资,对于合作企业就不必单独计算收取使用费;而中外合资企业按照国家规定需要缴纳合乎标准的土地使用费,所以外方比较少地会选择合资的形式进行投资。

(2) 合资为主要投资方式的原因。就我国国内政策来说,随着《合作企业法》特别是《合作企业实施细则》的颁布,有关规定使得外商以合作方式投资的灵活性大打折扣;其次,我国逐渐对合作企业投资领域进行了限制。在引进外商投资的初期,由于外商对我国的政策和投资环境存在疑虑,所以投资主要集中在投资回收期较短的服务业行业,例如餐饮、酒店等行业,而政府引资的初衷希望外商能够在制造业投资,以改善我国工业落后、技术水平低下等问题。现实与政府期望的差距,使得政府开始下达有关文件,对第三产业的投资进行限制,这也使得合作企业的发展出现缓慢甚至是停滞的现象。另外,我国政府相继出台了鼓励建立合资企业的法律法规,使其在外汇平衡、产品销售以及原材料供应等方面享有合作企业和独资企业所没有的优势。此外,对于第一、第二产业,尤其是一些重要行业如汽车、通信器材等,规定外商必须与我国企业合资才允许经营,外方持股不许超过49%,国内占51%;而对于我国鼓励开放的第一、第二产业之外的第三产业,例如航空、旅游、银行、保险等行业,更加不允许建立独资企业,并要求由国内企业控股。这都使得合资企业超出合作和独资企业,成为我国引资的最主要的形式。

从外商方面来说,通过合资方式消除我国国内的竞争对手是他们在我国获得持续发展的必经之路。虽然一些跨国公司拥有先进的技术和优质的产品,但是在某些领域,我国企业在国内也拥有名牌产品,同时还具有低廉的价格。经过一段时间的国内竞争,许多国外企业由于受到本土知名品牌的阻击,没有达到预期的目标。为了减少竞争,扩大市场份额,许多外国企业首先与国内竞争厂商合资建厂,达到逐步挤出国内品牌,独霸市场的目的。如高露洁买断"三笑"、"熊猫"洗衣粉与宝洁合资后现已失去原有的品牌价值即是典型的事例。另外,外商当时进入我国市场,也面临很大的不确定性:第一,社会经济活动所必需的基本法律不健全,市场本身也不完善,在各种生产要素市场里基本都存在不同程度的政府管制。第二,由于东西方文化的差异,我国社会的经济管理规则与国际不接轨,西方发达市场经济国家的企业管理和市场营销准则不能直接应用于我国。

基于以上原因,建立中外合资企业成为该阶段外商对华直接投资的主要形式:一方面可以逐步实现我国政府通过建立合资企业促进国内产业结构调整与升级的构想;另一方面也有利于外商减少投资额、降低风险并且利用中国企业的本土优势,大大降低其自身的"学习成本"。

(3) 独资成为主要投资方式的原因。从国内方面来看,首先,外商投资环境不断改善。20世纪90年代以来,为了进一步改善投资环境,拓宽引进外国资金的途径,我国政府采取了一系列有利措施。1990年由国务院批准、外贸部发布的《中华人民共和国外资企业法实施细则》(简称《外资企业法实施细则》),为外国投资企业的兴办提供了可靠的法律保障和操作依据。2001年,国务院对《外资企业法实施细则》做了进一步修订,对采用先进技术和设备,从事新产品研发的外资企业实行一系列鼓励措施。加入世贸组织后,我国进一步改进产业政策,加紧制定和实施符合世贸组织规则的有关法律法规和方针政策,转变政府职能,依法保护外商投资者的合法权益,为国内外企业创造公开、统一、平等竞争的条件。其次,放松了对行业及股权结构等方面的限制。根据2001年4月份公布的外商投资产业规定,凡没有规定必须由中方控股的行业、企业,外商都可以在合资的时候直接控股。这即表示,外商对投资方式的选择将更多地取决于其自身的发展需要及公司战略考虑。我国国内经济形势的稳定和投资环境的改善降低了投资风险,增强了外商的投资信心,促使了独资形式的增多。

从外商角度来看,投资由合资方式向独资方式的转变,是企业实现最大化利润的结果。首先,合作和合资方式由于股权分散带来管理权限的分散,企业决策时不能更好地实现自己的意图。而建立全部股权的公司,外商可以控制关键的决策,降低交流成本,提高经营管理效率。其次,与合资方式相比,独资方式更有利于保护外商的生产专利或技术以及经营管理经验等无形资产。再次,独资经营方法受政府的干预较少,有利于其经营管理活动的开展。最后,独资经营可以充分利用自己的销售网络,扩大产品销路。

三、现阶段中国利用外资的基本特征

加入世界贸易组织以来,我国利用外商直接投资(FDI)发生了重大变化。

(一)利用外资的规模持续扩张

加入WTO以后,我国经济持续增长、巨大的国内市场需求潜力、丰裕的劳动力资源等因素吸引了大量的外商直接投资,外商对华直接投资的项目和资金规模方面基本上呈不断扩大的趋势。2001年,我国实际利用外商直接投资额为496.72亿美元,在加入世贸过渡期结束的2006年增加到670.76亿美元。2007年外商直接投资突破700亿美元,从2008年10月开始,我国外资流入增长速度开始出现负值,2008年11月出现显著下降趋势,2009中国FDI连续十个月出现同比负增长,实际利用外商直接金额由2008年的952.53亿美元下降到2009年的918.04亿美元,即便这样,降幅远远低于全球平均水平。金融危机导致不少跨国公司的总部出现资金紧缺,也由此造成了中国FDI增速的连续负增长。虽然外资流入中国的规模和速度有所减缓,但总体而言,其流入总量仍保持了一定规模。特别是随着发达国家银行信贷的恢复和金融市场融资活动启动,跨国企业再次跨境投资,向中国的FDI开始回暖,2010年,外商直接投资突破1 000亿美元,是"十五"末的1.8倍。"十一五"期间,我国外商直接投资累计达到4 260亿美元,年均增长11.9%,是"十五"期间的1.6倍,全球排名由"十五"末的第四位上升至第二位,并连续18年位居发展中国家首位。

2001~2010年,以美元计算的外商投资额增长了1.26倍,平均年增长率达到9.5%,与我国GDP增速基本相当,明显高于同期全球外商直接投资增长额。入世以来,我国一直保持了全球吸收外商直接投资最多的发展中国家地位。从包括发达经济体在内的全球直接投资排名看,我国地位稳步上升:2001年我国利用外商直接投资位居全球第六位,2010年上升到第二位,其间的2007年,我国还曾经位居全球第一位。

(二)外商直接投资的产业结构出现了明显改善

2001~2010年,外商投资在第三产业中所占比重由23.9%上升到47.3%,而第二产业所占比重则由74.2%下降至50.9%。服务业由与原来不足第二产业的1/3变为基本上持平。相比之下,第一产业所占比重基本稳定,2001年为1.94%,2010年为1.81%。特别是:第一、第三产业吸收外资投向现代农业、商贸服务和民生服务领域的外资明显增多。第二产业中,电子信息、集成电路、家用电器、汽车制造等技术资金密集型产业继续发展,新能源、新材料、生物医药、节能环保等行业的外资日益形成规模。相关产业的核心竞争力也有了明显提升。目前,跨国公司在华设立的研发中心已超过1 400家,比"十五"末增长近一倍。外资研发中心中,从事先导技术研究的近50%,已超过从事市场调试型研究的比重;60%以上的研发中心将全球市场作为其主要服务目标。

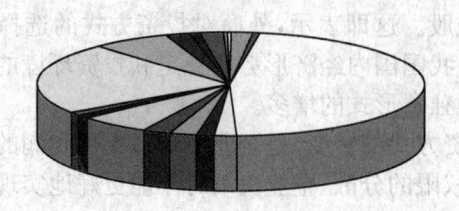

图例：
- 农、林、牧、渔业
- 采矿业
- 制造业
- 电力、燃气及水的生产和供应业
- 建筑业
- 交通运输、仓储和邮政业
- 信息传输、计算机服务和软件业
- 批发和零售业
- 住宿和餐饮业

资料来源：《中国统计年鉴》2011年。

图9-4　2010年我国行业外商直接投资状况

（三）外商直接投资的来源结构比较集中

外商投资的来源比较集中于发展中国家或者地区（多为亚洲国家），发达国家对我国的投资数量并不多。

2010年亚洲十国/地区（中国香港、澳门、台湾、日本、菲律宾、泰国、马来西亚、新加坡、印度尼西亚、韩国）对华投资新设立企业22 058家，同比增长20.4%，实际投入外资金额881.79亿美元，同比增长20.55%。2010年，对华投资前十位国家/地区（以实际投入外资金额计）依次为：中国香港（674.74亿美元）、中国台湾（67.01亿美元）、新加坡（56.57亿美元）、日本（42.42亿美元）、美国（40.52亿美元）、韩国（26.93亿美元）、英国（16.42亿美元）、法国（12.39亿美元）、荷兰（9.52亿美元）和德国（9.33亿美元），前十位国家/地区实际投入外资金额占全国实际使用外资金额的90.1%。

与发展中国家相比，发达国家在对我国投资中所占比例较小，并且华裔的商人回国投资的情况较多，外商投资多通过避税港区来投资。1994年发达国家在我国投资为66亿美元，而发展中国家超过了262亿美元。1995~2006年，发达国家每年在我国的投资维持在100亿~150亿美元，发展中国家在我国的投资额一直是发达国家的2~3倍。自2006年起，发展中国家对我国投资持续高涨，2007年和2008年分别为604亿和750亿美元，而发达国家的投资额不升反降，两者之间的反差越来越大。2007年和2008年，发展中国家在我国的投资额分别是发达国家的5.6倍和6.1倍。

（四）外商直接投资在我国的区域分布呈现出明显的地域差别

近年来，我国外商投资在区域间的分布呈现出了明显的地域差别，我国吸收的外商直接投资主要集中在东部地区以及东南沿海地区，中西部地区投资强度较弱。这主要是因为东部及东南沿海地区离港台近，投资方便，沿海运输方便，开放初期有较好的政策扶持，因此吸引外资的能力要强于中西部地区。在整个20世纪80年代，外商直接投资投向沿海地区的占90%以上。20世纪90年代以后，这一比重略有下降，但总的趋势没有明显改变，根据外经贸部的统计资料显示，在沿海地区的投资，累计仍占全部投资额的88%。

"十一五"期间，中西部吸收外资占全国总量的比重，由"十五"末的11%上升到14%左右。

（五）外商并购发展迅速

外商直接投资最主要的两种模式是绿地投资和跨国并购。我国的外商直接投资以绿地投资为主。自1990年以来，外商对我国直接投资建立方式逐渐发生了变化，即由新建投资（又称绿地投资）向存量投资——并购与绿地投资并重的方式——转变。

21世纪以来，并购在我国作为一种外商直接投资的模式发展得十分迅速。20世纪90年代初，我国出现了第一起外资并购国有企业的案例——香港中策公司收购山西太原橡胶厂；2004年以并购方式进入中国的外资约占当年外商直接投资的10%左右；2006年颁布了《关于外国投资者并购境内企业的规定》，允许外资以并购方式参与国内企业改组改造和兼并重组，外资并购政策和环境进一步改善。2007之后至今,并购发展的非常快。上述都说明了我国已成为当今国际并购市场上最具活力的国家之一。

四、我国对利用外资的基本原则与管理措施

我国在改革开放初期"双缺口"条件下采取的外资政策在当时确实起到了提高经济发展的作用,但当前我国的生产、金融、外贸都处在一个比较宽松的环境,外资政策应该进行相应调整。

(一)利用外资的战略目标与基本原则

从世界各国利用外资政策演化的路径来分析,向主要是引进先进技术的目标转变是世界各国利用外资政策的落脚点。当前,我国利用外资政策的战略目标应服从于我国经济中长期发展的基本战略,服从经济结构、产业结构和区域结构调整的取向。关于"十二五"规划中强调提高利用外资水平,其基本指导思想:优化结构,引导外资更多投向现代农业、高新技术、先进制造、节能环保、新能源、现代服务业等领域,鼓励投向中西部地区。丰富方式,鼓励外资以参股、并购等方式参与境内企业兼并重组,促进外资股权投资和创业投资发展。引进海外高层次人才和先进技术,鼓励外资企业在华设立研发中心,借鉴国际先进管理理念、制度、经验,积极融入全球创新体系。优化投资软环境,保护投资者合法权益。做好外资并购安全审查。有效利用国外优惠贷款和国际商业贷款,完善外债管理。

结合我国当前经济发展所处的阶段,在利用外资时应遵循两大原则。第一,从数量型向效益型转变原则。以为实现经济增长速度和目标在客观上所需要的外资量为准,要考虑我国实际所能吸纳外资的能力,包括经济环境基础设施、专业人才等因素。如果必要条件缺乏,引入的外资就有可能造成浪费,发挥不了应有的效益。今后对于外资的利用,应在总量上加以控制,实现吸引外资从数量型向效益型转变。第二,以确保国家经济安全为前提原则。对于引入的外资规模,无论就我国经济整体、还是就行业而言,除非是我国没有的行业,或是我国特别需要的高新技术产业,即使外资具有技术、管理经验、专业人才等优势,也不能接近或等于,更不能超过我国投入的资产数量,否则就有可能导致我国民族经济被外资侵吞,甚至丢失我国的经济主权。所以我国必须保持以公有制经济为主体、国有经济占主导的多种经济共同发展的经济结构,外资引进规模以不损害或威胁该经济结构为限。

(二)我国利用外资的管理措施

根据以上利用外资的原则,我国政府应当顺应这一历史潮流,充分利用外国投资对我国经济发展和产业结构调整的积极因素,趋利避害,制定正确的利用外资政策,进一步提高全球化背景下我国的综合国力和竞争力。目前,我国利用外资的具体管理措施如下:

1. 外商投资项目实行核准制度

我国对外商投资的管理办法是先核准项目,再设立企业。各类外商投资项目,包括中外合资、中外合作、外商独资项目、外商购并境内企业项目、外商投资企业(含通过境外上市而转制的外商投资企业)增资项目和再投资项目等,均要实行核准制。

按照《外商投资产业指导目录》分类,总投资(包括增资额,下同)1亿美元及以上的鼓励类、允许类项目和总投资5 000万美元及以上的限制类项目,由国家发展改革委核准项目申请报告,其中总投资5亿美元及以上的鼓励类、允许类项目和总投资1亿美元及以上的限制类项目由国家发展改革委对项目申请报告审核后报国务院核准。其中,《外商投资产业指导目录》中总投资(包括增资)3亿美元以下的鼓励类、允许类项目,除《政府核准的投资项目目录》规定需由国务院有关部门核准之外,由省级发展改革委核准。总投资1亿美元以下的鼓励类、允许类项目和总投资5 000万美元以下的限制类项目由地方发展改革部门核准,其中限制类项目由省级发展改革部门核准。

2. 外商投资项目核准程序

按核准权限属于国家发展改革委和国务院核准的项目,由外商项目申请人向项目所在地的省级发展改革部门提出项目申请报告,经省级发展改革部门审核后报国家发展改革委。计划单列企业集团和中央管理企业可直接向国家发展改革委提交项目申请报告。

> **专栏　　　　　　　项目申请报告书的内容**
>
> 报送国家发展改革委的项目申请报告应包括以下内容:
> (一)项目名称、经营期限、投资方基本情况;
> (二)项目建设规模、主要建设内容及产品,采用的主要技术和工艺,产品目标市场,计划用工人数;
> (三)项目建设地点,对土地、水、能源等资源的需求,以及主要原材料的消耗量;
> (四)环境影响评价;
> (五)涉及公共产品或服务的价格;
> (六)项目总投资、注册资本及各方出资额、出资方式及融资方案,需要进口设备及金额。
>
> 同时,报送国家发展改革委的项目申请报告应附以下文件:
> (一)中外投资各方的企业注册证(营业执照)、商务登记证及经审计的最新企业财务报表(包括资产负债表、损益表和现金流量表)、开户银行出具的资金信用证明;
> (二)投资意向书,增资、购并项目的公司董事会决议;
> (三)银行出具的融资意向书;
> (四)省级或国家环境保护行政主管部门出具的环境影响评价意见书;
> (五)省级规划部门出具的规划选址意见书;
> (六)省级或国家国土资源管理部门出具的项目用地预审意见书;
> (七)以国有资产或土地使用权出资的,需由有关主管部门出具的确认文件。
>
> 资料来源:《外商投资项目核准暂行管理办法》。

国家发展改革委核准项目申请报告时,需要征求国务院行业主管部门意见的,应向国务院行业主管部门出具征求意见函并附相关材料。国务院行业主管部门应在接到上述材料之日起7个工作日内,向国家发展改革委提出书面意见。国家发展改革委在受理项目申请报告之日起5个工作日内,对需要进行评估论证的重点问题委托有资质的咨询机构进行评估论证。接受委托的咨询机构应在规定的时间内向国家发展改革委提出评估报告。国家发展改革委自受理项目申请报告之日起20个工作日内,完成对项目申请报告的核准,或向国务院报送审核意见。如20个工作日内不能作出核准决定或报送审核意见的,由国家发展改革委负责人批准延长10个工作日,并将延长期限的理由告知项目申请人。该款规定的核准期限,不包括委托咨询机构进行评估的时间。

国家发展改革委从维护经济安全、合理开发利用资源、保护生态环境、优化重大布局、保障公共利益、防止出现垄断、投资准入、资本项目管理等方面,对外商投资项目进行核准。国家发展改革委对核准的项目向项目申请人出具书面核准文件;对不予核准的项目,应以书面决定通知项目申请人,说明理由并告知项目申请人享有依法申请行政复议或者提起行政诉讼的权利。然后,项目申请人凭国家发展改革委的核准文件,依法办理土地使用、城市规划、质量监管、安全生产、资源利用、企业设立(变更)、资本项目管理、设备进口及适用税收政策等方面手续。

3. 外商投资项目实行分类管理

外商投资项目分为鼓励、允许、限制和禁止四类。鼓励类、限制类和禁止类的外商投资项目,列入《外商投资产业指导目录》。不属于鼓励类、限制类和禁止类的外商投资项目,为允许类外商投资项目。允许类外商投资项目不列入《外商投资产业指导目录》。

鼓励类外商投资项目主要包括:农业新技术、农业综合开发和能源、交通、重要原材料工业;高新技术、先进适用技术,能够改进产品性能、提高企业技术经济效益或者生产国内生产能力不足的新设备、新材料;适应市场需求,能够提高产品档次、开拓新兴市场或者增加产品国际竞争能力;新技术、新设备,能够节约能源和原材料、综合利用资源和再生资源以及防治环境污染;能够发挥中西部地区的人力和资源优势,并符合国家产业政策的以及法律、行政法规规定的其他情形。具体而言,我国《外商投资产业指导目录(2011年修订)》强调外资投向应符合国家的产业政策,应有利于我国产业结构的优化升级。如鼓励铁矿、锰矿勘探、开采及选矿,婴儿、老年食品及保健食品的开发、生产以及汽车动力电池专用生产设备的设计与制造等。

限制类外商投资项目包括下列情形:技术水平落后的;不利于节约资源和改善生态环境的;从事国家规定实行保护性开采的特定矿种勘探、开采的;属于国家逐步开放的产业和法律、行政法规规定的其他情形。例如,依据《外商投资产业指导目录(2011年修订)》的规定,限制黄酒、名优白酒生产(中方控股),成品油批发及加油站(同一外国投资者设立超过30家分店、销售来自多个供应商的不同种类和品牌成品油的连锁加油站,由中方控股)建设、经营,银行、财务公司、信托公司、货币经纪公司,房地产二级市场交易及房地产中介或经纪公司和普通高中教育机构(限于合作)等。

禁止类外商投资项目主要是指危害国家安全或者损害社会公共利益的;对环境造成污染损害,破坏自然资源或者损害人体健康的;占用大量耕地,不利于保护、开发土地资源的;危害军事设施安全和使用效能的;运用我国特有工艺或者技术生产产品的以及法律、行政法规规定的其他情形。如根据《外商投资产业指导目录(2011年修订)》的相关要求,禁止我国稀有和特有的珍贵优良品种的研发、养殖、种植以及相关繁殖材料的生产(包括种植业、畜牧业、水产业的优良基因),稀土勘查、开采、选矿,我国传统工艺的绿茶及特种茶加工(名茶、黑茶等),邮政公司、信件的国内快递业务以及危害军事设施安全和使用效能的项目等。

4. 外资投资区域转向中西部地区

当前,在比较优势原则、提高利用外资质量原则和与我国对外开放整体部署相一致原则的指导下,我国政府针对外资投资的区域方向由之前的东南沿海地区转向了中西部地区,特别是根据我国广大中西部地区资源丰富但基础产业薄弱的特征,积极引导外资流向中西部地区的农业、能源、交通等基础领域。

根据我国政府已经出台的《外商投资产业指导目录》和《中西部地区外商投资优势产业目录(2008年修订)》的文件规定,外商投资目录中的255项优势产业可享受免税等相关优惠政策,目录分别列出了中西部地区20个省、自治区、直辖市的优势产业,以农牧业产品深加工、发展旅游、植树造林、开发矿产资源、交通基础设施建设和新型电子元器件开发制造等领域为重点,鼓励外商在中西部地区发展符合环保要求的劳动密集型产业。对外商投资于西部地区基础设施和优势产业项目,视不同行业放宽对外商投资的股比限制。对外商投资西部地区基础设施和优势产业项目,放宽国内银行提供固定资产投资人民币贷款的比例。对西部地区利用国外优惠贷款建设的一些项目,允许适当提高项目总投资中利用国外优惠贷款的比例。在此基础上,进一步引导外资将加工业逐步向中西部转移,不仅可以利用中西部地区的劳动力和资源优势加速中西部地区的工业化进程,而且有利于东部沿海地区的产业升级,有利于我国地区经济发展的平衡,从而促进我国经济的整体协调发展。

五、当前中国利用外资中存在的主要问题

近年来,中国吸引外资数量一直位居发展中国家的前列,并跻身于世界最大的引资国行列。外商直接投资对我国的经济增长起着重要的推动作用,但在21世纪的背景下,中国利用外资中也存在着如下问题。

(一)利用外资的成本过高

由于我国利用外资战略基于"双缺口理论",吸收外资的最初动机来自于发挥外资的资本形成效应,因此在外资利用上,很多地方单纯以数量多少作为标准,不太注重外商投资的产业项目及外商来源地选择,因而使得外资利用成本过高,具体表现在:

第一,政策成本高。为尽快吸引外资,国家和地方政府都制定了一系列优惠政策。有的地方采取变相免税或退税手段,从而导致税收收入流失。比如,有些地方为了拼"优惠"条件抢外商,采取了先对企业收税,再以地方财政奖励给企业的办法,即所谓的"三免两减半",前三年企业上缴的所得税和增值税的地方留成部分,地方政府奖励给企业,后两年再奖励地方留成部分的一半,从而导致税收收入流失,也加剧了区域经济发展的不平衡。

第二,资源与环境成本高。一些地方以低地价或"零地价"作为引进外资手段,将大片土地拱手相让,有些土地外商投资企业"圈而不用",造成土地资源的浪费。一些地方将劳动密集、自然资源密集、污染密集的产业如制革、印染、电镀、杀虫剂、造纸、橡胶、塑料等引进我国,从而导致资源大量消耗和生态环境的巨大破坏,使引进外资战略的可持续性大大减弱。

第三,引进外资成本高。为加大招商引资力度,各地都纷纷举办大型招商引资展会,并组团到海外大规模招商,耗资甚大,实效却不高。

因此,在今后利用外资中,我国应该不能单独以数量来衡量利用外资的效应,更注重外资利用的质量,降低利用外资的成本。

(二)利用外资过程中的结构不合理

我国利用外资过程中的结构问题主要体现在以下三个方面:

第一,外资的产业投向不平衡。外商投资主要集中于我国的第二产业尤其是制造业部门,对第三产业和第一产业投资相对较少,特别是对第一产业投资很少。外资对第三产业的投资主要集中于房地产业和社会服务业,而交通运输、科教文卫事业则发展十分迟缓。上述产业倾斜的局面会加剧产业结构的失调,不利于我国产业结构的提升,也不利于经济持续、稳定、健康地发展。

第二,外资来源区域结构过于集中。我国利用外资结构比较集中于亚洲,发达国家的资金来源有限,并且华裔的商人回国投资的情况较多,来自美、欧、日等发达国家的外资比重不是很大,整个OECD成员国对华直接投资占我国全部FDI的比重不到1/3。这不利于我国利用外资的技术扩散效应,即不利于积极引进发达国家的先进技术、管理模式,也不利于提高我国产业的国际竞争力。此外,资金来源国比较集中会令投资者在投资产业取向,投资区位分布,技术层次和结构,管理水平和人员需求等方面具有很强的趋同性,容易带来行业的垄断,不利于经济发展;并且较为集中的资金来源可能会由于其中某些国家的经济状况的恶化而导致资金的短缺。

第三,外资投向地域结构失衡。与中国区域经济发展呈现东、西部地区逐次递减的格局相

对应,外商直接投资的区位分布及对各地区经济发展的贡献度与经济发展的地域特征表现出高度一致性。东部沿海经济发达地区获得较多的外商直接投资,中部和西部经济发展落后的地区获得较少的外商直接投资。而外资的区域分布不均衡可能通过对外贸易效应、技术外溢效应等进一步拉大了区域间的经济差距,不利于经济的平衡发展。

(三)利用外资过程中技术的溢出效应不明显

首先,进入21世纪以来,外商独资增长迅速,占比近70%,独资的股权结构减少了我国企业直接接触、学习外资企业先进技术与管理经验的机会,大大降低我国引资期望获得的对工业的溢出效应。

其次,我国的对外商直接投资以香港为主,以中小资本居多,引进技术设备多为适用技术,先进技术较少,技术含量高的国际大项目不多,技术溢出效应小。

(四)利用外资的政策法规和立法机制不健全

国外实践经验表明,吸收外商投资,必须建立和完善政策法规。而我国在这方面缺乏统一的指导思想,政策单一,层次不高,导致了招商引资市场不够规范。此外,不计成本的恶性竞争、中介服务机构分散、各自为政、盲目招商、功能单一等也制约了经济的发展。

(五)外资并购威胁我国的经济主权和产业安全

外商并购在对我国经济产生积极作用的同时,也不可避免地会产生一些消极影响。我国引进并购方式的主要目的是促进我国产业结构的优化,提高我国企业,特别是国有企业的经济效益。然而,外国投资者的动机和目标是利润最大化,与我国选择利用外资的目标之间存在着固有矛盾。例如,外资对我国制造业的并购主要分为两种情况。一是在制造业的高端产品部门,技术就是竞争优势,若外资企业在技术上遥遥领先,一旦并购国内企业,即使开始并非全额控股,也会凭借其技术优势,按照其计划,收购剩余股份。因此,技术处于绝对领先地位的外国企业不仅侵吞了其并购的国内企业,而且很容易形成该行业的垄断。这样,我国市场上本国企业将逐渐减少,最终形成只有少数外资企业控制某行业的寡头垄断局面。

另一种情况则是外资对我国一些知名的国有大中型制造企业的并购。如美国公司对我国南孚电池公司的收购,美国凯雷集团对我国徐工集团的收购,还有活力28、山东正大、西北轴承、无锡威孚等。事实说明,外商对我国制造业的并购,并没有按照我国政府当初的设想为了提高经营效益较差的国有的企业的效益,而是从一般性并购转向重点并购效益较好的国有大中型骨干企业;从过去分散性随机性并购转向有目的并购某地区或某行业的骨干企业。这与国际上强强联合的大公司之间(如德国戴姆勒—奔驰汽车公司与美国的克莱斯勒公司)的并购是完全不同性质的,严重威胁了我国的经济主权和产业安全,对我国经济,特别是国有经济造成的损失是难以估量的。

第二节 中国对外直接投资

专栏　　我国对外直接投资连续9年保持增长

商务部、国家统计局、国家外汇管理局在第十五届中国国际投资贸易洽谈会新闻发布会上联合发布《2010年度中国对外直接投资统计公报》。公报显示:2010年中国对外直接投资流量再创新高,跃居全球第五。2010年,中国对外直接投资净额(流量)为688.1亿美元,同比增长21.7%,连续9年保持增长势头,年均增速为49.9%。其中,非金融类

601.8亿美元,同比增长25.9%,金融类86.3亿美元。根据联合国贸发会议《2011年世界投资报告》,2010年中国对外直接投资占全球当年流量的5.2%,位居全球第五,首次超过日本(562.6亿美元)、英国(110.2亿美元)等传统对外投资大国。

投资存量突破3 000亿美元,对大洋洲、欧洲存量增幅最大。截至2010年底,中国对外直接投资累计净额(下称存量)达3 172.1亿美元,位居全球第17位。

投资覆盖率进一步扩大,行业多元而聚集度较高。至2010年末,中国在全球178个国家(地区)共有1.6万家境外企业,投资覆盖率达到72.7%,其中对亚洲、非洲地区投资覆盖率分别达90%和85%。中国对外直接投资覆盖了国民经济所有行业类别。绝大部分投资流向商务服务、金融、批发和零售、采矿、交通运输和制造六大行业,上述行业累计投资存量2 801.6亿美元,占中国对外直接投资存量总额的88.3%。

资料来源:中国经济网,2011年9月7日。

一、中国进行对外直接投资的必然性

(一)中国进行对外直接投资的经济学依据

关于对外直接投资对一国经济的驱动力,现代西方国际投资的四种经典理论,即斯蒂芬·海默(S. H. Hymer)的垄断优势论、雷蒙德·弗农(Raymand Vernon)的产品生命周期贸易理论、巴克利(P. J. Buckley)和卡森(M. C. asson)的内部优化论以及约翰·邓宁(J. H. Dunning)的国际生产折中论。这些理论在解释一国对外直接投资动因、条件等方面各有侧重,但这些理论一致认为,资本在国家之间的运动——对外直接投资——可以给东道国和投资国都带来利益,从而揭示了这种存在于双方国家之间的利益机制,为各国制定对外直接投资政策提供了理论依据。

上述四种理论在解释国际资本移动的动因上一致强调,国际资本移动主要是从收入较高致使储蓄较高的发达国家流向储蓄和资金都短缺的发展中国家。其实,就直接投资而言,该观点带有一定的局限性。事实上,国际直接投资向国外转移的主要原因是本国具有一定比较优势的生产要素,而不仅仅是或者说主要并不是绝对的货币化资本。就比较优势而言,不仅发达国家存在,发展中国家的一些行业或是企业同样存在,就某一行业而言,不同国家的企业可能各有所长。世界经济发展的不平衡性,决定了不同国家的市场发育程度的不均衡性,不同国家的企业进入不同的东道国市场,企业之间优势对比的相对性就更加明显了,因此,一国(包括发展中国家)只要具有经济发展中的比较优势,就具有进行对外直接投资的经济学依据。20世纪60年代末以来,许多并不具备绝对优势的中小企业,特别是发展中国家的企业,纷纷走上了跨国经营的道路,包括对发达国家的直接投资,事实证明了比较优势是一国进行对外直接投资的依据。除此之外有必要指出的是,以上对外直接投资的经典理论之所以没有解释相对落后的发展中国家也可以开展对外投资,主要是因为上述理论是从发达资本主义国家的立场出发研究的,忽略了发展中国家的经济主体地位和利益,存在认偏概全的缺憾。

(二)我国进行对外直接投资的条件已成熟

我国作为处于改革开放进程中世界上最大的发展中国家,发展对外投资既有一定的理论依据,也有现实的经济基础。一国的对外直接投资规模与其经济发展水平具有强烈的正相关关系。我国自改革开放以来,经济实力不断增强,经济发展已进入工业化和初步现代化阶段,综合国力有了很大的提高,经济增长速度惊人,主要经济指标几乎每5年就会翻一番,并且在世界经济格局中扮演越来越重要的角色,为我国发展对外直接投资奠定了坚实的基础。自

2000年至今,中国的对外直接投资进入到一个井喷阶段,这是与中国经济过去十年突飞猛进的发展分不开的。在2001~2010的十年里,中国经济平均增长速度为10.4%,2010年底中国陆续超过德国和日本,成为世界第二大经济体,全年对外贸易总额达到2.97万亿美元,成为世界第一出口大国(具体见图9—5和图9—6)。

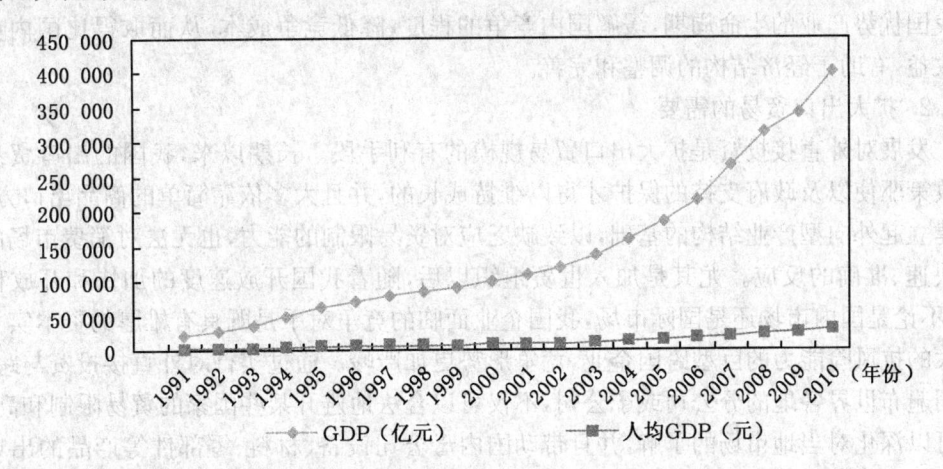

资料来源:《中国统计年鉴》2011年。

图9—5 1991~2010年我国GDP与人均GDP状况

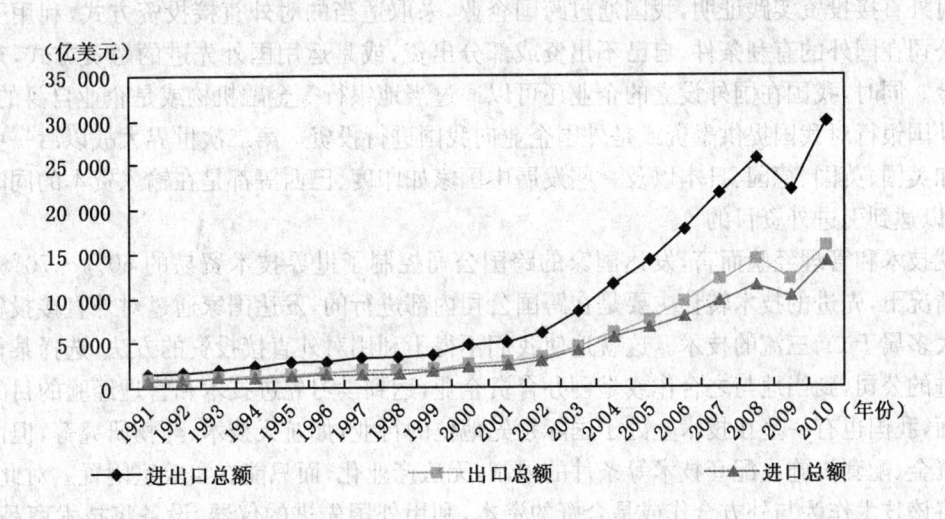

资料来源:《中国统计年鉴》2011年。

图9—6 1991~2010年我国对外贸易状况

现实中有一些传统的观点,认为我国是发展中国家,基础差、底子薄,没有多余的资金进行对外直接投资。其实,国际上大规模发展对外直接投资的国家,大部分都存在或多或少的资金不足的问题,它们在海外直接投资所输出的资本并非"绝对过剩的资本",基本都是"相对过剩的资本",世界资本流动已从过去的单向流动发展为双向流动。我国的储蓄率远远高于国内投资的比率,已经在事实上为我国对外直接投资提供了条件。另外,第二次世界大战以后不少国家的经济发展实践表明,一国的经济发展都遵循着由进口大国—生产大国—出口大国—投资大国演变的规律,所以,我国应充分利用自身条件,不失时机地大力推进对外直接投资的发展。

(三)我国发展对外直接投资的现实意义

大力发展对外直接投资对我国的经济发展具有极其重要的现实意义：

1. 经济结构调整的需要

通过对外直接投资可以为我国相对过剩的生产能力、资金和技术提供更为广阔的出路，延长我国优势产业的生命周期，缓解国内竞争的程度，降低竞争成本，从而取得比国内更高的投资收益，有助于经济结构的调整和完善。

2. 扩大出口贸易的需要

发展对外直接投资是扩大出口贸易规模的有利手段。长期以来，我国的出口贸易多数是受政策驱使以及政府支持的保护才得以维持成长的，并且大多依靠简单的商品出口方式，并没有建立起外向型产业结构的基础，以致缺乏应对贸易限制的能力，也无法对消费市场的变化作出快速、准确的反应。尤其是加入世贸组织以后，随着我国开放速度的加快和开放程度的深化，不论是国内市场还是国际市场，我国企业面临的竞争对手是既具有雄厚的资本实力又具备强大的抗风险能力的巨型跨国企业，竞争形势更加严峻。通过实行对外直接投资与跨国经营，利用遍布世界各地的分公司或子公司，不仅可以合法地避开某些国家的贸易限制和高额关税，还可以深化对当地市场的了解，并且带动国内母公司设备、材料、零部件等产品的出口。所以我国也应大力发展这种利用全球市场配置资源的模式，扩大对外直接投资。

3. 引进国外资本、先进技术和管理经验的需要

对外直接投资实践证明，我国通过跨国企业，采取适当的对外直接投资方式，利用子公司或分公司在国外的有利条件，自己不出资或部分出资，或是运用国外先进的融资方式，筹集投资资金。同时，我国在国外设立的企业还可以通过当地银行等金融机构或是企业自身的影响，引导外国银行对我国提供融资或是外国企业向我国进行投资。第二次世界大战以后一些发达国家如美国、英国、德国、日本以及一些发展中国家如印度、巴西等都是在输入资本的同时输出资本，以达到引进外资目的。

就技术和管理经验而言，发达国家的跨国公司控制了世界技术贸易的 60%～70%，但在一般情况下，先进的技术转让主要是在跨国公司内部进行的，发达国家通过对外直接投资所输出的大多属于二、三流的技术。这就迫使我们不得不利用对外直接投资的方法，选择某行业技术先进的公司，到当地与之合作或是创办合资企业，达到学习先进技术和管理经验的目的。另一方面，我国也有一些在技术上处于国际领先地位的行业，如航天技术、药物研究等，但由于受国内资金、配套设施或配套技术等条件的限制，无法产业化，而只能在实验室闲置。对此，我们可以将该技术作为与外方合作或是合资的资本，利用外国先进的仪器、设备将技术商品化，从而带动我国高新产业的发展。

二、改革开放后中国对外直接投资的发展

(一)我国对外直接投资发展概况

虽然我国的海外投资活动在新中国成立后不久就开始了，但主要是为当时的进出口贸易服务的，比如在香港设立的著名的华润公司，主要就是为了开展境外贸易活动。而真正意义的对外直接投资是在改革开放后才兴起并逐步得到发展的。

1979年，我国确立了实行改革开放的政策，同年8月13日，国务院颁发文件，提出了15项改革措施，其中第13项明确指出：要出国开办企业。这是我国首次把发展对外直接投资以政策的形式确立下来。自此，对外直接投资作为我国参与国际竞争与合作的重要方式逐步发

展起来。1979年11月,北京市友谊商业服务公司同日本东京丸一商事株式会社合资在东京开办了"京和股份有限公司",建立起中国在境外开设的第一家合资公司,拉开了中国企业对外直接投资的序幕。据原对外经贸部、商务部和国家统计局联合发布的《年度中国对外直接投资统计公报》显示,截至2001年底,我国各类境外投资企业累计6 682家,我国累计对外直接投资净额(非金融类)仅为87.8亿美元。2004年《国务院关于投资体制改革的决定》颁布。促进了我国的国际投资结构完善,并且加速了其发展。2009年,中国1.2万家投资者在全球177个国家和地区设立境外直接投资企业3万家,投资覆盖率为72.8%,对外直接投资累计净额2 457.5亿美元,境外企业资产总额超过1万亿美元。2010年中国的对外直接投资额达到688.1亿美元,创历史最高记录,同比增长21.7%,占全球同期对外直接投资额的5.2%,超过日本跃居世界第5位,排名发展中国家第一,已成为名副其实的投资大国。

(二)现阶段中国对外直接投资的特点

加入WTO后,我国的对外直接投资较之初期发生了显著的变化,呈现出以下特点:

1. 投资规模增长速度快,但竞争能力弱

2001年,中国对外直接投资规模只有69.2亿美元、26 140个项目,2010年底,中国直接投资的国家和地区近180个,投资设立了17 000家企业,对外直接投资流量达到595亿美元,存量超过3 000亿美元,与2000年的10亿美元流量相比,增长了58倍。目前中国已经紧追美国、法国、日本和德国,成为全球第五大对外投资国。但值得注意的是,长期以来,我国对外直接投资一般都以中小型企业承办的中小型项目为主。当前国际上单项投资项目的平均投资额发达国家为600万美元,发展中国家为450万美元,而我国为100多万美元,虽然这种情况符合我国对外投资的进程和我国经济的发展水平,但也说明我国对外投资的企业大多规模小,缺乏综合竞争优势。

表9—1　　　　　　　　　2001~2010年中国对外直接投资状况

年份	投资金额(亿美元)	对外直接投资增长率(%)	境外企业累计数(户)
2001	7.08	43	3 091
2002	27	25	6 960
2003	28.5	190	7 470
2004	55	93	5 163
2005	122.6	123	6 426
2006	211.6	73	9 000
2007	265.1	25.3	11 000
2008	559.1	111	12 000
2009	585.3	1.1	13 000
2010	688.1	17	17 000

资料来源:《中国统计年鉴》2011年。

2. 投资主体仍以国有企业和中央企业为主,民营企业发展势头良好

在我国"走出去"的8 000多家企业中,国有企业占了绝大多数,出现了像中石化、中石油、中海油、中国银行、中信、中远、中化、海尔、康佳、华源、中建、TCL等一批领军企业。2010年末境内投资者按登记注册类型构成见图9—7。在2010年中国非金融类对外直接投资的存量

中,国有企业占66.2%,其中,中央企业和单位非金融对外直接投资424.4亿美元,占流量的70.5%。同时,民营企业"走出去"的步伐也在加快,出现了像新希望集团、万向集团、中兴、华为、力帆、创维等一批知名企业。国有和民营企业的"走出去"投资,在不断总结经验的基础上,无论在投资金额还是在项目的数量或地域上都有扩大的趋势。

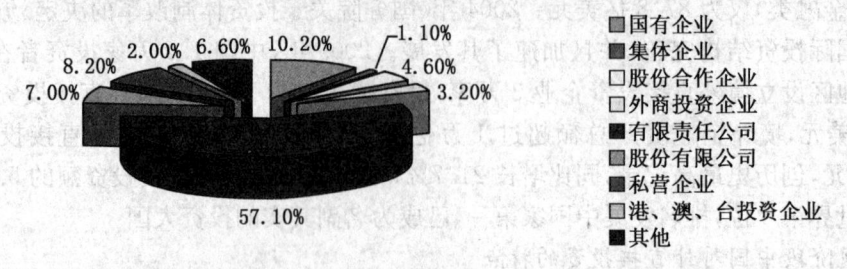

资料来源:2010年度中国对外直接投资统计公报。

图9—7 2010年末境内投资者按登记注册类型构成

3. 投资方式呈现出多样化的发展趋势

对外投资方式由单一的绿地投资向跨国并购、境外上市等多种方式扩展。我国的对外投资方式除了常见的独资经营和合资经营方式外,合作生产、技术转让、分包、许可证生产、特许专营等形式日益得到广泛地运用,甚至还出现了跨国公司间主要从事研究开发合作的战略联盟。2006年实施合格境内机构投资者(QDII)制度,允许符合条件的境内金融机构投资于境外证券市场。截至2010年12月,外汇局共批准88家QDII机构,境外投资额度共计688.1亿美元。这一制度拓宽了境内机构和个人的境外投资渠道,使之在全球范围内配置资产和管理风险。近年来,在从全资收购到股权投资,从海外设厂到全球供应链整合,从资本运作到技术研发,从国人大量外派到属地员工本土化水平迅速提升,中国企业海外经验的越发成熟,海外投资的方式也更加符合自身的发展要求,更加注重与当地实际的结合,成为更负责任的全球投资者。

另外,通过并购实现的直接投资也日益增多。2006~2009年,对外直接投资通过收购、兼并方式实现的金额(包括非金融类和金融类)分别为83亿、63亿、302亿、192亿美元,占当年流量(包括非金融类和金融类)的39%、23.6%、54%、34%。海外并购除了聚焦于资源相关工业外,对高科技企业并购的交易数量也在增长。

> **专栏** 收购已成为我国对外投资的主要方式
>
> 2010年中国以收购方式实现的直接投资为238亿美元,占投资总额的40.3%,主要项目有中石化集团(通过香港公司)71.39亿美元收购雷普索尔公司巴西公司40%股权;中石油集团联合壳牌能源公司共同收购澳大利亚Arrow能源有限公司23.71亿美元;浙江吉利控股集团公司17.88亿美元收购瑞典沃尔沃轿车公司100%股权;国家电网公司9.89亿美元收购巴西7家输电公司及输电资产30年经营特许权项目等。
>
> 资料来源:中国新闻网,2011年1月18日。

4. 投资领域日益拓展,有待进一步优化

我国对外投资早期主要集中在金融、贸易、对外承包、加工业、酒店、捕鱼、餐饮、运输等行业,目前已扩大到石油、森林、铁矿、铜矿、家电、轻纺、医药、机械、农业、科研开发等行业,投资的技术含量不断提高,形成了中国企业国际化的多元化格局。2010年,大部分中国对外直接投资流向制造业、房地产业、租赁与商业服务、批发和零售、信息传输、计算机服务和软件业、交通运输仓储和邮政服务、电力、燃气及水的生产和供应业以及居民服务和其他服务业。从总体上看,我国的对外投资一方面集中于初级产品,如煤、铁、有色金属、石油等矿物资源,另一方面则是对外投资中国有较成熟经验的劳动密集型或技术含量不高的产业。而技术含量较高的企业,由于国内没有很成熟的技术或相关经验、国外相关行业投资门槛较高、部分国家对中国在此类行业投资有限制等种种问题的制约下被忽略。这样不利于我国引进发展先进的生产技术和管理经验,也无法带动国内相关行业产业的发展。

表9—2　　　　　　　　　2010年按行业分对外直接投资及其增长速度

行业	对外直接投资净额(万美元)	比上年增长%
总计	6 881 131	21.7
其中:制造业	466 417	108.1
电力、燃气及水的生产和供应业	100 643	115
交通运输、仓储和邮政业	565 545	173.5
信息传输、计算机服务和软件业	50 612	82
批发和零售业	672 878	9.7
房地产业	161 308	71.9
租赁和商务服务业	3 028 070	47.9
居民服务和其他服务业	32 105	19.9

资料来源:《中国统计年鉴》,2011年。

5. 投资目的体现了战略导向和业务导向

无论是国企还是民企,在投资目的上少了几分盲目和冲动,更加体现战略导向和业务导向。众多中国企业海外投资的目的是提高在全球范围内实现最佳资源配置的能力,实现国际和国内两大市场的互动。具体表现为:一是投资国外的能源和资源类项目,通过掌握上游资源,提升自身的全球竞争力;二是投资我国具有比较优势的项目,主要包括纺织、成衣、家电等,以属地化的投资接近市场,缓和对外贸易摩擦。

6. 中国对外投资区域结构过于集中

中国对外投资遍布170多个国家,但是存量的70%在亚洲,其中中国香港占了亚洲投资存量的90%。而排在亚洲之后的是拉丁美洲,在拉丁美洲投资存量的90%又集中在其自由经济区,有避税天堂之称的开曼群岛和英属维尔京群岛,其余的投资存量分布在100多个国家之中。总的来说,中国企业的对外直接投资区域分布过于集中,这种过于集中的投资地理分布,不利于投资风险的分散。此外,投资方式比较单一。主要以直接投资为主,企业兼并以及间接投资为辅。在现在的国际金融资本运作环境下,如此单一的投资模式,已经不适应激烈的国际投资的竞争环境

7. 对外投资缺乏有效的国家宏观规划和指导

中国政府对于企业进行海外投资缺乏总体统一的规则和合理布局,在管理体制上,没有形成统一的、有权威的专门管理体制,也未制定系统、稳定的海外投资法律法规体系,没有形成成

熟的导向机制。对于一个国家的对外投资来说,国家需要进行明确的投资指导,以符合市场规律的方式对投资的方向、产业、国别进行有效的规划和引导。由于国家及政府鼓励和支持国内有实力的企业到国外投资,所以,我国许多不具备条件的企业也急于进入国际市场,参与国际竞争,但它们在企业制度、技术能力、人力资源、品牌优势等方面均未达到进行国际经营的实力。政府在政策措施和法律法规方面还存在诸多不健全之处,同时对企业到国外投资的资格认定、业绩评估、过程管理等方面还存在许多不完善,造成了对外投资的企业水平参差不齐,导致企业未达到对外投资的预期目标。

8. 对外投资缺乏风险保障机制

国际投资行为是有一定风险的资本运营行为,容易受到各种金融风险、国家风险、商业风险等各类风险的干扰。与发达国家相比,我国的对外投资缺乏风险保障机制。

首先,我国缺乏健全的对外投资的法律体系,从而无法在对外的经济往来和风险发生时用以保护中国对外投资的合法权益。在美国、日本、欧盟等对外投资体系健全发达的国家,都有完善的法律体系来专门保护本国的对外投资资本,保障本国企业的利益,引导、鼓励其积极主动的参与到国际投资活动当中去。如美国的《对外援助法》、日本的《外汇法》、印度的《国际投资法》、韩国的《对外投资法》等。到目前为止,中国还没能够建立健全完善的对外投资法律保障体系,还不能使用法律手段来保障、鼓励、引导对外投资,以达到促进其进一步发展的目的。

其次,中国缺乏对外投资的经济保障体系。作为对外投资的强国,西方的一些发达国家具有完备的经济保障体系。例如,使用金融衍生工具进行对外投资的保障、使用商业投资保险、国家的对外投资保险以及引导性的各类专门进行对外投资经济保障的由国家主导的国际投资银行,中国的对外投资还缺乏上述的各种经济保障体系。

9. 对外投资企业缺乏管理经验

对于我国企业来说,对外的大型投资管理、国际的大型投资资本运作都是缺乏经验的。既缺乏整体的企业模式运营经验,又缺乏掌握这些经验的人才。

首先,由于中国企业在国外投资的历史不长,经验不多,所以对海外投资的管理存在许多不足。中国对外投资的大部分企业都是国有企业,它们在人事管理中往往缺乏一套科学合理的选人、用人及人员变换机制,多数民营企业也存在相同的问题。另外,中国的对外投资企业对财务管理不规范、不严格,缺乏一套科学有效的风险控制制度,企业投资决策欠妥,投资可行性研究报告缺乏足够的市场调研,对市场需求和产品规模论证不够,对重大事项的定夺缺乏影响力,在选择合作伙伴方面经验不足。此外,对经营者激励约束机制不健全,往往存在着经营者谋取私利而损害企业利益的行为。

其次,企业缺少熟悉国际规则并善于经营管理的复合型人才,以致企业进行海外投资时不熟悉国际规则,增加了海外投资的风险。由于我国现有的教育体系和经济体系,决定了我国缺乏那些能够应对纷杂的国际投资市场的人才。外派的管理人员中,很难找到既具备丰富的管理经验、较高的外语水平,又通晓国际惯例并且能够进行国际营销运作的人才。而且,由于中国涉外投资企业的用人制度对这类稀缺人才的吸引力不足,使得这类企业的人才匮乏问题更加严重。

三、促进中国对外直接投资的政策措施

为了贯彻落实"十二五"规划提出的战略目标,我们要在借鉴国际经验的基础上,制定更加符合我国特点的对外直接投资政策,以促进我国经济寻求更大的发展空间,保证国民经济的长期健康发展。"十二五"规划中重点提出要加快实施"走出去"战略,该战略的基本指导思想是按照市场导向和企业自主决策原则,引导各类所有制企业有序开展境外投资合作。主要表现为:

(一)加快完善对外投资法律法规制度

目前,中国新的对外直接投资政策体系虽然已经发生了重大转变,但仍然缺乏一部纲领性、权威性的法规,以便能够从整体上协调中国整体对外投资政策体系。因此,建议有关部门应尽快制定和建立完善的对外投资法,形成完善的对外投资法律体系,如《海外投资法》或《海外投资保险法》,积极商签投资保护、避免双重征税等多双边协定。健全境外投资促进体系,提高企业对外投资便利化程度,维护我国海外权益,防范各类风险。

(二)加强实施"走出去"战略的宏观指导和服务

提高综合统筹能力,完善跨部门协调机制,加强实施"走出去"战略的宏观指导和服务。建立并不断完善与资本和外汇管制渐进自由化政策相适应的对外直接投资管理体制。首先,改善管理审批部门多、速度慢、环节多以及互相推诿的现象。其次,改善境外投资审批制度过于严格以致阻碍企业开展境外投资的现象。现在,建立境外投资项目,包括现汇投资、实物投资、无形资产投资,除100万美元以下的电子和机械制造业外,都要经过商务部的逐层审批,手续相当繁琐,有时一个小项目都要耗费相当长的时间。不妨参考海关的一些做法,在审批程序方面,在维持现有按投资规模分档审批原则的基础上,不断提高豁免审批的投资规模标准,直至采取备案制以代替审批制。再次,在投资产业方面,参照我国利用外资的政策,指定我国对外直接投资产业目录,区分鼓励类、限制类和禁止类投资行业,以利于企业执行,并在此基础上,逐渐放宽限制,从鼓励对外直接投资的产业政策向规定少数限制的政策过渡。最后,建立对外直接投资事后管理制度,规定对外直接投资企业应向财政部及有关部门提交年度投资业绩、经营业绩、利润分配、利润汇出等报表,成立监管对外直接投资企业的专门机构,负责管理和监督。

(三)创建国际化营销网络和知名品牌

支持在境外开展技术研发投资合作,鼓励制造业优势企业有效对外投资,创建国际化营销网络和知名品牌。逐步发展我国大型跨国公司和跨国金融机构,让其在境外开展技术研发投资合作,提高国际化经营水平。做好海外投资环境研究,强化投资项目的科学评估。建立培训我国对外直接投资企业管理人员的专门机构,解决我国企业缺乏国际经营管理经验的问题。建立企业境外投资信息中心,收集东道国的信息,为我国企业提供咨询服务。

(四)降低外汇管制

首先,放松境外直接投资汇回利润保证金管理,将全额收回货款后返还汇出资金数额5%的汇回利润保证金改为按汇回利润比例返还保证金,或是直接取消对外直接投资的汇回利润保证金;其次,调整目前境外投资利润或其他外汇利润收益必须在东道国会计年度终了6个月后调回境内的规定,放宽对企业流动资金的限制,进而放宽对外直接投资企业的购汇限制,促进企业的资金利用和扩大再生产。

(五)金融机构为开展对外直接投资的企业提供融资服务

金融政策方面,鼓励以中国进出口银行为主的银行在办理进出口融资的同时,为开展对外直接投资的企业提供融资服务,并且有计划地开展我国企业对外直接投资的保险业务,降低融资利率和保险费率。此外,扩大出口信贷适用范围,适时建立海外直接投资风险基金和成立海外风险投资公司,为企业提供贷款贴息、信用担保等支持。

（六）科学选择投资方式

我国对外直接投资企业应结合产业特征、自身资本实力、生产要素所有权优势、经营品种与区位战略等因素，权衡每一种对外直接投资方式的优劣得失，作出正确的选择。

1. 技术和经验寻求型企业的选择

技术和经验寻求型企业是指置身于拥有先进技术和管理经验的环境中，利用其人才资源培养自己的人才，进而自主开发先进技术的一类企业。可以说，该类企业的对外投资地区主要是发达国家，目的是寻求发达国家先进的技术和管理经验，对外投资方式以选择并购和合资方式为主。但需要指出的是，我国企业以并购的方式进入发达国家并与之合资，只应作为促进自身成长的手段和方式，而不应是最终的目的。通过这一方式的积累，随着对外直接投资规模的扩大和投资经验的丰富，更应倾向于以独资的方式进行投资。在新建项目上由合资为主发展为独资为主，即使是已合资的项目，也要通过增资扩股转为控股，直至独资；而对于并购对象的选择，则应实现强强联合或是我方的主动兼并或收购，而不应仅仅停留在因为降低进入难度而被动选择并购的水平上。

对于拥有先进技术的企业，特别是在我国国内无法转化为产业的技术，也可以考虑新建投资规模较小的独资企业，利用发达国家的技术环境，从事自主知识产权的新产品开发工作。对于我国一些大型企业，如中国化工进出口总公司、海尔集团、中远集团、康佳集团等，是完全有能力建立独资公司的，从而可以避免合资公司的一些固有弊端，同时有利于我国跨国企业的成长。

2. 自然资源寻求型企业的选择

以开发和利用国外自然资源为对外直接投资主要目的的企业即为自然资源寻求型企业。一般来说，自然资源寻求型企业对外直接投资的方式应以合资为主，例如，中国冶金进出口公司在澳大利亚与恰那铁矿合资经营。这主要是因为：第一，对资源的开发利用各国都有严格的控制，特别是发达国家；第二，资源开发型的投资规模一般都很大，合资有利于对投资成本的分担，降低风险；第三，合资经营还有利于与东道国企业和政府建立长期的、相互信任的合作关系，确保长期稳定的海外资源的共享。

3. 产业转移型企业的选择

产业转移指一国或地区通过国际贸易和国际投资等多种方式，将产业（主要是制造业或劳动密集型产业）转移到次发达国家或地区，带动移入国产业结构的调整和优化升级。拉美、非洲及东南亚的一些国家是我国对发展中国家或地区投资比较密集的地区。从我国角度来看，我国企业进入以上国家或地区主要是为了实现产业转移的目的，很少会涉及先进技术的外泄问题，因此在实践中，常常选择以技术、机器设备、工业产权等为出资形式，既可以节约外汇，又可以加强企业与当地政府的联系；而从东道国来看，许多发展中国家，尤其是一些独立意识较强的国家，对外商直接投资的股权安排和企业并购均有各种限制，且对外国投资商戒备较强。因此，我国对发展中国家的投资选用新建合资的方式比较适宜。不过，有一些发展中国家的政治和经济环境的稳定性较差，市场开放度较低；对外直接投资不仅是资本和经营要素的转移，也是企业生产经营组织系统的跨国界延伸，从稳健性出发，即使是选择了适宜的直接投资方式，也应该采用渐进式的进入战略，逐步地将生产经营系统转移至东道国，逐步完成直接投资的全过程。

4. 多元化跨国经营型企业的选择

多元化跨国经营指企业在多个相关或不相关的产业领域同时经营多项不同业务的战略，通常可分为产品多样化战略和地区多样化战略。如果我国企业对外直接投资的目标是要按照我方的战略意图和经营方式实现跨国发展和控制时,应根据以上两种情况选择投资方式:产品多样化经营企业可以遵循国际惯用的方法,采用并购方式。20世纪90年代以来,跨国公司通过并购经营不同产品种类的外国公司来实现多样化经营已成为一个普遍的国际现象;不过到目前为止,在国外已经实现了地区多样化的跨国公司通过并购建立子公司的案例很少,更多的是采用新建的方式。这是因为地理范围的多样性对企业来说经营的不确定性更大,企业应当选择确定性较大的创建方式以减少不利因素的影响。

本章小结

国际资本流动,依据资本以商品、货币以及生产要素为主要载体可划分为国际商品资本流动、国际货币资本流动和国际生产资本流动三种基本形式。国际货币资本流动的主要方式为购买股票、证券投资和借贷资本输出,即"对外间接投资"。国际生产资本流动,指投资者直接输出生产资本到另一国家的企业进行投资,并且直接参与该企业的生产经营和管理,即"对外直接投资"。

改革开放以来,中国利用外资有借贷资本和利用外商直接投资两种方式。现阶段以外商并购为主要形式。

影响我国对外直接投资的因素包括生产要素所有权优势、产业特性、经营多样化战略、东道国的管制和工业化程度、资本实力;在对外直接投资的方式选择中,技术和经验寻求型企业以并购和合资为主、自然资源寻求型企业以合资为主、产业转移型企业以新建合资的方式为主、多元化跨国经营型企业以并购为主。

中国现阶段对外直接投资中存在的问题:投资规模小,未形成规模优势;对外投资结构不合理;对外投资缺乏有效的国家宏观规划和指导;对外投资企业缺乏管理经验和对外投资缺乏风险保障机制。

促进中国对外直接投资的政策措施有:加快完善对外投资法律法规制度;提高综合统筹能力,完善跨部门协调机制,加强实施"走出去"战略的宏观指导和服务;支持在境外开展技术研发投资合作,鼓励制造业优势企业有效对外投资,创建国际化营销网络和知名品牌;降低外汇管制;金融机构为开展对外直接投资的企业提供融资服务。

思考题

一、简述题

1. 什么是对外直接投资?对外直接投资主要有哪些种类?它与对外间接投资有什么区别?
2. 改革开放后利用外商直接投资成为我国利用外资主要形式的原因是什么?
3. 请列举2~3个你所熟悉的外资并购的事例,并就外资并购对我国经济的影响谈谈你的认识。
4. 我国进行对外直接投资的必要性和可行性有哪些?
5. 改善对外直接投资政策对我国经济发展有什么促进作用?当前,我国政府主要可以从哪些方面促进对外直接投资的发展?

二、案例分析题

天津某食品公司坐落于天津津南经济技术开发区,交通运输便利,作为一个民营企业成立于2002年,注册资金为2 000万元。2004年开始做国际贸易,主要出口爽口珠、爽口片、硬薄荷糖等,出口国家包括美国、荷兰、乌克兰、韩国、英国、以色列、阿根廷等。经过几年的发展,虽然员工从十几人发展到现在的五百多人,企业规模不断扩大,在天津又设立了两个分厂,并且员工的素质也有了很大的提高,大专、本科、研究生学历已达到30%以上,但企业自主技术研发水平仍需提高,新产品的开发能力不强。现阶段,该企业顺应中国"入世"后对外贸易飞快发展的潮流,计划在国内市场稳定的基础上积极调整经营战略,开发国际市场,并在此过程中学习国外先进技术和管理方式,利用我国的比较优势增强企业在国际市场上的竞争力,最终促进企业发展。

问题:根据以上介绍,你认为该企业应选择怎样的对外直接投资的方式?

第十章

中国对外贸易经济效益

学习要求

了解对外贸易效益的形成机制、全球贸易摩擦的发展趋势、我国当前遭遇贸易摩擦的状况、对外贸易风险的概念和类型；理解对外贸易效益的概念、影响对外贸易效益的因素；掌握维护我国对外贸易利益的政策措施、对外贸易风险的主要防范措施。

第一节 中国对外贸易经济效益的形成

一、对外贸易经济效益概述

（一）对外贸易经济效益的概念

经济效益又称经济效果，它是社会生产和流通中投入—产出的比例关系。所谓投入是指劳动的耗费和资源的占用，前者包括活劳动和物化劳动，后者包括自然资源和社会资源，它们都需通过劳动才能被占用。所谓产出是指符合人类需要的劳动成果，如不能满足人类的需求，便无效益可言。因此，经济效益就是劳动耗费和资源占用与取得符合人类需要的劳动成果之比。

所谓对外贸易经济效益，就是通过商品或劳务的对外交换所取得的劳动节约或新增加的价值，也就是以尽量少的劳动耗费获取尽可能多的经营成果，或者以同样的劳动获得更多的经营成果。对外贸易也和其他经济活动一样，要通过投入—产出的比较来反映其效率与收益。对外贸易的经营者在出口贸易中投入了商品的生产成本、管理成本和流通费用等，产出的是出口获得的外汇收入，在进口贸易中投入的是外汇、关税、运费等，产出的是进口商品在国内市场的销售收入。

对外贸易经济效益与其他产业和企业的经济效益相对比，既有其共性，又有其个性，也就是说既有其普遍性，又有其特殊性。就其共性而言，对外贸易也与其他经济活动一样，要通过投入—产出的比较来反映其成果，其本质也是劳动时间的节约，因此有关的概念和指标在原则上也同样适用于对外贸易效益。但就其个性而言，对外贸易与其他经济活动相比有所不同，对外贸易不同于物质生产部门，属于流通流域，是流通向供给生产的延伸，它既涉及国内价值，也涉及国际价值，价值的货币表现形式既有用国内货币表示的国内生产价格，又有以外国货币表示的国际市场价格。因此，外贸经济效益具有不同于其他部门的经济效益的特点。

（二）对外贸易经济效益的内容

对外贸易经济效益从不同层次考察，可分为宏观经济效益和微观经济效益。

外贸微观经济效益是指通过外贸活动,外贸企业所取得的盈利。在出口贸易中,是外贸企业通过将货物销售到国外市场而获得的收入与成本之差额。进口贸易则是外贸企业从国外市场购入国内需要的商品,卖给国内用货部门及消费者,从中获取国内销售收入与进口成本之差额。对于外贸企业来说,微观经济效益就是实实在在的企业盈亏状况,因此在市场经济条件下,外贸企业越来越重视这种经济效益水平的提高。

外贸宏观经济效益是指对外贸易活动给整个国民经济带来的效益,又称对外贸易社会效益。外贸宏观经济效益包括许多内容,例如,通过对外贸易活动,促使国民经济在较高水平上达到综合平衡,从而获得较快的发展速度和良好的经济效益;通过对外贸易活动,提高本国科学技术和生产技术水平,从而提高劳动生产率,促进自力更生能力的增强;通过对外贸易活动,直接或间接地改善人民生活;通过对外贸易活动,增加国内就业与产品出口,增加国民收入,为国家积累建设资金。

(三)对外贸易宏观经济效益与微观经济效益的关系

对外贸易宏观经济效益和微观经济效益是主体与基础的关系。宏观经济效益是外贸经济效益的主体,微观经济效益是外贸经济效益的基础,两者总的来说是一致的。外贸企业微观经济效益好,除了会增加国家税收和外汇外,也有利于社会资源的合理配置,提高社会生产力。如果大多数外贸企业亏损严重,全国外贸行业也不可能呈盈利状态。道理很简单,宏观效益就是由许多微观效益组成的。

然而,微观效益有时与宏观效益不一致,会发生矛盾。比如,外贸企业经营某些商品出口有亏损,企业经济效益差;而从国家角度来看,经营这些商品增加了就业,提高了技术水平和劳动生产率,改善了有关部门和企业的经营管理,经济效果也是好的。与之相反的是,有时外贸企业出口是盈利的,但从国民经济整体来看则是亏损。主要表现在价格上由国家承担大量进口补贴,而补贴后的原材料拨交给生产企业加工成成品再出口后,出口企业可能获得一定盈利,但算国家账却是亏损的,其结果是国家的补贴通过出口部分转移到国外进口商那里去了。

宏观经济效益与微观经济效益会发生矛盾,因此,我们应确立正确处理这两种经济效益关系的基本原则。首先,要兼顾微观经济效益和宏观经济效益,不可忽视任何一方。其次,在发生矛盾时,微观经济效益要服从宏观经济效益,因为它代表着国家的整体利益和长远利益。最后,在企业利益服从国家利益的前提下,也要照顾到外贸企业的微观经济效益,以调动外贸企业经营的积极性,比如国家可以根据实际情况制定相应的政策解决企业亏损问题。

在建立社会主义市场经济的条件下,正确处理外贸微观经济效益与外贸宏观经济效益的关系主要依靠经济手段,辅之以必要的行政手段。经济手段主要靠有管理的单一浮动汇率制度,制定合理的税收制度与金融制度,使国内市场价格与国际市场价格逐步趋同,以达到合理配置资源、改善产品结构与产业结构的目的,使两种经济效益趋于一致。

二、对外贸易经济效益的形成

(一)对外贸易宏观经济效益的形成

1. 利用国内价值和国际价值的差异,形成外贸宏观经济效益

对外贸易经济效益是外贸领域的投入—产出之比,它所包含的实质性的经济内容就是社会劳动的节约程度,因此,对外贸易经济效益可以表述为通过对外商品和劳务的交换所节约的社会劳动。

进行对外贸易活动不仅可以通过对外交换取得本国国民经济发展短缺的使用价值,同时

可以通过交换获得价值的增值。价值增值本质上同社会劳动的节约是相同的,价值增值可以理解为投入一定量的劳动而获得比一般水平更多的新价值;社会劳动的节约可以理解为获得一定量的价值而为此投入的劳动少于一般水平。因此,对外贸易经济效益也就是通过对外交换所获得的价值增值。

对外贸易所实现的社会劳动节约或价值增值是由于存在着国内价值和国际价值之间的差异而产生和形成的,而这种差异的产生是来自于国内必要劳动时间和国际必要劳动时间存在差异。可见,只要存在国内价值和国际价值的绝对差异或比较差异,国际贸易的各方就可以利用绝对优势或相对优势,通过进出口活动,实现国别价值增值、实现社会劳动节约。由此获得的价值增值或劳动节约,是对外贸易社会经济效益的重要组成部分。

2. 通过使用价值转换,形成外贸宏观经济效益

对外贸易的两个基本职能是进行使用价值转换和实现价值增值,两者是不可截然分开的。实现价值增值的同时,必然完成使用价值的转换。因此,利用国内价值和国际价值的"绝对差异"、"比较差异"实现价值增值,必须建立在使用价值转换的基础上。使用价值是价值的载体,是物质承担者,没有使用价值的转换,就无以实现价值的增值。但使用价值在外贸经济效益形成中的作用,不仅限于在纯粹的商品流通中充当价值的载体,实现价值的增值,而且还包括由于使用价值对外转换在社会再生产中产生的新价值。

进行对外商品流通,将本国的一部分产品和资源从经济循环中分离出来,在国际市场上转换成另一部分产品和资源,从而在一定程度上缓解国内产业结构不平衡对经济发展的束缚,扩大再生产规模,加速经济增长,使整个社会有可能获得更多新增价值。这种通过使用价值转换,调整国民经济比例关系,改善社会产品构成,使社会获得的较自我循环更多的新价值或劳动节约,也是外贸经济效益的组成部分。

(二)对外贸易微观经济效益的形成

对外贸易微观经济效益直接形成于国内外市场的价格差。从出口看,是指国内货源买入价与国际市场售出价之间的差价;从进口看,是指国际市场商品买入价与国内市场售出价之间的差价。这种价格差再减去商品流通费用即是外贸企业的盈利(若为负数则为亏损),也即外贸企业经济效益。

从理论上讲,在价格与价值大体一致的情况下,国内外市场价格差反映的是国内价值和国际价值之间的"绝对差异"和"比较差异"。在存在"绝对差异"的条件下,单纯的出口或进口即可取得对外贸易盈利,即当一商品国内价值低于国际价值时出口,而当国际价值低于国内价值的商品时则进口。在"比较差异"的条件下,则需要通过出、进口双向循环贸易才可取得外贸盈利。这时需要出口本国有比较优势的商品,进口本国劣势较大的商品,进出口贸易相结合,才能获利。不发达国家的企业,在大多数情况下往往不具备绝对优势,无法直接通过出口获取价值增值,而需要进出口相结合,才能赢得贸易利益。

从实践上看,外贸企业经济效益还受其他许多因素的影响,如企业经营管理状况、政府的政策措施、对外贸易体制等。

案例　　让"黄金口岸"产生"黄金效益"

——黑龙江牡丹江市对外贸易发展探析

国际金融危机对我国对外贸易造成了很大冲击。作为我国重要的沿边开放城市,黑龙江牡丹江市的对外贸易一直平稳增长。随着后国际金融危机时期的到来,牡丹江如何

适应这种变化,实现对外经贸战略升级?

"黑龙江没有黄金海岸,但有黄金口岸。"1988年恢复边贸以来,作为内陆省份,牡丹江市被推到了黑龙江省沿边开放的最前沿:牡丹江地处东北亚经济圈的中心区域,毗邻俄罗斯滨海边疆区,边境线长211千米,距离俄罗斯远东最大的城市符拉迪沃斯托克仅248千米。

如何让加工贸易成为对俄贸易的主导?如何把口岸优势放大到整个区域?2006年,当黑龙江省着力打造"哈(哈尔滨)大(大庆)齐(齐齐哈尔)"工业走廊的同时,牡丹江市即启动了哈(哈尔滨)牡(牡丹江)绥(绥芬河)东(东宁)对俄贸易加工区建设。按照设想,牡丹江要让"哈牡绥东"和"哈大齐"成为黑龙江省这个"天鹅"振翅高飞的"两翼"。

哈牡绥东对俄贸易加工区是集对外贸易、进出口加工、现代物流、经济技术合作、外向型农牧业、旅游会展于一体的国际化、综合性、多功能的带状经济发展区域。这条"黄金带"两侧分布有7个经济开发区,全长700千米,其中在牡丹江市境内长211千米。如今,哈牡绥东对俄贸易加工区已成为牡丹江市招商引资的"金字招牌"。

2009年,牡丹江市面对国际金融危机逆势而上,实施了"双百亿工程"即投融资各100亿元,许多国内外投资者纷纷把"哈牡绥东"作为产业转移的平台。广东省东莞200多家木业企业,与穆棱市签订了投资总额达15亿元的东莞家具园项目。截至2009年底,哈牡绥东对俄贸易加工区累计落地项目463个,完成投资205亿元,吸引了香港世茂、浙江万向、上海安信、江苏大亚、江苏雨润、吉林皓月等一大批战略投资者入驻,初步形成了木材加工、汽车配套、石油化工、电子信息、外向农业等进出口加工产业集群。与此同时,通过实施"走出去"战略,目前牡丹江市已在俄罗斯兴建了乌苏里斯克、华宇、远东等境外园区,累计完成投资13亿元,入驻企业29户。

资料来源:节选自《经济日报》,2010年4月9日。

第二节 影响对外贸易经济效益的因素

一、影响外贸宏观经济效益的因素

外贸社会经济效益是通过对外商品交换带来的价值增值,而价值增值是由国内外价值差异以及使用价值转换在社会再生产中发挥特定作用而形成的。因此,一切影响商品国内价值、国际价值以及两者之间相互关系的因素,一切影响使用价值在社会再生产中发挥作用从而带来更多新增价值的因素,均影响外贸经济效益。

(一)比较优势

对外贸易经济效益是通过对外贸易活动实现的价值增值,而价值增值是通过发挥比较优势取得的,即通过出口有比较优势的商品、进口有比较劣势的商品取得的。因此,比较优势是取得外贸经济效益的客观基础。

一国的比较优势取决于一国劳动生产率水平及其与世界劳动生产率水平的差异。一国劳动生产率水平决定该国大部分商品的社会必要劳动时间,进而决定了该国大部分商品的国内价值量水平。国际价值是由世界必要劳动量决定的,后者又是世界平均生产率水平决定的。因此,国内价值和国际价值的差异主要是由一国劳动生产率与世界平均劳动生产率水平的差异形成的,两者差异的程度和方向,决定着国内价值和国际价值差异的程度和方向,进而决了该国的比较优势,决定了该国获得外贸经济效益的量和层次。

如果一国劳动生产率水平大大高于世界平均劳动生产率水平,该国绝大部分商品的国内价值低于同类商品的国际价值,即在以国际价值为基础的对外交换中,该国每小时平均劳动投在各经济部门所形成的国内价值在国际市场上被承认为超过一小时的国际价值,那么该国以高于国内价值的国际价值输出某些商品,以低于国内价值的国际价值购买某些商品,以少量劳动按质的比例与多量劳动交换,从而取得外贸经济效益。该国取得外贸经济效益是凭借劳动生产率水平的绝对优势。如果一国的劳动生产率水平低于世界平均劳动生产率水平,该国绝大部分商品的国内价值高于同类商品的国际价值,那么该国进行对外交换只能输出国内价值高于国际价值程度较小的商品,输入国内价值高于国际价值程度较大的商品,以少量社会劳动换回多量社会劳动,实现价值增值。这类国家取得外贸经济效益是利用了绝对劣势中的相对优势。

以上两类国家通过对外商品交换,都能够实现社会劳动的节约,形成外贸经济效益。劳动生产率水平高的国家通过对外贸易所实现的价值增值量或社会劳动节约量并不一定绝对地多于劳动生产率水平低的国家。但是,由于两者劳动生产率水平与世界平均劳动生产率水平的差异方向不同,借以实现外贸经济效益的条件不同,决定了两者获得的外贸经济效益不同。前一类国际劳动生产率水平有绝对的优势,它所取得的外贸经济效益也是绝对的;而后一类国家劳动生产率水平处于绝对劣势,但由于利用了绝对劣势中的相对优势,同样也取得了外贸的经济效益,不过,这种效益是相对的,也有一定的局限性。因此前者取得的对外贸易经济效益较后者的层次要高。

(二)进出口商品结构

国内外价值的差异必须通过一定的使用价值为载体表现出来。因此,不同的使用价值结构,即进出口商品结构会影响国内外价值差异的程度与方向,从而影响外贸经济效益。

由于经济发展的不平衡,一国国内各部门、各行业的劳动生产率水平参差不齐,甚至相差悬殊,与世界同行业平均劳动生产率水平的差异程度更不可能相同。由于各部门劳动生产率水平相异,一小时国内平均劳动投入到不同经济部门、行业所形成的国内价值量也就不同。又由于各部门各行业劳动生产率水平与世界同行业平均劳动生产率水平的差异不尽相同,同一国内价值量在国际市场上得到承认的程度也就不同。因此,劳动生产率的双重差异——"内差异"和"外差异"使出口商品结构极大地影响输出的国内价值量以及该国内价值量在国际市场上得到承认的程度。另一方面,由于相同的原因,同一国际价值量,由于其物质承担者不同,在国内市场上会被承认为不同量的国内价值,而对外贸易所实现的价值增值正是国内价值的增值。从以上分析可以看出,价值的物质承担者——使用价值的构成,即进口商品的结构是影响外贸经济效益的重要因素。

合理的、优化的进出口商品结构是保证对外交换获得更多贸易利益的必要前提。在出口商品结构中,如果初级产品多,制成品比重小;中低档产品多,高档产品少;大路货多,拳头产品、名牌产品少;粗加工产品多,精加工产品少,出口经济效益就一定低;反之,则出口经济效益高,盈利多,创汇高。在进口商品结构中,如果只是进口一般生活资料,甚至高档消费品,而不是以生产资料为主,或者只是进口成套设备,而不是重点引进技术以搞好进口替代产品的生产并加速国产化进程,促使国家技术进步,进口经济效益也必然受到损害。

(三)价格机制

比较优势只有正确地表现为价格差时,对外贸易才会依此进行,比较优势才会成为现实的比较利益。因此,价格是否真实地反映价值、价格与价值的背离程度与方向都可影响对外贸易商品结构,从而影响外贸经济效益。

如果一种商品的国内价格严重偏离国内价值,价格所表示的价值量大大高于实际的价值量,价格对价值的扭曲所表现出来的商品国内价值大大高于同类商品的国际价值。这种国内价值的"高估"使实际上具有绝对优势或相对优势的商品貌似具有绝对劣势或相对劣势,使本该出口的商品成为事实上的进口商品。同样道理,国内价值的"低估"也可能使本该进口的商品成为出口商品。

因此,价格机制不仅影响价值增值的正确表现,还会通过对进出口商品结构的作用,进而影响实际的价值增值量或劳动节约量,影响外贸经济效益。

(四)汇率机制

对外贸易是特殊的经济部门,它联系着国内外的生产和流通,在每一次对外商品交换中通常都要使用两种或两种以上的货币计价,这就使得通过交换实现的社会劳动节约或价值增值的表现更为复杂。通过交换实现的价值增值要得以正确表现和反映,一方面要求国内外价格都必须真实地反映商品的国别价值和国际价值,另一方面要求计价货币的"价格",即汇率正确反映每一单位本币和外币所代表的价值量的关系,两个条件缺一不可。即使商品的国内外价格能正确反映商品的国内外价格,如果汇率不能正确反映参与交易的不同货币之间的比例关系,对外交换产生的价值增值也得不到正确反映;反之亦然。

如果汇率高估了每单位本国货币所代表的价值量,实际上出口可以节约劳动的商品似乎也成了亏损商品,而汇率的低估则可能使实际上没有优势的商品出口,似乎也能节约社会劳动。因此,价格对价值的扭曲,汇率的高估或低估等货币价格因素会影响比较利益的表现与进出口商品最优结构的形成,从而影响外贸经济效益。

(五)宏观调控

政府实施调控政策,如产业政策、就业政策以弥补市场的缺陷,追求长远发展目标,可在一定程度上改变利益格局,对外贸经济效益产生影响。

二、影响外贸微观经济效益的因素

外贸微观经济效益的表现形式是由国内外价格差所直接决定的外贸企业的财务性盈亏。在不存在价格、汇率扭曲的情况下,外贸的财务性盈亏应与比较利益所赋予的贸易经济性盈亏是一致的。此时,从事对外贸易活动的企业,从理论上讲其经营成果必然是盈利的,否则其资本就会转移到其他有可能盈利的经济部门。但在存在价格、汇率扭曲的情况下,外贸财务性盈亏就可能背离经济性盈亏,即财务性盈利或亏损的表象背后,其经济性盈亏可能存在与之不一致甚至相反的状况。

在市场机制充分发挥作用、价格与价值相一致、汇率准确反映货币之间比率的条件下,影响外贸微观经济效益的主要因素是企业的经营机制、管理机制等微观因素。而在存在各种扭曲的环境中,外贸微观经济效益的决定因素就要复杂得多,许多因素往往是外贸企业所不可控制的。

> **专栏**　　　**5月进出口双双创新高　外贸形势依然严峻**
>
> 2012年6月10日,海关总署发布的数据显示,5月份我国进出口总值为3 435.8亿

美元,增长 14.1%,当月进出口规模刷新 2011 年 11 月创下的 3 341.1 亿美元的历史纪录。其中,进、出口规模双双创月度历史新高,当月出口 1 811.4 亿美元,增长 15.3%;进口 1 624.4 亿美元,增长 12.7%。

"5 月外贸数据好于预期,主要原因是我国对美出口的增长。"海通证券首席经济学家李迅雷 6 月 10 日在中国对外经济贸易统计学会和宁波市人民政府联合主办的"2012 年中国对外贸易 500 强企业论坛"上告诉记者。他认为,此前国内人力成本上升、人民币升值压力等对我国外贸带来一些影响,目前来看,人力成本并未继续上升,人民币对美元汇率持续走低,因此,我国外贸出现见底的苗头。

出口稳定的同时,5 月进口规模也好于预期。陆志明认为,这是因为国内经济增速正逐步低位企稳,5 月工业增加值同比实际增长 9.6%,环比已有所好转,发电量、水泥等产量也有所增长,国际商品的进口需求增加。此外,国际大宗商品价格的下滑吸引了国内进口需求的增加。

随着我国刺激投资、消费诸多举措的出台落实,国内需求企稳迹象明显,二季度国内经济增速很可能底部企稳。在这一背景下,进口有望继续好转。市场普遍预期 2012 年 6 月进口同比可能持稳略增。未来国际大宗商品价格可能继续回落,国内厂商可能在价格低位增加原材料库存,国内进口量仍会继续增长。

不过,考虑到外部需求仍未有明显好转的迹象,2012 年我国的外贸形势仍然严峻。

目前来看,短期内国内外贸企业经营压力仍难以得到明显缓解,汇率、劳动力成本仍趋上行,企业融资仍较为困难。在论坛上,不少外贸企业代表向记者表示,企业面临生产成本上升的压力,这不仅表现在用工成本,还包括物流成本所占比重过高。

此外,汇率风险也是外贸企业面临的一道难题。赛领资本管理有限公司副总裁郑红在论坛上说:"外贸企业面临的汇率环境更加复杂。主要是因为我国企业国际化程度提高,国际形势发生了巨大变化。"目前来看,不是商业银行为外贸企业提供的避险工具不够,而是不少外贸企业还存在侥幸心理。郑红建议外贸企业要把汇率避险提高到更宏观的角度来对待,企业应建立汇率避险监测机制。

资料来源:节选自《金融时报》,2012 年 6 月 12 日。

第三节 贸易摩擦与对外贸易利益的维护

一、贸易摩擦概述

贸易摩擦是指在国际贸易中,国与国之间由贸易收支不平衡、不公平贸易造成的伤害、贸易保护主义或其他原因而引起的贸易争端。

在经济全球化的推动下,贸易自由化已是不可逆转的潮流,但是贸易保护主义一直没有停止过对贸易自由化进程的反制和影响。当前,各国经济发展的不平衡性、贸易利益分配的两极化趋势、区域贸易集团的排他性、政治经济制度的对撞等因素都使得贸易保护主义层出不穷,导致贸易增长的"副产品"——贸易摩擦的数量不断扩大,领域和范围日渐广泛,全球经济进入了所谓的"摩擦经济时代",突出特点是经济贸易摩擦的复杂化、综合化与常态化。贸易摩擦增多成为经济全球化趋势下对世界经济贸易发展的一个重要挑战。

> **专栏** 欧盟指责多国存在贸易保护主义行为

人民网布鲁塞尔6月7日电(记者张杰)欧盟6日发布报告称,根据欧盟监测,最近8个月来,世界范围的贸易保护主义措施有"上升趋势"。该报告涵盖了包括中国大陆、中国香港和中国台湾在内的31个欧盟主要贸易国家和地区,报告显示,俄罗斯、巴西、阿根廷和印度的贸易保护尤为突出。

报告称,在2011年9月至2012年5月的8个月的时间里,全球共出台了123项新的贸易限制措施,而撤销的措施仅有13项,这导致总的限制措施增长了近25%。

报告称,巴西、中国、印度、南非和乌克兰近期出台了大规模的刺激计划用于扶持个别行业,同时采取了扭曲正常贸易的行为,其中以阿根廷为最。

欧盟贸易专员德古赫特表示,"显然,二十国集团G20成员需要认真加紧打击贸易保护主义。我对近几个月来世界范围内的贸易限制措施急剧上升深表忧虑","我提醒大家,贸易保护主义对任何人都没有益处,G20已经承诺停止这一行为"。欧盟呼吁G20成员履行相关承诺,加强对贸易保护主义的监管力度,同时欧盟将在本月的G20墨西哥峰会期间提出这一要求。

2008年10月金融危机爆发后,欧委会贸易总局开始定期编制评估限制世界贸易发展状况的报告,最新的报告已经是第9期。

资料来源:人民网,2012年6月7日。

二、全球贸易摩擦的总体特点

当前,国际贸易摩擦形势呈现两个新特点:一是正在上台阶,二是日趋激烈化。

上台阶是指正在上第三个台阶。第一个台阶是关税壁垒、行政保护措施。世界贸易组织使所有成员大大降低了关税,努力取消行政保护措施。因此这种初级贸易摩擦形式和手段已经大大弱化。第二个台阶是世界贸易组织允许各成员国采取的3种合法的贸易保护手段即反倾销、反补贴、保障措施方兴未艾,同时一些专门针对中国的特别保障措施、贸易转移、市场扰乱、市场经济地位等贸易保护措施、手段和概念也频频发生与被使用。目前贸易保护措施又上到新的第三个台阶:技术贸易壁垒台阶。技术贸易壁垒过去就有,但现在比过去更加广泛化、常规化了。激烈化是指国际贸易竞争中,使用技术性贸易壁垒的各种目的和各种形式交织在一起,使贸易摩擦形势更加复杂化、尖锐化。技术性的贸易措施是更具名义上的合法性、合理性、巧妙性,更加冠冕堂皇的贸易壁垒手段。在全球经济贸易竞争日趋激烈的形势下,以技术法规、技术标准和合格评定程序为主要内容的技术性贸易壁垒已经成为世界各国调整贸易利益的重要手段。技术性贸易措施有其科学的定义。技术性贸易措施是一国或地区为维护其人、动植物、环境安全、防止欺诈、保证产品质量和贸易秩序而采取的强制性的或自愿性的技术措施。这些措施将对其他国家或地区的商品、服务贸易和投资自由进入该国或地区市场产生影响。狭义的技术壁垒主要是指世贸组织《技术性贸易壁垒协定》规定的技术法规标准和合格评定程序;广义的技术壁垒还包括动植物及其产品的检验和检疫措施,包装标签标志要求、绿色壁垒、信息技术壁垒等,它们也经常以技术法规、标准、合格评定程序的形式出现。运用技术性贸易壁垒手段有两种作用:一种是正确使用技术性贸易保护措施,以维护本国产业合法权益;另一种是过度使用技术性贸易保护措施,给它披上合法外衣,行贸易保护主义之实。使用技术性贸易保护措施的两种目的,使技术性贸易摩擦复杂化了。使用其他贸易壁垒手段也同样存在不同的目的。不同的国家和地区、不同的利益集团、不同的目的、不同的政治用意,使用不同的贸易壁垒措施,就使得当前国际贸易摩擦更加频繁化、复杂化、尖锐化。这将成为今后较长时期内的一个总趋势、总特点。

三、我国遭遇贸易摩擦的现状与特点

我国遭遇的贸易摩擦在不同时期呈现不同的特点。据WTO统计,自1995年以来,截至2010年,我国已连续16年成为全球反倾销措施的最大受害者,并自2006年以来连续5年成为全球反补贴措施的"重灾国"。"入世"之前,我国面临的贸易摩擦以关税、配额等数量限制措施为主;但"入世"后,国外竞争对手多以贸易救济、技术性贸易壁垒、知识产权、汇率问题等非关税壁垒对我国对外贸易领域的制度及已形成的竞争优势提出挑战。目前,国外对我国贸易摩擦涉案产品逐渐走向高端,国外对华贸易救济调查肯定性裁决占比不断加大;碳关税的实施必将对我国的外贸和经济发展产生重要影响;发达国家严格限制高技术产品对华出口,我国引进国外的高端技术更趋困难;消耗资源性产品及发展高新技术产业所必需的原材料或成为国外对华贸易保护的重点。而这些领域却都是中国未来发展的"战略制高点"。

后金融危机时代贸易保护主义与以往有较大区别。近两年来,中外贸易摩擦频繁发生,我国正面临着日益严重的"国际贸易摩擦潮",据商务部2009年发布的《全球贸易摩擦研究报告》指出,目前我国已经连续14年位居全球贸易调查首位,反倾销和技术性贸易壁垒成为中国产品出口面临的最主要障碍。

当前我国面临的贸易摩擦总体呈现出五个特征和趋势:(1)摩擦从个案转向体制层面;(2)贸易摩擦涉案产品和涉及产业范围不断扩大,从劳动密集型产品向其他产品延伸,并从传统产业向高科技产业领域升级;(3)贸易摩擦向多领域扩展,逐步由货物贸易领域扩展到服务贸易、投资、知识产权等多个领域,同时贸易摩擦与争端由企业微观层面向宏观体制层面延伸;(4)从反倾销向多种贸易保护手段扩展,发达国家以产品质量、食品安全为借口对我国出口产品采取限制措施,技术性贸易壁垒、卫生和植物卫生措施成为影响我国产品出口的主要障碍,知识产权等方面的贸易壁垒也不断增加;(5)从发达国家向发展中国家蔓延,印度、巴西等国家的贸易壁垒对中国的压力毫不逊色于欧美国家。

专栏　　全球市场深度博弈"中国制造" 贸易摩擦"冷箭"难防

新华网广州11月6日电(记者王凯蕾、王攀)"不仅不轻松,心里的弦反而绷得更紧了。"世界贸易组织(WTO)专家组裁定欧盟对华皮鞋长达5年的反倾销措施违规,但广州优美乐制鞋有限公司副总经理梁艺芬眼中却看不到一丝喜悦,因为"欧盟后续措施还会跟着来呢"。正在举行的第110届广交会上,贸易摩擦、贸易保护仍是中国企业头上挥之不去的阴影。

受全球经济低迷、美债欧债危机等因素影响,全球市场博弈力度不断加大,针对"中国制造"的贸易摩擦和贸易保护越来越频繁。不少市场人士认为,中国企业应积极应诉,主张合法权益。同时,各行业协会也应发挥行业牵头人的作用,协助企业充分了解产业信息、熟悉国际规则,增强管理透明度,不断提升在国际贸易中的话语权。

经济低迷加剧了针对"中国制造"的贸易摩擦

近年来,受全球经济持续低迷影响,贸易保护主义抬头,"中国制造"一直是全球市场

贸易摩擦和贸易壁垒的热点目标。就在皮鞋获得"松绑"后不久,欧盟就在9月决定对从中国进口的瓷砖正式征收反倾销税,最高税率达69.7%。

在佛山美意陶瓷市场二部经理刘柯勇看来,如今从事陶瓷产品出口贸易,颇有点"四面楚歌"的感觉。"2008年以后欧美市场开始萎缩,又接连遭遇欧盟的反倾销调查,逐渐把目光转向南美、俄罗斯等新兴市场,可没多久又接连遭遇来自巴西、阿根廷、韩国等国家的反倾销裁定。"刘柯勇说。

广东外语外贸大学国际经济贸易研究中心副主任肖鹞飞认为,自2008年金融危机以来,经济衰退导致海外市场需求下降,欧美等国家为了维护自身利益,对出口国采取了更为严厉的反倾销调查;而新兴的工业化国家,其制造业需要更多的发展空间,出于保护本国企业的目的对中国发起的反倾销案例也在增多。

"如今,涉及中国制造的反倾销案例越来越多、金额越来越大、涉及地区从传统的发达国家向发展中国家延伸,贸易保护主义呈现多元化趋势。"肖鹞飞说。

资料来源:节选自新华网,2011年11月6日。

(一)贸易自由化与贸易保护相互交织成为国际贸易发展的常态

贸易自由化仍是国际贸易发展的大趋势。随着各国经济增长的地区差异显著扩大,特别是发达国家与部分发展中国家在经济增长中的不同表现,贸易保护主义不但不会消失,相反会出现强化趋势:案件数量不断上升;全球贸易摩擦近十年内数量大幅度上升。

(二)贸易保护主义的主观性和歧视性增强,贸易保护主义的手段更为隐蔽

在经济衰退的背景下,不少国家和地区为了保护本地市场和就业,常以WTO中某些模糊性规则打"擦边球",设置技术性壁垒,滥用反倾销和保障措施。美国不断对我国产品做出反倾销、反补贴裁定。近年来,发达国家往往以维护国家安全、人类健康和生态环境、保证产品质量等为由,采取阻碍其他国家商品自由进入该国市场的技术性措施。我国经济处于快速发展阶段,社会责任认证企业较少。美、日及欧盟在商品标准、技术法规和技术认证制度等方面设置贸易技术壁垒,特别是技术认证制度差异性大,认证难度和成本费用高成为欧美国家贸易保护的主要形式。

(三)贸易摩擦的产品结构从低端向高端延伸,摩擦涉及的层面逐步从微观向宏观延伸

有关国家与我国贸易摩擦不仅涉及企业、产品等微观层面,而且日益扩散到知识产权保护、劳工标准、技术标准、税收和补贴政策层面。贸易摩擦产品结构逐步向高级化发展,产品重点也由低附加值扩大到高附加值。摩擦从微观层面向宏观层面延伸。近年来,西方国家试图实行"碳关税"来逼迫发展中国家高价购买发达国家掌握的环保减排技术,以符合它们制定的环保标准。

(四)贸易摩擦对象扩大

中国与国外的贸易摩擦过去主要集中在发达国家:一是次数较多;二是金额较大。中国与发达国家的经济摩擦每次涉及的金额都很大,但现在与一些发展中国家的摩擦也在增多。在有些领域,中国与其他发展中国家摩擦虽在金额上无法与发达国家相比,但在发生次数上却大幅增加,使中国出口屡屡受挫的反倾销壁垒主要不仅来自发达国家,更多来自发展中国家。

(五)技术性贸易措施摩擦激烈化

技术性的贸易壁垒是更具名义上的合法性、合理性、巧妙性、更加冠冕堂皇的贸易壁垒手段。在全球经济贸易竞争日趋激烈的形势下,以技术法规、技术标准和合格评定程序为主要内容的技术性贸易壁垒已经成为世界各国调整贸易利益的重要手段。

2007年以来,国外针对中国玩具等产品的召回、中国水产品在美遭遇禁运、福建乌龙茶出口日本遇阻、小家电出口欧盟遇阻等事件频频发生,显示出以产品质量、安全、环保等技术性标准为名的国外技术性贸易措施针对我国和对我国出口的影响越来越明显。2007年6月和8月,欧盟先后推出《化学品注册、评估、授权和限制法规》、《用能产品生态设计框架指令》等法规,使我国企业的生产成本每年需增加约10亿美元。据统计,2007年上半年,60%的美国召回案件针对中国产品,欧盟针对产品安全环保标准的"欧盟非食品快速预警系统"共发布消费者警告599次,其中,针对中国产品的达292次,约占总量的一半。

随着世界贸易规则的逐步完善,传统贸易壁垒逐渐弱化,加之全球贸易保护主义的抬头,使得技术性贸易措施快速发展,发达国家的技术优势逐渐成为贸易保护主义的主要手段。据世贸组织统计,1995~2007年上半年,各成员通报影响贸易的新规则总量为23 897件。其中,技术性贸易措施为16 974件,占总量的71%。据估算,2006年,技术标准影响了全球80%的贸易,涉及金额达8万亿美元。正确使用技术性贸易保护措施,维护本国产业的合法权益,或过度使用技术性贸易保护措施,披上合法外衣行贸易保护之实,这两种目的使用技术性贸易措施,使技术性贸易摩擦形势复杂化。

使用其他贸易壁垒手段也同样存在不同的目的。不同的国家(地区),不同的利益集团,不同的目的,不同的政治用意,使用不同的贸易壁垒措施,使当前国际贸易摩擦更加频繁化、复杂化、尖锐化。这将成为今后较长时期内的一个总趋势、总特点。

从表面看,这些摩擦是竞争激烈引起的贸易摩擦升级;从深层次看,则体现了中国经济发展的外部环境受制约程度的加深和社会制度的根源性斗争。面对这样的形势,我们应当思索如何提高国内产业的水平和档次。"中国制造"为什么牺牲最大、贡献最多、收获最小?"中国制造"成了低质、低价、受反倾销调查最多的代名词。这是需要我们认真思考的问题。

例如,日本吉田公司生产的YKK拉链1米能卖到15美元左右,而在浙江省义乌市生产的拉链1米只能卖7角人民币。美国的芭比娃娃玩具在中国市场的售价是329元,而代加工的生产厂家每加工1件仅得加工费4元。

"中国制造"之痛就在于:在技术上没有自主权,在标准上没有制定权,在价格上没有控制权,在分配上没有话语权,在附加值上没有收获权。在国际产业链中,外国企业控制了高端,耗费的资源少,获得的利润稳定且丰厚。意大利和西班牙等欧美国家是高端品牌的生产车间,中国台湾成了世界品牌的设计中心,印度凭借高素质、低价格的人才成为了美国硅谷IT企业服务外包基地等。中国企业只能被分工到最低端,耗费了大量的水、电、煤等资源,却得到一个倾销的罪名,实在得不偿失。不能再这样下去了,我们应转变观念、转变思路、转变方式、转变策略。

四、我国遭遇贸易摩擦的原因

中外贸易摩擦之所以愈演愈烈,既有外部的贸易保护主义和"中国威胁论"的因素,也有自身的经济结构、体制和政策问题。

(一)贸易保护主义

无论是发达国家还是发展中国家,总是在依据一定的贸易保护理论,采取一些限制进口或鼓励出口的行为,而且花样翻新,如设置技术性贸易壁垒、滥用反倾销、反补贴、特殊保障等措施。这些贸易保护政策必然会引发相应的国际贸易摩擦,也是中国目前遭遇国际摩擦的根本原因。另外,世界各国的贸易保护主义政策往往在经济不景气时显得尤为严重。

(二)中国威胁论

现阶段中国经济的崛起必然会改变世界经济格局,这必然给一些国家带来竞争压力。"中国威胁论"在许多发达国家和发展中国家都有所体现。一些国家内部利益集团利用"中国威胁论"向本国政府施压,要求对中国产品进口进行限制,导致中国出口面临一波又一波的贸易摩擦。

(三)外贸依存度过大

我国改革开放以来对外贸易巨大发展。在吸引外商直接投资(FDI)方面,中国取得举世瞩目成效,成为全世界吸引FDI最多的国家。相比之下,中国对外直接投资却发展缓慢。中国对外贸易和对外直接投资严重不平衡,对企业外贸产生了严重的不良影响。

五、维护我国对外贸易利益的对策

(一)调整对外经贸战略

长期以来,中国在对外贸易战略上一直奉行"出口至上"的思想,然而实行"出口至上"战略带来了很多弊端。"出口至上"引发的出口高速增长难免对一些国家的国内市场造成冲击,结果遭致进口国保障措施等贸易壁垒,引发国际经济摩擦。而且"出口至上"战略还恶化了贸易环境,不利于长期对外贸易,应该早日摒弃。这需要我们转变观念,改变传统的"出口好,进口不好"的错误观念,淡化出口作用,适当重视进口作用。同时,要看到中国国内市场也是世界市场的重要组成部分,是被公认的需求增长最快、潜力最大的市场。要进军世界市场,首先要牢牢把握国内市场。不能盲目进军世界市场而把国内市场拱手让人。应该摒弃歧视内销的出口鼓励政策,改为中性的贸易政策。在中性的贸易政策下,是出口还是内销,由企业通过成本收益分析来决定。

案例　中非发展基金助力黑龙江企业开辟非洲市场

东北网6月13日讯(记者侯巍)作为"中国黑龙江非洲经贸合作交流会"的重要活动之一,6月13日下午,中非发展基金业务宣介会在哈尔滨举行。业内人士指出,中非发展基金对于黑龙江省企业加快开辟非洲市场将发挥助推作用。国家开发银行黑龙江省分行行长周荣卫、中国国际贸易促进委员会黑龙江省委员会副会长王立伟出席宣介会并致辞,中非发展基金市场发展部总经理吴国华作题为"中非发展基金业务产品与运作模式"的主旨宣介。

据了解,2011年中非贸易额突破1 600亿美元,中国对非洲各类投资累计超过400亿美元,在非洲投资的中方企业超过2 000家。黑龙江省与非洲国家有贸易往来的企业有284家,贸易额为20.67亿美元。对非洲出口产品主要是机电、服装及农副产品等,从非洲进口的产品主要以原油为主。由于黑龙江省区域及产业特点,导致对非贸易比重偏低,对非洲国家的国情、贸易与投资政策缺乏了解,开拓非洲市场存在一定的困难。本次推介会力求通过经贸活动促进双方工商界人士相互了解,形成双方人员流、信息流、贸易流、投资流的良性循环,带领黑龙江省企业"走出去"、"走进非洲",促进双边经贸发展。

中非发展基金是支持中国企业开展与非洲国家合作而设立的专项资金,它借鉴国际私募股权投资基金的操作模式,通过直接投资,引导和支持中国企业在非洲投资兴业,以市场化运作的方式促进中非合作互利共赢,助推黑龙江省企业开辟非洲市场。

资料来源:东北网,2012年6月13日。

(二)健全外贸预警机制

构建有效的预警机制是避免贸易摩擦发生及减少贸易摩擦影响的重要途径。这需要政府贸易主管部门、行业协会和企业之间密切配合。我国应建立以行业协会、企业和政府三者之间有效协调的贸易摩擦预警机制,预警机制要做到信息渠道广泛、调查研究充分、信息加工分析能力强、信息传递迅速和反应及时。具体来说,就是要充分利用我国海关的进出口统计资料、相关行业协会及我国驻外经贸机构的相关作用,特别是在重点市场、重点产品上要进行监测,及时掌握有关国际市场行情,如出口产品占进口国市场份额增加、产品出口价格、产品出口数量、进口国国内有关产业的发展状况以及技术标准等信息,将大量的、详尽的、动态的、有效的信息进行统计分析,及时将有关信息通过有关渠道传递给有关行业协会和企业,使得出口企业提早做好准备。当出现被指控苗头时,立即采取紧急保护措施,保证本产业不受冲击。此外,对企业在贸易摩擦中争取合法权益的行为给予支持,对积极应诉的企业给予资金支持和财政援助,对企业合法权益的损失要给予适当的补贴。

(三)企业采取积极应对措施

企业是对外贸易的主体,是对外贸易的直接参与者,也是贸易摩擦的直接利益损失者,因此,企业应积极主动地应对贸易摩擦。首先,我国企业要调整产品结构、提高产品档次,产品不应定位于以廉价为竞争力;加强科技投入,提升产品的科技含量,缩小与国际先进水平的差距;改善产品设计、包装,改进产品加工工艺与投入原料,尽快使产品通过国际标准和国际质量认证,突破国外技术性贸易壁垒。其次,我国有实力的企业积极参与国际技术标准的制定,企业要加强与国际知名的实验室、国际协会等机构的合作,及时获得更新的国际技术标准以及走向,把握发展动态,充分发挥自身已掌握的先进技术,把其转化为国际技术标准,要争取在标准制定方面有更大的发言权。再次,加强国际经营水平。有条件的企业可以通过合资、并购等手段进行企业的跨国经营,利用外商的技术、生产标准、品牌和营销渠道,直接绕开国外的反倾销调查、技术性壁垒;充分利用国际采购网络及跨国零售企业的批发、零售渠道,营造自己的国际营销网络。第五,多学习、了解有关知识和国际经贸法规,在对外经贸活动中,企业要自觉遵守有关国际法律法规和进口国的法律条文,不给对方有发起贸易摩擦的借口。

(四)加大对外投资力度

在发展对外经济和制定相关政策时,要切实考虑国际因素,注意把握中国经济发展给外部世界带来的影响。以国际收支和进出口基本平衡作为目标,不追求大额顺差,不断扩大进口,为全球贸易持续增长做出贡献。要在坚持提高引进水平的同时,大力推进"走出去"战略的实施。稳步扩大对外直接投资、对外承包工程、对外劳务合作、进行境外资源合作开发等,加强互利合作,建立利益共享机制,缓解贸易摩擦。抓住新一轮国际产业转移的有利时机,充分利用外商的技术、专利、销售网络和品牌,在利益共享的基础上以返销的形式进入其国内市场,使我国企业的出口行为转变为外商所在国具有国际合作性质的国内行为,避免贸易摩擦。

(五)积极参与国际贸易规则的制定

贸易保护主义是国际贸易摩擦的根源,通过有效的贸易规则来约束世界各国的贸易保护主义行为,这是我国化解国际经济摩擦的根本途径。我们应该积极参与多边贸易谈判,逐步推进世界范围内的贸易自由化,努力为中国的经济发展营造一个稳定的经济环境。多哈回合是中国加入WTO以后参与的第一轮多边贸易谈判,这为中国完善国际经济规则和促进贸易自由化提供了大好机会。特别需要指出的是,我们应该通过多边和双边谈判,完善有关中国加入WTO的法律规则。西方国家出于政治动机对我国提出一些不合理的经济主张,在新的多边贸易中,我国要积极参与国际贸易规则的制定,使西方国家的不合理的政治动机回归到市场层面上来解决。

(六)发挥行业协会的桥梁作用

行业协会是由一个行业的主导企业组成的民间机构,是在市场调节与国家干预之间的新型运行机制,在应付对外贸易摩擦中能起到了独特的重要作用。第一,行业协会具有充分的国内信息优势,能定期或不定期地收集企业内部的产品出口数量和价格等各方面的资料和实际情况,这种信息优势使得其可以在政府和企业之间进行沟通。第二,国外的大部分反倾销案件和特保措施都是由协会组织起来的,因此我国的行业协会组织可以积极地与国外的同行业协会建立密切联系,经常沟通和通报行业的情况,交流相关信息,及时得到国外该行业各种类型产品的市场信息,有助于缓解或排除贸易摩擦的产生,为建立我国的预警体系提供外方有效的信息。第三,行业协会组织并不接受世界贸易组织规则的直接管制,与政府功能相比,具有更大的灵活性,在对外贸易壁垒的破解和摩擦的应诉和解决中,能让政府有更大的操作空间。第四,行业协会的专业特性决定了可以由其在进行本行业产品的检测、发证,完善技术体系和认证体系,进行技术壁垒与绿色壁垒的监测和预警中发挥作用。第五,行业协会通过行业自律制度建设,规范企业出口经营秩序,进行出口合理规避和发布出口预警。

第四节 对外贸易的风险与防范

一、对外贸易风险的概念

风险的外延是非常广泛的,可以包括政治风险、经济风险、道德风险等,对外贸易风险属于经济风险。经济风险是指由于经济前景的不确定性,各个经济行为人在从事正常的经济活动时,可能蒙受经济损失的概率以及损失的程度。

经济风险可以分为三种类型:(1)自然风险,由于各种自然原因如风暴、地震、火灾、雷电、火山爆发等无法预知的因素所引起的损失;(2)社会风险,由社会团体或个人的某些行为所引起的损失,如战争、偷盗、政治动乱等;(3)经营风险,由经营管理和市场供求所引起的损失。

在经济活动的各个阶段,如投资、生产、销售等,风险都可能会存在。一般来讲,在简单的商品经济条件下,由于商品交换的范围比较小、产品更新的周期长,生产经营者易于把握各种影响生产经营的条件,风险的作用不是十分明显。但随着经济的发展,生产经营活动的复杂程度越来越高,社会分工明细化,社会需要的结构变化多端,不确定性不断增强,风险也随之增大。风险对经济行为人和整个社会经济都有非常重要的影响。

对外贸易风险是指企业在进行正常的对外贸易活动的过程当中,由于受各种不确定因素的影响而导致其蒙受经济损失的可能性。对外贸易风险也是经济风险的一种,也同样包括自然风险、社会风险和经营风险三种类型。对外贸易比国内贸易更加复杂,所涉及的供求链条更长,面对的客观环境更加复杂多变,并且涉及不同国家的政治、法律制度以及风俗习惯,因此其所面对的风险也就比国内贸易大。

二、对外贸易风险的种类

对外贸易活动中常见的风险有政治风险、信用风险和货币风险。

(一)政治风险

国际贸易中的政治风险,主要指一国全面的政治形势及其对该国偿还债务能力可能产生的影响程度。最典型的例子是战争、内乱和国有化措施等带来的风险。一国政府决策人的构成和高级领导人的决策意向、该国国内的重大事件和社会环境以及它的对外关系都将影响该国政治风险的变化。由于政治风险不易预测，一旦出现，对订约的交易双方往往造成巨大损失。

（二）货币风险

货币风险即外汇风险，一般指在一定时期的国际经济交易中，以外币计价或定值的债权债务、资产和负债，由于汇率或利率的变动而引起有关货币价值的上升或下降，致使国际经济交易中的任何一方有可能遭受的风险。国际贸易中的货币风险主要包括交易结算风险和买卖风险两种。其中，交易结算风险即商业性外汇风险，产生于以信用为基础，以延期付款为支付条件，以外币计价的商品和劳务进出口活动中，主要由进出口商承担。如果出口收汇的外币汇率收汇时比成交低，出口商就将蒙受损失，其实际收入就会减少。同样，如果进口付汇的外币汇率在支付时比成交高，进口商也将蒙受损失，其实际成本将会增大。买卖风险即金融性风险，主要产生于以外币进行借、贷款的活动中。当借入一种外币而需要换成另一种外币使用，或者作为偿债资金的来源是另一种外币，则筹资人或借款人就将承受借入外币与使用货币或还款来源货币之间汇率变动的风险。如果借入货币的汇率上升，筹资成本就会增加，借款人就有可能受损。借入浮动利率的某种外币贷款，在该货币利率上浮时，也将提高筹资成本。或者是在多种货币选择的筹资中，选择了利率较低的一种外币借款，结果支付本息时，借入货币的汇率却上升了，且汇率上升所带来的损失超过利率相对较低的好处时，这就形成汇率和利率的综合风险。国际贸易结算中的货币风险将使外贸企业的经营损益产生不稳定性和不可捉摸性，进而影响其财务状况和经营成果。一国货币汇率变动主要受该国国际收支、通货膨胀、外汇供求平衡状况、经济发展、与他国政治经济关系、经济周期、经济政策和外汇政策等因素的影响。

（三）信用风险

国际贸易通过国际结算活动，最终使身处异地的买主得到所需的货物，卖方得到货款。但是，如果交易双方的任何一方不履行贸易合约，那么就会使另一方有可能遭受风险，这类风险即为信用风险，其实质便是一种违约风险。它具体表现为买方无理拒收货物、无故延迟付违约款或拒付货款等，以及卖方不按贸易合同按时出运货物，或即使按时发运货物，但货物属坏货、假货，与合同不相符，或是伪造单据等。

案例　　　　加强风险意识　谨防外贸诈骗

2005年1月彩电业巨头四川长虹传出被骗4.79亿美元的消息，随之长虹股票也于2005年12月27日临时停牌，在年末的几天里更是连连跌停。

江苏多家纺织品企业2005年的经历则更为惨痛。它们被同一家美国公司诈骗，损失总金额近千万美元。

浙江省是外贸诈骗重灾区。仅2004年，涉嫌外贸诈骗案件就多达20余起，680多家经营户被骗。义乌商户被骗的货值在1亿元以上，其中很大一部分是外商所为。

"每年外贸诈骗给中国企业造成的损失至少有数十亿美元。"中国商务部研究院梅新育博士如是说。中国企业在很多国家都遭遇过外贸诈骗！欧洲、非洲、亚洲等都有。中国商务部一位官员称，在国际贸易中被骗的中国企业数量还在增加，情况很严重。

值得注意的是，近几年，我国中小企业在进行对外贸易时上当受骗最多，很多企业损失惨重。一些国外骗子采取订单陷阱、游击战术、运动战术，一处得手立即再换一处以寻找新目标，很多不明就里的中国企业都因此而中招。

据中国商务部的官员介绍,不少国外骗子公司与我国企业建立贸易关系后,头几笔生意信用都很好,货款很痛快地就按时支付了。直到我国出口企业对其放松警惕之后再行骗术,往往让我国出口企业措手不及,难以应对。还有的国外骗子摆出一副大买家的样子,派专人到中国监督发货,可一旦货物到了进口国港口,骗子嘴脸就马上暴露出来。

商务部研究院梅新育博士指出,我国企业之所以频频遭遇外贸诈骗,有很多的原因。首先,大多数受骗企业都是比较年轻的外贸企业,经验不足,风险意识不强,这让它们成为外贸诈骗的最大受害者。其次,我国很多企业出口的产品没有核心技术,竞争力不强,有时不得不靠放宽付款条件来赢得订单,甚至连一些合理的要求也不敢坚持。这就给了骗子可乘之机。

资料来源:搜狐财经·产经新闻,2006年4月17日。

三、对外贸易风险的防范

(一)政治风险的防范

1. 建立及时有效的预报系统

外贸企业应密切注意东道国政治形势的发展变化,收集其政局演变的情报,及时了解贸易伙伴国的贸易管制和外汇管制情况,对东道国的政治、经济变化实施跟踪测试和监控,尽早发现显露的政治风险的前兆,以便争取主动,采取相应的措施,最大限度避免不必要的损失。政治风险具有突发性,有些事件是事先不易预测的,但大多数事件存在一系列前兆,只要预测工作做得好就可以最大程度地减免损失。

2. 实行风险投保

这是防范政治风险的最有效措施之一,即由受益人向政府保险机构投保政治风险。目前有些国家专门设有政治风险保险机构,如美国的"海外私人投资公司"(OPIC)对因战争等原因而使债权人受损之类的政治风险提供保险。中国人民保险公司也开办有政治保险业务。受益人投保后,一旦有政治风险发生,即可要求受理保险的政治保险公司赔偿其损失。

3. 回避风险

当经过预测和评估了解到进口方所在国发生政治风险的可能性较大时,最好采取回避风险的办法,即暂停与该国发生贸易往来。但这会减少贸易收入或影响贸易双方的关系,这时可考虑采取易货贸易,由贸易双方直接地、同步地进行等值贸易交换。易货贸易与担保相结合,能使政治风险减少到最低程度。而当东道国发生了政治风险事件时,外贸企业可在东道国法律允许的范围内,选择合理的、损失最小的撤退形式,如转移价格、发回产品、带走技术或将资金抽出东道国,避免无序和混乱的发生,减免政治风险和由此带来的其他风险。

(二)货币风险的防范

1. 进行套期保值交易

在国际贸易中,对于进出口商来说,一方将收到一批货物而负有债务,另一方将得到货款而拥有一笔外汇资产,为了防止已经发生的外汇资产和外汇负债因汇率变动可能造成的损失,进出口企业可分别做一笔与其负债和资产等值的相反交易,即进口企业买进一笔外汇,而出口企业卖出一笔外汇。这样,如果进出口企业在进口付汇或出口收汇中受损,则在所做的套期保值交易中定会得益,损失与收益也就相互抵消了。相反,因汇率变动,进出口企业在套期保值交易中受损,那么在付汇或收汇中就会得益,损失与收益自然也抵消了。这样,即能达到保值和防范货币风险的目的。

2. 提前或推迟外汇收付

这是进出口企业通过对外汇汇价变动趋势的预测,改变外汇资金的收付日期,防范外汇风险的一种方法。常见的做法有:(1)当计价结算货币的汇价趋跌时,出口企业在合同中应尽量缩短支付信用期;当计价货币的汇价趋涨时,出口企业则应尽量推迟收汇,推迟的付款期限越长,对出口企业越有利。进口企业的做法则与出口企业刚好相反。(2)当计价结算货币看涨时,进口企业应在签订合同前作出决定,争取提前收货;反之,当计价结算货币看跌时,进口企业应争取推迟收货。出口企业则根据货币的看涨或看跌,争取延缓出口销售或早签订出口合约。

3. 订立外汇保值条款

这是指在贸易合同中规定一种或一揽子保值货币与支付货币之间的汇价,到实际支付时,如汇价变动超过一定范围,则按支付当时的汇价对支付总金额加以调整,以达到保值目的。目前常采用一揽子货币保值方法。由于一揽子保值货币与支付货币汇价有涨有跌,汇价风险分散,可有效地避免或减轻外汇风险。实践中,在使用一揽子货币保值时,一般把外汇风险限制在商品总额的比较小的范围内。

4. 利用保险制度

一些国家专门设有一种为经营外贸服务的保险机构以及外汇保险制度,其提供的保险服务就是汇率波动保险。20世纪70年代末,日本和法国的国营保险公司都开办了此项业务。外贸企业按照保险规定投保,若因汇价变动造成了损失,则可根据保险合同向保险公司索赔,保险公司将按保险合同规定赔付。外贸企业通过这种保险制度,可以解除因风险损失给企业带来的经济困境。

(三)信用风险的防范

1. 成立专门信用风险管理机构

国际贸易涉及的环节多且复杂,单靠业务员对贸易对手信用的掌握往往是片面的。在企业内设立一个信用风险机构,建立一个公司级的客户信息档案,在交易前通过一些具有独立性的调查机构对贸易对手的注册资本、盈亏情况、业务范围、经营作风和过去的历史等进行了解审查,在交易中与业务员进行紧密的沟通交流和协作,在交易后以应收未收账作为监控手段防止产生坏账,加强信用风险管理,最大可能地避免信用风险。

2. 慎重选择交易伙伴

从事国际贸易的双方,由于各居一国,天各一方,有的是通过信息牵线,或在互联网上认识成交,未曾谋面;有的虽在交易会上认识,却也只是数面之交,如何选择贸易伙伴就显得尤为重要。一般在成交前尤其对于新的贸易伙伴或大的生意,事先都要通过咨询公司作资信调查,建立滚动的客户资信档案,"知己知彼,百战不殆"。资信调查的主要内容一般为企业的品行(character)、经营能力(capacity)、资本(capital)和经营状况(condition),简称企业的"4C"。如果对方资信良好,便可放心同对方进行合作或交易。如果对方资信较差,尤其对于不法客户,应立即停止进一步的往来,防止因发生信用风险而遭受经济损失。

3. 委托银行收取保证金和出具银行保函

在认真审查了对方的资信情况后,如果决定进行某项贸易活动,为保险起见,出口企业在适当的时候可通过银行向进口方收取一定的保证金。保证金可视进口方的资信情况规定为贸易额的一定比例,这样可促使进口方履行到期付款的义务。进口企业也可要求出口方出具银行保函,保证将按合同规定按时、按质、按量发运货物。

4. 根据客户资信状况和成交金额,选择恰当的结算方式

目前常用的国际贸易结算方式有汇付、托收和信用证。对进出口企业来说,不同的结算方

式下的信用风险有所区别：(1)汇付方式风险极大,不宜采用或只能与其他措施并用；(2)在托收方式下,出口企业应尽量采用D/P即期避免使用D/A方式,而进口企业可对托收单据事先作出要求并严格审核；(3)在信用证方式下,出口企业应对开证行的资信情况、经营作风和信用证的条款进行审核,以保证安全、及时收汇,而进口企业应按合同规定对银行开证条款作出要求,或增加某些保障性条款,还要着重鉴别单证,防止对方诈骗。

本章小结

对外贸易经济效益是指按照比较利益原则,通过对外商品交换,利用国际分工所实现的社会劳动的节约。对外贸易经济效益从不同层次考察,可分为宏观经济效益和微观经济效益。利用"绝对差异"和"比较差异",通过使用价值转换,形成外贸宏观经济效益。利用国内外市场的价格差形成外贸微观经济效益。宏观经济效益是外贸经济效益的主体,微观经济效益是宏观经济效益的基础。比较优势、进出口商品结构、价格机制、汇率机制、宏观调控影响外贸宏观经济效益的形成。经营机制、管理机制影响外贸微观经济效益的形成。

贸易摩擦是指在国际贸易中,国与国之间由于贸易收支不平衡、不公平贸易而造成的伤害,贸易保护主义或其他原因而引起的贸易争端。

调整对外经贸战略,健全外贸预警机制,企业采取积极应对措施,加大对外投资力度,积极参与国际贸易规则的制定,发挥行业协会的桥梁作用有利于我国对外贸易利益的维护。

建立及时有效的预报系统,实行风险投保有利于外贸政治风险的防范。进行套期保值交易,提前或推迟外汇收付,订立外汇保值条款有利于外贸货币风险的防范。成立专门信用风险管理机构,慎重选择交易伙伴,委托银行收取保证金和出具银行保函,选择恰当的结算方式有利于外贸信用风险的防范。

思考题

一、简述题

1. 简述对外贸易宏观经济效益的形成及其影响因素。
2. 如何应对贸易摩擦？
3. 如何防范外贸风险？

二、案例分析题

1. 2004年9月16日,数百名西班牙人来到素有"欧洲鞋都"之称的埃尔切市进行示威并焚烧了一个约1 000平方米装满中国鞋的仓库。造成经济损失达800万元。各方的消息表明,这一事件是源于商业竞争。在西班牙,温州鞋以其超低的价格让当地鞋厂喘不过气来。有关人士介绍,欧洲鞋平均价格是温州鞋的3~8倍。近年来,西班牙鞋厂工人失业人数剧增。2003年西班牙从中国进口鞋子6 190万双,占西班牙鞋类进口总额的47%。2002年,埃尔切有12家西班牙鞋厂破产,2003年增加到14家,2004年头7个月已经猛增到26家,共有1 000多名工人失业。中国鞋大批涌入的近几年,正值西班牙工厂经营危机爆发。中国鞋商使西班牙制鞋工人的处境雪上加霜,使他们对中国鞋商产生了莫名的怨恨。

问题：温州出口商应该从这个案例中吸取哪些教训？

2. 一块面料的利润能达到50%！当众多中国纺织企业还在为3%~5%左右的利润苦苦奋斗之时,山东如意集团超细180支毛纺面料,每米卖价40美元,能创造50%的利润,这样的高卖价、高附加值让许多企业羡慕不已。现在如意集团基本放弃了附加值较低的混纺产品,全部转向超细100支以上的毛纺产品。去年推出超细180支毛纺面料,并出口了2万多米。现在又开发出200支超细毛纺面料。由于产品档次高,去年欧美对纺织品设限对如意集团没有丝毫影响。除了毛纺面料外,如意集团还在开发毛加丝、毛加羊绒面料。技术研发无止境,深厚的研发实力,奠定了如意集团在国际市场的强大竞争力。如意集团的毛纺面料,在国际市场也成了高档产品的代名词。

问题：结合当前实际,谈谈如何提高我国企业的外贸出口效益？

第十一章

中国与区域经济一体化

学习要求

理解区域经济一体化的含义、形式,掌握中国参与经济一体化基本的原则,了解中国参与区域经济一体化的基本情况。

第一节 中国参与和推动区域经济一体化是中国的战略选择

一、区域经济一体化概述

区域经济一体化(regional economic integration),是指地理区域上较接近的两个或两个以上的国家实行的某种形式的经济联合,或组成的区域性经济组织。通常是在一个由政府授权组成并具有超国家性的共同机构下,通过制定统一的对内、对外经济政策、财政金融政策等,消除国别之间阻碍经济贸易发展的障碍,实现区域内互利互惠、协调发展和资源优化配置,最终形成一个政治经济高度协调统一的有机体。

当今,区域经贸安排已突破传统的地缘概念,出现了越来越多的跨洲和跨地区的自由贸易协定。此外,世界上还成立了其他形式的合作机制,如亚太经合组织、亚欧会议等,把更多的经济体纳入到区域经济合作制框架内,充分地扩大了区域经济合作的影响。

经济一体化的形式根据不同标准可分为不同类别。美国著名经济学家巴拉萨把经济一体化的进程分为四个阶段:(1)贸易一体化,即取消对商品流动的限制;(2)要素一体化,即实行生产要素的自由流动;(3)政策一体化,即在集团内达到国家经济政策的协调一致;(4)完全一体化,即所有政策的全面统一。与此相对应,区域经济一体化组织根据融合的程度由低到高分为六类:优惠贸易安排、自由贸易区、关税同盟、共同市场、经济同盟、完全经济一体化。

二、中国参与和推动区域经济一体化的必然性

当今,区域经济一体化进程加快。加强区域合作和区域经济一体化,依靠地区优势提高国际竞争力,成为当前世界经济领域的一个重要趋势。目前,绝大多数国家都在从自身的现实利益出发,积极寻求建立双边或多边的区域经济一体化组织。作为一个处于快速成长时期的发展中大国,我国也正在成为新世纪世界经济区域一体化的积极参与者和推动者。

(一)参与和推动区域经济一体化是中国经济发展的客观要求

世界大多数工业化国家和欠发达国家至少属于一个贸易集团,1/3的世界贸易发生在这些区域贸易协议的成员之间。截至2008年底,向WTO报告的自由贸易区(FTA)数量已达

421个。从投资贸易优惠程度和贸易自由化程度看,世界经济贸易已呈现出:WTO成员与非成员之间的贸易——WTO成员之间贸易——FTA、RTA内部贸易的新趋势。在经济全球化的国际背景下,以区域为单位的经济增长模式日益受到关注。在区域经济一体化趋势下,加强区域内经济合作几乎是全球每个国家的一种普遍性发展道路选择。积极参与和推动区域经济一体化,这是中国经济实现持续、稳定、健康发展的客观要求。

(二)参与和推动区域经济一体化有利于中国创造良好的对外经贸环境

在世界经济面临着巨大衰退风险的今天,全球的贸易壁垒不断提高。随着多边贸易谈判——多哈发展议程的中断,区域内的合作势头越来越强劲,国际贸易向区内转移的现象更为普遍。世界各国都已意识到:区域经济合作不但可以回避多哈发展议程中断带来的贸易障碍,还是提高产业竞争力甚至国家竞争力的重要途径。进入21世纪以来,中国通过积极参与和推动区域经济一体化,从而创造了良好的对外贸易环境。

1. 中国在区域经济一体化伙伴国的贸易地位不断提升。

统计表明,在与中国签订自由贸易协定或优惠贸易协定的国家中,中国是这些国家的主要贸易伙伴(表11-1)。

表11-1　　　　　2011年中国在区域经济一体化主要伙伴国对外贸易中的地位

	韩国	东盟	印度	巴基斯坦	智利	新西兰	秘鲁	哥斯达黎加
位次	1	3	2	4	1	3	1	较低

资料来源:商务部网站,国别贸易报告。

2010年中国与上述8个国家或地区的贸易额达到5 531.6亿美元,占中国对外贸易总额的18.6%。据国务院新闻办公室2011年12月7日发布的《中国对外贸易(白皮书)》显示,如果加上自由贸易协定或紧密经贸关系安排伙伴的双边货物贸易总额达到7 826亿美元,超过了中国进出口总额的1/4。从历年的统计数字看,中国的贸易逆差主要来自韩国、东盟与智利;与此同时,东盟、韩国、印度也分别是中国的主要贸易伙伴。通过图12-1可以看出,中国与这些贸易伙伴国的贸易额都呈逐年上升的趋势,这反映了贸易关系的紧密既是促使国家间走向区域经济一体化合作的客观基础,又是区域经济一体化合作发展的结果。

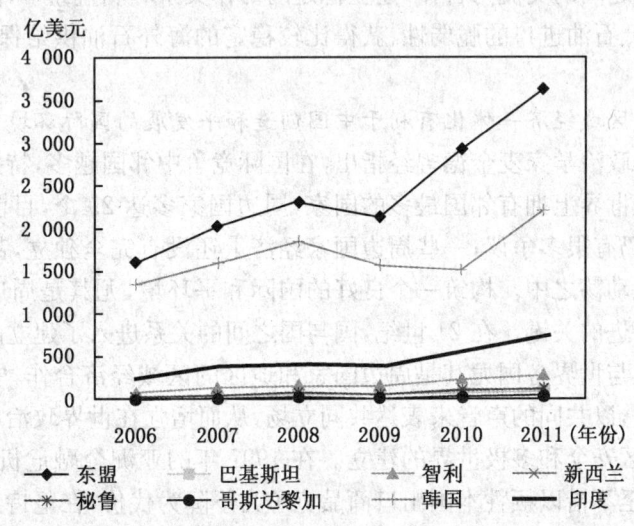

资料来源:商务部网站,国别贸易报告。

图11-1　2011年中国与区域合作主要伙伴国对外贸易额

2. 中国与区域经济一体化伙伴国贸易的商品结构多样性

与中国签订自由贸易协定或优惠贸易协定的国家既有经济发展水平较高的国家也有发展中国家,其中以发展中国家居多。从2011年双边贸易的情况看,中国出口到上述国家的主要产品多是机电产品、纺织品及原料、化工产品、贱金属及制品、家具、玩具和杂项制品等制成品,这些产品的出口在中国向上述国家出口中所占比重都超过65%,与中国出口商品整体结构基本保持一致。中国自上述国家的进口商品则根据出口国经济发展水平及经济结构不同而产生的一定差异:对于韩国、新加坡、马来西亚、泰国、哥斯达黎加等国家,中国主要进口其机电产品、化工产品、塑料、橡胶,其中机电产品在这些国家对华出口中所占比重基本超过40%;对于自然资料丰富的东盟其他国家、印度、智利、秘鲁等国,中国主要进口其矿产品、贱金属及制品、纤维素浆、纸张等资源性产品;作为一个与中国签订自由贸易协定的西方发达国家,新西兰向中国出口的主要产品是活动物、动物产品、食品、饮料、烟草、木及制品,这与新西兰本国经济结构特点有一定关系。

中国通过开展区域经济合作、与贸易伙伴建立自由贸易区,是"入世"后的中国多渠道减少贸易摩擦、深化并扩大对外开放的一个重要举措。"入世"之后,中国遭遇的贸易摩擦有增无减,传统的外贸发展方式日益受阻。据商务部统计,"十一五"期间,截至2010年9月底,中国遭遇了来自美国、土耳其、哥伦比亚等国家发起的33起特别调查,涉案金额超过28亿美元。这种情况下,中国实施FTA战略,将通过地区范围内的贸易自由化,有效解决贸易争端问题,并以新的方式和途径在区域内实现市场的相互开放。

(三)参与和推动区域经济一体化有利于中国提高维护国家的经济安全能力

在经济全球化时代,一国的开放度与其经济安全并非呈正相关的变化,往往是一国经济越开放,其经济安全系数随之提高,区域经济一体化能够从地缘经济学的角度为一国构筑地区经济安全。

对于正在实现工业化的中国来说,石油安全在国家经济安全中占有举足轻重的地位。通过与世界石油富产国特别是我国周边的产油国进行区域经济一体化,加强与周边石油生产国的政府及石油大企业之间的交流与合作,建立稳定的协作关系和利益纽带,能够摆脱过分依赖单一的石油供应、降低石油进口的脆弱性、获得比较稳定的海外石油供给保障、提高中国的石油安全系数。

(四)参与和推动区域经济一体化有利于中国创造和平发展的国际环境

英国著名的地缘政治学家麦金德曾经指出,在国际竞争中邻国越多,特别是接壤的国家越多就越不利。中国是世界上拥有邻国最多的国家,周边国家多达29个,目前中国同周边国家在领土、领海问题上仍有很多争议;一些周边国家经济上还没有完全独立,甚至有一些周边国家至今仍然处在战乱动荡之中。构筑一个良好的国际和平环境,尤其是周边和平环境是中国和平发展能否顺利推进的关键。在21世纪,国与国之间的关系进入了建立战略信任和避免对抗的时代。通过加强与世界各国尤其是周边国家和地区的区域经济合作,中国可以在国际事务中出于共同的利益,以共同的声音来表达共同立场,从而增强在世界政治与经济博弈中的话语权,进而有利于地区安全和多极世界的建立。在1997年的亚洲金融危机之际,中国政府顶住了重重的压力,甚至不惜以牺牲本国出口商品竞争力下降为代价,在坚持人民币不贬值的同时,给身处危机之中的东南亚国家提供资金援助,为亚洲金融市场的稳定及东南亚国家早日摆脱危机发挥了重要的作用,赢得了东盟各国极高的评价,也为中国与东盟各国相互信赖关系的形成奠定了良好的基础。以此为契机,中国关于同东盟建立自由贸易区的建议得到了东盟的积极响应。中国—东盟自由贸易区的建立不仅使中国在亚洲经济合作格局中取得了主动地位,同时也使得中国在与东盟的经济合作中得到了地缘政治的好处。基于同样原因,中国与吉尔吉斯斯坦、俄罗斯、塔吉克斯坦、乌兹别克斯坦于2001年6月15日在中国上海宣布成立上海合作组织,区域经济合作已从初创阶段进入了务实合作的新时期,特别是在能源、交通、贸易等领域取得了令人满意的成果。十年来,上合组织国家相互间经济往来明显加强,贸易规模空前扩大,相互贸易依存度逐年提高。2010年,中国同上合组织成员国之间贸易额接近900亿美元,其中,中俄两国贸易额近600亿美元,中哈贸易额为141亿美元。目前,中国已经成为俄罗斯、哈萨克斯坦的第一大贸易伙伴。

第二节 中国参与区域经济一体化的原则

一、先易后难,逐步推进

从目前中国区域经济合作的进程来看,中国基本上采取了"先易后难,逐步推进"的渐进原则。先从自主平等参加的、非制度化的松散区域经济合作开始,逐步过渡到具有条约协议约束的区域经济一体化组织。在国家的选择上,优先选择周边的发展中国家,再逐渐扩大到新兴市场,最后再瞄准发达国家。在自由化的顺序上,中国没有采取一蹴而就达成全面协议的方式,而是通过循序渐进的方式不断推进,先在比较容易自由化的货物贸易领域分阶段逐步降低关税,比如通过签订"早期收获"协议以减免某些商品的关税,再将合作不断延伸至服务、投资和贸易便利化等领域。最后,值得注意的是,中国签署的区域贸易协议不涉及在短期内难以协调和处理的敏感性行业或问题,如知识产权保护、环境和劳工标准、争端解决机制等。尽管这样做使协议的质量相对较低,但这种"避重就轻"的策略可以减少谈判的难度,促使协议早日达成[①]。

专栏 中国主张区域贸易安排以互利共赢为目标、以包容开放为原则

当全球经济复苏脆弱,各主要经济体间的贸易摩擦升温之时,亚洲区域经济一体化发展迅速。商务部副部长易小准8日指出,亚洲已成为经济一体化最具热度的地区,亚洲是中国发展自贸关系的优先选择。

在当日于北京举行的"亚洲自由贸易协定论坛"上,易小准强调了贸易自由化的重要性,呼吁贸易保护主义将造成两败俱伤。他同时指出,中国、日本、韩国、东盟、印度等亚洲主要经济体之间正在形成多组相互交叉的自贸关系。同时,区外国家也希望建立与亚洲的自贸纽带,但中国参与区域贸易安排并不意味着将放弃多边贸易体制。

中国是区域经济一体化的积极参与者。数据显示,截至2010年底,中国与27个国家和地区建设了14个自贸区。2010年前9个月,中国与10个自贸伙伴双边贸易额已达5 213亿美元,占中国对外贸易总额的24%。"通过开展自贸区建设,中国对外贸易的20%~25%已经基本实现贸易自由化。"易小准说。

针对如何推动亚洲经济一体化进程,易小准提出要循序渐进地推进,可从易到难、从

---

① 张宏:《关于中国区域经济一体化的思考》,《探索》,2008年第3期。

小到大、由近及远。路径上,可从双边到区域,由多条最终汇总到一条。中国希望在建立"10+1"自贸区的基础上,加紧推进中韩、中日乃至中日韩自贸区建设,尽早开展"10+3"自贸区建设,欢迎"10+6"、《跨太平洋战略经济伙伴协定》构想等跨区域自贸区建设取得积极进展。中国主张区域贸易安排以互利共赢为目标、以包容开放为原则。

资料来源:新华网,2010年12月8日。

二、承认中国的"完全市场经济地位"

截至2011年底,全球已有包括俄罗斯、巴西、新西兰、瑞士、澳大利亚在内的81个国家承认中国市场经济地位。鉴于"完全的市场经济地位"对于中国减少来自贸易伙伴的不公平待遇、改善其出口商品国际环境的重要意义,故目前有中国参与的自由贸易协定谈判大多以"承认我市场经济地位"作为谈判的先决条件。[①] 例如,已经启动的中国首个双边自由贸易区的谈判对象新西兰就是西方第一个承认中国"完全市场经济地位"的国家;而对于当前正在磋商中的中国与澳大利亚双边自由贸易谈判,中方也已经明确表示,应在澳方正式承认中国完全市场经济地位之后谈判才能正式开始。

三、公平互利

公平互利,是中国处理国际关系问题的一贯原则和做法,也是中国一直以来所追求的国际政治、经济关系的理想目标。中国与其他国家和地区洽谈、签署自由贸易协定的内容,首先应当遵循公平互利的原则。

贸易谈判的各方都有自己的关键诉求,都要从维护本国的利益出发,但也有共同关心的利益与诉求,各方相互包容、求同存异、平等协商,经过反复博弈必会得出一个双方都能接受的共赢结果。

四、经济政治兼顾、综合权衡、趋利避害

中国区域经济一体化建设从一开始就立足于兼顾经济效益和调整国与国(地区)之间关系的政治需要两个方面来考虑。这样做的好处是能够使自由贸易区的建设为中国外交战略服务,为中国的和平发展创造一个良好的地区安全环境,促进多极世界的建立,但其负面的影响是实际的经济效果非常有限。中国—东盟自由贸易区及内地与港、澳更紧密经贸关系安排是目前中国实质性经济效果最大的两个区域贸易协定。但由于香港的制造业几乎都转移到了内地,再加上香港是一个自由港,其绝大部分商品的关税已经为零,因此,内地与香港、澳门的更紧密经贸关系安排对大陆的经济发展促进作用非常有限。中国—东盟自由贸易区虽然对我国具有重要的战略意义,也会带来一定的经济效果,但由于东盟的经济发展水平比较低,与中国的产业结构相似性比较大,中国从中获取的经济利益在近期内也将十分有限,最多只能说是一种次优的选择。因此,中国参与区域经济一体化,不但要考虑经济因素,还要考虑政治因素,趋利避害,综合权衡。[②] 尤其是中国与周边国家,以及最不发达国家(比如南部非洲关税联盟的莱索托王国),进行区域经济一体化合作时,政治利益的考虑尤为重要,有时甚至牺牲部分经济利益。再如,俄罗斯对中国提出的上海合作组织地区经济合作、建立自由贸易区的构想态度消

[①] 樊莹:《中国参与区域经济一体化的战略利益与特点》,《国际经济合作》,2005年第3期
[②] 陈朝晖:《中国参与区域经济一体化之进展与战略思考》,国际经济法网,2010年10月7日。

极,因担心中国利用自己的经济力量主导中亚。① 所以上合组织自由贸易区或中国—中亚自由贸易区,面对俄罗斯政治考虑上的障碍,短期内不具有现实性。

第三节　中国参与区域经济一体化的实践

专栏　　"十一五"期间中国签署的自由贸易区协议

签署时间	签署国家	签署协议
2006 年 11 月	中国—巴基斯坦	货物和投资自由贸易协议
2007 年 1 月	中国—东盟	服务贸易协议
2008 年 4 月	中国—新西兰	自由贸易协议
2008 年 4 月	中国—智利	服务贸易协议
2008 年 10 月	中国—新西兰	自由贸易协议

一、中国参与的主要区域经济合作组织

中国目前已经在区域经济合作中有所作为,比如"10+6"、上海合作组织、图们江次区域合作组织、大湄公河次区域经济合作、APEC、亚欧会议、南方首脑会议、中非合作论坛、博鳌亚洲论坛等。这些基本上是自主平等参加的、制度化的、由政府出面的经济合作协商论坛或磋商组织,其合作程度和水平低,且至今没有政府间法律条文协议的约束,严格地说还不是一个区域经济一体化组织。不过从外延意义上讲,也可以认为属于区域经济一体化组织。

(一)亚太经济合作组织

1. 亚太经济合作组织(Asia-Pacific Economic Cooperation,APEC)的基本情况

亚太经济合作组织是亚太地区的一个主要经济合作组织。1989 年 11 月 5 日至 7 日,澳大利亚、美国、加拿大、日本、韩国、新西兰和东盟 6 国在澳大利亚首都堪培拉举行亚太经济合作会议首届部长级会议,这标志着亚太经济合作组织的成立。1990 年 7 月,亚太经合组织第二届部长级会议在新加坡通过《联合声明》,欢迎中国、中国台湾和香港三方尽早同时加入这一组织。1991 年 11 月,在"一个中国"和"区别主权国家和地区经济体"的原则基础上,中国、中国台湾和香港(1997 年 7 月 1 日起改为"中国香港")正式加入亚太经合组织。1993 年 6 月改名为亚太经济合作组织,简称亚太经合组织或 APEC。

目前 APEC 共有 21 个成员:澳大利亚、文莱、加拿大、智利、中国、中国香港、印度尼西亚、日本、韩国、墨西哥、马来西亚、新西兰、巴布亚新几内亚、秘鲁、菲律宾、俄罗斯、新加坡、中国台湾、泰国、美国和越南。

领导人非正式会议是亚太经合组织最高级别的会议,亚太经合组织 1989 年 11 月成立时,其初衷是建成一个其成员就有关经济问题交换意见和促进经贸合作的论坛。因此,在成立的最初几年,该组织只是每年举行一次部长级会议,研究成员间的合作事宜。随着亚太地区经济

---

① 李兴:《中俄上合组织战略构想比较分析》,《新视野》,2009 年第 1 期。

合作的进一步深入与拓宽,部长级会议已难以适应新形势的需要。中国国家主席出席了历次亚太经合组织领导人非正式会议,就全球及地区形势、亚太经合组织的合作方向等一系列重大问题阐述看法和主张,为历次会议的成功发挥了积极和建设性的作用。

> **专栏　胡锦涛主席出席亚太经合组织第二十次领导人非正式会议**
>
> 新华网符拉迪沃斯托克9月8日电　亚太经合组织第二十次领导人非正式会议8日在俄罗斯符拉迪沃斯托克举行,中国国家主席胡锦涛出席会议。
>
> 这次会议的主题是"融合谋发展,创新促繁荣"。与会领导人将主要讨论贸易投资自由化和区域经济一体化、加强粮食安全、建立可靠的供应链、加强创新增长合作等议题。
>
> 据中国外交部官员介绍,胡锦涛将在会议上发表重要讲话,阐述中方对推动世界和亚太地区经济发展的主张、对今年会议重点议题的立场,回顾20年来亚太经合组织发展历程并展望其发展未来。
>
> 当天的第一阶段会议结束后,胡锦涛将出席领导人与亚太经合组织工商咨询理事会代表对话会。据悉,领导人将与工商界代表就推动多哈回合谈判、深化区域经济一体化、加强供应链联接、加强粮食安全、促进中小企业发展、加强创新增长合作等问题交换看法。
>
> 资料来源:新华网,2012年9月8日。

2. APEC贸易自由化状况

APEC贸易自由化进展较为显著,平均关税水平已经从建立前1988年的15.4%降到2008年的6.95%,降幅过半。2008年5个发达成员的平均关税为3.47%,发展中成员的平均关税也降到了8.08%的较低水平。其中,零关税的比例比较大,如日本占40.8%,澳大利亚占47.6%,美国占37.1%。此外,各成员也从1997年开始根据各自的单边行动计划(IAP),有计划地对非关税壁垒进行削减。服务贸易领域的开放虽然比较谨慎,但以集体行动计划(CAP)和单边行动计划相结合的模式进行推进,APEC各成员解除了一些管制措施,正努力构建自由、透明、开放的服务贸易体制。通过关税、非关税、服务等领域贸易自由化进程的推进,APEC各成员进一步确定在该地区的分工地位,发挥各自比较优势。

3. 中国与APEC贸易状况

从中国对APEC区域显示的比较优势指数(RCA)来看,我国商品在APEC地区的竞争力逐步增强。在联合国国际贸易标准分类(SITC)的十大类贸易商品中,我国的食品和动物(0)、饲料和烟草(1)、矿物燃料和润滑油及相关原料(3)、机械和运输设备(7)这四类商品在APEC区域的RCA指数不仅大于1,还呈现不断增大的趋势。随着中国商品比较优势的进一步发挥和贸易产品结构的不断优化,APEC地区已成为我国对外贸易增长最快的区域。

1991年以来,中国与其他APEC成员的贸易创造效应明显,并于"入世"后呈加速增长态势。中国在APEC地区的进出口贸易总额已经从加入之初的1 084.48亿美元增至2009年的13 275.51亿美元,年均增长16.2%,远远高于同期中国经济的增长率。数据显示,2009年中国59.89%的出口和60.46%的进口来自于APEC其他成员经济体,中国外经贸增长对APEC地区的依赖性较强,贸易依存度从2001年的25%左右稳步增加到2007年的40.2%,受到国际金融危机的影响,2008年和2009年该指数分别降至35.12%和27.9%,但从2010年上半年的外贸形势看,短期的下滑并不影响依存度整体走强的趋势。APEC已经成为维持中国经济持续增长的外部环境和要素流入渠道,APEC贸易投资自由化有助于中国获得更多的贸易创造收益。

此外,中国参与 APEC 合作的贸易收益还体现在贸易国别(地区)结构的改善方面。近年来,智利、马来西亚、墨西哥、菲律宾、泰国、越南等经济体在中国与 APEC 进出口贸易中所占的比重稳步提高,分别从 1998 年的 0.47%、1.94%、0.38%、0.92%、1.67%、0.57%逐渐增加至 2009 年的 1.33%、3.42%、1.22%、2.25%、2.88%、1.11%,这些成员均为发展中经济体。而同期,中国与日本的贸易占比从 26.29%逐渐回落到 17.24%,与美国、加拿大、澳大利亚、新西兰等发达经济体的平均贸易占比分别维持在 22.96%、2.08%、2.92%、0.31%的水平,尚未呈现明显的增长或减少趋势。从中国与各 APEC 成员贸易年均增长率来看,2001~2009 年,中国与 20 个 APEC 成员的年均贸易增长速度均快于中国全球贸易的年均增长速度,排在前十位的经济体除澳大利亚之外,均为发展中经济体,它们是文莱、马来西亚、菲律宾、泰国、墨西哥、智利、秘鲁、俄罗斯和越南。其中,中国与秘鲁、文莱的贸易年均增长率更是达到了30.68%和 30.57%的高水平,而与美国、日本、加拿大、新西兰等发达成员的贸易年均增长率均低于发展中成员,分别为 17.45%、12.59%、18.96%、18.14%,这有助于我国贸易国别(地区)结构的进一步改善。可以看出,中国与 APEC 发展中经济体的经济合作—南南合作有所加强,较好地平衡了中国在 APEC 地区的贸易地理分布,贸易方向过度集中于美国、日本等发达国家的局面有所改观,这有利于中国充分利用 APEC 资源,避免过度依赖某一国家、某一地区所带来的风险。

(二)上海合作组织

1. 上海合作组织(Shanghai Cooperation Organization,SCO)的基本情况

上海合作组织是历史上第一个由中国倡导、在中国成立、用中国城市命名的地区合作组织。上海合作组织起源于 1989 年,是中国、俄罗斯、哈萨克斯坦、吉尔吉斯斯坦、塔吉克斯坦的关于加强边境地区信任和裁军的谈判进程的组织。2001 年 6 月 14 日~6 月 15 日,上海合作组织国家元首在上海举行第六次会谈,乌兹别克斯坦正式加入上海合作组织。并在次日,上海合作组织国家元首举行首次会谈并签署《上海合作组织成立宣言》,上海合作组织正式成立。2001 年 9 月,上海合作组织政府首脑在会谈中联合决定启动上海合作组织多边经济合作进程,宣布正式建立上海合作组织政府首脑定期会谈机制。

上海合作组织成员国有中国、俄罗斯、哈萨克斯坦、吉尔吉斯斯坦、塔吉克斯坦和乌兹别克斯坦;观察员:蒙古、伊朗、巴基斯坦、印度和阿富汗;对话伙伴:白俄罗斯、斯里兰卡和土耳其;参会客人:独联体、土库曼斯坦和东盟。上海合作组织成员国总面积近 3 018.9 万平方千米,占亚欧大陆面积的 3/5;人口 15 亿,占世界总人口的 1/4。上海合作组织经贸方面的合作涵盖贸易投资、海关、金融、税收、交通、能源、农业、科技、电信、环保、卫生、教育等领域。

2. 上合组织实践新型区域经济合作模式

上海合作组织区域经济的特色是,成员国、观察员、对话伙伴都是发展中国家,大多处于经济转型时期,经济状况相近,都面临发展本国经济的迫切任务。因此,谋求合作、寻求发展成为各国携手合作的共同驱动力。上海合作组织成立之初,便将发展区域经济合作作为组织的优先发展方向之一。2001 年 9 月,在首次上海合作组织成员国总理会议上,通过了《上海合作组织成员国政府间关于区域经济合作的基本目标和方向及启动贸易和投资便利化进程的备忘录》,正式启动贸易投资便利化进程。2003 年通过了《上海合作组织多边经贸合作纲要》,2004 年成员国总理会议批准了《〈多边经贸合作纲要〉落实措施计划》。上述文件确定了成员国多边经贸合作的优先领域,即能源、交通、电信等基础建设,确定了 120 多个多边合作项目。2006

年,中国倡议并推出了多方参与、共同受益、互联互通的大型网络性项目,重点推动成员国之间的公路网、电力网和电信网的建设。

为促进成员国之间的经贸合作,推进贸易投资便利化进程,推动落实具体项目的实施,上海合作组织框架内搭建了经贸部长会议、高官委员会会议等定期会晤机制,成立了银联体和实业家委员会。此外,还成立了海关、质检、电子商务、促进投资与发展过境潜力、能源、信息和电信七个重点合作领域的专业工作组。

上合组织国家之间的经济合作还体现在共同抵御外部危机方面。2008年国际金融危机爆发后,成员国经济受到不同程度的冲击。为应对空前的危机,早日实现经济复苏,成员国携手合作,采取了众多联合应对措施。为解决多边合作项目的资金"瓶颈"问题,缓解国际金融危机给中亚国家带来的财政困境,中国先后向上合组织国家划拨了120多亿美元优惠信贷。另外,中国还为俄罗斯、哈萨克斯坦提供了专项贷款。国际金融危机使上合组织成员国体会到,在经济全球化、区域化发展的当今世界,发展上合组织多边经济合作的必要性,以及成员国加强金融合作的迫切性。

3. 上海合作组织的成就

十多年来,上海合作组织有力地促进了区域经济的发展,给中亚地区经济面貌带来了极大改观。

第一,中亚国家经济基础设施建设得到快速发展。通过中吉乌公路项目的实施,该公路道路状况极大改善,运输效率大为增强。利用中国提供给上合组织成员国的优惠信贷,塔吉克斯坦架起了数百千米的南北高压输变电路,修建了"杜尚别—恰纳克"公路(该公路将曾被高山阻断的塔南北两部分贯穿起来)。输变电线和公路项目的落实为塔国内经济建设和开发注入了新的活力。目前,上海合作组织正在大力推进交通、能源和通信领域互联互通的网络型项目。从亚洲通往欧洲的E40公路项目也在规划和建设之中。正如《上海合作组织十周年阿斯塔纳宣言》指出的,上述项目的实施有助于开拓新市场,"为地区发展和亚欧交通走廊多元化注入强劲动力"。与此同时也有利于促进欧亚国家之间的贸易和人员往来,为各国人民生活带来实实在在的利益。

第二,上合组织的发展促进了成员国之间的经贸合作。十年来,上合组织国家相互间经济往来明显加强,贸易规模空前扩大,相互贸易依存度逐年提高。2010年,中国同成员国之间贸易额接近900亿美元,其中,中俄两国贸易额近600亿美元,中哈贸易额为141亿美元。目前,中国已成为俄罗斯、哈萨克斯坦的第一大贸易伙伴。[①] 2011年,中国与其他上合组织成员国贸易额首次突破1 000亿美元,比2001年增长了9倍;中国对其他成员国累计投资达到200多亿美元,跨境石油天然气的管线、公路、铁路、通信等一批重大合作项目相继建成,能源矿产加工制造、商贸物流、农业等领域合作深入推进,金融合作成效明显,区域经济一体化取得重大进展。

▎专栏　　　　上合组织工商论坛开幕　推进区域经济一体化

上海合作组织工商论坛6号上午在北京开幕,成员国探讨把合作从安全和地缘政治进一步扩展到经贸繁荣。中国国务院副总理王岐山致辞,赞赏区域经济一体化获得重大进展。

---

① 陈玉荣:《上海合作组织走过十年辉煌历程》,《当代世界》,2011年第7期。

中国官方数字显示,中国与上合组织成员国的贸易额在2011年突破千亿美元,比成立之初增长9倍多。能源合作受到关注并且有成员国提议上合内部统一能源政策,共同面对外部挑战。在跨境管线、铁路公路、通信等基础设施领域,许多大项目引起关注;金融方面,货币互换和本币贸易结算也进入视野。各成员国期望能继续推进区域经济一体化,把上合从安全和地缘政治合作方面继续推向经贸共同繁荣。

各国派出副总理或者部长级官员带队出席论坛,设定的议题包括直接产业投资、资源与能源、创新高科技、互联网产业多个方面,也有特别针对地区特点的对公私协作新型投资模式的探讨。

资料来源:凤凰网,2012年6月6日。

二、中国参与的区域性优惠贸易协定

(一)亚太经贸协定

中国政府于2001与韩国、印度、孟加拉国、斯里兰卡签署了区域性优惠贸易协定——《亚太贸易协定》。《亚太贸易协定》的前身为《曼谷协定》。2001年5月23日,中国正式成为《曼谷协定》成员。作为中国参加的一个区域性多边贸易组织,《曼谷协定》在中国关税史上具有重要地位。在《曼谷协定》框架下,我国第一次根据协定给予其他国家低于"优惠税率"(从2002年1月1日起改称"最惠国税率")的关税优惠税率,同时,我国也是第一次通过关税谈判从其他国家获得特别关税优惠。

《曼谷协定》的全称为《亚太经社会发展中成员国之间贸易谈判第一协定》。该协定是在联合国亚洲及远东经济委员会(后改名为联合国亚洲及太平洋经济和社会委员会,简称联合国亚太经社会,ESCAP)的主持和推动下建立的。正式成员包括孟加拉国、中国、印度、韩国、老挝和斯里兰卡六个国家,是亚太区域唯一由发展中国家组成的关税互惠组织。目前,《亚太贸易协定》成员国的人口已达24亿,约占世界人口的40%。具有潜在的和巨大的商品销售市场。

《亚太贸易协定》6个成员国共同于2006年9月1日开始实施《曼谷协定》第三轮关税减让。第三轮关税减让涉及各成员共4 000多个税目。2007年上半年在该协定税率项下我国给予其他5个成员的受惠进口货物总值达20.4亿美元,同比增长146%。2009年,1 751个税目商品实施"亚太贸易协定"协定税率,其中个别税目商品的适用税率进一步下调,平均优惠幅度约23%。

(二)中国内地与港、澳地区更紧密的经贸关系安排

2003年,中国内地与香港、澳门特区政府分别签署了内地与香港、澳门《关于建立更紧密经贸关系的安排》(The Close Economic Partnership Agreement,CEPA),2004~2010年又分别签署了补充协议。CEPA是"一国两制"原则的成功实践、内地与港澳制度性合作的新路径、内地与港澳经贸交流与合作的重要里程碑。CEPA是我国国家主体与香港、澳门单独关税区之间签署的自由贸易协议,也是内地第一个全面实施的自由贸易协议。

CEPA内容丰富,领域广泛,涵盖内地与港澳经贸交流的各个方面。从宏观角度看,CEPA的基本目标是:逐步取消货物贸易的关税和非关税壁垒,逐步实现服务贸易自由化,促进贸易投资便利化,提高内地与香港、澳门之间的经贸合作水平。

2009年1月1日起以零关税进入内地的港澳产品税目数将分别达到1 539个和681个。截至2010年,内地对香港共开放服务贸易领域44个,开放措施达277项。在贸易投资便利化方面,增加教育、文化、环保、创新科技等领域的合作,明确了合作机制与合作内容等。同时,在

检测和认证、会展合作领域补充了新的合作措施。此外,双方还将进一步加强在金融领域的合作。内地对澳门共开放服务贸易领域43个,开放措施达261项。在贸易投资便利化方面,增加教育、文化、环保、创新科技等领域的合作,明确合作机制与合作内容等。同时,在检测和认证、会展合作领域补充了新的合作措施。

(三)海峡两岸经济合作框架协议

《两岸签署框架协议》(Economic Cooperation Framework Agreement,ECFA)是两岸经贸交流经过30多年互惠互补、相互依存发展的必然结果。随着经济全球化和区域经济一体化的快速发展,特别是2008年5月以来,两岸关系实现历史性转折,中断近十年的海峡两岸关系协会和财团法人海峡交流基金会的两会协商得以恢复,两岸全面直接双向"三通"基本实现,两岸经贸交流与合作更加密切,两岸共同认识到,互为重要经贸伙伴的大陆与台湾,不应置身于全球区域经济合作的潮流之外,两岸同胞期盼建立制度化经济合作的愿望日益增强。

2010年6月29日,两会领导人签订合作协议。2010年8月17日,台湾立法机构通过《海峡两岸经济合作框架协议》。两岸签署框架协议,旨在逐步减少或消除彼此间的贸易和投资障碍,创造公平的贸易与投资环境,进一步增进双方的贸易与投资关系,建立有利于两岸经济共同繁荣与发展的合作机制。与其他区域经济合作协议相比,该框架协议有以下几个特点:

第一,框架协议是具有鲜明两岸特色的经济合作协议。一是双方着眼于两岸全局利益,做到了搁置争议、求同存异、务实协商、合理安排;二是双方着眼于两岸经济发展的需要,充分考虑彼此关切,结合两岸产业互补性,达成了一个规模大、覆盖面广的早期收获计划,两岸民众得以尽早享受贸易自由化的利益;三是大陆方面充分理解台湾经济和社会的现状,着眼两岸经济长远发展,未涉及台湾弱势产业、农产品开放和大陆劳务人员输台等问题,体现了大陆方面最大的诚意和善意。

第二,框架协议是开放、渐进的经济合作协议。框架协议规定,两岸将在框架协议生效后继续商签货物贸易、服务贸易、投资等多个单项协议,逐步推进两岸间的进一步开放,最大程度地实现两岸经济优势互补,互利双赢。

第三,框架协议是全面、综合的经济合作协议。框架协议的内容涵盖了两岸间的主要经济活动,确定了未来两岸经济合作的基本结构和发展规划。框架协议既关注协议签署后带来的即时经济效益,关注两岸产业国际竞争力的提高,更关注两岸经济的长远发展,关注两岸人民的福祉。

框架协议的签署为两岸经济合作搭建了一个制度化的平台,但这只是两岸制度化合作的开始。今后,两会专家将根据框架协议的规定尽快完成各单项协议的协商,不断丰富和完善框架协议的内容,务实推动两岸在各领域建立相应的合作机制,让两岸人民全面感受到贸易投资更加自由、便利的好处。

三、中国参与的自由贸易区

(一)中国—东盟自由贸易区

中国—东盟自由贸易区(China-ASEAN Free Trade Area,CAFTA),是中国与东盟十国组建的自由贸易区。2010年1月1日贸易区正式全面启动。自贸区建成后,东盟和中国的贸易占到世界贸易的13%,成为一个涵盖11个国家、19亿人口、GDP达6万亿美元的巨大经济体,是目前世界人口最多的自贸区,也是发展中国家间最大的自贸区。中国—东盟的双边贸易近年来快速增长,2011年达3 629亿美元,同比增长24%,目前东盟已成为中国第三大贸易伙伴。相互投资规模持续扩大，截至2012年2月底，双方相互投资金额累计超过870亿美元，东盟已成为中国企业"走出去"的主要目的地，基础设施互联互通合作稳步推进。在2010年中国—东盟领导人会议上，中国承诺向东盟国家提供150亿美元信贷，倡议成立100亿美元的"中国—东盟投资合作基金"，目前落实情况良好，有力地支持了区域基础设施建设。

1. 中国—东盟自由贸易区基本概况

（1）东南亚国家联盟。东南亚国家联盟（Association of Southeast Asian Nations, ASEAN）简称东盟。其前身是马来亚（现马来西亚）、菲律宾和泰国于1961年7月31日在曼谷成立的东南亚联盟。1967年8月7~8日，印尼、泰国、新加坡、菲律宾四国外长和马来西亚副总理在曼谷举行会议，发表了《曼谷宣言》，正式宣告东南亚国家联盟成立。

（2）中国—东盟自由贸易区的建立。东盟与中国（10+1）领导人会议是指东盟10国（文莱、印度尼西亚、马来西亚、菲律宾、新加坡、泰国、越南、老挝、缅甸、柬埔寨）与中国领导人间举行的会议。2001年11月6日，第5次东盟—中国领导人会议在文莱举行。中国国务院总理朱镕基出席会议并发表题为《携手共创中国与东盟合作的新局面》的重要讲话。他指出，中国与东盟应明确新世纪初的重点合作领域并确定建立中国—东盟自由贸易区目标。

2002年11月4日，第6次东盟与中国领导人会议在柬埔寨首都金边举行。中国国务院总理朱镕基出席会议并在讲话中提出启动中国与东盟自由贸易区进程的建议。朱镕基总理和东盟10国领导人签署了《中国与东盟全面经济合作框架协议》，决定到2010年建成中国—东盟自由贸易区。《框架协议》的签署标志着中国与东盟的经贸合作进入了一个新的历史阶段。《框架协议》是未来自贸区的法律基础，共有16个条款，总体确定了中国—东盟自贸区的基本架构。

根据《框架协议》，中国—东盟自贸区将包括货物贸易、服务贸易、投资和经济合作等内容。其中货物贸易是自贸区的核心内容，除涉及国家安全、人类健康、公共道德、文化艺术保护等WTO允许例外的产品以及少数敏感产品外，其他全部产品的关税和贸易限制措施都应逐步取消。

2. 中国—东盟自贸区的贸易自由化进程

（1）《框架协议》规定，中国和东盟双方从2005年起开始正常轨道产品的降税，2010年中国与东盟老成员，即文莱、印度尼西亚、马来西亚、菲律宾、新加坡和泰国，将建成自贸区，2015年和东盟新成员，即越南、老挝、柬埔寨和缅甸，将建成自贸区，届时，中国与东盟的绝大多数产品将实行零关税，取消非关税措施，双方的贸易将实现自由化。

（2）为使中国和东盟双方尽快享受到自贸区的好处，双方制订了"早期收获"方案，决定从2004年1月1日起对500多种产品（主要是《税则》第一章至第八章的农产品）实行降税，到2006年这些产品的关税降到零。

（3）关于给予东盟非WTO成员以多边最惠国待遇的承诺：东盟中越南、老挝、柬埔寨尚未加入WTO。为了帮助这些国家的发展，中国同意给予东盟非WTO成员以多边最惠国待遇，即将中国加入WTO时的承诺适用于这些国家。有关贸易规则的制订：《框架协议》规定，中国与东盟将制订原产地规则，反倾销、反补贴、保障措施、争端解决机制等贸易规则，以保证未来中国—东盟自贸区的正常运转。2003年10月8日，中国正式加入《东南亚友好合作条约》，成为加入该条约的第一个非东南亚大国。

3. 中国—东盟自由贸易区的建立对中国经济的影响

（1）对中国外贸的影响。主要是扩大出口规模，优化出口商品结构，提升出口竞争力，实现出口市场多元化。在中国与东盟自由贸易区合作框架下,关税将大幅度降低,一系列贸易投资便利化措施将得以实施,必将促进我国对外贸易增长。2011年中国与东盟贸易额创历史新高,达3 629亿美元,较上年增长24%,东盟超过日本,成为中国第三大贸易伙伴。其中,2011年,中国和马来西亚进出口商品总值高达900.3亿美元,中国与新加坡双边贸易额达到805亿美元,中国和泰国双方贸易额有望达到600亿美元,中国与印度尼西亚双边贸易额超500亿美元,中国与菲律宾双边贸易额达到创纪录的322.54亿美元,中国与越南贸易额超过300亿美元。

第一,货物贸易方面。2004年11月,双方签署自贸区《货物贸易协议》,并于2005年7月开始相互实施全面降税。根据我国海关统计,2007年我国与东盟贸易总额达到2 025亿美元,同比增长25.9%。2008年上半年,双边贸易额达1 158亿美元,同比增长25.8%。双边贸易实现了稳健、持续的增长,取得了令人满意的成果。2010年,中国—东盟自由贸易区建成后,东盟对中国的出口增长约48%,中国对东盟的出口增长约55%,对东盟和中国国内生产总值的增长贡献分别达到0.9%(约合54亿美元)和0.3%(约合22亿美元),这将为中国和东盟商界创造无穷商机和广阔前景。

第二,服务贸易方面。2007年1月14日,签署了《中国—东盟自贸区《服务贸易协议》,它的签署为如期全面建成自贸区奠定了更为坚实的基础。中国与东盟服务贸易自由化首先在旅游业以及与旅游相关的行业展开。此外,教育服务、咨询服务、管理技术、保健服务和建筑等也是中国与东盟开展服务贸易自由化的重点合作领域。而目前在东盟自由贸易区框架内,服务业贸易自由化已涉及金融服务、电信、旅游、海运、航空和建筑等领域。

第三,产业分工与合作方面。由于中国产品的技术水平不断提高,中国的产品已延伸至一些东盟国家的原有优势领域,如电器和电子产品等,中国—东盟自由贸易区建立之后就可以通过政策协调,推动区域产业分工新格局的建立,以制造业内部的分工和贸易为导向,推动在东亚沿海地区经济发达城市形成产业带,发挥集聚效应,实现区域贸易合作的动态收益,防止过度竞争和资源浪费。

(2)对中国投资的影响。东盟成员国新加坡、马来西亚、泰国和菲律宾一直是重要的对华投资来源国。中国—东盟自由贸易区全面启动所带来的投资刺激效应会进一步促进东盟各国对华投资的增加。与此同时,中国—东盟自由贸易区的全面启动也给我国企业带来了一个更加便利广阔的区域性市场,我国企业可以享受到区内的关税优惠政策以及规避部分贸易壁垒的优势,这些都将促进中国企业到东盟国家进行投资,推进"走出去"战略的实施。由于人民币在东盟的大部分国家被广泛地接受,因而人民币可以在区域内充当投资货币。人民币的周边化效应可以为我国企业对东盟各国投资带来更多的便利,同时有利于投资利润的回流,有效地规避因东盟各国实施外汇管制而带来的投资风险。

4. 中国—东盟自由贸易区发展中存在的主要问题

(1)贸易不平衡问题。自2002年中国与东盟签署《全面经济合作框架协议》以来,除2009年金融危机导致双边贸易额短期波动之外,双方的贸易额呈现不断增长态势,前景一片大好。但不容忽视的是,中国对于东盟的贸易长期处于逆差的状态,2004年达到贸易逆差的历史最高点229亿美元。2004~2009年间贸易逆差有所缓解,但近两年,逆差又呈现出上升的态势,中国与东盟的贸易呈现出极大的不平衡性。以2010年为例,马来西亚、印度尼西亚、菲律宾成为中国贸易逆差的主要来源国,逆差值分别为266亿美元、134.5亿美元、46.7亿美元。但与此同时,近十年来,越南90%的逆差又来自于中国。因此,中国与不同东盟对象国之间的贸易情况差异性极大。这将不利于双边区域经济合作的健康发展,这种国别差异必然打击相关参与国的积极性。

(2)农产品贸易问题。从2005年"早期收获"计划启动到2008年,中国东盟的农产品贸易逆差增长了近两倍,2009年逆差有所缩小,但是中国—东盟农产品贸易逆差总体呈上升趋势。如此强劲势头必然给我国农业总体带来严重挑战,中国农产品的比较优势不及印度尼西亚、泰国、马来西亚和越南等东盟主要的农业国,东盟也成为中国农产品出口市场的主要竞争对手。中国农产品在国际上的比较优势正在下降,而东盟国家的比较优势在逐渐增长。中国东盟自由贸易区的建立也使得本来由国内供应的一些产品转而由国外市场提供,东盟国家地处热带,其优势产品在于热带果蔬。但是,我国东南部地区,如海南、广西、云南和福建等,地理位置与东盟国家接近,因此东盟自贸区建成后,受到的冲击比较大,导致我国相关省份的农业处于被动地位。

(3)各成员国之间贸易结构趋同,存在明显的经济竞争性。区域经济具有现实的互补性和竞争性,它们是相互紧密联系着的矛盾体。在农产品贸易方面,20世纪90年代以来,我国出口农产品的品种主要都集中在谷物类等几种传统低附加值的农产品上,初级产品比重较大,高技术含量、高附加值的农产品如园艺产品、畜产品及其加工品的比重较低。我国从东盟进口的农产品,同样也大多集中在初级产品上。在高新技术产品贸易方面,我国与东盟在电子技术、计算机技术领域内的贸易竞争关系长期存在。多年来,我国和东盟的马来西亚、泰国、菲律宾、印度尼西亚这四国产业结构相似,都是以出口劳动密集型和部分资本密集型产品为主。与此同时,东盟各国的主要出口市场也和我国一样集中在美国、日本和欧盟。经济结构和出口市场的趋同,使得如何协调我国与东盟各国之间的利益、形成合理分工以达到合作共赢的目的,成为中国—东盟自由贸易区进一步发展亟待解决的一个重要难题。

(4)成员间经济发展水平差异较大。中国—东盟自由贸易区现有的11个成员国间经济发展水平差异较大。根据国际货币基金组织统计数据,2009年新加坡的人均国民生产总值为36 378.74美元,同期文莱为25 386美元、中国为3 734.61美元、柬埔寨为768.37美元、印度尼西亚为2 329.45美元、老挝为885.71美元、马来西亚为6 950.74美元、菲律宾为1 747.82美元、泰国为3 940.97美元、越南为1 068.26美元、缅甸为571.21美元。自由贸易区成员国中,新加坡的人均国民生产总值约为缅甸的64倍。成员国间经济发展水平和所处的经济发展阶段不同,导致各国在贸易投资自由化和经济技术合作上的目标以及承受能力不尽一致,各成员国在中国—东盟自由贸易区建设过程中利益要求也各不相同。经济较发达的国家如新加坡等希望拓展中国—东盟自由贸易区的广度和深度,提高市场开放程度;但经济相对落后国家如柬埔寨、越南、缅甸等却更为关注国内市场和产业的保护。经济发展水平较高的成员国与经济发展较为落后的成员国在中国—东盟自由贸易区建设步伐上的不一致,会使得中国—东盟自由贸易区的进一步合作难以深入开展。

5. 中国—东盟自由贸易区合作前景

从中国—东盟自贸区建设实践和对今后的发展预期来看,中国与东盟将进一步在各领域全面发展合作,双方关系将更加富有活力,双方合作前景广阔。

(1)优势互补将进一步体现

由于中国市场大、地区发展不平衡,这与东盟国家有着不同经济发展阶段的差异,这种差异带来双方经济学上不同程度的互补,利用好经济互补性则可为双方合作发展提供有利条件。从产业结构上来看,即使是双方相同的产业部门,各自的产品也有不同的侧重点。因此可以说,随着相互开放市场,中国与东盟国家产业间的横向合作和产业内的纵合作将不断有新的扩大。

(2)贸易规模将进一步扩大

中国与东盟的进出口总额将持续增长。这种增长源自中国出口东盟比较优势的产品,以及中国进口东盟具有比较优势的产品。中国庞大的市场和不同的消费层次将随自贸区建设而与东盟企业分享开发空间。中国和东盟贸易中,化学成品及有关产品,按原料分类的制成品、机械及运输设备,呈现出较高的产业内贸易指数,产业内贸易依存度最大,是今后一段时间内最有互补发展潜力的贸易产品。新加坡是世界著名的贸易中心之一,中国企业可通过与新加坡企业的密切合作而将产品销往更广的国际市场。马来西亚具有伊斯兰清真食品国际市场销售认证资格,中国企业通过与马来西亚企业的合作,可以有效开发全球伊斯兰教消费者市场。

(3)相互直接投资将进一步扩大

随着双方市场的开放,投资壁垒的逐渐消除,双方之间的投资将会进一步增多。中国实施"走出去"战略,由于中国—东盟自贸区的建成,今后海外投资的重点区域之一将是东盟地区。中国政府积极支持中国企业到东盟国家投资兴业,并鼓励在当地建立一批基础设施完善、产业链完整、关联程度高、带动和辐射能力强的经济贸易合作区。另外,随着双方服务业的开放,相互之间的投资也必将进一步扩大。

(4)经济合作将更加丰富

中国—东盟自贸区的建成后,中国与东盟的经济合作将进入一个全面、深化发展的新阶段。服务贸易的比重将进一步加大,投资合作方式也将更加多元化,尤其在金融、保险、电信的区域经济合作也将更深入发展。双方商会间合作将更加活跃。农业、环境保护、能源、知识产权等领域的合作将有新的发展。

自由贸易内,商品的自由流动必将带来货币、人员的自由流动,人民币将由区域走向国际化。

(5)一个更加和谐、友好的区域将呈现

伴随着自贸区建设,近些年来双方在媒体合作、旅游合作、文化产业合作、青年合作、教育合作等诸多领域召开了一系列会议,达成了共识,签署了有关合作文件。今后随着这些文件和共识的实施,中国与东盟国家人民之间将越来越多地相互了解,友好关系必将进入一个新时期。这种和谐、友好大社区的逐步形成又将为自贸区建设构成十分有利的人文环境。

(二)中国—智利自由贸易区

2004年11月18日,胡锦涛主席与智利前总统拉戈斯共同宣布启动中智自贸区谈判。2005年11月18日,在韩国釜山APEC领导人非正式会议期间,双方签署《中智自由贸易协定》,并于2006年10月1日起开始实施。

《中智自由贸易协定》纳入了与货物贸易有关的所有内容,包括市场准入、原产地规则、卫生与植物卫生措施、技术贸易壁垒、贸易救济、争端解决机制等,并且将经济、中小企业、文化、教育、科技、环保、劳动和社会保障、知识产权、投资促进、矿产和工业领域的合作涵盖在内。2006年两国的贸易额为88.449亿美元,2007年两国贸易额达147亿美元,增长率从实施前的20%提高到了目前的65%,双方提前实现了贸易额突破"百亿"美元的目标。其中自智利进口103亿美元,出口44亿美元,同比分别增长了79%和42%,到2010年两国贸易额达到247.31亿美元,增长迅猛。

《中智自由贸易协定》实施之后正式启动服务贸易和投资谈判,历时一年半,经过六轮谈判,双方最终于 2008 年 4 月 13 日在海南三亚签署《中智自由贸易协定关于服务贸易的补充协定》(即《中智自由贸易区服务贸易协定》)。该协定共包括正文 22 项条款和两个附件:商务人员临时入境和双方具体承诺表。根据协定,中方的计算机、管理咨询、采矿、环境、体育、空运等 23 个部门和分部门,以及智方的法律、建筑设计、工程、计算机、研发、房地产、广告、管理咨询、采矿、制造业、租赁、分销、教育、环境、旅游、体育、空运等 37 个部门和分部门将在各自 WTO 承诺基础上向对方进一步开放。

2009 年 1 月 14 日,中国—智利自由贸易区投资协定开始首轮谈判,到 2010 年 2 月中国—智利自由贸易区投资协定进行了六轮谈判,双方就协定大多数条款取得了一致。

(三)中国—巴基斯坦自由贸易区

中国和巴基斯坦于 2003 年 11 月 3 日签署了《中华人民共和国政府与巴基斯坦伊斯兰共和国政府优惠贸易安排》。2005 年初,中国同巴基斯坦正式启动了自贸区"早期收获"谈判,通过六轮谈判,2006 年 11 月《中华人民共和国政府和巴基斯坦伊斯兰共和国政府自由贸易协定》(以下简称《中巴自贸协定》)最终签订。《中巴自贸协定》是继中国—东盟自贸区货物贸易协议和中国—智利自贸协定之后我国对外签署的第三个自贸协定。

根据《中巴自贸协定》,中巴两国于 2007 年 7 月 1 日起对全部货物产品分两个阶段实施降税。第一阶段在《中巴自贸协定》生效后 5 年内,双方对占各自税目总数 85% 的产品按照不同的降税幅度实施降税。其中,约 36% 的产品关税将在 3 年内降至零。中方降税产品主要包括畜产品、水产品、蔬菜、矿产品、纺织品等,包括根据《早期收获协议》对巴基斯坦协定税率或 2006 年最惠国税率均不超过 5.5% 的产品;巴方对应降税的产品主要包括牛羊肉、化工产品、机电产品等。其余约 49% 的降税产品将在 5 年内完成不同幅度的关税减让:税率降至 5%,或削减 50%、20% 的关税。第二阶段从《中巴自贸协定》生效的第六年开始,双方将在对以往情况进行审评的基础上,对各自产品进一步实施降税。目标是在不太长的时间内,在照顾双方各自关注的基础上,使各自零关税产品占税号和贸易量的比例均达到 90%。

2009 年 2 月 21 日,两国政府在武汉签署了《中国—巴基斯坦自由贸易区服务贸易协定》。该协定是迄今两国各自对外国开放程度最高、内容最为全面的自贸区服务贸易协定。

中国—巴基斯坦自由贸易区的建立将促使两国通过强化竞争和规模经济提高双方的生产率,提升两国经贸合作水平;同时有利于中国把巴基斯坦继续作为在南亚地区的重要经济平台,开展与包括印度在内的整个南亚地区的区域经济合作,更好地发挥中国部分产业的比较优势。

(四)中国—新加坡自由贸易区

中国—新加坡自由贸易区谈判启动于 2006 年 8 月,经过 8 轮艰苦而坦诚的磋商,双方于 2008 年 9 月圆满结束谈判。《中华人民共和国政府和新加坡政府自由贸易协定》(以下简称《协定》),涵盖了货物贸易、服务贸易、人员流动、海关程序等诸多领域,是一份内容全面的自由贸易协定。双方在中国—东盟自贸区的基础上,进一步加快了贸易自由化进程,拓展了双边自由贸易关系与经贸合作的深度与广度。根据《协定》,新方承诺将在 2009 年 1 月 1 日取消全部自华进口产品关税;中方承诺将在 2010 年 1 月 1 日前对 97.1% 的自新进口产品实现零关税。双方还在医疗、教育、会计等服务贸易领域作出了高于 WTO 的承诺。

2011 年 7 月,中新两国签署了《关于修改〈中华人民共和国政府和新加坡共和国政府自由贸易协定〉的议定书》。《议定书》对中新自贸协定中的原产地规则做出了修订,并将双方各自在中国—东盟自贸区《服务贸易协议》第二批具体承诺纳入中新自贸协定,以进一步提高中新自贸区的自由化水平。

（五）中国—秘鲁自由贸易区

中国—秘鲁自由贸易协定2007年9月启动谈判，2009年4月签署有关协定，2010年3月1日起正式实施。

中秘自贸协定覆盖领域广、开放水平高。在货物贸易方面，中秘双方对各自90%以上的产品分阶段实施零关税，中方的轻工、电子、家电、机械、汽车、化工、蔬菜、水果等众多产品和秘方的鱼粉、矿产品、水果、鱼类等产品都将从降税安排中获益。在服务贸易方面，双方将在各自对世贸组织承诺的基础上，相互进一步开放服务部门。在投资方面，双方将相互给予对方投资者及其投资以准入后国民待遇、最惠国待遇和公平公正待遇，鼓励双边投资并为其提供便利等。与此同时，双方还在知识产权、贸易救济、原产地规则、海关程序、技术性贸易壁垒、卫生和植物卫生措施等众多领域达成广泛共识。

（六）中国—新西兰自由贸易区

2008年4月7日，《中华人民共和国政府与新西兰政府自由贸易协定》正式签署，这是中国与发达国家签署的第一个自由贸易协定，也是中国与其他国家签署的第一个涵盖货物贸易、服务贸易、投资等多个领域的自由贸易协定。该《协定》已于2008年10月1日开始生效。

该《协定》是中新两国在WTO基础上，相互进一步开放市场、深化合作的重要法律文件。该《协定》共214条，分为18章，即：初始条款、总定义、货物贸易、原产地规则及操作程序、海关程序与合作、贸易救济、卫生与植物卫生措施、技术性贸易壁垒、服务贸易、自然人移动、投资、知识产权、透明度、合作、管理与机制条款、争端解决、例外、最后条款。

《协定》的签署是中新两国关系发展历程上一座新的里程碑，为加强中新两国经贸合作搭建了新的平台，也为双方合作注入了新的活力，将进一步促进两国经贸合作在平等互利的基础上实现双赢，推动中新经贸关系迈入新的发展阶段。《协定》的实施，将有利于两国进一步发挥各自产业优势，深化产业分工，有助于双方全面推进农牧业、林业、家电、服装等货物贸易领域的合作，并促进教育、旅游、环境、咨询等服务贸易的发展。《协定》为双方经贸合作提供了制度性保障，营造了更加开放和稳定的商业运行环境。双方企业和产品可按照《协定》提供的优惠条件进入对方市场，有利于拓展合作空间，提高竞争力，实现互利共赢。同时，两国消费者也可以更低廉的价格享受到优质的产品和服务。

该《协定》实施以来，两国货物贸易关税逐步取消，服务贸易市场开放不断扩大，投资环境更加公平、规范和透明，双边经贸关系水平得到明显提升。即便是在金融危机的不利影响下，双边贸易仍保持了年均20%以上的增长速度，2010年，双边贸易达65.2亿美元，增长43%，中国已成为新西兰第二大贸易伙伴和最大的乳制品出口市场。中国自新优惠进口货值达20亿美元。中国海关2011年1~3月统计数据显示，中新贸易又增长了39%，其中中国出口增长26.5%，从新西兰进口增长46.6%。另外，两国投资规模也随着交往的深入而日益扩大。中国还成为新西兰最大的海外留学生来源国。

（七）中国—哥斯达黎加自由贸易区

《中国—哥斯达黎加自由贸易协定》于2011年8月1日起正式生效，成为继智利、秘鲁之后，中国与另一个拉美国家成立的自由贸易区。

中哥自贸协定覆盖领域全面、开放水平较高。在货物贸易领域，中哥双方将对各自90%以上的产品分阶段实施零关税，共同迈进"零关税时代"。中方的纺织原料及制品、轻工、机械、电器设备、蔬菜、水果、汽车、化工、生毛皮及皮革等产品和哥方的咖啡、牛肉、猪肉、菠萝汁、冷冻橙汁、果酱、鱼粉、矿产品、生皮等产品将从降税安排中获益。在服务贸易领域,在各自对世贸组织承诺的基础上,哥方将在电信服务、商业服务、建筑、房地产、分销、教育、环境、计算机和旅游服务等45个部门或分部门进一步对中方开放,中方则在计算机服务、房地产、市场调研、翻译和口译、体育等7个部门或分部门对哥方进一步开放。双方还在知识产权、贸易救济、原产地规则、海关程序、技术性贸易壁垒、卫生和植物卫生措施、合作等众多领域达成广泛共识。具体情况可登录"中国自由贸易区服务网"(fta.mofcom.gov.cn)查询。

中哥自贸协定的正式实施促使双边货物贸易、服务和投资等领域的合作深入发展,为两国进一步发展双边关系注入新的活力与内涵。近年来,中哥双方在双边贸易、投资、承包劳务等领域进行了良好的合作,双边经贸往来呈现出高速发展的态势。哥斯达黎加已经成为中国在中美洲地区的重要贸易伙伴,中国也成为继美国之后哥斯达黎加的第二大贸易伙伴。据中国海关统计,2010年,中哥双边贸易额达38亿美元,比上年增长19.2%,其中中国出口6.9亿美元,进口31.1亿美元。哥斯达黎加日益成为中国在中美洲地区主要投资国和贸易国之一。

案例 中国愿推动中日韩自贸区建设和东北亚区域经济一体化

第八届东北亚博览会于2012年9月间在中国东北的吉林省长春市举办。在16日举行的第八届东北亚博览会新闻发布会上,中国商务部副部长陈健表示,中国顺应东北亚区域经济发展需求,实现互利共赢,将全力支持及加速推动中日韩自贸区建设和东北亚区域经济一体化进程。

东北亚博览会是中国政府为推动中国与东北亚国家经贸往来和区域合作而采取的一项积极行动,旨在构建中国与东北亚国家互利共赢、交流合作、竞争开放的长期合作平台。博览会以打造中国北方第一展会并逐步办成中国乃至世界精品展会为目标,以商品贸易、投资合作、高峰论坛为主要内容。陈健在新闻发布会上表示,当前世界经济复苏进程艰难曲折,国际金融危机和欧债危机仍在继续,这就需要东北亚各国越是在世界经济不景气的情况下,越要树立信心,加强交流、密切合作。

陈健介绍:"今年,中日韩自贸区谈判将启动,APEC会议将在俄罗斯举行,又恰逢中国"俄罗斯旅游年"、中日邦交正常化40周年和中韩建交20周年,这些区域和具有世界影响力的大事,为深化东北亚区域合作提供了良好的条件和机遇。以推动东北亚区域合作为主题的东北亚博览会将借势发挥出更大的平台作用,为加强东北亚国家间、东北亚与世界各国的经贸往来、促进区域和谐发展做出更大的贡献。"

资料来源:和讯网,2012年3月16日。

本章小结

区域经济一体化,是指地理区域上较接近的两个或两个以上的国家实行的某种形式的经济联合,或组成的区域性经济组织。

区域经济一体化组织根据融合的程度由低到高,分为以下六类:优惠贸易安排、自由贸易区、关税同盟、共同市场、经济同盟、完全经济一体化。

中国参与区域经济一体化的主要原则是公平互利。

中国参与的区域经济一体化组织主要有中国与东盟自由贸易区,中国分别与新加坡、巴基斯坦、新西兰、智利、秘鲁、哥斯达黎加自由贸易协定,中国大陆与香港、澳门的更紧密经贸关系安排,以及与台湾的海峡两岸经济合作框架协议。此外,中国还与韩国、印度、孟加拉国、斯里兰卡签署了区域性优惠贸易协定——《亚太贸易协定》。

思考题

一、简述题

1. 区域经济一体化的含义是什么？区域经济一体化组织根据融合程度的高低分为哪六种形式？
2. 中国参与区域经济一体化的原则是什么？
3. 简述中国参与区域经济一体化的实践情况。

二、案例分析题

据统计，2010年中、日、韩三国人口占世界人口的22.3%，GDP占全世界的19.6%，出口占18.5%，进口占全世界的16.3%，外汇储备占47.5%，成为巨大的经济体。但是三国之间的相互投资仅占对外投资总量的6%，三国之间的贸易量只占到三国贸易总量的不足20%。2009年，三国内部贸易额占地区贸易总额仅为22.3%，比起北美自由贸易区的39.4%以及欧盟的69.5%，明显处于低位。三国加强经济合作的迫切性日益显现。

自由贸易区建立后，从中国的角度考虑，化工、汽车、机械等制造业部门将是受影响较大的薄弱环节。国务院发展研究中心对外经济研究部"中日韩自由贸易区影响研究"课题组曾发表论文指出：中、日、韩三国化工行业的国际竞争力都不强，但是三国之间相比较，中国要明显弱于日本和韩国。在与日韩制造业的竞争力对比中，中国的汽车行业可能是差距最大的一个部门，将受到最大冲击。在汽车产品的双边贸易中，中国对日本和韩国都是大量逆差，而且逆差额不断扩大。据WTO统计，2003~2006年，中国汽车对日本的逆差从39亿美元增长到45亿美元，对韩国的逆差从11亿美元增长到19亿美元。本土汽车企业将面临较大的竞争压力。由于产品相似度更强，韩国汽车对中国本土企业的威胁可能更大。

另外，中国机械行业的国际竞争力与韩国相当，但明显弱于日本。中国正在实施振兴装备制造业的政策，自贸区建成后，国内企业，特别是正在向高端产品升级的企业，很可能受到较大的负面影响。比较而言，日本由于技术优势更明显，对我国企业的威胁更大。

已有研究显示，如果中日韩自由贸易区最终达成，将覆盖15亿人口，那么包括中日韩的"10（东盟）+3"的经济规模将在2014年超过美国，2020年超越欧盟。一旦实现，覆盖东亚、东南亚的自贸区就将与北美、欧盟自贸区并驾齐驱，成为全球三大贸易支柱之一。

——《中国经济周刊》2012年5月21日，作者张璐。

问题：中日韩自由贸易区的建立对中国经济会产生哪些影响？

第十二章

中国对外经贸关系

学习要求

了解我国与主要发达国家和发展中国家或地区的经贸关系中存在问题及发展方向,开拓亚非拉发展中国家市场的重要意义;理解我国发展同主要发达国家经贸关系、开拓俄罗斯和东盟市场的政策措施;掌握中国发展对外经贸关系的基本政策和主要原则。

第一节 中国发展对外经贸关系的基本政策和原则

中国发展对外贸易关系一贯主张和平发展道路,坚持独立自主的和平外交政策,奉行互利共赢的开放战略,不断深化同周边国家的睦邻友好关系,积极参与周边各种合作机制,推动区域合作深入发展,共同营造和平稳定、平等互信、合作共赢的地区环境。加强与广大发展中国家团结合作,深化传统友谊,扩大互利合作,推动实现联合国千年发展目标,维护发展中国家的正当权益和共同利益。加强与世界主要政治大国和国际主要经济体的战略对话,增进战略互信,拓展合作领域,推进相互关系长期稳定健康发展。积极参与多边事务和全球治理,推动国际秩序朝着更加公正合理的方向发展。中国发展对外贸易要服务于改革开放和社会主义现代化建设大局,为促进世界经济增长、维护和平稳定作出更大贡献。

专栏　　　　　　　　中国不是新"殖民主义"

目前很多西方媒体大肆炒作中国在非洲搞所谓新殖民主义。有些媒体宣称,中国已非50年前无私帮助非洲抵抗"帝国主义"的那个中国,污蔑中国现在在非洲就是"赤裸裸的交易"。而且,有些媒体还总是有意将中国"走进非洲"与非洲的所谓"腐败"、"独裁"和"违反人权"等联系起来,丑化中国形象。英国《经济学家》周刊曾发表文章称:"大约600年前,明朝的航海家到达这个大陆的东海岸,带回了一头长颈鹿以满足皇帝的好奇;今天,中国的船只在同样的航线定期航行,带回了石油、铁矿石和其他商品,以满足一个庞大的经济体发展的贪婪胃口"。

2006年6月中国国务院总理温家宝访问非洲七国时指出:新殖民主义的帽子绝对扣不到中国头上。从1840年鸦片战争开始,中国遭受了大约110年的殖民统治,中华民族在灾难中懂得殖民统治给人民带来的苦痛,也深知要同殖民主义做斗争。这就是我们长期以来之所以支持非洲民族解放、振兴的主要原因。中国在自己困难的时候,帮助非洲人民修建了像坦赞铁路那样的工程,今天中国的经济发展了,更不要忘记老朋友。中国有一句古话,"路遥知马力,日久见人心",让历史去证明吧。

2009年温家宝在埃及出席中非合作论坛第四届部长级会议时说："说中国在非洲掠夺资源,搞所谓的"新殖民主义",这种论调由来已久,不值一驳……事实上,中国对非援助从来都不附加任何政治条件。因为我们认为,决定一个国家命运的,最终要靠这个国家的人民。如果从能源角度,我想告诉这位记者,中国从非洲进口石油不是最多的,大约占非洲石油出口的13%,中国在非油气投资不到全球在非总投资的1/16。中石油是中国最大的石油公司,其在非洲的年营业额还不及美孚公司的1/3。为什么要对中国进行指责?这究竟是非洲的意见,还是西方的意见?我想用一句诗来说明这个问题,'古交如真金,百炼色不回'。"

2010年8月南非总统祖马访问中国时,在中国人民大学举行的演讲会上回答学生提问时说,中国早在几百年前就同非洲大陆开展了经济往来,对非洲进行的是贸易、合作以及对非援助。他说,中国从未对非洲大陆进行过"殖民"活动。

2011年9月几内亚总统阿尔法·孔戴在中国大连出席夏季达沃斯论坛时说,他和中国的双边关系,不是用几内亚丰富的矿产来换取中国的资金、技术和基础设施;就一些西方国家批评中国的非洲政策,他回应说,中国不是"新殖民主义"。

资料来源:根据有关新闻报道整理。

一、中国发展对外经贸关系的基本政策

当今世界处于大变革、大调整之中,和平与发展仍是时代的主题,求和平、谋发展、促合作成为不可阻挡的时代潮流。但是,世界仍然很不安宁,霸权主义和强权政治依然存在,全球经济失衡加剧,南北差距拉大,传统安全威胁和非传统安全威胁相互交织,世界和平与发展面临着诸多难题和挑战。

当前,我国发展对外经贸关系的基本政策是:始终不渝地奉行互利共赢的开放战略,坚持在和平共处五项原则的基础上同所有国家发展友好合作,以自己的发展促进地区和世界共同发展,继续按照通行的国际经贸规则,扩大市场准入,依法保护合作者权益,支持国际社会帮助发展中国家增强自主发展能力、改善民生,缩小南北差距,支持完善国际贸易和金融体制,推进贸易和投资自由化、便利化,通过磋商协作妥善处理经贸摩擦。

二、中国发展对外经贸关系的主要原则

我国始终不渝地奉行互利共赢开发战略,在积极发展同世界各国和地区的经济贸易关系过程中主要遵循以下原则:

(一)独立自主原则

独立自主,指一国可以自主地解决和处理本国事物而不受别国的控制和干涉。独立自主原则是我国发展对外经济贸易关系必须遵循的首要原则。

马克思主义的国家原理指出,不受别国的控制和干涉自主地处理本国事物是一个国家获得独立的集中表现。政治独立是经济独立的基础,经济独立是政治独立的体现。历史和实践告诉我们,一个国家没有政治上的独立,就谈不到经济上的独立;而没有经济上的独立,政治上的独立也是不完整、不巩固的。独立自主地处理对外经济贸易关系是一个国家经济上独立的表现之一,只有独立自主地处理对外经济贸易关系,才能赢得经济上的独立,政治上的独立才能得到巩固和发展。在经济全球化快速发展的当代,中国作为一个发展中的大国,必须不依附于任何一个国家,不屈服于任何国家的压力,按照自己的国情,作出自己的取舍,独立自主地处

理对外经贸关系、以自力更生为立足点发展经济,才能在国际经济合作和竞争中居于主动地位,更快更好地建设和发展中国特色社会主义。但是,独立自主原则绝不意味着闭关自守,盲目排外,拒绝国际间的经济合作和交流,而是在独立自主、自力更生的前提下积极发展同世界各国和地区的经贸关系,互通有无、互相学习、取长补短,充分利用国外的资源和技术,通过国际间的经济合作和交流增强自力更生的能力,坚持独立自主、自力更生提高对外开放的水平。

(二)平等互利原则

平等互利是世界各国开展经济交往的重要原则。所谓平等,是指国家不分大小强弱,不论政治制度和经济发展水平如何,在国家主权地位上和国际经济参与上,都一律平等。在相互经贸关系中,都应当尊重对方的主权和愿望,不应当要求任何特权;所谓互利,是指在相互的经济贸易中,要根据对方的需要和可能,互通有无,以促进彼此经济的发展,反对把对外经济贸易作为控制和掠夺别国的工具。

我国奉行互利共赢开放战略,平等互利是我们发展对外经贸关系的重要原则。我们主张,各国人民携手努力,推动建设持久和平、共同繁荣的和谐世界,"共同分享发展机遇,共同应对各种挑战"。在对外经济贸易中,第一,我们反对以任何借口、附带任何政治条件谋求政治和经济上的特权,同时,也绝不接受对方的任何不平等的条件和不合理的要求。第二,根据双方的需要和可能,在自愿的基础上进行经济贸易活动。第三,反对凭借政治、经济、军事上的优势以扩张、掠夺、垄断、倾销、歧视为目的的一切经济贸易行为。第四,严格按照国际贸易惯例办事,履行贸易协议和合同,公平合理地维护贸易双方的经济利益。

(三)互惠、对等原则

互惠,是指利益或特权的相互或相应让与;对等是指贸易双方相互给予对方同等待遇,包括对等地给予同样的优惠待遇,以及对等地就对方给予自己的不平等或者歧视性待遇,采取相应的报复措施。

互惠、对等原则是世界贸易组织的基本原则之一,是两国之间建立和发展贸易关系的基础。在国际贸易中,国家之间相互给予的最惠国待遇、国民待遇都是以互惠为前提的。根据《中华人民共和国对外贸易法》规定,我国在平等互利的基础上建立与其他国家之间互惠、对等的贸易关系,即在对外经济贸易关系中坚持互惠、对等的原则。

(四)外贸、外交相互配合原则

对外贸易是一国与其他国家之间的商品交换活动,属于经济基础的范畴。外交是负责处理解决一国与其他国家之间的政治问题,属于上层建筑的范畴。按照马克思主义经济和政治相互影响、相互作用,归根结底经济决定政治的基本原理。外贸与外交是相互影响、相互作用又相互配合的关系。一方面,外贸是外交工作的基础之一,对外交活动具有相当大的影响,外交理所当然应为外贸服务。另一方面,政治是经济的集中表现,外贸又不能代表整个经济基础,为了整个国家的政治利益,外贸又要为外交服务。国际经贸关系是国家关系的重要内容,在国际贸易和国际关系实践中,经济贸易关系的发展,可以改善国家关系,促进外交关系的建立。同时,外交关系建立以后,又要靠平等互利的经贸关系去巩固和发展。

第二节　中国与主要发达国家的经贸关系

> **专栏**　中国要学会处理与发达国家之间的横向分工关系
>
> 在近日举行的"中国与 WTO 的未来——纪念中国加入世界贸易组织十周年会议"上,商务部副部长王超指出:"加入世贸组织的 10 年是中国经济社会取得显著成就的 10 年,也是中国对世界经济做出重大贡献的 10 年。"
>
> 在谈及中国在全球分工体系中的地位正在发生深刻的变化时,王超表示:一方面劳动密集型产业仍然是我国的比较优势所在;另一方面,新兴产业的竞争力日益增强,我们与发达国家之间的横向分工关系也有所增强,形成了一种纵横交错、互补与竞争并存的关系。"学会处理好这种关系是我们的重要任务。"王超解释说,横向经济关系的一个重要特征是产业内差异化产品增加,我们的企业主要提高创新能力,在横向竞争关系中避免同质化竞争。通过降低成本,运用价格竞争手段的同时,主要通过创新和突出产品特色,走差异化竞争道路,中国市场是一个庞大的、开放的市场,我们也欢迎其他国家有特色和新颖的产品来中国开拓市场,使中国消费者得到更好的产品和服务。贸易摩擦是横向经贸关系中常见的现象,我们要建立常规的预警机制,培养经贸法律人,遵守国际经贸规则,同时充分利用包括世贸组织规则在内的国际经贸规则,维护我国企业的利益。
>
> 资料来源:好买资讯,2011 年 11 月 24 日。

改革开放以来,中国政府在对外贸易中坚持独立自主、平等互利、互惠、对等和外贸、外交互相配合的原则。积极发展同世界各国的经贸关系,为实现国内经济与国际经济的对接互补,促进国民经济发展创造良好的条件。

一、中国与欧盟的经贸关系

欧盟是世界上工业最发达、全球最大的贸易集团和进口市场,经济总量和贸易总额分别占全球的 25% 和 35%,人均收入和对外投资居世界前列,服务贸易增长迅速。

(一)中欧经贸关系获得长足发展

欧盟成员多数是中国的传统贸易伙伴,有着悠久的民间贸易往来历史。中国重视发展对欧关系,自 1975 年中国与欧洲经济共同体建立外交关系以来,虽然中欧关系有过波折,但总体发展良好并日趋成熟,已步入全面健康发展的轨道。1998 年,中欧领导人年度会晤机制起步;2001 年,中欧建立全面战略伙伴关系,双方在政治、经贸、科技、文教等领域的磋商日益密切,合作成果显著,中欧关系处于历史最好时期。

1. 中欧互为重要贸易伙伴

自我国改革开放以来,中欧双边贸易得到了长足的发展,2004 年超过美、日成为中国第一大贸易伙伴。中欧经贸关系的发展经历了四个阶段:第一阶段为 1975 年建交之前,双边的贸易发展属于民间交往的性质,由于与欧共体没有外交关系,双边贸易发展也只能通过与各个成员国分别进行。第二阶段是 1976~1985 年,双边贸易关系正式建立,签署了贸易协定,成立了贸易联合委员会,并定期举行年会,但是进出口总额处于较低水平,在百亿美元以下徘徊。第三阶段是 1986~1992 年,签订了经济与贸易合作协定,双方进出口贸易额逐步扩大。第四阶段在 1993 年以后,欧盟开始实施亚洲新战略,1995 年通过了《中欧关系长期政策》,1996 年通过了《欧盟对华合作新战略》,1998年欧盟理事会通过决议,把中国从"非市场经济"国家的名单上删除,并通过《与中国建立全面伙伴关系》把欧盟的对华政策提高到与美国、俄罗斯、日本同等重要的地位,标志着中国与欧盟经贸关系进入了一个成熟稳定的发展阶段。同时中欧双边贸易增长速度明显加快,短短几年间,中国和欧盟双边贸易已增加了数倍之多,2004年达到1 750亿欧元,2004年中国继续保持欧盟第二大贸易伙伴(继美国之后),而根据中方的统计,欧盟已是中国第一大贸易伙伴。2005年,中欧贸易额达到2 173.1亿美元,增长22.6%。2011年中欧双边贸易额为5 939.7亿美元,同比增长13.6%,其中中国对欧盟出口4 058.5亿美元,增长8.6%,进口为1 881.2亿美元,增长26.4%,中国是欧盟第二大出口贸易伙伴和第一大进口来源地。

中欧贸易收支以1997年为界可以分成两个阶段,其中1997年前中国处于逆差地位,1997年转变为顺差,2006年中国对欧盟顺差达到916.6亿美元,同比增长30.7%,到2011年顺差为2 177.3亿美元,减少3.2%。

2. 中欧分享WTO成果合作进展顺利

欧盟曾是中国加入WTO的有利支持者,能否全面执行WTO的承诺是中欧经贸关系稳定发展的重要因素。自20世纪90年代中期起,中欧就开始了以培训为主要内容的WTO成果分享合作关系。继2003年12月结束的试点项目之后,2004年2月1日新的支持中国融入世界贸易体制的欧中合作项目开始运作,其中欧方投资1 500万欧元,中方500万欧元。这是中国迄今最大的WTO项目,为期5年。培训对象为中国政府有关部门、高一级的教育和研究机构、制造业、服务业(国营和私营)和社会团体;培训内容包括海关和进出口、农业和农产品、贸易技术壁垒和动植物检疫、服务业、知识产权以及政策的发展、合作和透明度六大部分。这种合作关系为中国外贸体制的改革与完善、中欧经贸的发展发挥了重要作用。

(二)中欧经贸关系发展障碍

在中欧经贸关系的发展过程中还存在着不可忽视的问题与障碍,其主要表现在反倾销等5个方面。

1. 反倾销调查问题

欧共体是对我国出口产品提出反倾销调查的第一个经济体。根据世界贸易组织的最新统计,我国是世界上出口产品受到反倾销调查最多的国家,自1978年以来,已经有29个国家和地区对我国出口产品发起了422起反倾销调查,而其中欧盟占90起,排名第一。目前,虽然欧盟名义上承认中国市场经济地位,但在具体执行上对我国国有企业存在明显的歧视,认定国有企业享受政府补贴,不接受相关企业提供的成本数据,而采取所谓的按照市场经济第三国同类产品成本的方法来判断与推算我国产品的倾销事实与幅度。

2. 日渐升温的知识产权纠纷

在新的对华政策文件中,欧盟提到,其首要任务是确保在华知识产权的更好保护并结束被迫的技术转让。欧盟官员甚至指出,连中国中央电视台运用资料时也存在一些未付费而侵权的行为。因此2006年11月7日中欧签署《关于加强知识产权保护合作的谅解备忘录》,根据这份谅解备忘录,欧盟将向50家中国政府设立的知识产权投诉举报服务中心提供技术援助和经验交流。不仅如此,欧盟在备忘录中将广东、江苏作为知识产权问题的重灾区纳入重点打击对象。

3. 非关税壁垒问题

欧盟为保护本地区农业生产的积极性,一直对区域内稻米、蔗糖、谷类、大蒜、香菇、乳制品和牛肉等农产品的生产提供农业补贴,巨额补贴极大地削弱我国出口农产品的国际竞争力。欧盟虽然已经增加两种农产品大蒜和蘑菇罐头的配额,但是对中国的大部分农产品关税配额依然保持不变;配额管理办法还对我国出口欧盟的鞋、陶瓷器皿等七大类最有竞争力和发展潜力的商品设置了进口数量限制。

技术性贸易壁垒引起中欧双边贸易摩擦,欧盟对进口产品在安全、环保、卫生等方面有严格标准,而且技术标准纷繁复杂,产品质量标准有10万多个,几乎涉及所有的进口产品。例如,欧盟以健康为由实施指令,禁止手表、首饰等与皮肤接触的物品使用含镍物料,欧盟关于电子电气设备的两个指令及禁止销售含禁用偶氮染料的服装、鞋类及床上用品的法令都对中国相关产品出口企业造成巨大影响。此外,欧盟及其成员国一直密切关注和高度重视食品质量与安全,并为此制定了一整套比较完善且严格的检验检疫、风险评估与预警、进口监控制度。例如,欧盟从2005年起正式禁止含有化学活性物质的320种农药在欧盟境内销售,其中涉及中国正在生产、使用和销售的农药产品62种。

4. 普惠制问题

1980年欧共体给予我国出口产品以普惠制待遇,促进了我国对欧共体的产品出口。但是欧盟于1995年开始分三个阶段实施为期十年的新普惠制度,旨在限制竞争力强的国家和地区享受这一待遇,只提供给最穷的发展中国家。我国被列入第二类国家即属于竞争力较强的国家,被划在不再给予普惠制待遇的范围内。

5. 中欧贸易的商品结构问题

中国是一个处于转型中的发展中国家,对欧盟出口的主要是针织品、服装、鞋类、玩具、食品、饮料、电子产品等轻纺工业品,受到种种关税和非关税壁垒的限制,不适应欧盟进口结构的变化。同时欧盟成员大多经济发展水平较高,人均消费水平高,需要高层次、高品质的产品,但是中国的出口商品大多属于中低档产品,对欧盟市场适应性不强。欧盟市场的开拓仍然是摆在我国企业面前的一个重大课题。

(三)中欧经贸关系前景展望

1. 当前国际政治经济环境促使中欧具有共同利益诉求点

由于美国和日本市场潜力在近期内发展的空间受其国内经济运行状况的限制,对欧盟所能形成的外部需求有限,同时美元的疲软不振致使欧盟企业的贸易竞争力大打折扣,欧盟推出了亚洲新战略,对我国在世界经济中的地位进行了重新定位,已经形成了对中国市场的高度依赖。同时中国已经明确把欧盟作为出口的三个主要市场之一,国内的相关政策及运行体制也纳入了这一基本判断的轨道,与欧盟贸易成为我国对外贸易发展的一个重要因素。中欧双方的市场依赖程度将大大提高。

2. 企业开拓欧盟市场成本降低

欧盟的发展进入一个高级阶段,实现了统一的对外贸易政策和市场准入要求,对我国的出口企业来说,不仅扩大了市场容量,而且简化了市场进入的规则,降低了市场开发成本,提高了市场的吸引力。我国对欧盟出口自1997年以来的高度增长,出口欧盟市场的成本随着欧盟一体化程度的提高而下降。企业对欧盟出口态度上大有转变。

3. 欧盟扩大的贸易转移效应对中欧经贸规模扩大将产生一定的消极影响

欧盟扩大产生贸易转移效应,对中国的影响包括两方面:一是老成员原从中国购买的产品转向从新成员购买;二是新成员实施欧盟"共同贸易政策"抬高对区外贸易门槛后,阻碍中国产品进入原市场。目前,欧盟区域内贸易比重已高达60%,由于欧盟内部实行零关税,随后区域内贸易比重将进一步上升,同时会减少对外部贸易的依赖程度。

4. 双方规则意识会进一步加强

加入世界贸易组织为中国与欧盟的贸易关系提供了国际化规则的框架,有利于克服欧盟实施的不正当贸易政策,但是也有可能会带来更为严重的反倾销调查问题,前景主要取决于双方的政策意愿,其结果直接影响中国对欧盟出口的发展。

二、中美经贸关系

第二次世界大战后,美国的经济实力骤然增长,在资本主义世界经济中占有全面的优势。在经历20世纪70年代的"滞胀"阶段后,美国经济逐步复兴,高新技术的运用以及对一体化世界市场变化的适应,美国近年来的经济发展已进入一个新时期,乐观的美国经济学家们称这种"新气象"为美国的"新经济",并认为,美国的"新经济"是某种可以摆脱传统的经济周期的、能够持续稳定地保持增长的新的资本主义市场经济。在"9·11事件"发生之后,美国经济增长速度有所降低,但是作为唯一的全球超级大国,美国在世界经济发展中仍然占据重要的地位。

(一)中美贸易发展历程

中华人民共和国成立以前,中国是美国的重要出口市场、原材料供应地和投资场所。新中国建立之初,两国仍保持着贸易关系,1950年中美贸易额为2.28亿美元,但是朝鲜战争爆发后,美国政府对中国实行严厉的封锁、禁运长达22年之久。

1971年中国恢复联合国合法席位后,1972年中美实现关系正常化,1979年正式建立大使级外交关系。在此期间,虽然双方贸易增长很快,但由于基数低,从贸易总额上看是很少量的。按美国商务部统计,1972年双边贸易总额为0.92亿美元。1978年双边贸易总额为11.45亿美元,7年间双边贸易增长率为1 145%,年均增长23%。

2001年中国加入WTO为双边经贸关系稳定发展奠定了基础,中美经贸关系进入一个新的历史阶段。2011年,中美贸易额达到4 467亿美元,创历史新高。美对华出口突破1 000亿美元关口,达到1 222亿美元,同比上升20%。中美已互为第二大贸易伙伴,美国是中国第二大出口市场和第六大进口来源地。2007年以来,中国已成为美出口增长最快的市场,也是美实施"出口倍增"计划的重要海外市场。

在中美贸易关系快速发展的同时,美国在华投资也自20世纪80年代开始迅速增长,协议金额目前已仅次于港、澳、台之后,位居第三位和西方国家对华投资的首位,2011年美对华投资合同额达74亿美元,同比增长9.7%。截至2011年底,美对华投资项目累计达6.1万个,累计合同外资金额1 623亿美元,实际投入676亿美元。目前,美国仍是中国外资最大的来源地之一。2011年,中国企业在美累计直接投资为60亿美元,投资范围涉及工业、农业、科技、金融和工程承包等广泛领域。美国对华技术转让的控制也逐步放松,目前已成为中国引进技术的主要国家;商品展览、官方和民间的经济技术交流和法律交流日益频繁,扩大并活跃了双边的经济交往,凸显了双边经济关系的全面加深。

(二)中美贸易的问题与摩擦

20世纪90年代以来,中美经贸关系在发展中争端有所增加,在知识产权和纺织品纠纷中几乎爆发贸易战;另外,在贸易平衡、反倾销、高新技术出口等方面,摩擦也时有发生。

1. 贸易不平衡问题

美国自20世纪70年代开始在以传统的海关价为依据的进口数据之外,又增加了以原始发票价为依据的进口统计。这样,像原产中国后经香港或其他地区转口到美国的货物和数量相当多的在华来料加工装配贸易产品出口到美国,就被笼统地计入了美方自中方进口货物的总额当中,于是中美双方的贸易统计数字大相径庭。贸易不平衡在美国看来是目前同中国发展贸易关系的主要问题,但如上所述,美方的巨额逆差主要出自本国不合惯例的贸易统计,主要是人为制造的结果。美方坚持自己的立场,并以此为依据将中国列为其仅次于日本的第二大贸易逆差国,不断施加压力,迫使中国一再让步。

2. 反倾销问题

自1980年美国首次发起对中国产品的反倾销,美国迄今已对中国产品实施近一百多起反倾销措施,是世界上对华反倾销起诉最多的国家,其立案调查的反倾销案中有半数是针对中国产品。这在很大程度上影响了中国产品对美国的出口,成为中美经贸关系中一个重要问题。近几年,美国对来自中国的进口产品采取的反倾销行动有增无减,主要对象为化工、五金及农副产品。

3. 知识产权方面的问题

美国拥有世界上最多的专利、最先进的技术。在许多行业中,技术是美国公司的一个重要竞争优势。美国公司往往用技术交换中国的市场,在技术转让之后,需要有合适的知识产权法律来保护该技术,这是美国最关心的问题之一。美方认为,由于实施知识产权保护的责任分散于各个部门,中国各政府机构存在责任不明和职责重叠的问题。例如,中国国家专利局主要负责专利保护,外经贸部负责国际合作和协调事宜,国家技术监督局负责检测在中国出售的产品的技术规格,海关总署负责查处违反知识产权保护的进出口,因此,美方担心中国实施知识产权保护的力度不够。随着美国在电子、电信、计算机及服务等领域的大面积进入以及对协议实施的监督力度加大,加上我国在知识产权保护的执法中尚存在一些问题,今后,中美在知识产权问题上的摩擦可能还会增多。

4. 出口管制问题

美国对我国实施高科技出口管制一直是中美经贸健康发展的制约因素。美国国会中要求限制高技术出口的势力很强大,他们声称出售给中国的军事技术将来有可能被用来对付美国。不仅如此,国际局势和台海形势的变化均可能引发美国加强限制对中国高技术的出口。美国在加强对自身出口管制的同时,努力确立对威胁美国国家安全的技术转让进行新的有约束力的国际控制,不断加强与其他西方国家的合作,改善主要技术出口国的信息交流,使美国能跟踪技术的流动,实施技术控制和再出口规定,防止中国从其他国家获得从美国得不到的东西。美国出口管制事实上是一把"双刃剑",主观上限制了中国获得美国的高新技术,然而客观上无异于作茧自缚,不但限制了美国对中国的出口,也对美国在中国进行高技术领域的投资带来了十分不利的影响,制约着中美经贸关系的进一步发展。在经济全球化的今天,对高技术产品实行严厉限制是不明智的。尽管美国在高技术应用的许多方面处于领先地位,但在多数产品上已不再处于垄断地位。由于出口管制政策限制技术转让与合作,美国公司担心所需的技术、零件等得不到许可证而不愿到中国投资某些高技术项目。加上用于高技术项目投资的贷款得不到美国进出口银行的批准,只能坐失良机,丧失许多对中国出口的贸易机会。

(三)中美经贸展望

随着中美贸易投资规模的扩大及经济技术合作的加强,中美经贸关系发展过程中难免会出现一些问题。长期以来,中美双边贸易摩擦与纠纷往往导致单边贸易报复或经济制裁,但这不应该影响中美经贸关系的发展,也不应成为发展与扩大双边经贸合作的制约因素。中美双方经济贸易互补性强,合作领域广泛。中国劳动密集型的产业优势与美国技术和资本密集型产业优势不构成矛盾,这种互补与互利构成了中美经贸发展的现实基础。随着双边贸易投资规模的扩大及经济技术合作的加强,中美经济贸易的相互依存性及互利性将会增大。美国将从中国市场的开放中直接受惠,对华出口将有明显增长。美国在国际市场上具有竞争优势的农产品和工业产品将扩大对华出口,包括石化产品、化肥、木材、纸浆、电子及通信产品等。美对华投资也可望有较大增长,其中主要表现在对服务业投资规模的扩大,集中在金融、保险、商业、电信及咨询服务业等领域。在美国企业获利的同时,我国也将从引进利用外资的过程中,促进贸易结构升级,改善国际竞争力。中美贸易不平衡问题是多方因素所致,既有统计方法上的缺陷,也有美国对华政策方面的因素,需要双方采取实事求是的态度,客观公正地看待,并采取积极措施共同努力来缩小不平衡。在原则问题上中国自然不会屈从于美国的压力,但为维护两国间日益增长的经贸关系,中国也需要从大局着眼,强化其对美贸易的协调和控制,加速外贸体制的改革并尽快使之与国际惯例顺利接轨,努力通过对话、协商和谈判来减少不必要的摩擦。中国目前国际收支状况良好,有条件尽量减少对美贸易顺差,努力平衡中美贸易。

　　面对当今世界上发展速度最快、最活跃的地区和日益扩大的中国市场,美国不会坐失欧、日等国家夺去自己借以扩大商品和资本输出、增强就业、改善国际竞争地位的良机。美国是世界老牌贸易大国,中国是新兴的世界贸易大国。对中国来说,扩大中美经济交往有利于拓展中国产品在美国的市场,有利于利用更多的美国资金和技术,从而加速中国经济的现代化。因此,中国政府历来就十分珍视同美国的友好关系,并为此制定了"增加信任、减少麻烦、发展合作、不搞对抗"的方针政策。相信通过双方的共同努力、经济上的继续合作和扩大交往将会成为走向21世纪中美经济关系的主流。

三、中日经贸关系

(一)中日经贸交流现状

　　日本是亚洲第一经济大国,拥有世界一流的生产技术和设备、劳动力素质、企业跨国经营与生产要素全球整合等方面的能力。日本制造业的计算机硬件、集成电路、半导体工业、机器人工业和生物技术方面具有较强的国际竞争力。中日两国隔水相望,贸易往来已经有两千多年历史,进入近代,日本对中国的侵略,破坏了两国之间的关系。新中国成立后,中日贸易开始恢复发展,20世纪50年代主要是民间协定贸易时期,60年代后通过友好贸易和备忘录贸易两种形式发展,贸易额都较小。

　　1. 中日贸易发展良好

　　1972年中日实现邦交正常化后,中日经贸关系在平等、互利原则下得到长足发展。从1969年的6.29亿美元到1980年的94亿美元,2005年中日贸易额为1 844.1亿美元。日本从1993年开始到2003年连续11年一直是我国第一大贸易伙伴。但是进入21世纪后,两国对外贸易增长速度缓慢,如2000~2004年期间,中国对外贸易年均增长26%以上,而中日贸易增长只有20.8%,中国和主要贸易伙伴国的贸易关系都有很大的发展,与欧盟的贸易发展年均增长25.2%,同美国的贸易增长22.9%,同东盟增长32.1%,同韩国增长30.1%。相比来讲,同日本贸易往来的增长速度降低。因此,从2004年开始,日本已经从中国的第一大贸易伙伴下降到欧盟、美国之后的第三大贸易伙伴。其中2011年中日贸易总额增长14.3%,达到3 449亿美元,其中中国出口额为1 834亿美元,增长20%,进口额为1 614亿美元,增长8.3%,三者皆创历史最高水平,目前日本是中国的第四大贸易伙伴。

2. 中日国际分工发生了积极变化

中日贸易结构属于"垂直分工",中国从日本主要进口工业制成品,对日本出口则主要是初级产品。20世纪50年代中国从日本进口商品中,化肥、药品、人造丝三大类商品占70%以上;而对日本出口中大豆、大米和其他豆类是三大主力产品;20世纪60年代,从日本进口的主要商品是钢铁、化肥、化纤等,对日出口中水产品增加较快;20世纪70年代日本对华机械类出口比重提高,中国对日出口中,以石油为中心的矿物燃料的出口扩大。但从20世纪80年代中后期开始,中国对日出口结构发生变化,制成品出口比重提高,日本对华出口中机械、运输机械、家用电器和汽车等增加较快。如根据2005年日本海关统计:从商品结构来看,日本对中国主要的出口商品是机电产品、贱金属及其制品、化工产品、光学、照相、精密仪器、塑料、橡胶、运输设备等。日本从中国进口的两类最主要产品是机电产品、纺织品、杂项制品、贱金属及其制品、食品、饮料、酒及醋、烟草及制品、矿产品等。表明中日贸易结构正从"垂直分工"逐渐发展到一定程度的"水平分工"。

3. 日本企业对华直接投资飞速增长

20世纪80年代,日本企业对华直接投资较为缓慢,但是20世纪90年代以后,日本对华投资开始大幅增长,目前日本在中国已设立了3万多家企业,实际投资金额已经达到400多亿美元,日本是仅次于美国的第二大对华直接投资国。同时日本对华直接投资的主要特点是投资结构正在从劳动密集型企业向技术、资本密集型企业延伸,投资领域已由服装、食品等行业向电子、机械、汽车、建材等行业扩展。

在对华援助方面,中日两国主要是围绕金融合作展开的政府开发援助(ODA),日本提供日元贷款和无偿资金援助。从1978年至今,中国共利用了四批日元贷款,累计金额达27 000亿日元,占外国政府向中国承诺贷款额的一半;项目数为171个,涉及能源、环保、交通等。从1981年至今,中国共接收日本无偿援助约1 200亿日元,居外国向中国提供无偿援助的第一位;项目数为98个,涉及教育、医疗、农业等领域。同时两国在2002年3月签署的双边货币互换协议,实现了中日两国金融领域在亚太地区的高层次合作。

(二)中日经贸关系中的问题

30多年来,尽管中日经济关系的发展较之政治关系相对平稳,但也并非一帆风顺。1995年以后,日本对华直接投资大幅下滑;20世纪90年代末期,日本对华ODA政策调整,大幅度减少对华援助额;2001年中日之间首次出现较为激烈的贸易摩擦。这些问题均在一定程度和一定范围内制约了两国经济关系的健康发展。

1. 自2000年以来,中日间的政治摩擦连续不断

日本高层官员坚持参拜靖国神社、政府批准歪曲历史的教科书、日本再武装问题、两国钓鱼岛归属和东海划界争端、日台关系问题、俄罗斯天然气管道问题,以及日本方面所谓的中国海洋调查船、潜艇问题等,使两国友好关系受到1972年恢复邦交以来前所未有的伤害。中日关系政治"冷",经济也开始"变凉"。一是增长速度明显下降,年均增长水平低于我国其他主要贸易伙伴,也低于中国整个对外经济贸易的增长水平,中日贸易已经从我们的第一大贸易伙伴降低到第三大贸易伙伴。其次中日贸易占中国对外贸易的比重也在下滑,比如,2000年中日贸易占我国对外贸易的比重是17%以上,2004年下降到14.5%。另外,政治关系影响了两国一些经济合作项目的研究和探讨,对中日经济贸易关系已经产生了负面影响。

2. 中日贸易不平衡

回顾中日贸易的历史,大部分年份是中方逆差,而且预计在今后相当长的时间内,中日贸

易仍将是以中方逆差为主。其主要原因是由于两国的经济发展水平、产业结构以及进出口商品结构所决定的。虽然近几年日本对中国制成品进口比例有不断增加的趋势,但这些制成品中含劳动密集型的纤维、食品等附加值较低的产品占大部分,而具有较高技术性和较高附加值的机械产品比例还较小。这说明,即使中日之间的水平贸易有所发展,但对中国来说,也是以劳动密集型产品为主或处于产业内相对垂直分工的不利地位。此外,中国加入世界贸易组织,日本对华出口迅速增加,而日本方面的关税壁垒和非关税壁垒将阻碍着中国产品的更多进入。其结果将导致中方的逆差急剧扩大,出现更为严重的贸易不平衡。

3. 技术贸易限制问题

第二次世界大战后经济赶超的经验使日本深知技术对经济发展的重要意义,由于视中国为潜在竞争对手,日本有关部门将高、新、尖技术当作不传之秘,在审批投资项目时总是以技术水平领先 20 年为标准来拉开日本和中国之间的技术差距。在 20 世纪 90 年代,亚洲吸收的日本投资仅占该时期日本对外投资的 19%。其中,日本对中国的直接投资于 1995 年以 44.8 亿美元到达顶点后开始下滑,1999 年减少到只有 7.5 亿美元,对中国直接投资在其海外直接投资中所占份额从 8.7% 减少到 1.1%。分产业来看,日本转移到亚洲地区的制造业占其全部制造业投资的 31.9%,非制造业投资仅占全部非制造业投资的 12%,比重低于除大洋洲之外所有地区。为了防止技术外溢,日方经理人员所占比例也是外商投资企业中最高的。很明显,日本向中国投资的类型主要属于成本节约型,这种投资的显著特点是不具有技术优势,存在相当大的技术级差,日本在技术转让方面一直持谨慎和保守的态度,具有明显的防御性。

4. 贸易摩擦增多与加大,特别是在农产品和纺织品领域

由于中国的农产品和纺织品价格低廉,近年来对日出口增长迅速。目前,中国的农产品已占据日本国内市场 35% 左右的份额;纺织品如棉布、短纤布、成衣等的市场占有率均已达到 50% 以上。因而日本政府会对这些商品的进口采取限制措施或征收反倾销税。如 2001 年 4 月 10 日,日本政府不顾中方和日本国内人士的反对,强行宣布自 4 月 23 日起至 11 月 8 日止的 200 天内,对中国向日本出口的大葱、鲜蘑菇、蔺草席 3 种农产品对日出口的超过限额(即大葱 5 383 吨,鲜蘑菇 8 003 吨和蔺草席 7 949 吨)部分分别征收 256%、266%、106% 的关税。针对日方行为,中国政府不得不宣布于 6 月 22 日对原产于日本的汽车、手持和车载移动电话、空调开始加征 100% 的特别关税,此次贸易战对中日都造成了巨大的损失。

(三) 中日经贸发展前景展望

1. 中日未来合作空间广阔

自 20 世纪 70 年代中日实现邦交正常化以来,两国经济关系获得长足进步,并成为两国整体关系发展的重要基础。日本曾经连续 11 年成为中国最大的贸易伙伴,并成为中国吸引外资的主要来源。日本是向中国提供政府贷款和无偿援助最多的国家。尽管由于日本政府的某些人在历史等问题上坚持错误立场而伤害了中国人民的感情,造成了中日政治关系的冷淡,在一定程度上使中日经济关系受到了一些影响,但是从中长期看,两国经济关系仍有很大的发展空间。进一步发展中日经贸合作,符合两国人民的长远利益。2007 年日本经济还将持续较快增长,同时中国经济运行呈现平衡快速增长的势头,这些都给两国经济界加强合作提供了难得的发展机遇和广阔的空间。

2. 中国加入 WTO 将成为中日发展经贸关系的重要动力

加入 WTO 标志着中国经济改革将进入同世界经济和贸易体系全面接轨,建立现代市场经济体制的新阶段。与世界经济接轨就意味着中国的改革开放进一步走上规范化和法制化的

轨道。中国经济体制改革不仅是中国经济发展的内在要求，同时也是日本多年奉行支持中国改革开放政策期盼的重要目标。它将为中日两国经济关系的深入发展提供更加宽松的宏观经济环境。加入 WTO 将加速降低中国关税总水平，非关税措施也大为减少。在市场准入条件向好的背景下，作为中国近邻和最大贸易伙伴的日本必将成为中国入世后获利最多的国家。在日本官方及各家新闻媒体进行的各类海外直接投资调查中，中国均成为日本企业未来海外直接投资的首选国家。可以预言，日本企业对华投资热将再度升温。

3. 东亚合作的进展将为中日两国加强经济合作提供平台

近年来，世界经济全球化、区域经济一体化进一步发展。20 世纪 80 年代末以来，东亚国家自日本与"东亚四小"、东盟、中国之间相互贸易额已在本国对外贸易总额中占有举足轻重的地位。尤其是经过东亚金融危机严重冲击之后，东亚国家越来越清楚地认识到，只有把本国对外经济发展战略融入东亚经济圈的框架内才会有更大的发展空间。在此情况下，东亚区域合作的步伐明显加快，其中"10＋3"框架与 APEC 所涵盖的成员国相比不仅更具加快推进贸易自由化进程的紧迫性，也更加具备成功的条件，因而近年"10＋3"框架内的合作已经进入到机制化、务实性的新阶段。此外，地区金融合作已经有了良好的开端。东亚国家之间有关双边及多边贸易自由化谈判也纷纷列入议事日程。中国与东盟、日本与东盟之间也在加快自由贸易方面取得明显进展。在东亚地区目前已经形成的地区合作平台中，中日两国将发挥重要作用，成为东亚地区提升经济合作的关键。

第三节　中国与主要发展中国家或地区的经贸关系

专栏　　宁波企业摆脱依赖传统市场　出口市场多元化

近年来，美国和欧盟对我国生产的纺织和服装产品多次采取进口限制，并引发双边的贸易摩擦，使我国纺织服装出口企业受到经济损失。但欧美对我国纺织服装产品设限也促使了我国企业出口渠道向多元化发展，摆脱了过分依赖某国或某地区市场的被动局面。据悉，宁波口岸 2007 年纺织服装品对外出口市场多元化有了新的突破。

据宁波海关的统计显示，2007 年，宁波口岸共出口纺织和服装制品 142.2 亿美元，同比增长 24.4%；其中纺织纱线、织物及制品的出口额为 81.9 亿美元，服装及衣着附件产品的出口金额为 60.3 亿美元，同比分别增长 30.3% 和 17.2%。

2007 年宁波口岸纺织服装出口市场有明显特点，主要表现为出口市场多元化，使出口呈现新的活力。对欧盟和美国这两大市场的出口额分别为 29.1 亿美元和 12.2 亿美元，合计 41.3 亿美元，占总出口额的比重不足 30%，而过去这一比例高达 50% 以上。由于出口市场向多元化转型，注重开辟纺织品和服装消费需求的新兴市场，宁波口岸纺织服装对新兴市场的份额上升到 60% 以上，对中东、非洲、俄罗斯、中亚等国家和地区的出口都有明显的增长，其中对阿联酋的出口额达 11.9 亿美元。

出口市场多元化不仅推动出口量和出口金额扩大，而且可以化解过分依赖某一、两个市场导致的市场变化风险。2007 年，宁波口岸纺织服装出口额在 1 亿美元以上的新开辟的国外市场达 38 个，出口市场多元化已带来了初步成效。

资料来源：《中国纺织报》，2008 年 1 月 28 日。

一、中国大陆与港澳台地区的贸易关系

虽然港、澳、台地区属于中国领土,但是,由于历史原因其一直作为独立的进出口实体参与国际贸易,为独立关境区域,中国大陆与港、澳、台地区之间进行的贸易具有进出口贸易性质。近年来,随着中国经济实力的增强和港、澳回归祖国,中国内地与港澳台地区经贸往来日益频繁,获得了良好的经济效益。

(一) 中国大陆与香港的经贸关系

1. 香港与内地的经济联系

中国香港是进出中国内地经商和投资的大门。自内地在1978年实施经济改革及对外开放政策后,香港与内地的经济联系更加紧密。2004年内地和香港实施《关于建立更紧密经贸关系的安排》(CEPA),其总体目标是逐步在内地与香港之间实现货物贸易和服务贸易的优先自由化,减少或取消双方之间形式上和实质上所有限制性和歧视性措施,促进贸易投资便利化。同时又推行了各项加强经济合作的政策措施,将有助开拓香港和内地的商机。香港是内地,特别是中国南部地区的主要服务中心,为内地提供金融、保险、运输、会计和产品推广等多元化的金融和其他商业支援服务。

香港是内地第四大贸易伙伴,第二大出口市场,最大的境外投资来源地、目的地。同时内地也是香港转口货物的最大市场兼最主要来源地,香港有约90%的转口货物是来自内地或以内地为目的地。2011年中国内地与香港贸易额为2 835.2亿美元,同比上升23.0%,占内地对外贸易额的7.8%。其中,内地对香港出口为2 680.3亿美元,同比上升22.8%;自香港进口为155.0亿美元,同比上升26.4%。2011年内地共批准港商投资项目13 889个,同比增加6.27%,实际使用港资金额705.0亿美元,同比上升16.4%。截至2011年12月底,内地累计批准港资项目336 280个,实际利用港资5 267.1亿美元。按实际使用外资统计,港资在中国累计吸收境外投资中占45.1%。2011年内地在香港承包工程合同数共计94份,合同金额44.9亿美元,完成营业额19.7亿美元,月底在港劳务人数24 046人。截至2011年12月底,内地在港累计完成营业额415.5亿美元。

2. 内地与香港经贸发展前景

在"十二五"规划中,要求继续推进"一国两制"实践和祖国和平统一大业,深化内地与香港的经贸合作,继续支持香港发展金融、航运、物流、旅游、专业服务、资讯以及其他高增值服务业,支持香港发展成为离岸人民币业务中心和国际资产管理中心,支持香港发展高价值货物存货管理及区域分销中心,巩固和提升香港国际金融、贸易、航运中心的地位,增强金融中心的全球影响力。支持香港增强产业创新能力,加快培育新的经济增长点,推动经济社会协调发展。支持香港环保、医疗服务、教育服务、检测和认证、创新科技、文化创意等优势产业发展,拓展合作领域和服务范围。支持建设以香港金融体系为龙头、珠江三角洲城市金融资源和服务为支撑的金融合作区域,打造世界先进制造业和现代服务业基地,构建现代流通经济圈。

伴随着CEPA的深入贯彻以及中国—东盟自由贸易区的启动,内地与香港的经贸合作与联系将会更加紧密。中国加入世贸,随着内地经济持续改革开放,香港作为内地服务枢纽的角色将会继续加强,并更显得重要。

(二) 中国大陆与澳门的经贸关系

1. 大陆与澳门的经贸发展

澳门是一个极其典型的海岛型经济区域,生活物质都靠外面供应,而最大的供应者是内

地。内地所提供货物的品种与数量与年俱增,其中以生活必需品为最多。以大米为例,20多年来,我国内地输往澳门的大米约1.5万吨左右,占澳门总销量的80%。其他如活猪、活鸡、鲜蛋、蔬菜、塘鱼供应量在澳门市场所占比重,分别为60%~100%。连水也由内地从1960年3月8日起开始供应。

在生产物质方面,澳门制衣业现已成为澳门最大的出口行业,所用棉布和棉绦纶的一半甚至一半以上,是内地各省所产。澳门毛纺织厂所用的兔毛、羊绒、神香厂所用的香粉、香竹以及彩瓷厂所用的白瓷胎,也主要靠内地供应。其他如建筑材料——圆钢、水泥、沙、石、砖瓦、泥土等,内地供货所占比例更大,有些更以内地为唯一供应来源。

实行对外开放后,内地与澳门的工业合作和金融投资日益频繁,但总的来说,澳门在国内投资规模不大,档次不高,还无法与香港相提并论。大陆资本是支持澳门经济发展的重要支柱,大陆资本活跃在澳门经济的各个领域,为澳门的经济发展作出了贡献。如1986年3月注册建立中联钢铁公司,和澳门商人合作投资800万澳元,在澳门建第一家轨钢厂;福建省在澳门建立了至佳电子,专门装配各种收音机,出口比利时、法国等地。澳门第一家汽车电池厂是中、葡、澳三方合资兴建的。大陆资本已成为澳门第一大外资,主要投资在澳门的工业、贸易、旅游、建筑、交通运输和保险等行业,在主体经济中占有相当的比重,其中在金融业中占50%,贸易中占45%,旅游业中占25%,建筑地产业中占40%。

据统计,1979年澳门对大陆进出口贸易总额为7.8亿美元。1980~1984年间高速发展,5年中增长194.69%。1985年和1986年,两地贸易额下跌;1987年又开始回升,内地对澳门的出口增加。2005年双边贸易总额达18.7亿美元,2006年双边贸易总额达24.4亿美元,2011年中国内地与澳门贸易额为25.2亿美元,同比上升11.2%,占内地对外贸易额的0.07%。其中,内地对澳门出口为23.6亿美元,同比上升10.0%;自澳门进口为1.6亿美元,同比上升31.3%。澳门从内地的进口以工业原料为主,内地根据澳门的需求,向澳门的提供转而以工矿产品为主,其中最多是布匹、纺织品原料和石油制品。澳门向内地的出口,除了纺织品外,还有建筑材料、交通运输工具、电器用品等。

2011年,内地共批准澳商投资项目283个,同比增加3.28%,实际使用澳资金额6.8亿美元,同比增加3.84%。截至2011年12月底,内地累计批准澳资项目12 839个,实际利用澳资103.8亿美元,澳资在大陆累计吸收境外投资中占0.9%。2011年,内地在澳门承包工程合同数共计19份,合同金额8.2亿美元,完成营业额5.0亿美元,月底在澳劳务人数58 543人。截至2011年12月底,内地在澳累计完成营业额120.5亿美元。

2. 大陆与澳门经贸往来具有良好前景

首先,澳门的地位和作用具有双向性,澳门既是资本输入地区,又是资本输出地区。一方面澳门可为粤港澳经济大三角的形成与发展发挥积极作用,另一方面澳门又要充分利用三地合作所带来的巨大机会,在发展、巩固粤港澳经济合作系统过程中,澳门按面积与人口比例发挥的作用仍是相当可观的。

其次,澳门为亚太地区经济发展的增长极,具有沟通欧亚和东南亚经济联系的区位优势。澳门地处中国东南沿海的珠江口两岸,为中国东南沿海增长极的中心地带,东南亚和东北亚航运的中继点,沟通中国与世界经济联系的桥梁,发挥澳门的区位优势,将成为中国走向世界的另一个枢纽,具有联系东亚经济圈与欧洲经济区的特殊功能,可为这两个经济圈的优势互补、科技交流和经济合作作出应有的贡献。

（三）中国与台湾地区的经贸关系

台湾属于海岛型经济，资源较贫乏，早期靠农产品（茶、糖、樟脑及米、糖）外销，后来，工业产品的输出占首位，工业产品由轻工业到重工业、高科技产品，台湾科技产业扬名国际，赚取大量外汇。中国台湾国际贸易主要出口地区为美国、中国香港（包括两岸的转口贸易）、日本。主要进口地区为日本、美国、中国大陆，进口以农工原料、资本设备及消费品为主。

1. 海峡两岸的经贸关系

海峡两岸经贸关系发展曲折，受政治因素影响较大，自新中国成立到1978年，大陆与台湾省没有任何联系，相互处于隔绝状态，1979年大陆提出"告台湾同胞书"，提出对台通商的基本政策，两岸经贸从无到有发展起来。

大陆与台湾经贸往来的主要形式是贸易与投资。在贸易方面，由于受台湾当局的限制，两地商品贸易多数是通过中国香港或者日本、新加坡转口而来，以间接贸易为主，同时由于经济发展水平的差异以及需求偏好的不同，两地贸易虽然迅速发展但是贸易严重不平衡，长期呈台湾顺差状态。2011年，大陆与台湾贸易额为1 600.3亿美元，同比上升10.1%，占大陆对外贸易额的4.4%。其中，大陆对台湾出口为351.1亿美元，同比上升18.3%；自台湾进口为1 249.2亿美元，同比上升7.9%。从贸易结构上看，大陆从台湾进口的主要商品是人造纤维、电机、电子零件、机械设备、塑料原料等，出口商品主要有中药材、煤炭、钢材、水泥等工业原料。在投资方面，台商对大陆投资以直接投资为主，据统计2011年，大陆共批准台商投资项目2 639个，同比下降14.10%，实际使用台资金额21.8亿美元，同比下降11.81%。截至2011年12月底，大陆累计批准台资项目85 772个，实际利用台资542.0亿美元。按实际使用外资统计，台资在中国大陆累计吸收境外投资中占4.6%。

2. 两岸经贸往来中存在的问题及障碍

两岸贸易，大陆方面出现连年巨额逆差、出现逆差的主要原因是台湾方面实行"严进宽出"的贸易政策，对大陆进口货物层层设限，对台湾出口商品则相对宽松；同时商品结构存在差异，大陆出口台湾货物以初级商品为主，而大陆进口台湾商品以工业制成品以及高科技商品为主，导致双方贸易常年逆差，并且呈增大趋势。

两岸贸易关系不稳定的原因还有政治因素，如台独势力、"去中国化"思潮等都影响双边贸易的进一步发展。在政治关系紧张时，两岸贸易额下降，增长减速；台资项目在大陆的投资额也陷入倒退的局面，这完全是因为台湾当局的政治倾向以及美国插手导致的。

3. 两岸经贸往来的前景展望

2005年国民党主席连战成功访问大陆，2008年台湾大选，国民党主席马英九当选为总统，两岸关系向良好方向发展，为两岸经贸关系进一步发展打下了良好的政治基础。中国加入WTO后不久，台湾也以单独关税区的名义同时加入WTO，入世后，海峡两岸都将按照WTO的规则来处理两岸经贸关系，主要产生于台湾方面的经贸关系合作障碍有望得到缓解。2008年两岸海运直航、空运直航、直接通邮全面启动，两岸一日生活圈形成；2010年两岸签署经济合作框架协议（ECFA），降低关税、排除非关税贸易障碍、促进两岸经贸的良性循环，是两岸经贸关系发展的里程碑。2012年，海峡两岸共同签署了《海峡两岸投资保护和促进协议》及《海峡两岸海关合作协议》。两项协议的签署为两岸经贸合作进一步扫清了障碍，提振了两岸经贸合作信心，两岸经贸合作机制由此再向前跨出了一大步。

加强经济贸易往来符合两岸人民的利益，台湾自古就是中国的领土，台独势力分裂中国的野心是不会得逞的。大陆方面改革开放，需要国际投资带动经济发展，而台湾地区自亚洲金融危机之后,经济增长速度有限,需要开辟国际市场,所以大陆与台湾加强经贸联系,形成良性互动才能达到双赢的效果。

> **专栏　　推进两岸关系和平发展和祖国统一大业**
>
> 第一节　建立健全两岸经济合作机制
>
> 积极落实两岸经济合作框架协议和两岸其他协议,推进货物贸易、服务贸易、投资和经济合作的后续协商,促进两岸货物和服务贸易进一步自由化,逐步建立公平、透明、便利的投资及其保障机制,建立健全具有两岸特色的经济合作机制。
>
> 第二节　全面深化两岸经济合作
>
> 扩大两岸贸易,促进双向投资,加强新兴产业和金融等现代服务业合作,推动建立两岸货币清算机制。明确两岸产业合作布局和重点领域,开展双方重大项目合作。推进两岸中小企业合作,提升中小企业竞争力。加强两岸在知识产权保护、贸易促进及贸易便利化、海关、电子商务等方面的合作。积极支持大陆台资企业转型升级。依法保护台湾同胞正当权益。
>
> 第三节　支持海峡西岸经济区建设
>
> 充分发挥海峡西岸经济区在推进两岸交流合作中的先行先试作用,努力构筑两岸交流合作的前沿平台,建设两岸经贸合作的紧密区域、两岸文化交流的重要基地和两岸直接往来的综合枢纽。发挥福建对台交流的独特优势,提升台商投资区功能,促进产业深度对接,加快平潭综合实验区开放开发,推进厦门两岸区域性金融服务中心建设。支持其他台商投资相对集中地区的经济发展。
>
> 资料来源:节选自《国民经济和社会发展第十二个五年规划纲要》。

二、中国与韩国的经贸关系

在东亚地区,韩国是除日本之外的经济相对发达的另外一个国家,对东亚经济发展具有重要作用,中、日、韩作为东亚地区的核心三国,是东亚经济发展的主要推动力,也是东亚对外经贸联系的主体。因此中国与韩国之间的经贸关系及其发展状况也是影响东亚以及两国经济的主要因素。

(一)中国与韩国的经贸关系

1. 双边贸易发展迅速

中韩建交以来,两国贸易往来取得了长足发展,双边贸易额由建交时的50.3亿美元增加到2004年的900亿美元,增长了17倍多,年均增长27%。这不仅大大高于同期韩国对外贸易年均增长7%的速度,也高于同期中国对外贸易年均增长13.3%的水平。2011年中韩贸易总额为2 139.2亿美元,同比增长13.5%,占韩国全年贸易总额的19.77%。其中,中国对韩国出口841.1亿美元,同比增长16.6%,占韩国进口总额的16.6%,中国从韩国进口1 298.1亿美元,同比增长24.2%,占韩国出口总额的24.2%,中韩贸易逆差457.0亿美元,同比增长1%。中国继续保持对韩第一大贸易伙伴国、出口对象国以及进口来源国地位。

多年来,中国对韩国出口的大多是低附加值的资源密集型和劳动密集型产品,其中尤以原料型商品及其制品为主,如纺织原料及其制品、贱金属及制品、矿产品和农产品等。随着中国利用外资步伐加快和产业结构的不断调整与升级,对韩出口商品结构也在不断优化。从2000

年开始,机电、音像设备及零部件已经连续三年超过纺织原料及其制品成为中国对韩出口的第一大商品,尽管此间纺织原料及制品都有较大增长,但是仍赶不上机电、音像设备及零部件对韩国出口的增长速度。中国贱金属及制品对韩出口由原来的第二位降到第三位。同期,矿产品、化工类产品和农产品基本徘徊在原来位置上。

2. 韩国对中国投资步伐加快

韩国对我国投资始于1985年,起步较晚,而且最初几年均是经由中国香港或日本间接进行的。1988年韩国才开始直接向我国投资。1985~1992年,韩国企业在华投资项目只有943项,合同金额6.2亿美元,实际使用金额仅1.6亿美元。1992年之后,韩对华投资(除1998年和1999年受亚洲金融危机的影响连续下滑外)步入快速增长阶段。截至2012年4月,韩国对华投资额约33.55亿美元,是中国第六大投资来源国。另外投资领域不断拓宽。韩国企业开始对华直接投资时,以中小企业为主,平均规模较小,投资领域主要集中在纺织服装、电子电器组装、玩具、鞋类、皮革加工、石油化工等制造业(占总投资85%左右)和饮食服务等行业。近几年随着韩国大企业的进入,投资领域不断拓宽,除对原有机电、炼油等项目增资外,投资范围扩大到信息、运输、建筑、汽车制造等多个领域。投资地域不断扩大。起初,韩国企业对华投资主要集中在环渤海地区的山东、辽宁和吉林等地,约占其对华直接投资的90%以上,对内陆地区的投资很少。随着中国经济的快速发展和投资环境的不断改善,韩国对华直接投资的区域逐步扩大。目前,韩国企业对华投资正在向内陆地区延伸,现已扩展到北京、天津、上海、广东、浙江、江苏等11个省市。

3. 中国对韩投资速度加快

2011年,中国对韩直接投资总额6.51亿美元,继2009年和2010年后持续增长。截至2011年底,中国对韩累计投资总额达到37.36亿美元;从项目数量上看,中国超过美国和日本名列第一,而投资金额仅为0.76亿美元,只占当年韩利用外资总额的0.5%。多年来我国企业对韩投资规模较小,除自身实力所限,韩国投资环境欠佳也是重要影响因素。目前我国不少企业看好韩国市场,特别是民营企业热情较高,正在积极探讨新的投资合作领域。

(二)中国与韩国的贸易问题与摩擦

随着中韩两国经贸交往的扩大,贸易摩擦和纠纷也有所增加。由于这些摩擦和纠纷往往是由韩单方面采取措施所至,严重影响了中国产品对韩正常出口,导致我方利益受损。概括地讲,这些贸易摩擦和纠纷主要表现在:

1. 农产品关税壁垒高筑

目前韩方规定对27种农产品和轻工产品征收高额进口调节关税,其中有17种系主要或基本上从中国进口。如大蒜、蔬菜等农产品长期依赖从中国进口,但受其高关税的影响(大蒜关税率为30%),我国上述产品向韩出口变得十分困难。

2. 非关税壁垒重重

为了保护本国市场,韩国政府除采取关税措施外,还频频启用非关税措施,如反倾销、技术性贸易壁垒(TBT)、检验检疫措施(SPS)以及其他一些歧视性做法,阻碍中国商品进入韩国市场。受韩国技术性贸易壁垒影响较大的商品包括农产品、水产品、畜产品、食品及食品添加剂、医药及医药原料等。其中,新鲜水果、猪和牛等蹄类肉产品、药品(特别是中成药)等无法对韩正常出口。韩国对以上产品进口限制措施主要以检验、检疫和安全标准为主要手段(如韩国对农药残留检验的指标高达上百项),并在进口检疫和检验上对中国产品采取歧视性政策,如对中国农产品按6%的比率进行抽检,而对来自美国等国家的同类产品抽检率仅为3%。这种歧视性措施还体现在韩国对进口中国招标产品的质量和规格要求上,对保证金缴纳的条件也十分苛刻。

3. 中方贸易逆差不断增长

中韩建交以来,韩国对华出口成倍增长,中方逆差与日俱增。特别是自 1998 年以来,中方逆差连年超过当年中国对韩出口总额。在中韩双边贸易中,中方贸易逆差累计已达到 1 600 亿美元,特别近年来,中方贸易逆差在不断扩大,差不多每年要增长 100 亿美元以上,2004 年,逆差 344.3 亿美元,比 2003 年增长 49.4%,韩国已经成为中国目前最大的贸易逆差来源国。

(三) 中国与韩国的贸易前景展望

中韩建交以来的实践表明,积极推动双边经贸合作,不仅有利于两国的经济发展,也有助于两国周边环境的安定,符合双方的根本利益。当前,经济全球化和区域贸易自由化安排趋势不断加强,中韩两国应顺应世界经济发展的大趋势,抓住机遇,密切合作,消除障碍,共谋发展,开创两国经贸关系的新阶段。

1. 两国贸易结构的互补性突出

中韩两国经济发展水平明显不同,两国在自然资源禀赋程度和经济发展历程上的差异决定了两国具有各自不同的产业结构特征和优势,因此贸易结构存在较大的互补性。同时地缘上的接近以及文化背景的相似又使两国能够在共同的价值取向和观念基础上展开合作。

2. 加强双边磋商,改变对华贸易政策,妥善解决贸易争端

从中韩贸易摩擦中不难看出,许多案件的发生均与韩国实行的贸易保护主义做法有关,尤其是针对中国产品采取的若干歧视性措施。因此,双方应吸取经验和教训,对出现的摩擦和纠纷加强双边磋商,及时沟通信息,不要滥用反倾销和保障措施。中国在增加进口的同时,也应积极开拓市场,生产适销对路的商品扩大对韩国的出口。同时,韩国也应发挥自己的优势,在中国积极开展农业(如水果、蔬菜、水产品等生产和深加工)等领域的合作,以推动韩方减少对进口农产品设置的重重技术性贸易壁垒,加强检验检疫部门间的合作,便利货物流动。

3. 逐步缩小中方贸易逆差,推动双边贸易持续、稳定、均衡发展

韩国的外汇储备是世界上少数几个外汇储备最多的国家和地区之一。所以,韩国有能力增加进口,特别是增加从中国的进口,解决双边贸易中中方逆差长期居高不下的问题。中国出口增加了,就有能力购买更多韩国商品,从而提高双方积极性,为两国贸易提供更大的发展空间。

4. 应加快调整我国出口商品结构的步伐,大力发展技术贸易

中国对韩出口的传统产品多属资源密集型和劳动密集型产品。目前这类产品在国际市场上的竞争最为激烈,最易受到冲击。为此,我们要在保持拥有比较优势的传统商品出口的基础上,拓宽贸易范围,进一步提高出口商品质量,特别是提高高新技术产品出口份额,如机电产品、新材料、生物工程产品等。同时,大力发展中韩两国的技术贸易。

5. 加强信息交流,促进双边投资

建立双边投资信息平台,内容包括投资环境、相关法律法规、产业发展及需求、技术标准、市场需求、中介机构等,通过网络、媒体、驻外官方机构可及时获得有关信息和资料。目前,在我驻韩外交机构可获得相关信息极为有限,且资料比较陈旧,对中国企业在韩投资帮助甚微。积极引导韩国企业加入中国西部大开发的行列,尤其是提高大企业集团投资的积极性,同时重视为大量中小企业投资提供各种便利和服务,以吸引更多的韩资来华。同时,应积极实施"走出去"战略,加快我国企业对韩国投资的步伐。近年来民营企业寻求在韩国投资的积极性较

高,政府部门及有关组织机构对此应加强指导和帮助。

三、中国与东盟的经贸关系

东南亚国家联盟于1967年由印度尼西亚、马来西亚、菲律宾、新加坡和泰国组成,后来,文莱、越南、柬埔寨、老挝、缅甸相继加入,目前共10个成员国。为加强成员国之间的贸易关系,东盟于1992年的峰会中,采纳了强化经济合作关系架构协议,通过消除关税和非关税障碍,于2003年建立东盟自由贸易区(AFTA),关税从0到5%,以加强成员国之间的经济效益、生产力和竞争力。目前东盟区域拥有面积450万平方千米,约5.2亿人口,国内生产总值约7 000亿美元。

(一)中国、东盟经贸关系现状

1. 双边贸易额迅速发展

中国与东盟对话进程自1991年开始,当年贸易额只有63亿美元。此后中国与东盟的关系迅速发展,尤其是经贸关系。2002年,中国同东盟共同签署了《中国与东盟全面经济合作框架协议》,正式启动建立自由贸易区的进程。伴随着中国—东盟自贸区建设进程的逐步推进,中国与东盟各国政治互信加强,贸易增长加快,经济融合加深,实现了互利共赢、共同发展的目标。2011年,中国与东盟双边贸易总值为3 628.5亿美元,增长23.9%,其中,中国对东盟出口1 700.8亿美元,增长23.1%;自东盟进口1 927.7亿美元,增长24.6%;对东盟贸易逆差226.9亿美元,扩大37.1%。在东盟10国中,马来西亚、泰国、印度尼西亚和新加坡是中国与东盟贸易中的前四大进口来源地,2011年中国自上述4国进口额分别达到620.2亿美元、390.4亿美元、313.2亿美元和277.6亿美元,合计占中国自东盟进口总额的83.2%,同比分别增长23.1%、17.6%、50.9%和12.9%。2011年,东盟首次超过日本,跃升为中国第三大贸易伙伴。

2. 双边贸易中进出口的商品结构进一步改善

20世纪90年代以前,中国对东盟出口的主要是农副产品和轻纺产品,从东盟进口的主要是原料性的商品。近年来,中国对东盟出口的机电产品和高新技术产品的比重逐年扩大。

3. 双边投资额持续升温

在中国与东盟双边贸易迅速增长的同时,中国与东盟之间的双边投资也在持续升温,出现了新的进展。据统计,截至2011年6月底,中国东盟双向投资累计近800亿美元,其中,中国对东盟的投资从无到有、由小到大,迄今投资存量约130亿美元,投资领域从传统的建筑业、承包工程逐步向能源、制造业和商业服务领域转移。目前中国与东盟成员国正在建设五个经贸合作区,初步投资达8亿多美元,将争取在未来五年内同每一个东盟成员国构建一个经贸合作区。

4. 其他合作领域广泛

中国与东盟的合作是全方位的,不仅涉及贸易、投资和科技领域,而且在金融、文化、航空、旅游、邮电、交通、海运、环保等领域的合作与交流,也取得了明显的进展。比如,为推动建立中国—东盟自由贸易区,双方已经在落实一些具体的合作项目,其中主要包括:(1)中国、老挝、缅甸和泰国4国专家已完成了上湄公河通航的环境评估工作,中方将出资500万美元资助这一工程的开展;(2)中方将以援助的方式,承建昆明—曼谷公路老挝境内1/3路段;(3)中方将加大对东盟人员的信息技术培训力度,并积极参加东盟国家信息基础设施的建设,支持"电子东盟"的建设。

(二)中国、东盟经济合作与发展面临的问题

加强中国与东盟的经贸关系是双方经济发展的内在需要。但由于不同的社会制度、不同的经济发展阶段等因素,中国与东盟自由贸易区经贸往来仍然存在不少变数和问题。

1. 东盟内部经济差异问题

东盟10国的经济发展水平和对外经贸关系相互之间差异很大,有的已经进入发达国家的行列,有的仍然是世界上最不发达的国家。如新加坡和文莱,其人均GDP已分别达到2万多美元和接近2万美元,而柬埔寨、老挝、缅甸的人均GDP仅200~300美元。巨大的经济差异,使得成员国之间考虑从自由贸易区获得的利益及其所采取的态度是不一样的。因此,不同的利益取向处理不当将会制约中国—东盟自由贸易区建设的进程。

2. 双方产品的竞争互补性的协调问题

如何处理中国与东盟国家之间产品的竞争互补性。中国与东盟之间有很强的互补性,但不可否认的是,双方也存在一些相互间竞争性很强的产品。因此,在如何安排"敏感产品"的开放,如何保护各自的弱势产品,亦即如何达到双方互利双赢等方面,仍然存在一些难题需要解决。

3. 其他问题

如何历史、现实、客观地认识与处理中国与东盟在南海岛屿的纷争,切实履行中国与东盟签署的《南海各方行为宣言》,使建立中国—东盟自由贸易区的进程有一个良好稳定的周边环境。美国在东亚有着巨大的政治、经济、军事利益,美国对东亚政策的变化将对中国与东盟自由贸易区的建立产生重要的影响。

(三)中国、东盟经济合作与发展前景展望

1. 东亚良好的经济环境促进中国与东盟经济的发展

目前,东亚地区是世界经济增长中心之一,亚洲金融危机并没有打断资本和技术转移的进程,东亚各国加紧金融改革,重视制度建设,创造更健康、更有序的贸易、投资环境。东盟国家在危机过后,宏观经济环境逐步恢复平衡,并加强与中国的全面经贸合作。

2. 东盟成员国增加提升与中国贸易的合作空间

1967年东盟形成时只有5个成员,而目前东盟已经有10个成员国。其中加强经济合作是东盟成员间合作的主导方向之一。随着新成员陆续加入东盟自由贸易区,东盟经济圈便告形成,东盟在亚太地区乃至世界经济舞台上的抗衡能力将显著增强。东盟各成员国经济发展各异,中国可以采取不同的经济贸易合作模式获取利益,这又将促使东盟经济能力得到进一步的提升。

3. 东盟与其他经济体区域合作的加强

20世纪90年代后期,在经济全球化浪潮的冲击下,东盟国家逐步认识到启动新的合作层次、构筑全方位合作关系的重要性,并决定开展"外向型"经济合作。2002年11月,中国与东盟共同签署的《中国—东盟全面经济合作框架协议》,标志着中国—东盟自由贸易区建设进程正式启动。2010年1月1日,中国—东盟自贸区正式建成。另外,东盟与韩国、日本、印度、澳大利亚、新西兰等国家分别签订了自由贸易协议。2012年8月东盟与自贸伙伴国经贸部长会议上正式启动《区域全面经济伙伴关系协议》(RCEP)的谈判,RCEP自贸区将覆盖30亿人口,国内生产总值(GDP)总额17.23万亿美元,将成为世界最大的自贸区,这意味着中国同东盟的经济合作进一步发展,其前景更加辉煌。

> **案例** 　　　　　中国和东盟国家工业只有互补性

2010年12月18日,亚洲制造业协会首席执行官罗军指出,应将中国的钢铁、水泥建材、化工等产业和东盟国家的工业结合起来,中国和东盟的工业没有竞争性,只有互补性,产业分工也比较明显。

他说,中国十分重视同东盟国家的合作,中国与东盟自由贸易区的建成,为推进中国与东盟工业一体化提供了便捷条件。2010年中国与东盟国家贸易总额将突破3 000亿美元,其中,东盟国家顺差将突破200亿美元。

罗军今日在此间举行的2010中国与东盟工业发展论坛上作闭幕发言时说,虽然中国工业化起步晚,底子薄,但是中国却走出了一条符合自身产业特点和国情的工业化道路,有效地推动了中国工业化、城市化的进程。东盟大多数国家工业化才刚刚开始,原材料产业还比较落后,而中国在这方面已处于全球领先水平。如钢铁产业、水泥建材、化工等某些产品产量已经占据全球半壁江山,而技术工艺已经处于全球领先水平。

在推动中国与东盟工业一体化方面,罗军提出两点建议:一是充分发挥工商团体的作用,搭建对话沟通平台;二是增强服务意识,改善投资环境,促进中国企业投资东盟。

他说,由于东盟大多数国家还处于工业化起步阶段,基础设施落后,发展理念落后,投资环境和服务意识还有待提高,这些问题都是需要通过改革和开放的手段来得到改善。目前,中国企业对东盟的投资环境和政策信息还缺乏深入全面的了解,希望东盟国家加大这方面的宣传力度。

资料来源:中国新闻网,2010年12月19日。

四、中国与俄罗斯的贸易关系

苏联解体后,俄罗斯继承了大部分的国土、人口、经济活动、武装力量和对外关系,成为经济和政治实力最强的独联体国家。此后,中俄迅速建交,经过10多年的努力,已初步形成了两国经贸合作的法律框架,建立了政府首脑定期会晤机制,中俄政治关系全面发展,为双边经贸关系的开展提供了良好的制度环境和基础。目前俄罗斯是中国第八大贸易伙伴,中国是俄罗斯第四大贸易伙伴。

(一)中国与俄罗斯的经贸关系现状

中俄经贸关系可分为三个阶段:1989~1993年,双边经贸关系恢复阶段,两国贸易额连年大幅攀升,如1991年的29.30亿美元到1992年的58.62亿美元,增长了50.1%,1993年进一步增加到76.79亿美元。1994~1999年,双边贸易曲折发展,1994~1996年,两国经贸关系下滑,贸易额持续下降,处于低水平徘徊状态,1996年贸易额为68.46亿美元,1996年后由于经济体制和政治体制因素以及受金融危机影响,两国贸易又出现萎缩,1999年双边贸易额下降到48.08亿美元。2000年后,中俄贸易迅速回升,快速发展。2001年中俄贸易额突破百亿美元,2004年贸易额突破200亿美元,双边贸易持续发展,潜力巨大。2011年中俄双边贸易额达835亿美元,同比增长40.84%,占俄全年对外贸易额(8 016亿美元)的10.42%。其中,中国对俄罗斯出口482.6亿美元,同比增长23.9%,进口为352.4亿美元,同比增长73.3%,贸易顺差130.2亿美元,同比下降30%。

中国对俄出口中,机电产品出口呈快速增长势态,以家电、计算机、通信设备及其零部件为主。我国传统对俄出口产品,如蔬菜水果及其他农产品,塑料及其制品、服装、针织制品、皮革制品、陶瓷玻璃器皿、鞋靴等商品,出口稳步增加。需要指出的是,2005年我国生产的汽车及其附件对俄出口金额目前并不大,尚未成为出口主产品。但其增长势头强劲,有可能发展成为很有前景的出口方向。中国自俄罗斯进口的传统商品均有较大幅度的增长,如工业原材料、肥料、胶、木材及木制品、钢铁及钢铁制品、机电产品,俄罗斯对中国出口商品中,最重要、金额最大的是石油及其产品,占对中国出口的39%。

中俄两国均属于服务贸易欠发达国家,随着两国加快加入世界经济一体化的步伐,各国的服务贸易将在不同程度上得到发展,两国间的服务贸易也将有所扩大。国际运输属于中俄两国传统的涉外贸易服务项目,随着中俄贸易的发展,铁路运量也大幅上升,预计未来的运量还将进一步增加。自俄独立以来,两国间的旅游业迅速发展起来,中国已成为俄旅游业的第四大伙伴。在俄经济增长的带动下,国内的固定资产投资规模迅速扩大,相应的承包工程合同数量也不断增加,为中方对俄开展承包工程提供了新机遇。两国在其他相关的贸易服务体系,如金融、保险领域的合作进一步扩大。中国银行、中国工商银行相继在俄开设分行,并与俄对应银行建立了代理关系;中方边境地区商业银行与俄边境地区商业银行业建立了代理关系;中国出口信用保险公司已开展了对俄出口和投资的保险业务。

中国加入世贸组织后,服务贸易市场将逐步对外开放,两国在服务贸易领域的合作更加广阔,如在近海石油服务;地质、地球物理和其他科学勘探服务;地下勘探服务;陆上石油服务;维修服务;环境服务(排污服务、固体废料处理服务、降低噪音服务、其他环境保护服务等);航空器的维修服务等领域的合作项目逐渐增加。

(二)中国与俄罗斯的经贸关系特点

中国与俄罗斯的经贸关系特点主要包括:规范化的自由贸易方式占据主导地位;贸易主体将呈现出大中小企业并存,以大中型企业为主的格局;贸易商品结构仍然是中方以劳动密集型商品与俄方的资源密集型产品的贸易,但商品质量将明显提高;贸易规模将迅速扩大。

1. 贸易方式发生根本性转变

各种无序的贸易方式将按照国际贸易通行的规则过渡到有序的自由贸易方式。现钞贸易逐步淡出,信用证交易、现汇贸易将成为占主导地位的贸易方式,尤其是国际通行的信用证贸易比重逐步加大。

2. 贸易主体发生变化

伴随贸易方式的转变,贸易主体较20世纪90年代后期也发生实质性变化。一些缺乏经济实力的、经营不规范的企业被淘汰,经济实力较强的、经营规范的大中型企业成为主角,因此贸易主体呈现出大中小企业并存,以大中型企业为主的格局。

3. 贸易商品结构的变化

中方资源的进口量将大幅度增加,石油、天然气、木材、钢材、化肥及其他化工产品仍是中方主要的进口商品,而中方出口的商品仍将以纺织服装类商品、轻工品为主。在此前提下,机电产品贸易的份额将有所增加,但不会占据主导地位。同时在两国经济增长的带动下,双边贸易规模将不断扩大。两国在能源领域的投资将极大地带动双边贸易规模的扩大。

(三)中俄经贸关系发展中存在的问题

经过发展,中俄双方在政治以及经贸合作方面取得了巨大成就,但不得不承认,与双方政治关系快速发展形成鲜明对照,中俄经贸关系发展明显滞后,长期以来,"政治热、经济冷"被用于描绘中俄关系,存在许多双方重视并需要尽快解决的问题。

1. 中俄经贸合作与两国战略协作伙伴关系发展的要求还不相适应

在两国各自的外贸总额中,双边贸易所占的份额过小,两国经贸关系主要是商品贸易,层次较低,高附加值的商品少,生产、科技合作少,相互投资更少,与两国经济实力和水平很不相称,两国经贸合作的潜力还远远没有发挥出来。

2. 经贸关系发展不稳定

自1991年双方建交以来,中俄贸易规模的总体发展趋势虽然是不断扩大的,但发展步伐却并不平衡,出现大起大落情况,呈波浪式发展。由于俄罗斯经济受各种因素影响,其经济发展呈现明显的波动性,频繁地调整外贸管理方面的具体政策,有的政策不仅使中国难以理解和接受,连俄方的经贸官员都感到迷茫。如2004年4月21日,俄方突然向中国通报,单独提高中国对俄出口产品的关税,其幅度之大,范围之广,是近代国际贸易中不多见的。俄方对中出口产品的征税价值不分类别一律提高30%,对按重量征收关税的商品,报征税价值从原来每千克0.2~1.4美元一律提高到3.5美元。如出口俄的玩具,原来每千克征税价值是0.5美元,进口税率为20%,其进口税是0.1美元。现在1千克玩具征税价值是3.5美元,再按20%收关税,进口税就是0.7美元。导致中俄贸易关系也出现不稳定性。

3. 双方市场经济建设的相关法规仍须规范

中俄都属经济转型国家,市场机制都不完善,同市场经济建设有关的法规以及相关的服务都不够规范,且经常变化,如关税不稳定,海关体制不完善,造成"灰色清关"等突出问题。缺乏仲裁机制,银行结算问题长期得不到解决,这些都制约了经贸关系的发展,使投资者望而却步。

(四)中俄经贸关系发展前景展望

近几年来,中俄都越来越意识到双方在石油、天然气、电力、重型机械制造、通信、电子、军工、高科技等诸多领域有很强的互补性和互求性,发展与提升中俄战略协作伙伴关系是两国的共同选择。

1. "9.11"事件后新的国际政治格局加强了中俄经贸合作的迫切性

"9.11"事件后,世界政治格局发生了实质性变化,大国之间的关系正经历重大调整。在这种新的国际政治格局中,中俄关系在其中发挥着异常重要的作用。加快中俄经贸关系的发展是稳固中俄战略协作伙伴关系的重要砝码。与此同时,在国际政治局势不稳定的形势下,加强我国自身的军事安全和经济安全已变得越来越重要,在这方面中俄之间的军事技术合作以及能源领域的合作具有难以替代的作用。因而在"9.11"事件后,尤其是目前的国际政治背景下,加强中俄之间的经济技术合作已显得异常迫切。

2. 《中俄睦邻友好合作条约》的签订标志着双边经贸关系进入了历史性新阶段

2001年7月16日,中俄元首签署了《中俄睦邻友好合作条约》,将两国"世代友好、永不为敌"的和平思想用法律形式确定下来,从而使两国关系进入了一个新的历史发展阶段。该《条约》第十六条中指出"缔约双方将在互利的基础上开展经贸、军技、科技、能源、运输、核能、金融、航天航空、信息技术及其他双方共同感兴趣领域的合作,促进两国边境和地方间经贸合作的发展,并根据本国法律为此创造必要的良好条件",就此两国经贸合作也成为未来20年双边战略合作的重要领域,《中俄睦邻友好合作条约》为两国经贸合作的发展提供了政治外交上的体制保障。同时建立政府首脑定期会晤机制,促进中俄政治关系全面发展,为双边经贸关系的开展提供了良好的制度环境和基础。

3. 中俄按照世贸组织原则开展经贸合作

中国和俄罗斯虽均属经济转型国家,但在20多年间中国已逐步建立了符合国际惯例的对外贸易管理体制,中俄双方将共同按照世贸组织的原则,遵守相关协议,在同一平台上开展相互间的贸易和经济合作,中俄贸易中现存的许多问题,如关税壁垒、非关税障碍以及贸易争端等,便可纳入世贸组织的统一框架下加以解决,因此,加入世贸组织将为中俄经贸关系的发展提供贸易制度规则保障。

4. 中俄两国经济进入一个较快的增长时期,为双边经贸合作创造了良好条件

近年来,俄宏观经济环境明显改善,通货膨胀率明显下降,财政已连续三年实现了预算盈余,黄金外汇储备增加,俄吸引外资能力明显提高。俄政府把加快经济增长步伐、消除贫困和提高经济竞争力作为制定经济政策的核心目标。同时中国经济持续稳定健康发展,对外开放力度不断加强,吸引国际投资能力强劲,这些利好因素都极大促进了中国与俄罗斯之间的经贸往来。

案例　打造哈—牡—绥东对俄产业带,加快区域经济一体化

日前,牡丹江市政府正式下发《关于牡丹江市资源整合区域联动利益共享实施意见》,对所属十个县(市)区的各类资源进行统一规划布局,标志着该市举全市之力联手打造哈(尔滨)—牡(丹江)—绥(芬河)东(宁)对俄产业带,加快区域经济一体化进程。

总投资48.3亿元的荒沟抽水蓄能电站项目已落户海林市,但外来投资主体要求新成立的公司在牡丹江市注册,且地方要投资入股10%。这在以往对于市、县(市)两级政府来说是一个很大的难题,然而根据《关于牡丹江市资源整合区域联动利益共享实施意见》中的规定,按照整合资源、利益共享的原则,市、县(市)两级政府在短期内解决了问题,确保了项目的顺利落地,达到了一举数赢的效果。

为充分发挥区域经济特色和优势,提升资源配置效率和整体竞争力,按照区域经济一体化发展的总体要求和全力打造哈—牡—绥东对俄产业带的目标,牡丹江市在充分借鉴上海、福建等外省市成功经验的基础上,结合本地实际情况,制定相关政策,对所属行政区内的各类资源进行充分整合,统一规划布局、统一制定政策、统一包装项目、统一对外招商,进一步促进全市经济健康、协调、快速发展。

具体来说,对于区域内的矿产、土地、林木、农副产品和能源等自然资源,牡丹江市对俄经济技术开发区暨循环经济试点园区、绥芬河市绥—波贸易综合体、海林市对俄出口产品加工园区等园区资源,绥芬河市公路和铁路口岸、东宁公路口岸和牡丹江市航空口岸等口岸资源,以及区域内的旅游资源和各种会展、节庆、论坛等活动进行整合,制订统一方案,统一规划发展。资源整合项目产生的收益和税源,按照有关规定进行界定、划分后,形成利益分配协议由各方严格执行,同时建立市与县(市)区新增财源税收分享结算机制。

日前,江苏丹阳市大亚集团在牡投资数亿元建设圣象地板项目,考虑到地缘、资源等优势,由牡丹江市政府牵头统一规划,根据资源整合、区域联动、利益分享的原则,最终说服投资者将此项目确定在绥芬河市落地,成为牡丹江市促进区域经济一体化的又一典范。

下一步,牡丹江市将围绕上海广电集团消费类电子产品生产一揽子转移项目,按照境外园区、中俄信息产业园(牡丹江—绥芬河)"三点一线"布局落地,使总投资几十亿元的项目顺利落户产业带,进一步促进对俄产业带步入发展的快车道。

资料来源:《黑龙江日报》,2007年5月14日。

五、中国与非洲发展中国家的经贸关系

非洲大陆有53个国家,是发展中国家的重要组成部分,也是维护世界和平与稳定的重要

力量,世界的繁荣离不开非洲的发展。中国是发展中国家,曾经历过与大多数非洲国家相类似的苦难,面临着共同的问题和任务,在许多国际问题上同广大非洲国家休戚与共,互相同情和支持。因此,加强同非洲国家的团结与合作,是中国外交工作的基本立足点。

(一)中非经贸发展历程

中国与非洲虽然远隔千山万水,但中国人民与非洲人民之间友谊源远流长,双方的友好交往已有数千年的历史。中非之间的贸易往来可以追溯到公元9～10世纪中国的唐、宋时期。15世纪,明朝郑和下西洋的船队曾三次到达非洲东海岸。索马里北部一个名叫"郑和屯"的村落就是为纪念明代著名航海家郑和访问而命名的。

中国与非洲国家历史遭遇相似,长期以来在许多国际事务中观点相同或相近,一贯相互支持、相互帮助。在经济上,中国和非洲国家互补性强,合作潜力很大。非洲大陆自然资源丰富,中国的成套设备和技术已具有较高的质量和水平,机电、轻工产品及服装、纺织品也十分适合非洲的需要。随着经济"全球化"趋势的不断加强和各自经济和社会的发展,双方合作的领域会越来越宽。

经过中非双方政府与企业的共同努力,中国同非洲国家的经贸关系发展取得了可喜的成绩,双方的经贸往来从无到有,从小到大,不断发展。1949年中华人民共和国成立时,多数非洲国家尚未取得民族独立,与中国有贸易关系的非洲国家只有埃及和摩洛哥。20世纪50年代后期至70年代,随着非洲民族独立和解放运动的高涨,许多非洲国家相继取得了独立并先后与中国建立了外交关系,从而为中非经贸合作奠定了良好的政治基础,使得中非经贸合作得以稳步发展并初具规模。80年代,随着中国改革开放政策的顺利实施和综合国力的增强,中非经贸关系在原有的基础上取得新的进展,中国自愿在和平共处五项原则的基础上,巩固和发展同非洲各国面向21世纪的长期稳定、全面合作的国家关系。现在,中国同非洲59个国家和地区基本都建立了贸易关系。

1950年,中非贸易额仅为1 200万美元,1955年上升为3 474万美元,自20世纪50年代末60年代初,中国与非洲国家相继建交以来,中非贸易经历了记账贸易、易货贸易、现汇双轨制贸易,直至当前以现汇贸易为主的几个阶段。同时中非之间的贸易额也迅速提升,1960年达到2.5亿美元,这是20世纪60年代中非贸易最好的成绩。1979年中非贸易额仅为8.17亿美元,而2003年双边贸易总额达190亿美元,2004年双边贸易总额达294.62亿美元,2006年双边贸易总额达到554.6亿美元,2011年,中国成为非洲最大贸易伙伴,双边贸易额从2010年的1 296亿美元上升至2011年的1 600亿美元。其中2011年中国与南非贸易额为295亿美元,中国与安哥拉贸易额为276.7亿美元,成为中国在非洲第一、二大贸易伙伴。

近年来,中国对非洲贸易额大幅增长,结构不断优化。中国对非洲出口主要是制成品,进口主要是初级产品。中国出口到非洲的商品有机电产品、高新技术产品、纺织品和服装、轻工产品、粮油食品、药品等。中国从非洲进口的商品主要是原油、原木、铁矿砂、钢材和棉花等。

据统计,到2011年底,中国对非各类投资累计超过400亿美元,其中直接投资147亿美元。在非投资的中方企业已超过2 000家,涉及农业、电信、能源、加工制造、餐饮服务等多领域。中国对非投资分布在49个非洲国家,主要流向南非、尼日利亚、赞比亚、苏丹、阿尔及利亚、埃及等国家。中国将努力创新合作形式,扩大投资规模,提升合作层次,提供优质服务,促进中国与非洲国家的共同发展。近年来,非洲企业对华投资也日渐活跃。其中,南非、毛里求斯、塞舌尔、尼日利亚、突尼斯等是非洲主要对华投资国。南非企业在华合资成立的啤酒企业,经营着近70家啤酒厂。突尼斯与中国企业在华合资成立的化肥企业,已成为中国大型复合肥生产基地之一。截至2009年底,非洲国家累计对华直接投资99.3亿美元,涉及石油化工、机械电子、交通通信、轻工家电、服装纺织、生物制药、农业开发、娱乐餐饮、房地产等领域。非洲对华投资体现了优势互补,带动了中国对非洲和其他地区的商品出口。

迄今中国在援款项下帮助49个非洲国家建成了720多个成套项目,在26个非洲国家承担了58个优惠贷款项目。中国免除了31个非洲重债穷国和最不发达国家109亿元人民币债务,给予非洲28个最不发达国家部分商品对华出口零关税待遇。

(二)中非经贸往来存在的问题

首先,非洲基础设施落后。水、电、道路等基础设施十分落后,特别是电力供应严重不足,缺口高达50%以上,因此,基础设施问题已成为制约非洲经济发展的"瓶颈",并在一定程度上影响了外资的流入;政策多变、缺乏连续性,非洲各国政府出台的很多政策大多缺乏综合性考虑,尤其是缺乏连续性和前瞻性,影响中非经贸的长期稳定开展;社会治安形势严峻,由于部族之间、宗教之间冲突不断,各政党之间的矛盾十分尖锐,以及贫富差距过大等一系列社会深层次矛盾没有得到很好解决,从而导致非洲各国普遍社会治安状况偏差。

其次,中国经济在三个方面(市场、能源、原材料)对外依赖程度的提高,引发非洲疑虑。中非贸易虽大致平衡,但由于出口商品在市场上存在较强的竞争关系,有人甚至认为中国抢夺了非洲的市场。加上中非关系发展迅速,在非人员不断增加,管理措施无法及时有效应对,导致不法行为不断增多以及廉价商品质量、销售的无序竞争、商业信誉等问题都为正常开展中非贸易带来不利影响。

(三)中非经贸关系展望

中非之间发展合作,有利条件是很多的。中非之间有着深厚的友谊和政治上的互信。双方都有着相似的经历,50年来,双方一贯相互同情、相互支持、相互帮助。中国根据"平等互利、形式多样、注重实效、共同发展"的原则开展同非洲的经贸合作,在贸易、投资、基础设施建设、自然资源与能源开发、人力资源开发和农业等重点领域,全面推进与非洲各国和非洲各次区域组织的经贸合作。2000年10月,中非双方共同创立了中非合作论坛,目前已成为双方在新世纪里加强集体对话和开展务实合作的有效机制和重要平台。2006年中国发表《中国对非洲政策文件》,倡导建立和发展中非新型战略伙伴关系,加强南南合作,推动南北对话,促使经济全球化向均衡、普惠、共赢方向发展;要开展形式多样的经贸合作,扩大贸易规模,优化贸易结构。

在冷战结束之后,非洲大陆经历了一段不稳定的时期,但现在总体形势是走向和平、稳定与经济增长,这一局面使得非洲发展对华合作的需求上升。非洲的丰富的自然资源适应国内经济发展对资源日益增长的需求,我国出口产品物美价廉,比较适应非洲的消费水平。中国对非洲的出口快速增长,增长率超过了全国外贸出口的增长率,如1999~2003年中国对非洲出口年均增长率达到了25%。中国是最大的发展中国家,非洲是发展中国家最集中的大陆。在新的形势下,中非的共同利益在增加而不是减少,合作的潜力在扩大而不是缩小。全面深化中非友好合作关系,是中国的长期战略选择,也是新世纪中非实现共同发展和繁荣的必由之路。

六、中国与拉丁美洲发展中国家的经贸关系

拉丁美洲指美国以南的所有美洲地区,包括墨西哥、中美洲、西印度群岛和南美洲。新中国成立后,中国政府十分重视发展同拉美国家的贸易关系,在平等互利、互通有无的原则上,中国和拉美各国的贸易规模不断扩大。迄今,中国同拉美46个国家和地区有贸易往来。其中最大的贸易伙伴是巴西,约占中国与拉美国家贸易额的1/3。

中国与拉丁美洲和加勒比地区46个国家和地区都有经济贸易往来,同19个国家保持着外交关系。中国已与近20个拉美国家有政府间贸易协定和科技协定,年均执行项目100余个;与10余个拉美国家成立了经贸、科技合作混合委员会;同8个拉美国家签订了鼓励与保护投资协定;与12个拉美国家建立了磋商制度,在一些重大国际问题和双边问题上定期举行各种形式的磋商,协调各自的立场。中国与拉美两个最大的地区性集团——里约集团和南方共同市场集团已建立了对话或磋商机制,并已进行了多次对话;中国于1994年成为拉美一体化协会的观察员国,此外还以观察员身份出席拉美经委会、亚马逊议会等地区性组织的首脑会议;中国人民银行自1991年起,即以观察员的身份参加泛美开发银行的年会,并于1997年正式加入加勒比开发银行,开辟了与加勒比国家合作的新渠道。

自改革开放以来,中国同拉丁美洲的经贸关系取得长足进展。在1999年,由于国际金融危机的持续影响和巴西金融动荡的巨大冲击,导致中拉双边贸易总额较上年下降0.6%,双边贸易总额只有82.60亿美元,至2003年,中拉贸易额达到268亿美元,同比增长50.4%,2005年,中拉贸易额504.57亿美元,同比增长26.06%,2006年中拉贸易额达到702.2亿美元,2008年贸易额达到1 400亿美元,虽然受到2008年金融危机影响,但是2009年双边贸易额仍达到1 433亿美元,2010年中拉贸易额为1 829亿美金,同比增长50%,根据中国海关数据,2011年1~11月,中拉贸易总额达到2 200亿美元,同比增长32.5%,其中,中国向拉美出口1 107.43亿美元,同比增长33.8%,从拉美进口1 092.63亿美元,同比增长31.1%。中国现已成为拉美第三大进口国和第四大出口国,中国是阿根廷、巴西、智利、哥斯达黎加、秘鲁和委内瑞拉等国的主要出口目的地。拉美有16个国家将中国列为排名前五的进口来源国。中国对拉美国进口的主要商品有钢材、铁砂、生铁、纸浆、鱼粉、原糖、玉米等,出口的主要商品有粮油食品、纺织品、轻工产品、机械设备、化工产品等,其中机电产品在中国对拉美出口总额中的比重继续扩大,纺织品和服装及轻工产品仍占较大比重。同时,中拉双方在金融、投资等领域的合作也不断扩大,能源、矿产、基建、农业、高科技等方面的互利合作成效显著。

中国在过去的十年间对拉投资增长近一倍,中国已经成为拉美地区第三大投资国。2010年中国对拉美直接投资流量为105.4亿美元,同比增长43.8%,占流量的15.3%,主要流向英属维尔京群岛、开曼群岛、巴西、秘鲁等;截至2010年末,中国对拉美的直接投资存量为438.8亿美元,占中国对外直接投资存量的13.8%。在拉设立和开展业务的中国企业有近800家,其主要投资方式为并购。投资行业主要集中在矿产、石油天然气、能源、钢铁工业、通信和铁路。中国在拉美地区50%的投资集中在幅员辽阔、经济实力雄厚的巴西,两国间经济项目合作频繁,如巴西石油100亿美元的融资项目;巴西VALE矿业集团为中国生产的总额12亿美元的12艘大装载量轮船。同时还有巴西EBX公司与武汉钢铁集团共同投资50亿美元修建钢铁厂、里约热内卢—圣保罗高速铁路修建计划。

在与拉美国家合作发展经济的同时,中国也同一些拉美国家签署了一些社会发展项目,为当地人民造福。中国在拉丁美洲的发展有利于拉美国家及早摆脱经济危机的影响,并获得资金发展本国经济和市场。

目前中拉经贸关系中也存在一些问题,首先拉美仍然是台湾当局最大的外交阵地,在其世界上20多个所谓"邦交国"中,13个在拉美。这些国家虽然都不大,但是在地理上比较集中,又有地区一体化组织的纽带将它们联系在一起,形成地域板块,较容易为台湾当局所利用。拉美仍有部分人对中国存有疑虑,担心中国对其造成竞争威胁。随着出口的迅猛增长,特别是中国加入世界贸易组织以后,已进入贸易摩擦高发期,中方与拉美各国的贸易摩擦呈上升态势也在所难免。中拉相距遥远,相互了解不够,拉美地区主要通行的语言为西班牙语和葡萄牙语,相互沟通存在较大的障碍,贸易和投资机会远未得到充分利用。同时一些拉美国家对中国出口产品进行反倾销调查并征收反倾销税,如巴西、阿根廷等国对中国出口的纺织品等产品实行单边设限。

中国和拉美国家的贸易经过双方40多年的努力,已经打下一个较好的基础,中国和拉美各国经济发展水平接近,相互有着良好的国家关系。近年来,拉美一些国家宣布了对外开放政策,采取了降低关税、简化进口手续的措施,为我国扩大对拉美的出口提供了良好的机会,中国应抓住当前拉美各国新的对外开放契机,认真总结归纳开拓拉美市场的具体策略,努力开创对拉美贸易的新局面。

本章小结

中国始终不渝地奉行互利共赢的开放战略,坚持在和平共处五项原则的基础上同所有国家发展友好合作关系,处理对外经贸关系遵循独立自主、平等互利、互惠对等以及外贸外交相互配合原则。

中欧互为重要贸易伙伴,合作进展顺利,但双方在反倾销调查、知识产权纠纷、非关税壁垒、普惠制、进出口商品结构等方面存在一些问题。中欧共为世界上主要经济体,其经济合作对稳定欧债危机蔓延、全球经济复苏具有重要意义。

自改革开放以来,中美两国贸易关系不断增强。虽然在知识产权、贸易平衡、反倾销、高新技术出口等方面,摩擦时有发生,但未来随着双边贸易投资规模的扩大及经济技术合作的加强,中美经济贸易的相互依存性及互利性将会不断增加。

1972年中日实现邦交正常化后,中日经贸关系在平等、互利原则下得到长足发展。但双方政治摩擦连续不断、中方逆差不断加大、日方严格控制技术贸易出口及农产品和纺织品领域的贸易摩擦会影响双边贸易的开展。在东亚地区目前已经形成的地区合作平台中,中日两国将发挥重要作用,成为东亚地区提升经济合作的关键。

随着CEPA的深入贯彻,大陆与香港的经贸合作与联系将会更加紧密。澳门区位优势,成为中国走向世界的一个重要枢纽。大陆与台湾地区签署两岸经济合作框架协议,为促进两岸经贸的良性循环提供了重要保障。

随着经济全球化和区域贸易自由化安排趋势不断加强,中韩两国应顺应世界经济发展的大趋势,抓住机遇,密切合作,消除障碍,共谋发展,开创两国经贸关系的新阶段。

中国与东盟双边贸易额迅速发展,随着中国—东盟自贸区的建成,中国与东盟10国经贸合作关系得到了全面提升。

中俄双方在石油、天然气、电力、重型机械制造、通信、电子、军工、高科技等诸多领域有很强的互补性和互求性,发展与提升中俄战略协作伙伴关系是两国的共同选择。

中非出口商品在市场上存在较强的竞争关系,为开展中非贸易带来不利影响。但在新的形势下,中非的共同利益在增加而不是减少,全面深化中非友好合作关系,是中国的长期战略选择,也是新世纪中非实现共同发展和繁荣的必由之路。

中国和拉美各国经济发展水平接近,相互有着良好的国家关系,同拉丁美洲的经贸关系已经取得了长足进展。

思考题

一、简述题
1. 简述中国对外贸易基本和主要原则。
2. 加入 WTO 后,中国同发达国家对外经贸关系有哪些变化?
3. 中国与日本的政治、经济关系目前状况如何?
4. 中国内地与台湾经贸关系良好发展具备哪些有利条件?
5. 如何认识中国与俄罗斯发展经贸关系的重要意义?
6. 如何分析中非经贸关系的前景及其在中国对外经济关系中的重要意义?

二、案例分析题

中亚五国指哈萨克斯坦、乌兹别克斯坦、吉尔吉斯斯坦、塔吉克斯坦和土库曼斯坦。总面积为 400 多万平方千米,人口约 5 400 万,该地区资源丰富,地理位置独特,是亚欧大陆跨国交通的重要通道,是国际贸易比较活跃的地区。

自 1991 年中亚五国获得独立后经济在经历一段时间的低谷之后正逐步回升,并且出现较快的发展势头。目前,根据各国官方公布的数据,中亚五国的 GDP 总额已接近 700 亿美元。中国西部地区与中亚五国接壤,边境线长达 3 250 千米。自古以来,中国就同中亚地区有着经济贸易的往来,著名的"丝绸之路"就是始于中国途径中亚进而到达西亚、欧洲等地区,从而带动了沿路各国的经济发展和文化交流。近年来,中国与中亚各国之间的经贸往来呈现出持续增长的态势。例如,我国新疆地区与中亚五国经贸合作不断深化,贸易额不断上升。据中国海关统计,2011 年新疆与中亚五国贸易额达 169.84 亿美元,创历史新高,其中新疆对中亚五国出口 124.93 亿美元,自中亚五国进口 44.91 亿美元。中亚五国已成为新疆最主要贸易伙伴区,2011 年新疆与中亚的贸易额占新疆外贸总额的 75%。

中亚国家经济结构比较单一,造成市场上本国产品的占有率相当低,重工业产品和原料的利用率很低,大多面向国外市场。中亚五国独立后,都强调利用本国的原料,增加消费品的生产。目前该地区轻工业发展较快,但仍无法满足市场需求,急需吸引外资建立合资企业,扩大日常消费品生产。中亚五国长期依赖重工业发达,轻工、纺织、食品工业落后,而我国是世界轻工、纺织、家电等商品生产、出口大国,双方在这些领域的合作前景广阔,中亚五国有丰富的自然资源。重工业、机械加工业、化工等领域,有中国需要的原料、设备和技术。

再有,中亚市场环境不断改善,中国企业在该地区投资可以享受这些国家的优惠政策。经过整顿,中亚各国海关工作人员的工作作风有了很大转变,随意设卡、乱罚款、乱收费的现象有了根本改观;各国相继降低进口税率(例如吉尔吉斯斯坦的平均进口税率已降至 5.2%,实行零关税的税号已有 2 000 多种),许多国际惯例逐渐被该地区国家和企业所认可,市场行为也进一步规范。这些都是中国同中亚五国进行深层合作的基础。

问题:1. 中国企业与中亚五国进行贸易时,应该注意哪些问题。
  2. 请结合案例,分析中国对中亚五国发展经贸往来的前景。

参考文献

[1]《科学发展观学习读本》,中央文献出版社 2004 年版。
[2]顾海良:《邓小平理论和"三个代表"重要思想概论》,中国人民大学出版社 2003 年版。
[3]曲庆彪:《邓小平理论和"三个代表"重要思想概论》,高等教育出版社 2004 年版。
[4]扬圣明:《马克思主义国际价值理论及其现实意义》,《马克思主义研究》2006 年第 1 期。
[5]万文丽:《马克思的社会再生产理论与宏观经济调控》,《当代经济研究》2004 年第 2 期。
[6]《十七大报告辅导读本》,人民出版社 2007 年版。
[7]魏浩:《中国对外贸易出口结构研究北京》,人民出版社 2010 年版。
[8]阎志军:《中国对外贸易概论》(第 2 版),科学出版社 2011 年版。
[9]刘丽娟:《中国对外贸易概论》,东北财经大学出版社 2011 年版。
[10]陈晋文:《对外贸易政策与中国经济现代化》,知识产权出版社 2012 年版。
[11]王平:《WTO 与中国对外贸易》,武汉大学出版社 2011 年版。
[12]谢国娥:《中国对外贸易概论新编》,华东理工大学出版社 2007 年版。
[13]舒玉敏:《中国对外贸易》,对外经济贸易大学出版社 2005 年版。
[14]严启发:《四大外贸战略内容应予以调整和补充》,《国际商报》2005 年 3 月 29 日。
[15]华晓红:《我国出口市场多元化战略的发展与调整》,《国际商报》2004 年 12 月 27 日。
[16]李东阳、周学仁:《中国企业走出去的战略意义》,《光明日报》2007 年 2 月 6 日。
[17]俞建华:《开创参与全球经济治理和区域合作新局面》,《中国经贸》2011 年第 1 期。
[18]《中华人民共和国国民经济和社会发展第十二个五年规划》,2011 年 3 月 16 日。
[19]杨洁篪:《积极参与全球经济治理与区域合作》,2011 年 9 月。
[20]谢国娥主编:《中国对外贸易概论新编》,华东理工大学出版社 2007 年版。
[21]韩玉真主编:《对外贸易概论》,北京大学出版社 2006 年版。
[22]王绍媛:《中国对外贸易》(第 2 版),东北财经大学出版社 2007 年版。
[23]黄静波:《中国对外贸易政策改革》,广东人民出版社 2003 年版。
[24]杜永潇:《中国对外贸易发展现状与对策研究》,《中国商贸》2012 年。
[25]杨继军:《刘易斯拐点、比较优势蝶化与中国外贸发展方式的选择》,《经济学家》,2012 年。
[26]赵志恒、王明韬:《中国对外贸易》,中国人民大学出版社 2010 年版。
[27]黄建忠:《中国对外贸易概论》,高等教育出版社 2007 年版。
[28]王平、钱学锋:《WTO 与中国对外贸易》,武汉大学出版社 2004 年版。
[29]傅自应:《我国"十一五"时期对外贸易发展的战略思考》,《财经界》2006 年第 1 期。
[30]李左东:《国际贸易理论、政策与实务》,高等教育出版社 2008 年版。
[31]杜奇华、冷柏军:《国际技术贸易》,高等教育出版社 2011 年版。
[32]刘志伟:《国际技术贸易教程》,对外经济贸易大学出版社 2006 年版。
[33]温怀德:《技术贸易在中国》,《对外经贸实务》2010 年第 5 期。
[34]卫玮、单瑜:《国际贸易中的知识产权保护问题及其对中国的启示》,《云南经贸学院学报》2008 年第 3 期。

[35]陈宏志:《谈我国知识产权保护和发展的几个问题》,《学术理论与探索》2007年第8期。

[36]刘韩云:《中国国际贸易中知识产权保护问题分析及对策研究》,《北方经济》2010年第9期。

[37]苗立普:《我国国际贸易中知识产权问题研究》,《国际商贸》2011年第10期。

[38]席颖、杨清芳:《国际贸易中知识产权保护存在的问题及对策》,《国际商贸》2011年第7期。

[39]肖细根:《我国国际贸易中的知识产权保护问题研究》,《国际商贸》2011年第11期。

[40]赵玉阁:《重视和加强对我国技术贸易发展对策的研究》,《经济师》2007年第3期。

[41]《2010年全国技术市场统计分析》,《中国科技统计》2011年8月26日。

[42]《2010年高新技术产品进出口形势分析及2011年展望》,《行业周评》国家信息中心中经网2011年第16期。

[43]王崇敏、张丽娜:《促进我国技术进出口贸易发展的策略》,《经济纵横》2011年第11期。

[44]黄晓玲:《中国对外贸易概论》,对外经济贸易大学出版社2003年版。

[45]陈宪、殷凤、韩太祥:《服务经济与贸易》,清华大学出版社2011年版。

[46]徐复:《中国对外贸易》,清华大学出版社2011年版。

[47]何德旭:《中国服务业发展报告》NO.5.社会科学文献出版社2007年版。

[48]刘丁有、程欢:《中国服务贸易:逆差、结构、竞争力问题分析及发展对策思考》,《西安财经学院学报》2012第3期。

[49]《中国服务贸易接过贸易发展"接力棒"》,《中国贸易报》2012年06月13日。

[50]霍建国:《大力发展国际服务贸易,提高中国国际竞争力》,《国际商报》2012年5月28日。

[51]王宏淼:《入世十年中国对外贸易的发展成就》,《中国经济时报》2011年12月9日。

[52]丁冰等:《我国利用外资和对外贸易问题研究》,中国经济出版社2006年版。

[53]徐复、刘文华:《中国对外贸易概论》,南开大学出版社2007年版。

[54]吴学勤:《中国海外直接投资理论与实务》,首都经济贸易大学出版社2006年版。

[55]王滨:《对外直接投资在我国经济发展中的作用——挤进和挤出效应的实证分析》,《国际贸易问题》2006年第1期。

[56]乔晶:《我国利用外商直接投资的现状特征及调整策略》,《江苏商论》2006年第3期。

[57]唐跃:《中国对外直接投资发展历程与结构特征分析》,《湖南科技学院学报》2006年第8期。

[58]《中西部地区外商投资优势产业目录》(2008年修订)。

[59]陈长缨:《入世10年我国利用外资发生的重大变化》,《宏观经济管理》2010年第1期。

[60]桑百川:《30年外商投资的贡献、经验与前景》,《改革开放以来中国对外开放的进程、成就和基本经验研究》的研究成果(项目号:2008JYJW050)。

[61]《外商投资产业指导目录》(2011年修订)。

[62]张宏:《关于中国区域经济一体化的思考》,《探索》2008年第3期。

[63]樊莹:《中国参与区域经济一体化的战略利益与特点》,《国际经济合作》2005年第3期。

[64]周华荣:《中冰经贸合作探析——兼论对未来〈中冰自由贸易协定〉的建议(下)》,《世界贸易组织动态与研究》2008年第11期。

[65]陈朝晖:《中国参与区域经济一体化之进展与战略思考》,国际经济法网,2010年10月7日。

[66]李兴:《中俄上合组织战略构想比较分析》,《新视野》2009年第1期。

[67]路宇立:《中国参与APEC合作的经济收益和非经济收益分析》,《太平洋学报》2010年第9期。

[68]陈玉荣:《上海合作组织走过十年辉煌历程》,《当代世界》2011年第7期。

[69]张鸿:《关于中国区域经济一体化的思考》,《探索》2008年第3期。

[70]于晓燕:《中国推进中日韩自由贸易区建设的策略思考》,《南开学报》(哲学社会科学版)2011年第4期。

[71]宫占奎:《中日韩自由贸易区发展进程分析》,《创新》2011年第6期。

[72]黄卫平:《中国加入区域经济一体化的研究》,经济科学出版社2009年版。

[73]中华人民共和国商务部:《中日韩自由贸易区可行性联合研究报告》2012年。
[74]中华人民共和国国务院新闻办公室:《中国的对外贸易》,人民出版社2011年版。
[75]夏先良:《中美贸易平衡问题研究》,社会科学文献出版社2011年版。
[76]李计光:《欧盟贸易政策体系与互利共赢的中欧经贸关系》,对外经济贸易大学出版社2009年版。
[77]王殿华:《互利共赢的中俄经贸合作关系》,科学出版社2011年版。
[78]徐复:《中国对外贸易》,清华大学出版社2006年版。
[79]冯正强、柳莺:《外贸企业国际贸易结算的风险及防范》,《中南工业大学学报》(社科版)2001年第2期。
[80]罗双林、曹秋林:《入世以来中国出口贸易摩擦加剧的原因及对策》,《北京工商大学学报》(社科版)2006年第1期。